MINERVA
社会福祉叢書
㉚

グループホームにおける
認知症高齢者ケアと質の探究

永田 千鶴 著

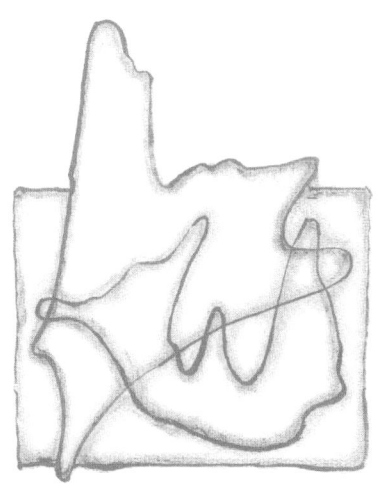

ミネルヴァ書房

まえがき

　本書は，認知症高齢者ケアの質の向上を目的として取り組んだ研究をまとめたものである．

　認知症高齢者へのケアは，これまで，試行錯誤を繰り返しながら，特別養護老人ホーム，老人保健施設などの高齢者施設，および在宅などで提供されてきた．しかし，理念・方法論のなさから，「行動制限」「収容」「隔離」，つなぎ服や鍵，薬を使用した「問題対処型ケア」など，認知症高齢者の尊厳を無視したケアが反省されなければならない．

　2000（平成12）年施行の介護保険制度下において，サービスを提供する仕組みが，措置から選択による利用へと変わったことや，多様化するニーズに応えるために，ケアの質の保障に対する社会的要請が著しく高まったとされる．2006（平成18）年4月施行の新しい介護保険法の目的には「尊厳の保持」が加えられ，その目的を果たすためにも，ケアの質の向上は重要である．

　ところで，認知症高齢者ケアの質を保障する仕組みは，行政による規制の一つである「指導監査」，第三者評価（外部評価）や苦情解決のほか，職員の資質の向上のための資格の更新制度や研修制度の導入，専門職養成校の教育制度の改善，情報公開制度やオンブズマン制度の導入など，様々である．

　これらの仕組みの中でも，本書ではケアプロセスを適切に評価するための第三者評価に着目している．ケアの質を保障するためには，ケアの提供により得られた成果としての結果の評価と共に，ケアの過程，すなわちケアプロセスを適切に評価することが重要である．ケアプロセスを重視することは，現場で働くケア提供者や利用者家族の望みでもある．しかしながら，措置制度下で主流だった建物の設備，経営面などの「構造」の評価や，現在最も重視されている「結果」評価に比べ，「過程（プロセス）」の評価は，見えにくいこともあり，取り上げられることが少ない．

　そこで，敢えて，ケアの成果が見えにくい認知症高齢者を対象に，ケアプロセスを明らかにする難題に挑み，認知症高齢者グループホームにおけるケアの指針となるケアプロセスガイドラインを作成した．まず，このケアプロセスガ

イドラインの作成過程で重要なのは，グループホームにおけるフィールドワークである．特に参与観察で記されたフィールドノートは，グループホームにおけるケアプロセスが，その場にいない第三者にもよく伝わってくると自負している（巻末資料2「参与観察における12グループホームのケアプロセス」，巻末資料3「参与観察におけるケアプロセスの質の概念の分析」参照）．次に，現場のケア提供者への半構成的面接によるインタヴューや，利用者家族も含めたアンケート調査により，職員や利用者家族のケアの質への意向を取り入れることができた．そのため，このようなデータを基にして作成したガイドラインは，比較的わかりやすく仕上がっている．このガイドラインを，まずは，職員が自らのグループホームケアを評価する時に，あるいは家族がグループホームケアを評価する時に活用してもらえることを望んでいる．

　また，このケアプロセスガイドラインは，質的研究と量的研究を組み合わせた手法により，作成・検証したものである．すなわち，ケアプロセスガイドラインの項目（ケア項目）を導き出すために，先に触れたフィールドワークによるグループホームにおける参与観察，ケア提供者への半構成的面接によりデータを得，質的に分析した．そして，100項目のケア項目を作成し，その妥当性を検証するために，量的研究により得られたデータの統計処理を行った（巻末資料5「ケアプロセスガイドライン（100項目）因子分析結果」参照）．このような研究過程を，資料を交えて極力詳細に収録したのは，これから研究に挑む大学院生に，若干でも貢献できれば，と考えてのことである．

　本書を通じて，認知症ケアに携わる人々が，時に「自分たちが行っているケアはこれでよかったのだ」と自信をもつことができ，時に「このご利用者にはあのようなケアが活かせるかもしれない」と希望をもつことができれば，とても嬉しい．

　これから先も，認知症になっても安心して暮らすことができるように，できる限りの努力をしていきたいと思っている．

2008年11月

永田　千鶴

本書の解説

　福祉の専門用語は日常会話の中で使われる言葉と同じものが多い。「介護」も日常用語としてあまり深く考えず，分かりきったこととして使っているのが普通ではないだろうか。では「ケア」はどうであろう。英語と日本語の違いはあるが，現場の人に聞いてみると，ほとんどの人は同じ意味だという。私も同じ意味だと思うが，介護もケアも人によって捉え方に違いがあるようだし，概念設定も漠然としているように思われる。しかし援助の専門性を追究し，福祉実践の質を向上させようとすると，ケア・介護の概念，介入の具体的な内容を厳密に捉える必要が出てくる。

　介護の意味は国語的常識では病人の介抱，看護をすることとして使われているが，いま介護現場では介護保険法で規定されたサービスを思い浮かべる人が多いようだ。介護保険で供給される介護は家事援助，身体介護など身体の不自由を補うサービスが主となっており，認知症に対する配慮は十分でない。そのことは障害者自立支援法の障害区分認定についてもいえる。障害区分によって介護の量と質が決まるわけだが，精神障害者団体や知的障害者団体から，区分認定のスケールにもっと寄り添い，こころの安定，発達援助など考慮されるべきだとの批判が寄せられている。英語のケアには世話，保護などの意味はもちろんだが，加えて気がかり，心配，心遣いなど，介護者の態度，心配りも含まれている。ケアは介護と同じ意味だが，もっと広い外延と内包を持つ概念だということができる。

　本書は著者の博士論文を基にしている。著者は認知症高齢者のケアの概念，とくにケアの内容・プロセスに着目し，ケアのガイドラインを作成し，質を評価するスケールの開発を研究目的に据えた。ガイドラインがあればそれによってケアのあり方を振り返ることができる。評価は質改善のために重要な条件であり，評価のための妥当で，客観的な道具が求められていたからである。著者は認知症高齢者に対するケアの概念を具体的行為レベルから実証的に探求し，その概念図を構成するとともに，ケアの内容・プロセスを意味づけている具体的行為を整理抽象化して，ケアのガイドラインを作り上げた。

詳しくは本書を読んで頂かなければならないが，この研究は日本のグループホームを対象に，現場の専門家の協力を得て，現場の福祉実践，現場の思想を基にデータを集めている。KJ法によるデーターの分析，さらには大量観察によるケア内容スケールの妥当性・客観性の検証など，十分な実証手続きを踏んだ，内容の濃い研究である。

　介護保険以後，福祉サービス供給主体の拡大により，自己評価，第三者評価が求められるようになった。それに伴いさまざまな評価スケールが紹介されている。しかしそのケアの内容や，評価スケールの妥当性，客観性は必ずしも明らかでない。その意味で言えばこの本で示されたケア概念図やケアガイドラインは研究方法の緻密さ，実証性から見て極めて信頼性の高いものといえよう。

　いうまでもないがこのガイドラインの応用範囲は広い。個人が自分のケアの内容を振り返る手本にすることができるし，グループホームの自己評価，第三者評価のためのツールとして利用できる。利用者の家族がこのケア概念，ガイドラインを学習し，グループホームのケアに理解を深めてもらうこともできる。さらにはケアの専門家を志す人への入門的指針になりうるとも思うのである。このガイドラインはまだ現場で十分使われているわけではない。これから利用されたデータを基にもっと洗練されたものに改訂していかなくてはなるまい。

　このガイドラインは認知症高齢者とグループホームを対象としており，他の領域ではまだ使えないが，精神障害者あるいは知的障害者のケアホームでの指針として応用できるように思われる。障害者の地域移行はケアホームの質も課題である。このガイドラインを研究的に実践的仮説として利用し，改訂版ができることを期待したい。

北星学園大学名誉教授
元九州保健福祉大学大学院教授
名寄市立大学教授　　　忍　博次

目　次

まえがき……i
本書の解説／忍 博次……iii

序章　問題の所在と研究の視点…………………………………………1
第一節　問題の所在………………………………………………1
1. ケア（サービス）の質の向上　1
2. ケアの質と評価　2
3. グループホームにおけるケアプロセスの質と評価　4

第二節　研究目的と方法………………………………………………5
第三節　本書の構成………………………………………………5

コラム／求められる認知症高齢者グループホームにおけるケアの質の高さ……11

第Ⅰ部　理論編

第1章　ケアの本質……………………………………………………15
第一節　ケアの概念………………………………………………16
1. 研究者による「介護」の定義　16
2. 日本介護福祉学会の介護の定義　18
3. 倫理学・哲学におけるケアの概念　23

第二節　ケアの「質」の定義問題…………………………………25

コラム／看護と介護……31

第2章　ケアの質を保障する評価制度…………………………………32
第一節　ケアの「質」に関する政策展開…………………………33
第二節　高齢者施設における「運営基準」と「指導監査」………38
1. 高齢者社会福祉施設の「運営基準」　38
2. 高齢者社会福祉施設における「指導監査」　40

第三節　高齢者施設における第三者評価················43
　　1．特別養護老人ホーム・老人保健施設サービス評価事業　43
　　2．病院機能評価事業　47
　　3．第三者評価の意義と課題　51
　　4．福祉サービスの第三者評価事業の推移　54
第四節　当事者評価としての苦情解決················56
　　1．苦情解決の概要　57
　　2．苦情解決の意義と課題　58
　　3．「苦情解決」と「指導監査」，および「第三者評価」の関係　61
　　4．「指導監査」「第三者評価」「苦情解決」の関係　62

第3章　認知症高齢者ケアとグループホーム··············71
　第一節　認知症高齢者ケアの理論······················72
　　1．理にかなったケア　73
　　2．Person-centred care　76
　　3．Psychosocial model of Dementia care　79
　　4．三つの認知症高齢者ケアの理論から得られた示唆　79
　第二節　グループホームケアの質と評価················81
　　1．グループホームケアの背景　81
　　2．グループホームの概要とケアの質　84
　　3．グループホームにおける外部評価の概要　87
　　4．認知症高齢者ケアの質の評価尺度　89
　コラム／認知症の治療と症状についての補足説明······82

第Ⅱ部　実証編

第4章　グループホームにおけるケアの質··············105
　第一節　グループホームの構造······················114
　　1．12グループホームの構造　114
　　2．全国225グループホームの構造　117

3．グループホームの構造から得られた示唆　*120*

　第二節　参与観察によるケアプロセスの質……………………………*122*
　　　1．グループホームにおけるケアプロセスの概念　*122*
　　　2．導き出されたケアプロセスの概念の妥当性　*140*

　第三節　半構成的面接によるケア提供者が捉えるケアの質…………*145*
　　　1．グループホームのケア提供者が捉えるケアの質の概念　*146*
　　　2．ケア提供者への半構成的面接により得られた示唆　*152*

　第四節　ケア提供者および家族が捉えるケアの質……………………*154*
　　　1．12グループホームの職員および家族が捉えるケアの質　*154*
　　　2．全国225グループホームの代表者および家族が捉えるケアの質　*170*
　　　3．アンケート調査からみるグループホームケア　*178*

　第五節　外部評価に対するケア提供者および家族の認識……………*186*
　　　1．外部評価に対するケア提供者の認識　*186*
　　　2．外部評価に対する家族の認識　*189*
　　　3．外部評価の効果と今後の課題　*190*

　第六節　ケアの質と外部評価……………………………………………*192*
　コラム／認知症高齢者グループホームの利用料……*184*

第**5**章　グループホームにおけるケアプロセスガイドライン……*195*
　第一節　ケアプロセスガイドラインの作成……………………………*196*
　　　1．安心を与えるケアプロセス　*196*
　　　2．自立した生き方を継続するケアプロセス　*197*
　　　3．共同生活の和をつくるケアプロセス　*211*
　　　4．グループホームにおけるケアプロセスガイドラインを作成して　*214*

　第二節　ケアプロセスガイドラインの妥当性の検証…………………*216*
　　　1．検証の方法　*217*
　　　2．調査結果および考察　*219*

　第三節　ケアプロセスガイドラインの意義と課題……………………*227*

終　章　認知症高齢者ケアの質の保障と課題………………………… 231
　第一節　グループホームにおけるケアの質の評価のあり方………………… 231
　　　1．ケアの質の枠組み「構造」「過程」「結果」と評価　231
　　　2．ケアプロセスと構造・結果の相互分析に基づく評価方法の検討　233
　　　3．グループホームにおけるケアの質の評価のあり方と課題　241
　第二節　認知症高齢者ケアの質の保障への課題………………………… 242
　　　1．新しい介護保険制度におけるサービスの質の向上に関する改正点　242
　　　2．これからの認知症高齢者ケアの質保障への課題　246
　　　3．結びに代えて　248
　コラム／第三者評価の今後……247

あとがき……251
資料編　資料1　半構成的面接調査シート記入例…256
　　　　資料2　参与観察における12グループホームのケアプロセス…262
　　　　資料3　参与観察におけるケアプロセスの質の概念の分析：安心・安らかさ
　　　　　　　…276
　　　　資料4　調査用紙の一部…282
　　　　資料5　ケアプロセスガイドライン（100項目）因子分析結果…283
　　　　資料6　ケアプロセスガイドライン項目の重要性と活用性のクロス集計…288
　　　　資料7　簡易版ケアプロセスガイドライン（50項目）因子分析結果…289
索　引……292

序　章

問題の所在と研究の視点

第一節　問題の所在

1．ケア（サービス）の質の向上

　社会福祉領域において，サービスの「質」の向上が求められている。サービスの質の向上への政策提言は1970年代に遡り[1]，措置制度下の1993年には介護サービスの質の向上を目的とした「特別養護老人ホーム・老人保健施設サービス評価事業」が，国の補助事業として始まった。しかし，措置制度下では，公平性，均一性の観点やサービスの質を問わずに一定の措置費が支給されることなどを要因として，サービスの質の向上の困難さが指摘されている[2]。そのため，サービス提供の仕組みが原則として措置から選択による利用（契約）へと変わったことが影響し，その質の向上への社会的要請がより高まったとされる。

　福祉サービスの選択による利用が具体化された1997年制定の介護保険法には，介護サービス事業者に対する介護サービスの質の自己評価に関する努力義務が規定された（73条第1項，80条第1項，87条第1項，96条第1項，109条第1項）。2000年に成立した社会福祉法は，第3条に福祉サービスの基本理念として，「福祉サービスは，個人の尊厳の保持を旨とし，その内容は，福祉サービスの利用者が心身ともに健やかに育成され，又はその有する能力に応じ自立した日常生活を営むことができるように支援するものとして，良質かつ適切なものでなければならない」と規定した。その上で，法78条第1項には，社会福祉事業者に対する福祉サービスの質の自己評価と良質な福祉サービス提供の努力義務規定，第2項に福祉サービスの質の向上に関する国の援助措置努力義務規定が明記されたのである。このように，介護サービスや福祉サービスの質の向上は，

法制面の整備が進み，社会福祉分野における中心的な概念として形成され，第三者評価制度や苦情解決制度など，質を保障するための様々な仕組みが構築されつつある。

一方，医療・看護の領域でも，その質の向上が求められている。医療サービスを選択する時代になったことや，医療の知識の普及が，質に対する関心の高まりの一因となっている。加えて，高齢化や慢性疾患の増加により，救命・延命を目的とした医療よりも生活の質を問い，これまで以上にケアの質が問われるようになったのである。

介護保険制度下で居宅サービスの一つに位置づけられ，急増する認知症対応型共同生活介護(以下，グループホームと称す)においても同様に，ケア(医療・看護・介護・福祉サービスの総称として用い，詳細は第1章第一節で述べる)の質の高さが求められている。それは，第一に，認知症高齢者は，わが国で急増することが予測され，その対策が社会的課題であること，第二に，とくに認知症の周辺症状はケアの影響を受けやすいこと，第三に，グループホームは，認知症高齢者にとって小規模で家庭的な環境下でのケアの効果が期待される一方で，閉鎖的な環境下でのケアの格差などが懸念され，2002年度にほかの介護保険事業に先立って外部評価を義務付けられたことが背景にある。

2．ケアの質と評価

ケアの質を定義する際には，1960年代にDonabedianが提唱した医療・看護の質の枠組みを，構造，過程，結果の三つの側面から捉えるものが土台となる。また，ケアの質の確保，あるいはケアの質の向上を問題にする場合には，ケアの質の良し悪しを客観的に判断するための評価の視点が必要となり，この三つの質の枠組みを評価次元とした評価方法について説明されることが多い。すなわち，構造は施設の設備，財政，職員の資格の有無・配置を，過程は実際に行ったケアの提供過程，結果はケアの最終結果を評価する。

社会福祉や医療・看護の領域におけるケアの質の評価は，この三つの評価次元のうち，構造中心の評価から結果評価へと，重視される点が移行したとされる。これは，構造が適切であれば，過程や結果としてのケアの質は高いという前提に立った評価から，具体的な結果，あるいは効果を求める評価に転換され

たものである。評価において，結果・効果は，第一に焦点をあてるべきとされ[17]，実際，1990年代以降事業評価を中心に急速に進んでいる日本の評価研究は，結果・効果評価が最も多いとされる[18]。

一方で，日本の看護の領域における過程の評価は，評価尺度の開発など研究が重ねられ[19]，成果を出しつつある。しかし，実際のケア活動，あるいは患者の個別性に即した測定方法に問題を残している[20]。すなわち，直接的なケアの過程は，提供されると同時に消費されるために見えにくく，個別的な要素が強く普遍化されにくいことから，その質の評価が困難である。そのためか，過程に焦点を当てた国内の研究論文は少なく[21]，過程の評価は困難を極めている。また，福祉サービスの場合，結果・効果の評価も困難との指摘があり[22]，看護の場合も同様に認知症高齢者や重度の心身障害者，終末期ケアなど，領域や対象により，結果・効果の評価は困難である。

よって，ケアの質を問う際には，結果としての成果よりも過程が第一義的に重要であるという立場をとる[23]。それは，第一に意思を表明できない，あるいは成果の見極めが困難な認知症高齢者や重度の心身障害者，終末期にある人にとっては，ケアの過程（以下，ケアプロセスと称す）の質の高さが重要である。第二に，成果が得られたからといって，ケアプロセスの質が高いとは言えない。それは，結果としての利用者満足度は，主観的な評価であるために，無視はできないにしても信頼性に問題がある。また，構造と結果の対比による効率の評価としての費用対効果の研究には，「『より少ない投入資源』がまず優先されることによって，目指された結果・効果の達成が保障されなくなる危険性」[24]がある[25]。第三に，結果評価尺度として，成果を点数で測定するものがあるが[26]，人間同士のケアしケアされる相互関係の過程では，点数では認識できない，あるいは表せないわずかな変化も質に影響すると考えられる。そのような相互関係のプロセスについても，質の評価に考慮されるべきである。

もちろん，プロセスが結果に影響し，成果を出すためにプロセスの段階を踏むのだから，適切なプロセスの結果，成果を導き出すことができれば，何も問題はない。しかし，結果さえ良ければ，プロセスの質も高く，ケアの質が高いことを意味しないし，明らかな成果がなければ，プロセスの質は低いのかという疑問が残る。客観的に質の高いケアプロセスを提供しても，主観的な満足度

3

が低いことや,満足度が高くても,「非人間的な,あるいは社会の規範に反するような」[27]ことは少ないにしても,ケアプロセスの質が低い場合があることは,容易に予想できる。この点で,結果・効果評価の代替,あるいは結果と連動したプロセスの評価ではなく,プロセス自体を単独で直接評価する積極的な意義がある。よって,ケアの質の向上を目的とする適切な評価のためには,プロセスに焦点を当てた研究が必要である。

3.グループホームにおけるケアプロセスの質と評価

　グループホームにおいても,入居後一時的には認められる認知症高齢者に対するケアの効果が,長期的に見れば加齢,認知症の進行により重度化する傾向にあるために[28],結果・効果の見極めは困難である。よって,認知症高齢者ケアの質の評価は,ケアプロセスを重視すべきであり,その研究は急務である。しかしながら,認知症高齢者へのケアプロセスは,個別的で多様であるために,ケアプロセスの質の評価をするための普遍的で客観的な評価尺度の開発は困難を極める。

　グループホームでは,すでに自己評価や外部評価が実施されており,グループホームを対象とした質の評価研究には,その歴史は浅いものの,外部評価のシステムに関するもの[29],外部評価結果の分析に関するもの[30],認知症高齢者の居住環境の評価に関する児玉桂子を中心とした一連の研究[31],そのほかの研究者による認知症高齢者の居住環境の評価に関する研究[32]がある。しかしながら,ケアプロセスとその評価に焦点をあてた研究はない。また,2004年度までに43道府県の外部評価を担った認知症介護研究・研修東京センターが使用した評価尺度[33](以下,センター方式と称す[34])は,もちろん,ケアプロセスに特化したものではない。詳細は第3章第二節で述べるが,センター方式の評価項目には,「一人ひとり(に応じる)」という文言が繰り返し登場し,個別的なケアが強調されている。この個別的なケアこそが,グループホームに求められるケアプロセスであり,普遍的で客観的な評価尺度では,個別的で多様なケアプロセスを的確に評価項目に表し,適切に評価することは困難であると判断された。

　そこで,認知症高齢者ケアの環境評価尺度として開発されたPEAP (Professional Environmental Assessment Protocol) 日本版が,環境を整備するための指

針へ変更された先行研究に学び(35)(PEAPに関する詳細は第**3**章第二節で述べる)，本研究においても，極力客観性を加味したケアプロセスの指針となるガイドラインの作成を試みることにした。

第二節　研究目的と方法

　以上のような関心の下，本研究では，第一に，結果・効果の評価が困難な認知症高齢者ケアを対象とし，グループホームにおけるケアの質を保障するための第三者による評価，すなわち，外部評価に着目した。そして，外部評価の意義と課題を踏まえた上で，そのほかのケアの質を保障する仕組みと合わせて，適切な評価手法について検討する。第二に，前述のケアの質の三つの枠組みの中でも，評価次元としての過程（プロセス）に焦点をあて，ケアプロセスの質の評価のあり方を探る。その際，個別的で多様なケアプロセスに迫るために，普遍的で客観的な評価尺度ではなく，ケアプロセスの指針となるケアプロセスガイドラインの作成を試みる。すなわち，大規模な収容施設での画一的な処遇を乗りこえ，小規模で家庭的なグループホームで提供されている個別的で多様なケアプロセスの評価の困難さを克服した上で，可能な限り客観的で科学的なケアプロセスの評価手法を考案することが，本研究の目的である。

　研究方法としては，質的研究と量的研究を組み合わせることが妥当であると判断した。ケアの質の定義が確立していないなかで，個別的で多様な認知症高齢者へのケアプロセスの質を明示するためには，研究者自身が密接に調査するフィールドワークを主体とした質的研究により，ケアプロセスの質の概念を創出することが適切である。一方で，調査数や時間の少なさ，調査者によるバイアスなどの質的研究の限界を極力排除するためには，量的研究を加えて根拠を確かなものとし，研究の妥当性を高めることが必要である。

第三節　本書の構成

　本書は，この序章につづき第Ⅰ部理論編，第Ⅱ部実証編，および終章で構成する。理論編では，まず，第**1**章「ケアの本質」として，第一節で，ケアの概

念を先行研究から本研究の焦点であるケアプロセスの側面を中心に述べ，第二節では，ケアの質の定義に関する問題を検討した。次に，第**2**章「ケアの質を保障する評価制度」として，第一節では，1970年代からケアの質に関心がもたれるに至った経緯について政策展開を通して明らかにし，第二節では，措置制度下の高齢者施設における，行政による規制としての最低基準，すなわち「運営基準」に基づく「指導監査」が，ケアの質の保障に応えようとして，どのように変容してきているのかを検討する。そして，第三節では，グループホームで実施されている外部評価を検討するにあたり，高齢者施設における第三者評価として，1993年度から実施されている「特別養護老人ホーム・老人保健施設サービス評価事業」，および「病院機能評価事業」を検討する。第四節では，介護保険制度下で始まった苦情解決について検討する。苦情解決の検討は，ケアの質の検討で欠かせない利用者の視点を踏まえる上で重要である。第**3**章では，「認知症高齢者ケアとグループホーム」として，まず，第一節で，認知症高齢者ケアの理論を，第二節グループホームケアの質と評価に対して，グループホームケアの背景，運営基準に基づくグループホームケアの実際と外部評価の概要，および，グループホームケアの質の評価尺度を検討する。

実証編では，第**4**章において，グループホームの実態を把握した上で，「グループホームにおけるケアの質」の概念を創出するための調査を行った。調査1「12グループホームの概要調査」，調査2「12グループホームでの参与観察」，調査3「12グループホームの職員25人への半構成的面接」，調査4「12グループホームの職員および利用者家族へのアンケート調査」，調査5「全国のグループホームから無作為に抽出した1,500カ所へのアンケート調査」，の五つの調査を実施した。また，調査5では，グループホームにおける外部評価のあり方を検討するにあたり，代表者と代表者の了解が得られた利用者家族を対象としたアンケート調査を実施し，外部評価の実情を把握するための設問項目を置いた。得られた調査データに基づき，第一節では，グループホームの構造として，ケアの質の枠組みの中でも，構造に該当する設備面や職員の資質，経済面の調査から得られた示唆を述べる。第二節では，参与観察により得られたデータの質的分析により，ケアプロセスの質の概念を抽出し，理論などとの整合性について検討した。第三節，および第四節では，グループホームの代表者を含

序章　問題の所在と研究の視点

むケア提供者，および利用者家族がケアの質をどのように捉えているのかについて，半構成的面接により語られたものやアンケート調査により記述されたものをデータとして，KJ法を用いた質的分析により概念図を作成した上で文章化した。第五節では，ケア提供者および利用者家族の外部評価に対する周知度をはじめとしたアンケート調査により外部評価の実情を把握し，今後の外部評価のあり方を検討した。第六節では，グループホームにおけるケアの質と外部評価として，五つの調査の総括を述べている。

第5章「グループホームにおけるケアプロセスガイドライン」では，第一節において，第4章の質的分析により抽出されたグループホームにおけるケアの質の概念のうち，ケアプロセスの質の概念に着目し，ケアの指針となるケアプロセスガイドライン100項目を作成した。第二節では，第一節で作成したケアプロセスガイドラインの妥当性を検証するために量的研究を実施した。すなわち，グループホームのケア提供者を対象に，ガイドラインの各項目に対して重要性と活用性を問う調査を実施し，得られたデータの統計処理結果の分析によりガイドラインを修正し，その妥当性を確認した。さらに第三節において，作成したガイドラインの意義と課題を整理した。

さいごに終章では，本研究を通して明らかにしたケアプロセスの適切な評価の重要性に基づき，「認知症高齢者ケアの質の保障と課題」として，第一節で，ケアの質の枠組み，および評価次元としての構造，過程（プロセス），結果の相互分析から，グループホームにおけるケアの質の評価のあり方を検討した。第二節では，2005年に実施された介護保険法の改正により，ケアの質の向上を目的として，どのような改正がなされたのかを整理した上で，認知症高齢者ケアの質の保障への課題を提言する。

注

（1）　1972年12月に中央社会福祉審議会老人専門分科会が出した「『老人ホームのあり方』に関する中間意見」に，老人ホームの「量的確保を図ることは勿論，さらに今後の年金水準の改善等による老人の生活水準の向上，および一般国民の住居水準の向上や老人のプライバシー意識の尊重等将来を予想してその質的改良を図ることが必要である」とされている。この意見書が，筆者の調べ得た範囲において，福祉サービスの質について提言された最初のものであり，詳細は第2章で述べる。

（２） 増田雅暢（2000）：福祉サービスの質の保障と社会福祉法人の在り方　社会保障法，15：171-184。
（３） 本書で，質の「保障」と表すのは，「保障」は「責任をもって一定の地位や状態を守ること」（松村明編（1998）：大辞林　三省堂，p.2229）とあり，社会的，継続的な権利保障を強調する意図がある。
（４） 島田陽子（1996）：看護ケア評価の経緯と今後の課題　看護管理，6(1)：4-9。
（５） 看護QA（Quality Assurance of Nursing care）研究会（1993）：看護ケアの質の測定用具の開発(1)　看護管理，3(3)：188-192。島田（1996）：前掲（４）。
（６） 厚生労働省が2004年12月24日に「痴呆」に替わる用語に関する検討会が出した「『痴呆』に替わる用語に関する検討会報告書」を踏まえ，通知（老発第1224001号）により行政用語としての「痴呆」を「認知症」とすることを決定した。また，「介護保険法等の一部を改正する法律」の成立・施行により，2005年6月29日より法令上の用語も「認知症」となった。本書においては診断名，引用を除いて「認知症」とする。
（７） 認知症対応型共同生活介護は，2006年4月施行の新介護保険制度下において，地域密着型サービスの一つに位置づけられた。
（８） 厚生労働省（2005）：平成17年版厚生労働白書　ぎょうせい，p.252によれば，我が国で，何らかの介護・支援を必要とする認知症高齢者（自立度Ⅱ以上）の数は，2002年には約150万人，2015年には250万人に，2025年には323万人に達するものと推計されている。
（９） 小澤勲（2003）：痴呆を生きるということ　岩波新書，p.193。
（10） 北川公子・中島紀恵子（2002）：痴呆性高齢者グループホームの今日的課題　日本在宅ケア学会誌，5(3)：13-18。日本痴呆ケア学会（2004）：痴呆ケアにおける社会資源　ワールドプランニング，p.58。
（11） Donabedian, Avedis（1969）：PartⅡ-Some issues in evaluating the quality of nursing care. *American Journal of Public Health*, 59(10)：1833-1836.
（12） 冷水豊氏（1983，1996，2005）は，評価次元を投入資源（input），実施過程（process），結果（outcome）・効果（effectiveness），および投入資源に対する結果・効果の関係である効率（efficiency）の四つでとらえている。投入資源に関しては，「構造」や「システム」とみるとらえ方もあると述べていることや，「効率」は「構造」と「結果」の関係であることから，本書では，質の枠組み，および評価次元として「構造」，「過程」，「結果」の三つの側面でとらえる。

　冷水豊（1983）：福祉サービス評価の基本的課題　季刊・社会保障研究，19(1)：70-81。冷水豊（1996）：福祉計画におけるサービス評価　定藤丈弘・坂田周一・小林良二編著　社会福祉計画，有斐閣，pp.179-193。冷水豊（2005）：高齢者保健福祉サービス評価研究の動向と課題　老年社会科学，27(1)：55-63。島田（1996）：前掲（４）。長谷川敏彦（1999）：福祉サービス評価システム構築への課題—医療サービス評価に学ぶもの　月間福祉，9月号：52-57。松本勝明（2000）：介護サービスの質の確保—ドイツの介護保険法　海外社会保障研究，131：37-46。筒井孝子（2001）：介護サービス論　ケアの基準化と家族介護のゆくえ　有斐閣，p.46。
（13） Underwood, Patricia R.（1995）：質の研究—米国のヘルスケアにおける質の評価の発展　インターナショナルナーシングレビュー，18(3)：16-28。

(14) 冷水 (1983)：前掲 (12)。Underwood (1995)：前掲 (13)。
(15) 村嶋幸代・金川克子 (1997)：焦点 在宅ケアのアウトカム 看護研究, 30(5)：2。冷水 (2005)：前掲 (12)。
(16) これまでの福祉サービスについて冷水豊氏 (1983, 前掲 (12)) は,「標準化された財源インプットに基づく施設サービスが中心の福祉サービスのもとでは, インプット後のサービス提供過程やその結果を直接問う必要性が自ずから少なかったと言える」としている。
(17) 冷水 (2005)：前掲 (12)。
(18) 冷水, 同前。
(19) 内布敦子・上泉和子・片田範子・ほか (1994)：看護ケアの質の要素の抽出—デルファイ法を用いて 看護研究, 27(4)：61-69。鈴木純恵 (1996)：測定用具「患者特性に基づくケアの自己評価尺度 (SES of NP)」の開発に関する研究 千葉看護学会会誌, 2(1)：8-15。山本あい子・片田範子・大崎富士代・ほか (1998)：看護ケア過程指標の開発—看護ケア過程指標の検証 看護研究, 31(2)：29-35, 37-57。
(20) 近澤範子・看護ケアの質の評価基準に関する研究会 (1994)：看護ケアの質の評価に関する文献検討 看護研究, 27(4)：70-79。
(21) 2006年に拙稿：認知症高齢者グループホームにおけるケアプロセスの質—ケアプロセスガイドライン作成の試み 介護福祉学, 13(2)：157-168を発表後, 看護の領域におけるケアの質の過程評価にかかわる研究論文には, 可能な範囲で以下のものが検索された。田高悦子・川越博美・宮本有紀・緒方泰子・門田直美 (2007)：認知症ケア専門特化型訪問看護ステーションにおけるサービスの質の評価基準の開発 老年看護学, 11(2)：64-73。山本則子 (2007)：高齢者訪問看護の質指標の開発の意義とプロセス 看護研究, 40(4)：3-11。辻村真由子・鈴木育子・赤沼智子・ほか (2007)：排便ケアに関する質指標の構築と標準化〈第1報〉〈第2報〉 看護研究, 40(4)：11-18, 19-28。岡本有子・鈴木育子・岡田忍・ほか (2007)：排尿ケアに関する質指標の構築と標準化 看護研究, 40(4)：29-44。鈴木育子・岡本有子・岡田忍・ほか (2007) 睡眠障害へのケアに関する質指標の構築と標準化 看護研究, 40(4)：45-57。根本敬子・辻村真由子・鈴木育子・ほか (2007)：慢性疼痛ケアに関する質指標の構築と標準化 看護研究, 40(4)：59-71。伴members由美・鈴木祐惠・金川克子・ほか (2007)：認知症ケアに関する質指標の構築と標準化 看護研究, 40(4)：73-84。山本則子・藤田涼子・篠原裕子・ほか (2008)：高齢者訪問看護質指標（認知症ケア）の開発—訪問看護師の自己評価からの検討 老年看護学, 12(2)：52-59。山本則子・片倉直子・藤田涼子・ほか (2008)：高齢者訪問看護（認知症ケア）の開発—看護記録を用いた訪問看護実践評価の試み 老年看護学, 13(1)：73-82。
(22) 冷水 (1983)：前掲 (12)。
(23) Mayeroff, Milton (1971=1987)：*ON CARING*, 田村真・向野宜之訳 ケアの本質 生きることの意味 ゆみる出版, p.71。
(24) 内田陽子・島内節・河野あゆみ (2001)：訪問看護のアウトカム評価と費用対効果に関する研究 日本看護科学会誌, 21(1)：9-17。
(25) 冷水 (1983)：前掲 (12)。
(26) 島内節［主任研究者］(2001)：ケアの効果からみた在宅ケア機関の評価方法とケアの

質改善への行動計画―在宅ケアの効果評価と質改善実践マニュアル　平成12年度厚生省老人保健推進事業等補助金（老人保健健康増進等事業）日本訪問看護振興財団．
(27)　冷水（1983）：前掲（12）．
(28)　北川公子（2002）：痴呆老人の力を生かすグループホーム　日本痴呆ケア学会誌，1(1)：13-19．
(29)　永田久美子・中島民恵子・平林景子（2003）：痴呆性高齢者グループホームにおける外部評価（東京センター方式）の目指すものと課題　日本痴呆ケア学会誌，2(2)：262-268．谷川ひとみ（2004）：痴呆性高齢者グループホーム外部評価システムの現状と課題　社会福祉士，第11号：87-94．
(30)　中島民恵子・永田久美子・平林景子（2005）：認知症高齢者グループホームのサービス評価結果の活用に関する研究―自己評価と外部評価との総合分析を通して　日本認知症ケア学会誌，4(1)：62-72．
(31)　児玉桂子［研究代表者］（2001a）：痴呆性高齢者環境配慮尺度（住宅版・施設版）の開発と有効性に関する長期的評価研究　平成11年度～12年度科学研究成果報告書．児玉桂子［主任研究者］（2001b・2002a・2003a）：在宅痴呆性高齢者の環境適応の円滑化と介護負担軽減のための居住支援プログラムの開発に関する研究　厚生科学研究長寿科学総合研究事業研究報告書．児玉桂子［主任研究者］（2002b・2003b・2004a）：痴呆性高齢者にふさわしい生活環境に関する研究　厚生科学研究21世紀型医療開拓推進研究事業研究報告書．児玉桂子・鈴木晃・田村静子編（2003c）：高齢者が自立できる住まいづくり　安心生活を支援する住宅改造と工夫　彰国社．児玉桂子・足立啓・下垣光・ほか編（2003d）：痴呆性高齢者が安心できるケア環境づくり　実践に役立つ環境評価と整備手法　彰国社．児玉桂子（2004b）：痴呆性高齢者への環境支援指針（PEAP日本版3）を用いた施設環境づくり　日本痴呆ケア学会誌，3(2)：239-248．
(32)　Weisman, Gerald D., Powell M. Lawton, Philip D. Sloane, et al.（1996）：*The Professional Environmental Assessment Protocol*, University of Wisconsin, Milwaukee．林悦子・林玉子（2003）：痴呆性高齢者グループホームの生活環境に係わるサービス評価に関する研究　老年社会科学，25(2)：201．
(33)　2001年4月に「高齢者痴呆介護研究・研修東京センター」として設立したが，痴呆が認知症に変更されたことを受け，また認知症が高齢者に限らないことから，2005年4月に「認知症介護研究・研修東京センター」と改称した．
(34)　高齢者痴呆介護研究・研修東京センター（2004）：痴呆性高齢者グループホームサービス評価ガイド集-2004年度版-　高齢者痴呆介護研究・研修東京センターサービス評価推進室．
(35)　児玉・足立・下垣・ほか編（2003d）：前掲（31）．

序章　問題の所在と研究の視点

求められる認知症高齢者グループホームにおけるケアの質の高さ

　認知症高齢者グループホーム（以下，グループホームと称す）は，小規模であるとともに原則個室という設備面で，認知症のある高齢者にとって，良い環境のはずである。また，本文でも触れているように，グループホームの閉鎖性や密室性によるケアの質の低下への懸念から，2002年度にはグループホームに外部評価が義務付けられ，質の向上を図る体制が整いつつあるはずである。しかしながら，残念な事件が現在も続いている。

　たとえば，2005年2月に石川県のグループホームで，20代の夜勤専門パート職員が，入居者に石油ファンヒーターの熱風を当て，火傷をおわせ殺害する事件が起こった。2006年1月には，長野県のグループホームで，死者7人，負傷者3人を出す火災が起こった。前者は，2006年9月に控訴審の判決（懲役10年）が下され，後者は，刑事責任を問うのは難しいとして不起訴となっている。これら二つの事件により，職員の雇用環境の悪さが指摘され，グループホームの防火体制や夜勤体制を見直すきっかけとなった。防火体制については，総務省消防庁が防火基準を強化する方針を決め，2009年4月からスプリンクラーや自動火災報知設備などの設置が段階的に義務付けられていくが，夜勤体制を複数にすることについては，自治体の呼びかけにより改善されつつあるものの，法制度は改正されていない。

　そして，2008年4月，岡山県のグループホームで，入居者が衰弱しているのを把握しながら放置し，虐待していたとして，自治体が，このグループホームの介護保険法に基づく事業者指定を取り消すという事件が起こった。2008年4月18日付朝日新聞朝刊によれば，自治体の職員が，入居者の家族からの苦情を受けて監査に入ったところ，70〜90代の女性入居者5人全員が入居時より体重が減り，そのうち3人は10kg以上減り，入居後1年3カ月で体重45kgの入居者が28kgになっていた。10kg以上やせた3人について医師に診察を求めた結果，3人とも「栄養失調。絶対的なカロリー不足」と診断された，とある。認知症に限らず，体の不調や，こうして欲しい，何が食べたい，といった要望を訴えることのできない利用者へのケアが難しいことは予測できる。だからといって，処分を不服とする事業者に対して理解を示すことは，決してできない事件である。

第Ⅰ部 理論編

──────── 第Ⅰ部概説 ────────

　認知症高齢者ケアの質を探究するに当たり，理論編ではまず，第**1**章で「ケアとは何か」，「ケアの質とは何か」に，第**2**章で「ケアの質をいかに評価し，保障してきたのか」，および今後「ケアの質をいかに評価し，保障していくのか」という難題に取り組まなければならなかった。そのためには，先行研究や，先人が築き上げてきた史実に学び，現在も進捗しつつある状況を追う必要がある。この点において，限界があることは否めず，特に第**2**章第三節で述べた高齢者施設における第三者評価に関する検討は介護保険制度施行前のものであるために，課題として挙げたものの多くは，すでに解決している。しかし，過去の手法の課題が，現在どう改善されているのかという事実を知ることは，今現在の課題の解決方法の手がかりにもなり，また，過去の手法が今の時代にも有効だと考えられるものもある。次の研究につなげるためにも，過去の第三者評価の仕組みを丁寧に検討することは重要である。

　次に，第**3**章では，認知症高齢者を対象としたケアの理論，日本のグループホームの概要と介護保険施設に先駆けて導入された外部評価（第三者評価）の現状を整理し，既存の評価基準について検討している。

第1章
ケアの本質

　ケアの質の保障に関して論じていくために，ケア，およびケアの質の概念について述べる必要がある。「ケア」とは何か，あるいはケアの「質」とは何か，という二つの問題に対し，本章で明らかにすることは困難である。しかしながら，とくに本書が焦点をあてるケアプロセスの側面から何らかの整理を試みることにする。

　「保健医療サービス及び福祉サービスに係る給付を行う」ことを目的とした介護保険法では，「ケア」ではなく，「サービス」を用いている。一般的にサービスは，①「奉仕」②「給仕」「接待」③「物質的生産過程以外で機能する労働」[1]とされており，③の「物質的生産過程以外で機能する労働」の意に添えば，福祉，保健，医療および看護の領域で提供されるものは，全てサービスということになる。しかしながら，介護保険制度下の実務者間では，ケアマネジメント，ケアマネジャー，ケアプラン，のようにケアという言葉も使用されている。全米ソーシャルワーカー協会（1987）によると，"Case Management" は，「クライエントとサービス提供システムを連結することである」[2]として，その機能や特徴を提示する中で，サービスとケアを使い分けている。たとえば，「連続したケアを提供するなかでサービスの利用を促進し，クライエントの自立した機能を促進・回復・維持していくには，信頼し合い何かを可能にしていく関係が必要」，「保健医療サービスや福祉サービスに関して，クライエントが要件づけられているサービス，治療，ケアを受給できるよう保障すること」である。これらの文章からケアは，社会福祉領域における，いわゆるpersonal social service[3]と理解することが適切であり，サービスに内包されるとともに，より個人やその家族に直接的に作用すると理解された。

また,「介護」の概念は「ケア」の概念に直結すると考えられる。「介護」という用語が使われたのは明治中期からだといわれているが,介護の概念は,いまだ安定した域に達しておらず,「世話」,「介抱」,「介助」,「養護」,「支援」など,多様に用いられている。(4) 介護が一般化したのは,1963年に老人福祉法が制定され,特別養護老人ホームの設置にともない,家庭の機能として家族のなかで処理されてきた介護が,社会的な問題として認識され始めたことによる。その後,現在のように介護が注目されるようになったのは,1987年に社会福祉士及び介護福祉士法が制定されてからである。よって,「介護」は,その概念が未熟で学問として新しい領域であるが,介護を実践するのに,その概念を,老人福祉法などの条文にあるような「入浴,排せつ,食事等の介護」と狭い範囲で理解して片づけてしまうことはできない。

そこで,本書では,「ケア」について,「サービス」との比較から,個別的で直接的なものとして捉える。その上で,「ケア」と同義と捉える「介護」の概念について,福祉,医療・看護,倫理学,哲学の領域における先行研究を中心に検討し,ケアの質に関する定義問題について述べていく。

第一節　ケアの概念

1. 研究者による「介護」の定義

まず,研究者による定義を整理する。社会福祉士及び介護福祉士法が制定された際に,社会福祉士や介護福祉士を養成するための教科書が刊行された。また,日本介護福祉学会は,1993年に『介護福祉学とは何か』を,(5) 2000年に『新・介護福祉学とは何か』を(6) 刊行した。そこで,1980年代後半の教科書にみる代表的な介護の定義について考察し,その後の定義,とくに日本介護福祉学会が介護の概念について見直しを図る動きを見せており,学会が示す定義に,どのような新たな視点が加わりつつあるのかを学ぶことで,介護の概念に迫りたいと思う。

研究者中島紀惠子氏の介護の定義では,「健康状態がどんなレベルであったとしてもその人が普通に獲得してきたところの自立的生活に注目し,もし支障があれば,『介護する』という独自の方法でそれを補い支援する活動」と述べ(7)

られている。その後の改訂で,「健康や障害の程度を問わず,衣・食・住の便宜さに関心をむけ,その人が普通に獲得してきたところの生活の技法に注目し,もし身のまわりを整える上で支障があれば,『介護する』という独自の方法でそれを補い支援する活動」[8]とされた。また,三訂で「介護という『関係』のうえに成り立つ援助の行為表現をいう」[9]の一文が付け加えられた。

次に,研究者一番ヶ瀬康子氏の介護の定義では,「援助を必要としている人への生活面からの世話つまり"生活ケア"である」[10]とし,「介護という仕事は,人間の尊厳とプライドを最後までしかも日常的に生活面から保持」し,「人権保障の最後の仕上げをになう働きである」と述べられている。

研究者坪山孝氏は,定義としては述べていないが,介護を「心身の障害が原因で,自立した日常生活の維持が困難な状態が継続している人に対して主体性を尊重し,自立をそこなうことなく行われる,いわゆる介護や介助という援助である」とし,「その本質は人間が生存していく時の人間らしさの追求であり,人が他の誰でもなく自分らしい生活を送り続けることができるようにするための追求であるといわねばならない」,さらに,「介護は人格に対する援助であり,共感を必要とする」と述べている。[11]

三人の研究者による定義のうち,二人の研究者の定義からは,「介護」について,「自立を目指す日常生活上の世話」に加え,個人の尊厳の保持,自分らしさや人格,および人権を保障するものであるという視点が強調されている。一方で,介護保険法など複数の法[12]に規定されている「入浴,排せつ,食事等の介護その他の日常生活上の世話」という表現は,いずれの定義にも用いられていない。これは,「介護」が狭く限定されることへの抵抗を表すものとも考えられる。また,対象についても,「健康状態がどんなレベルであったとしても(略)」,「健康や障害の程度を問わず(略)」,「援助を必要としている人への(略)」とされ,「身体上又は精神上の障害があることにより日常生活を営むのに支障がある者」に限定していない。これは,「介護」の対象は,日常生活上の障害の有無にかかわらず,介護を必要とする全ての者と広く捉えようとしていると考えられる。

第Ⅰ部　理論編

2．日本介護福祉学会の介護の定義
1）『介護福祉学とは何か』から学ぶ「介護」

　日本介護福祉学会は,『介護福祉学とは何か』において，介護の概念規定として，日本社会事業学校連盟と全国社会福祉協議会の施設協議会連絡会が設置した「社会福祉実習のあり方」に関する研究会が1991年に示したものと，研究者根本博司氏の「ケアワークの概念規定(13)」を紹介している。前者による介護の概念は,「老齢や心身の障害による日常生活を営む上で，困難な状態にある個人を対象とする。専門的な対人援助を基盤に，身体的・精神的・社会的に健康な生活の確保と成長・発達の改善を目指して，利用者が満足できる生活の自立をはかることを目的とする」である。この概念によれば,「日常生活を営む上で，困難な状態にある個人」と対象が限られているが，介護の内容の範囲については，身体的な介護にとどまらず，精神的・社会的側面への援助にまで拡大し，利用者の成長・発達・自立を図るとしている。後者については，ケアワークを「介護」「保育」「養護」「療育」を含む上位概念として捉え，対象を「児童から老人，身体障害者，精神障害者等幅広く(15)」捉え,「対象者の生活課題の遂行援助を，その個別性に留意し，その人と社会システムとの関係を調整しながら行う(16)」とするものである。この論文「ケアワークの概念規定」のなかで，「ケアワークは,『心身の障害のため日常生活動作が自立していない人の日常生活動作を助けること』というように，その対象と目標を狭く捕らえるべきではない(17)」し，日常生活の援助を行いながら,「同時に対象者とその生活上のニーズを評価し，それに対応した適切な援助を提供するところにこそ，その独自性と専門性がある(18)」と述べている。さらに，ケアワークは，Mayeroffのいう「対象者の成長と自己実現を助ける(19)」ものとしているのである。すなわち，ここで述べた二つの定義においても，前述したように，「介護」が，心身の障害のために日常生活動作が自立していない人を対象とした入浴，排せつ，食事などの日常生活上の世話として，社会的な評価を得ることに対する批判が窺える。

　このように,『介護福祉学とは何か』における介護の定義からは，介護の内容の範囲を拡大して捉えようとしていることが認識できる。とくに「ケアワークの概念規定」において，注目すべきことは，ケアワークを,「医療」「看護」は含まないものの,「介護」「保育」「養護」「療育」の上位概念とするところで

ある。また、「介護」について対象を含めて狭く捉えてはならないこと、「自立を目指す日常生活上の世話」の意味は、単に自立していない人の日常生活動作を助けるのではなく、適切なサービスを提供することで、利用者の成長と自己実現をよりいっそう促すものであるとしているところにも共感できる。ただし、対象について幅広く捉えるとしながらも、児童から老人、身体障害者、精神障害者などとしているところは、実態としてやむを得なかったものと考える。

2）『新・介護福祉学とは何か』から学ぶ「介護」

『新・介護福祉学とは何か』の冒頭の論文「介護とは」[20]における介護の定義は、「生活行為を成立させる援助を通して、命を護り、生きる意欲を引き出すこと」としている。この定義については、まず、対象を規定しておらず、対象の範囲を広く捉えてよいものかは明らかでない。次に、「生活行為を成立させる援助」と表現し、「自立」を用いていない。これは、意図したものであるかは不明だが、「自立」を「独力自活」に限って理解されるのを防ぐことができる。少なくとも社会福祉学における「自立」の概念は、援助を受けながらの「自立的依存」[21]であるから、「生活行為の成立」という表現の適切さを考えさせられる。また、「入浴、排せつ、食事などの日常生活上の世話」よりも、「生活行為を成立させる援助」という表現は、介護をより広く捉えようとしながらも、「生活行為」については、一般的にどのような行為であるか比較的容易に想像できることから、具体化を図った印象を受ける。

そして、『新・介護福祉学とは何か』には、論文「ケアワークの概念規定」が再度掲載のうえ、追補されている。そこで、ここでは、追補された内容を中心に考察したい。まず、「ケアワーク」という用語の使用について、「主として障害者・高齢者の分野で用いられてきた『介護』という言葉を意識的に避け、もう少し広い分野でも行われている専門職による生活援助活動を表す用語」として用いたとしている。論文「ケアワークの概念規定」では、「ケアワーク（この言葉をケースワークなどと同じように対象援助の方法・技術を表す言葉として用いたい（略）」、また、「『介護』『保育』『養護』『療育』を含む適切な日本語が見当たらないまま、ケアワークをこれらの上位概念として用いたい」としているのである。この見解に対して、ケアワークの実態基盤を広く設定した場合、「固有の知識、技術に依拠するサービス労働として確定することができるか」、

および「ソーシャルワークの実態基盤としてなにが想定されうるのか」との指摘があった。そこで、まず前者については、「保育士も介護福祉士も共に日常生活に密着して個人の生活機能・社会的機能を代替・回復・促進しながら生活を直接援助」し、「その活動は社会福祉実践としての共通の目的、知識・技術、価値観に基づいて行」われ、「理論的には両者は同じ性格の専門職である」としている。後者については、ソーシャルワーカーがケアワーカーと同じ行為を援助として行っても「ソーシャルワーカーが主として取り扱わなければならない領域はケアワーカーとは異」なるとした。そして、ソーシャルワーカーの領域は、「対象者と社会環境の相互作用の領域であり、両者の関係で生じている生活上の問題」であるとともに、「個人と社会システムの関係上に生じている問題の解決援助」であるとした。一方のケアワーカーは「人と社会環境の相互作用に意を用いながらも、要援助者の要援護性に焦点を合わせて機能しなければなら」ず、「ケアワーカーとソーシャルワーカーは同じ社会福祉の専門職であっても同じ役割・機能を果たす存在ではない」としている。

この学説の着目すべき点は、介護福祉士と保育士は同じ性格の専門職としながら、ケアワーカーとソーシャルワーカーは、同じ役割・機能を果たさないとする点である。例として「ソーシャルワーカーは、たとえ、信頼関係を深めるためにドライ・シャンプーを試みても、それをしながら家族との関係を調べ問題があると判断すれば家族にアウトリーチする」ことなどは、ケアワーカーには行えないと述べている。しかし、家族関係の調整は、在宅においてのケアワーカーの中心的な存在であるホームヘルパーにとっては、中核的な実践内容の一つである。実際、論文「介護とは」では、介護の独自性として、視点の特徴に「家族の生活状況の変化も同視野に入れる」ことを挙げ、「死」への援助には、「家族としてのつながりを強めるような援助をしていくことが、介護の本質に合致する」と述べられている。ソーシャルワーカーとケアワーカーは、双方ともに福祉の領域における専門職として、対象者の自立を目指して援助することは明らかである。対象とする問題への重点に差があっても、双方が、同じ役割・機能を果たさないと断言することはできないと思われる。

次に、狭義の介護と広義の介護という整理の仕方がなされてきているとして、とくに、狭義から最広義までの四つに整理している学説について検討している。

論文「介護福祉とは何か」では、「一般に『介護』の内容は広範で多岐な範囲に及んでいる」と断ったうえで、第一の狭義の介護を、「要介護者に対して提供される、食事、排泄、清拭、衣服の着脱、安楽な体位の確保、移動動作の介助、睡眠の世話など」としている。第二の中範囲の介護は、「狭義の介護に加えて褥瘡（床ずれ）の世話、事故防止や事故予防、心身機能低下防止のための運動やレクレーション、受診・受療の世話、与薬、さらには終末期ケアの世話など（略）。看護と重複する部分」を含むものとしている。第三の広義の介護は「生活機能が低下したり、不全になった時に、本人のみならず周囲の人々がそれらを支え、世話をし、介助して生活支援を行い、可能な限り自立した生活ができるようにする一連の努力」であり、これは「介護福祉の概念」を意味するとしている。第四に最広義の介護について、介護保険法に基づく給付内容のごとく、「医学的管理やリハビリテーション、住宅改修やケアマネジメントなどの在宅介護サービスのほかに介護保険施設への入所利用に至る給付までの直接・間接の諸サービス」としている。広義の介護で述べられている「介護福祉の概念」については、「狭義の介護活動である『介助し、保護する』という概念から、要介護者の生活全体を視野に入れ、身体的・精神的・社会的な諸条件を改善・修正し、家事などの間接的活動、社会資源を活用して利用者が自立生活を営めるようにする『総体としての生活支援活動』という概念までを、包括的に捉える概念」であると説明している。また、最広義の介護についてであるが、介護保険法に基づき給付される介護サービスが、医療、リハビリテーション、看護、福祉、住宅改修などに拡大されていることについて、これまでも「介護の内容とされてきた身体的介護や精神的介護、さらには社会的・環境的介護などが立体的に組み立て」られ、「パッケージ」にされた「トータルな介護サービス」という意味をもち、「その意味で介護保険法で言うところの介護はこれまで検討してきた介護の意味合いと異なっても不思議ではない」との見解を示している。このような最広義の介護の捉え方に対して、論文「ケアワークの概念規定」の追補では、「介護保険の対象になるサービスに医療、リハビリテーション、看護、住宅改修等含まれるというだけであって、これらを介護概念に含めてもどれ程の実益があるかは疑問である」と指摘している。

　これまでの検討から、介護の概念は、入浴、排せつ、食事などの日常生活上

の世話と狭く捉えるべきではなく,対象者についても身体障害者や精神障害者と限定すべきでないとしてきた。介護の範囲はより拡大し,多様化の方向にある。よって,本書で用いるケアとしては,医療や看護を包括する概念として位置づけることが適切だと考える。

3）包括的なケアの概念

そこで,ケアの概念を広義の介護の概念にならい,医療や看護,リハビリテーションなど,保健医療サービス,および介護を含む福祉サービスを包括する概念として位置づけることの意義について検討する。第一に,ケアの概念について,他の領域との境界線を明確にする必要なく整理できる。すなわち,重複する領域の存在を認めるのである。たとえば,介護と看護について,法律上の規定では,両者を明確に区別することはできず,異質な部分の抽出は困難である。一方,介護と看護だけでなく,介護と保育,ソーシャルワークとケアワーク,医療と福祉などに関して,それらを同質なものとして共通点を見いだすことは比較的容易である。第二にケアを医療や看護,リハビリテーション,保育,養護,療育などを包括する概念として位置づければ,その共通性から有機的なつながりを強化し,より適切な協働,あるいは総合化を目指すことが可能になると考えられる。とくに,介護保険制度下では,複数の専門職が,介護支援専門員として共通の業務を実施するものであるから,「ケア」として,共通した認識をもつことも必要となる。第三に,ケアの提供を受ける利用者の立場からは,たとえば介護職に,医療や看護,リハビリテーションなどについての,ある程度の知識や技術を求め,総合的なケアの提供を期待することが挙げられる。

また,ケアの概念として,これまで対象や範囲を中心に検討してきたが,ここで,介護の概念に関する学説においても述べられている,介護の働きとしての人権保障に焦点をあてて考察する。社会福祉においての「人権」とは,生存権を基本原理とするものであろうが,介護の働きに焦点をあてた場合,それは,生存権を保障するだけではなく,自由権の保障にまで及ぶことになる。示唆を受けた学説[24]によれば,介護を提供する過程におけるプライバシーの権利に関して,「他からの干渉によって私的生活を侵害されない自由の権利を中核」としつつ,「(1)プライバシーを保護するようなサービス方法を請求する権利,(2)施

設の入所者が私的な持物を保管し，使用する自由，(3)個人に関する情報・記録を他に開示されないという免除および他に開示することを承諾する権限，(4)夫婦の施設入所者が他の人と雑居させられたり別居させられないという免除」といった規範的要素が関連しており，権利が複合的であると主張している。[25] よって，介護の働きとしての人権保障とは，生存権から自由権にまで及び，かつ複合的な構造をもつその人の権利を，介護を提供することにより，保障するのである。すなわち，複合的で多岐にわたるその人の権利を保障するためには，「介護」は，より多様な働きをすることが求められる。だからこそ，介護が入浴，排せつ，食事，家事，相談，助言などの日常生活上の世話と，狭く画一的に捉えることを避けなければならないのである。

　以上の検討から，本書で用いるケアの概念を広義に捉え，保健医療サービス，および福祉サービスを包括する概念として位置づける。これは，保健医療サービス，および福祉サービスの同質性に焦点をあてたものである。ケアを提供する複数の専門職が，自分たちが提供するケアの共通性を認識することで，それぞれのケアが有機的なつながりを強化し，より適切な協働，あるいは総合化を目指すことが可能になると考えられた。また，複合的で多岐にわたるその人の権利を保障するために，より多様化が求められるケアに対して，保健医療サービス，および福祉サービスを包含するケアの概念は，有効であると考える。

3．倫理学・哲学におけるケアの概念

　ケアの概念について主に倫理学および哲学の文献を探索すると，その歴史と用法から二つの意味に大別されるとするものがある。「心配，苦労，不安」という「重荷としてのケア」と「他の人の幸せを準備すること」などの「気遣いとしてのケア」とするものや，[26]「心配」「煩い」「不安」「個人的な好み」といった感情を伴った反応を表すものと，「他者のために何かをする」といった行動を表すものとするものがある。[27] すなわち，ここでは，ケアは，心配や不安という他者への関心に基づいて他者のために行動を実践すると理解され，人間対人間の関係の上に成り立つものと捉えられる。

　次に，人間同士の関係の一つである，ソーシャルワークの援助関係におけるcareについて，人間関係の様式の違いに応じてケアの意味（ケアの様式）を整

理しているものを紹介する。これは，まず，人間関係の様式を表層（一方向的），中層（双方向的），底層（共有し合う同一の存在地盤）の三つの層に分類する。そして，線的関係である表層におけるケアの様式は，世話・監督・看護・介護・管理・保護・注意・尽力・任務・用務であり，相互的拡張的関係である中層のケアの様式は，気がかり・心配・配慮・憂慮・思いやり・いたわり・苦労・懸念・用心・困難・難儀・尊重・厄介である。潜在的根源的関係である底層のケアの様式は，悲しみ・不安・苦悩・憂愁・悲哀・心痛・悲嘆・寂寥・哀悼（人間的な喜び・安心・希望・感謝＝幸福の根拠）とする。ここでも，他者への感情を動機として行動を起こすと理解できるが，加えて，無自覚で感情を共有できるような深い人間関係であればあるほど，画一的なケアから，配慮が行き届いた希望を生み出す効果的なケアが提供できることを認識させられる。

　また，ケアの道徳的な特性を捉える手がかりとして，1982年にGilliganが提唱した「ケアの倫理」を検討する。Gilliganによれば，女性の訴えに耳を傾けたところ，女性には男性とは異なる思考方法，「もうひとつの声」があるという。すなわち，男性中心的な正義感の発達を軸とする伝統的な正義の倫理では，女性が中心に担ってきた「他者へのケアと責任」を充分に評価できないとした。「ケアの倫理」は絶対的な正しさという個人的な視点を排除した正義の視点に対して，その人にとっての正しさという個人的な視点を重視するものである。ここに，ケアの本質をみるのである。求められるのは，愛情や思いやりとともに相手を知り，共感し，相手の意向に添った相互関係における個別的なケアである。ケアにおいては，正義の倫理にいう「何が正しいのか」という公正で普遍的な視点よりも，「この人にとって正しいのは何か」という個別の状況を重視した柔軟な視点が重要である。

　そして，「一人の人格をケアするとは，最も深い意味で，その人が成長すること，自己実現することをたすけることである」とするMayeroffの主張も重要である。Mayeroffはケアの関係を人間関係に限定してはいないが，その主張は人間関係に代表される。たとえば，「ケアするとは，それだけで切り離された感情でもなく，つかの間の関係でもなく，単にある人をケアしたいという事実でもない」し，「相手が成長し，自己実現することをたすけることとしてのケアは，ひとつの過程であり，展開を内にはらみつつ人間に関与するあり方

であり，それはちょうど，相互信頼と，深まり質的に変わっていく関係とをとおして，時とともに友情が成熟していくのと同様に成長するものなのである」，また，「相手の成長をたすけること，そのことによってこそ私は自分自身を実現する」としている。すなわち，人間同士のケアしケアされる相互関係において，ケアする人もされる人もケアを通して成長し，自己実現を図ることができると理解される。

　以上のことから保健医療，福祉サービスの総称としての，人間対人間の個別的かつ直接的なケアの特長に，感情に基づく行動，およびその相互性が挙げられる。よって，本書では，ケアを「人間対人間の相互関係により成り立つ，直接的で個別的なケアである」と整理した上で，ケアの目標として「無自覚で感情を共有できるような人間同士の深い相互関係とその人にとって何が正しいのかという個別の状況が重視される過程により，ケアする人とされる人の双方が成長し自己実現を図ること」と挙げておきたい。

第二節　ケアの「質」の定義問題

　「質」とは一般的には「内容，中身」と捉えられ，「量」と対比されることがある(31)。ケアの質といった場合，それは前述した個別的かつ直接的なケアの内容や中身であることに違いはないのだが，もっと広範囲であり，第一節で述べたサービスの概念に近接している。たとえば老人ホームであれば，施設の構造や設備基準，職員の資格要件や配置基準，居室の面積や収容人員など施設の外形的基準を含むものである。第2章第二節で述べるが，老人ホームの基準に，1966年に制定された「養護老人ホーム及び特別養護老人ホームの設備及び運営に関する基準」（以下，「運営基準」と称す）がある。当時の「運営基準」は，設備構造や専門職の人数など，施設の外形的基準にほとんどの頁が割かれており，介護の内容や中身，処遇に関しての規定が少ない。すなわち，介護サービスの質に関する基準とは，施設の外形的基準を指すことになり，介護の内容や中身には関心が及ばなかった(32)。もちろん，施設の外形的基準が，介護の内容や中身に影響を及ぼすことは明らかである。しかし，利用者が重点をおく介護サービスの質は，施設の外形的なものよりも，実際に受ける個別的かつ直接的な介護，

すなわちケアの提供過程である。

しかし，介護保険法や社会福祉法には，介護サービスや福祉サービスの質を定義するものはない。社会福祉関連領域の学説においても，介護サービスや福祉サービスの質そのものを定義している論文は見当たらず，質が高いサービスとは何か，質の高さに影響する要素は何か，について述べられている。たとえば「質の高いサービスとは，サービスを必要としている一人ひとりが求めている生活を実現できるようなサービス提供のあり方ではなかろうか」，すなわち「満足度が高いサービス提供」であり，「人間としての尊厳が保たれるサービス提供のあり方である」とする論文がある。この論文によれば，サービス提供過程とサービス提供を受けた結果としての満足度の2点が，介護サービスの質を決定するものと捉えられる。また，「提供されるサービスの質は，ニーズの把握の仕方，サービスの内容，選択を可能にする十分な量と選択肢の多様性，提供と受給の仕方，提供者と受け手の人間関係，受け手の心理，社会的・家庭的な状況，プライバシーの保護など，多くの要素によって決定される」とする論文もある。この論文では，サービスを提供する基盤がサービスの質に大きく影響することを指摘した上で，サービス提供過程の質を決定する要素として，サービスの内容に関する事項を詳細に出している点で注目できる。そのほか，在宅ケアの質について定義している論文では，「(1)在宅ケアの目的・基本理念に沿うものであること，(2)利用者の要求をみたすものであること，および(3)利用可能な資源のなかで最善のものであること」としている。ここでも，在宅ケアの質が高いための条件的な要素が述べられている。

次に，医療・看護の領域では，まず，医療の質について，「個人と集団に提供する医療が，現在の医学・医療の専門的な水準にいかに則っているかという点と，望ましい成果を産み出す可能性がいかに高いか」という2点にまとめられるとする論文がある。この論文によれば，医療の質を評価する際には，病院の様々な性質や事象を，「構造（structure）」「過程（process）」「結果（outcome）」の三つの領域に整理して，検討されていた。この三つの枠組みは，前述したようにアメリカの医療経済学者Donabedianが，すでに1969年に提唱したものであり，看護の質の研究についても，この枠組みに基づくものが多い。また，アメリカの質の定義の一つに「ニードを充足するための能力に影響を与

えるような産物あるいはサービスの特色，特徴の全体像である」(American National Standards Institute and American Society for Quality Control)があり，質の高い製品やサービスとは「満足できる科学的な業務の提供と，それに対しての満足できるコストが一致すること」に加え，Quality of Care（ケアの質），個人や集団に対する公共医療は，望ましい医療的アウトカムを得，同時に最新の専門的知識と一致していることが質の要件となる，とするものがある。[40]

このように，サービスおよびケアの質は，統一的な概念で使用されておらず，サービスおよびケアの質を定義することは，きわめて困難である。また，サービスの質とケアの質では違いが生じるために，本書では，ケアにおけるより個別的かつ直接的なケアの概念，すなわち，ケアの質の「過程」に焦点を当てることを鑑み，サービスよりはケアの質として検討することが妥当だと判断した。そこで，まず，ケアを医療・看護・介護・福祉サービスを含む用語として使用し，ケアの質については，Donabedianの「構造」「過程」「結果」の三つの領域で整理する。まず，ケアの「構造」は，先述した施設の外形的基準に含まれる内容や，サービス提供者の専門的な知識，および技術を含むものである。また，「過程」は，利用者と援助者の相互関係のなかでの実際的・直接的なケアの提供行為をいう。そして，「結果」は，利用者がケアの提供を受けた結果であり，それは，認められた成果や満足度により評価されることがある。

以上のことから，本書ではケアの質の定義を，「ケアを提供する場の構造・設備や職員配置などの環境を前提に，ケア提供者と利用者の相互関係のもとで，専門的な知識・技術をもって提供されるケアのあり方であり，それは，ケアを提供・受給した結果，利用者および援助者に認められた成果や満足度によって評価される場合がある」と整理しておく。そして，ケアの質の理論的枠組みについては，前述のDonabedianが提唱した，「構造」「過程」「結果」の側面から検討を進めるものとする。

注

（1） 新村出編（1998）:広辞苑第四版　岩波書店，p.992。
（2） Stephen M. Rose ed., 白澤政和・渡辺律子・岡田信一監訳（1992）:ケースマネージメントと社会福祉　ミネルヴァ書房，pp.39-43。

第 I 部　理論編

(3) Personal social serviceは，ソーシャルワークと結びつき，特色として，個人や家族に対面的・個別的に援助し，利用者の個別ニーズに即して総合的に援助するものとされる（秋元美世・藤村正之・大島巌・森本佳樹・芝野松次郎・山縣文治編（2003）：現代社会福祉辞典　有斐閣，p.306）。
(4) 中島紀恵子（1992）：介護の働き　福祉士養成講座編集委員会編　介護概論，中央法規出版，p.27。佐藤豊道（1996）：介護福祉の概念と枠組み　古川孝順・佐藤豊道・奥田いさよ編　介護福祉，有斐閣，p.28。岡本民夫（1999）：介護福祉とは何か　岡本民夫・井上千津子編　介護福祉入門，有斐閣，p.2。
(5) 一番ケ瀬康子監修，日本介護福祉学会設立準備委員会編（1993）：介護福祉学とは何か　ミネルヴァ書房。
(6) 一番ケ瀬康子監修　日本介護福祉学会編（2000）：新・介護福祉学とは何か　ミネルヴァ書房。
(7) 中島紀恵子（1988）：介護の目的　福祉士養成講座編集委員会編　介護概論，中央法規出版，p.9。
(8) 中島紀恵子（1992）：介護の働き　福祉士養成講座編集委員会編　介護概論，中央法規出版，p.33。
(9) 中島紀恵子（1999）：介護の働き　福祉士養成講座編集委員会編　介護概論三訂，中央法規出版，p.33。
(10) 一番ケ瀬康子（1991）："介護"とは何か　一番ケ瀬康子・井上千津子・鎌田ケイ子・日浦美智江編　介護概論，ミネルヴァ書房，p.5。
(11) 坪山孝（1989）：介護とは　岡本民夫・久恒マサ子・奥田いさよ編　介護概論，川島書店，pp.22-23。
(12) 社会福祉士及び介護福祉士法においても，法20条第2項の「介護福祉士」の定義に「入浴，排せつ，食事その他の介護を行い，（略）」と規定されていた。2007（平成19）年に社会福祉士及び介護福祉士法が改正され，「介護福祉士」の定義の条文は「心身の状況に応じた介護を行い，（略）」とされ，「入浴，排せつ，食事その他の介護」という文言は削除された。
(13) 根本博司（1993）：ケアワークの概念規定　日本介護福祉学会設立準備委員会編　介護福祉学とは何か，ミネルヴァ書房，pp.84-103。
(14) 根本，同前，p.85。
(15) 根本，同前，p.101。
(16) 根本，同前，p.101。
(17) 根本，同前，p.101。
(18) 根本，同前，p.101。
(19) Mayeroff, Milton (1971=1987)：*ON CARING*,田村真・向野宣之訳：ケアの本質　生きることの意味　ゆみる出版，p.13。
(20) 井上千津子（2000）：介護とは　日本介護福祉学会編　新・介護福祉学とは何か，前掲書，pp.2-17。
(21) 庄司洋子（1993）：社会福祉の対象(2)―生活問題の展開　古川孝順・庄司洋子・定藤丈弘著　社会福祉論，有斐閣，pp.201-205。
(22) 古川孝順（1996）：介護福祉と政策課題　古川孝順・佐藤豊道・奥田いさよ編　介護

福祉，有斐閣，p.7。
(23) 岡本（1999）：前掲（4），pp.1-20。
(24) 河野正輝（1991）：社会福祉の権利構造　有斐閣。
(25) 河野，同前，pp.113-118。
(26) 森村修（2000）：ケアの倫理　大修館書店，p.84。
(27) Kuhse, Helga (1997=2000): *Caring : Nurses, Women and Ethics*，竹内徹・村上弥生監訳　ケアリング―看護婦・女性・倫理　メディカ出版，p.183。
(28) 栗栖照雄（2004）：ソーシャルワーク実践の人間存在論―援助関係におけるケアの動態　小関康之・塚口伍喜夫編著　ソーシャルワーク実践への道，pp.55-66。
(29) Gilligan, Carol (1982): *In a Different Voice : Psychological Theory and Women's Development*. Harvard University Press.
(30) Mayeroff (1971=1987)：前掲（19）。
(31) 研究の手法においても，両者が対比され，調査票などによって得られた大量のデータを用いて，主として計量的な分析を行う規模が大きい（extensive）量的研究と事例調査法など記述的で集約的（Intensive）な質的研究が知られている。
(32) この点について冷水豊氏（1983）は，「これまでのわが国の福祉サービスは，衣食住などの基本的な生活欲求の充足を主な目的とした施設サービスが中心で，しかもそれが，全国的に標準化された設備費と運営費（措置費）に基づいて実施されてきた。このため設備費や措置費という財源インプットの多少を問題にすることが，目標である基本的生活欲求の充足のプロセスや結果を問うこととあまり変わらないことが多かった。逆に言えば，標準化された」としている（冷水豊（1983）：福祉サービス評価の基本的課題　季刊・社会保障研究，19(1)：70-81）。
(33) 橋本泰子（2000）：ソーシャルワーカー，ケアワーカーにとっての福祉哲学　月刊福祉，5月号，pp.34-35。
(34) 徳川輝尚（1998）：社会福祉基礎構造改革と福祉サービスの質の確保　社会福祉研究，第73号，pp.61-67。
(35) 徳川輝尚氏は，同前論文「社会福祉基礎構造改革と福祉サービスの質の確保」で，サービスの「質」を確保するための基盤には，「①人権擁護の理念，②十分な財源と施設の整備，③選択が可能な質的・量的なサービスの確保，④公平で効率的なサービスの供給と適正な配分，⑤各種の機関や組織の統合的・総合的・横断的な連携，⑥専門的なケアマネジメント，判定，評価，⑦科学的な手法の活用，⑧資質の高い人材の養成と確保，（略）十分な職員数の確保」が必要であると述べている。
(36) 河野正輝（1993）：在宅ケアにおける質と基準　ジュリスト増刊　高齢社会と在宅ケア，有斐閣，pp.96-101。
(37) 今中雄一（1996）：医療の質の評価と改善　組織・運営・戦略におけるトータル・クオリティー・3　病院，55 (11)：1070-1073。
(38) 今中，同前。
そのほか，医療の質について，石田道彦氏は，合衆国医学研究所の定義「医療の質とは，個人や一定の集団に向けられた医療サービスが望ましい結果をもたらす可能性を高めている程度であり，現在の専門的知識と一致している程度である」を引用し，また，Donabedianの「疾病への診療技術の適用といった技術的側面に加えて，医師と患者の

第Ⅰ部　理論編

　　　間の対人関係的側面や医療機関のアメニティも医療の質に含まれる」とする見解を加えて説明している。
(39)　たとえば，柴田秀子・上泉和子・粟屋典子ほか（1995）：看護ケアの質を構成する要素の検討（看護研究，28(4)：41-65）の研究では，三つの質の枠組みについて「ケア構造（Structure）とは，ケアの受け手である患者に実際にケアが提供される前に存在する，患者・看護婦・病棟環境に関する条件的な要素を言う。ケア過程（Process）とは，実際にケアを提供する行為及びその時の環境，患者と看護婦の相互作用を指す。ケア結果（Outcome）とは，ケアの受け手である患者にもたらされた成果を言う」と説明している。
(40)　Honda, Ruth K.（2001）：ケアの質の査定と向上　千葉由美・安部俊子・山本有紀訳　看護，53(12)：34-38。

看護と介護

　本書では，ケアの概念に看護と介護を含むものとして述べているが，より専門性を発揮するために，その独自性が問われる。すなわち，看護と介護の違いは何かという問いである。看護師の業務としては，保健師助産師看護師法に療養上の世話と診療の補助が規定されている。この療養上の世話が，社会福祉士及び介護福祉士法制定当時に規定された介護福祉士の業務としての入浴，排泄，食事その他の介護に重なる。だからといって，看護と介護の違いについて，看護は診療の補助，すなわち医療行為ができる，注射や吸引，褥瘡の処置ができるという点を安易に挙げて欲しくはない。在宅では，たとえば，訪問看護師が点滴できる体制ではなく，看護職だからといってできる医療行為は限られており，一方で，介護福祉士やホームヘルパーなどの介護職が，教育を受け，医療との連携が図れ，患者や家族の同意が得られれば吸引の処置を行うことができる体制ができている。

　著者が現場で働いている時，排便をがまんし，夜勤で介護職が出勤してくるのを待って排泄を試みる患者の存在に衝撃を受けた。教育者になって，看護学生には，療養上の世話は，医師の指示の下で行う診療の補助と違って，看護判断（アセスメント）で実践できる専門的な行為であり，「注射や処置しかしない」などと，決して言われないで欲しいと伝えている。

　一方の介護福祉士やホームヘルパーを目指す人には，医療行為について，責任をもって実践できることがより求められてくるため，自信をもって実践ができるように納得がいくまで教育を受けて実践することと，何より利用者や患者に一番近いところで，その人にとってのより良い介護を目指して欲しいと伝えている。現場では，より良い介護の追求により，嚥下困難を防ぐ食事の姿勢のとり方に関しては一流，おむつに関する知識が豊富，Ａさんの入浴拒否を私なら解消できるといった，素晴らしい介護福祉士やホームヘルパーが，実際に活躍しているのである。

第2章
ケアの質を保障する評価制度

　福祉サービスの質の保障は,「社会福祉基礎構造改革の中で突然現れたものではなく,90年代における社会福祉施策の変化の中で形成されてきたものであることに留意する必要がある(1)」との指摘があるように,決して新しい構想ではない。

　措置制度下においても福祉サービスの質の保障に関する重要性が指摘されてきたが,政策展開における課題の中心には位置づけられなかった。しかし,福祉サービスの質を保障する施策として,従来から行政による規制が存在していた。たとえば,1963年の老人福祉法(法律第133号)制定当初から,法17条第1項の「厚生大臣は,中央社会福祉審議会の意見を聞き,養護老人ホーム及び特別養護老人ホームの設備及び運営について,基準を定めなければならない」に基づき,「養護老人ホーム及び特別養護老人ホームの設備及び運営に関する基準」(以下「運営基準」と称す)(2)が定められていた。この「運営基準」,すなわち最低基準を基に,基準を遵守したケアが提供されるよう(3),事業の改善命令や廃止命令などを担保に「指導監査(4)」(5)が実施されていたのである。最低基準は,制定当初,「生活困窮者対策としての救護施設基準と同一ないし未分化(6)」であったが,福祉サービスの質の保障という政策目的に応えようとして,変容してきている。「指導監査」についても同様にその内容が充実しつつある。

　そこで,本章では,まず,政策展開のなかで,福祉サービスのなかでも,主に介護サービス(ケア)(7)の質を重視するようになった経緯を,審議会の意見書などを中心に検討して明らかにする。次に,措置制度下における「指導監査」が,どのように変容してきているのかを把握する。その上で,ケアの質を保障する具体的なシステムとして期待される,「第三者評価(8)」と「苦情解決(9)」の意

義と課題について検討する。この二つのシステムは，社会福祉基礎構造改革や，厚生省（当時）が設置した審議会「福祉サービスの質の向上に関する検討会」が公表した「福祉サービスの質の向上に関する基本方針」においても具体的な施策として述べられており，注目されている。

第一節　ケアの「質」に関する政策展開

　社会福祉領域において，ケアの質について提言された最初の審議会の意見書は，1972年12月に，中央社会福祉審議会老人福祉専門分科会が出した「『老人ホームのあり方』に関する中間意見」である。ここには，高齢化がすすむなかで，緊急に対応すべき老人ホームの整備について述べられている。すなわち，老人ホームは「向上する国民生活水準，変化する老人福祉の思想，多様化する老人のニードに対応するもの」でなければならないとしている。また，老人ホームの「量的確保を図ることは勿論，さらに今後の年金水準の改善等による老人の生活水準の向上，および一般国民の住居水準の向上や老人のプライバシー意識の尊重等将来を予想してその質的改良を図ることが必要である」とまとめている。このように，ケアの質の向上が訴えられるようになった背景には，国民の生活水準の向上にともなう社会福祉ニーズの変化がある。この中間意見の意義は，国が定めた施設の外形的基準を守りさえすれば，処遇の内容，すなわち提供されるケアの質に関して全く問われなかった状況下で，ケア内容の質の向上を提言したところにある。

　そして，社会福祉は貧困救済を中心とした選別主義的なものから，普遍主義的なものに展開せざるを得なくなる。しかし，1973年の「福祉元年」の直後に，低経済成長時代が訪れ，1975年頃から社会福祉の見直しを迫られる。そして，1979年に自助努力と相互の連帯，適正な公的福祉を強調した「日本型福祉社会」構想の閣議決定などを経て，ケアの質の向上に関する対策は，取り残された感が否めない。その後，国民の生活水準の向上とともに低経済成長を背景として，これまで支配的であった「福祉は無料」とする考え方が一変する。具体的には，ホームヘルプサービスの対象者を課税世帯に拡大しての利用者負担の導入など，福祉の有料化が1980年代に始まるのである。施設においても，老

人ホームの費用徴収のあり方に関して見直しが行われ,利用者の費用負担が増えることになった。

　社会福祉の「普遍化」と「有料化」,これはケアの質の向上に深くかかわるものである。なぜならば,社会福祉の「普遍化」が進めば,その対象者は,生活困窮者に限らずに生活水準が向上した全国民に拡大するため,救貧的な水準の低いサービスでは満足が得られないからである。また,1986年に老人福祉関係の法令において,一斉に「収容」という言葉が「入所」に改められ,「収容」という言葉が,普遍化した社会福祉サービスには適合しないと認識された。さらに,「有料化」が進めば,その対価としての質の高さが要求され,ケア提供者も,質の高いサービスの提供を意識せざるを得ない。

　ケアの質の向上に影響した「普遍化」と「有料化」の実際は,在宅福祉の分野で明らかである[17]。それは,日本の高齢者福祉対策が,施設福祉対策を中心に進められ,在宅福祉サービスの供給体制が遅れていたことも一因である。1980年代は,寝たきり老人の大多数が家族によって家庭で介護を受け,その精神的,身体的,経済的負担の重さが認識されつつあった[18]。しかし,社会福祉見直し論や日本型福祉社会論により,福祉関係財政支出が削減の方向にあるなかで,社会福祉の普遍化とともに増大する介護ニーズに対応しなければならなかった。そこで,在宅福祉施策を推進するために,有料の民間活力の導入を積極的に図ることになる。また,国際障害者年(1981年)以降,ノーマライゼーションの理念にも影響を受け,重度の障害を担う人が,可能な限り住み慣れた地域で,自立した生活を送るための質の高いサービスを求めるなど,社会福祉ニーズはより高度化,および多様化していく[19]。

　高齢者医療についても,1982年に制定された老人保健法に基づき,医療費の自己負担の無料制度を改め,一部負担が導入された。そして,高齢者の社会的入院の問題が深刻化するなかで,もはや老人福祉対策だけでの対応は難しく,中間施設について検討されるようになる[20]。1985年8月に中間施設に関する懇談会が「要介護老人対策の基本的考え方といわゆる中間施設のあり方について」を公表した。ここでは,要介護状態になった場合,「家庭で必要な医療,適切な看護・介護が行われることを誰もが望んでいるが,最後は,多少経済的な負担がかかっても,このような要介護老人を引き受け,必要な医療・介護を行っ

てくれる場所がほしいというのが国民の本当の気持ではないだろうか」,「要介護老人対策は，人間としての尊厳性に根ざし，要介護老人の主体性，自立性を最大限に尊重したものでなければならず，そのニードに対応したきめ細かなサービスが要介護老人の立場に立って提供されていかなければならない」と述べている。また，公的施策の充実とともに民間活力の導入により,「多様化するニードに的確に対応したサービスが，量的にも，質的にも確保されるよう，将来への展望を踏まえ計画性に基づいた施策が推進されなければならない」としている。すなわち，多様化するニーズに対応するための質の高いサービスが提供できる中間施設（老人保健施設）の必要性，そのための適正な経済的負担の妥当性を訴えている。このような，質の高いサービスを提供することが期待された，老人保健施設における「老人保健施設の施設及び設備，人員並びに運営に関する基準」には，質の向上に関する明文規定はない。しかし，質の高いサービスを提供するために，職員の資質向上のために研修の機会を確保する（第7条），施設療養については療養上の目標を設定した上で漫然且つ画一的なものとならない（第18条），入所者の状態，嗜好，栄養，時間，食堂を考慮した食事や適切なおむつ交換に関する規定（第23条）がある。ケアの内容に関するこれらの規定は，当時の老人ホームの「運営基準」には見当たらないものである。

　その後のケアの質に関する政策展開について検討してみると，まず，1986年6月に「長寿社会対策大綱」が閣議決定された。大綱の健康・福祉システムの項においては，とくに，サービス利用負担の適正化の推進と国民のニーズの多様化・高度化に対応するための私的サービスの育成・活用を図ることが述べられている。また，この大綱と前後して公表された全国社会福祉協議会社会福祉基本構想懇談会の提言「社会福祉改革の基本構想」においては，ニーズの変化と多様化に即応する社会福祉サービスの発展を，時代遅れとなった社会福祉制度の基本的枠組みが阻害しはじめていると述べている。さらに，高齢者対策企画推進本部報告においても，ニーズの増加・多様化に対応する制度の構築を訴えている。そして，高齢者対策の基本的方向としては，「自立自助と支援システムの構築」，「社会の活力の維持」，「地域における施策の体系化と家族への支援システムの強化」，「公平と公正の確保」，「民間活力の導入」の五つを挙げた。

「民間活力の導入」では，高齢者のニーズの多様化に対応する選択可能なサービス提供の手段として，民間活力の積極的な導入を図るという改革の方向を出し，マンパワーの量的な確保とサービスの質の向上を訴えている。

　このように，社会福祉制度の「改革」の構想が提起されるようになり，1986年には中央に設置された社会福祉関係の三つの審議会，中央社会福祉審議会企画分科会，身体障害者福祉審議会企画分科会および中央児童福祉審議会企画部会が合同企画分科会を設けて，社会福祉制度改革についての審議を開始した。そして，3年の議論の末，1989年3月30日に意見具申「今後の社会福祉のあり方について」を行った。ここでは，国民の福祉需要が多様化，高度化しつつ増大していることに対応しながら社会福祉の新たな展開を図るために，「福祉サービスの一層の質的量的拡充を図るとともに，ノーマライゼーションの理念の浸透，福祉サービスの一般化・普遍化・施策の総合化・体系化の促進，サービス利用者の選択の幅の拡大等の観点に留意しつつ，（略）新たな社会福祉の展開を図ることが重要である」とした。また，「市町村の役割重視」，「在宅福祉の充実」，「民間福祉サービスの健全育成」，「福祉と保健・医療の連携強化・総合化」，「福祉の担い手の養成と確保」，「サービスの総合化・効率化を推進するための福祉情報提供体制の整備」，の六つの側面に注目している。次に，見直しの具体的方策としては，5項目を挙げ，第一は「社会福祉事業の範囲の見直し」で，シルバーサービスを法的に位置づけること，第二は「福祉サービス供給主体のあり方」で，供給主体の多様化を目指すこと，第三は「在宅福祉の充実と施設福祉との連携強化」で，介護の社会化の方向性が認識でき，第四は「施設福祉の充実」で，措置制度の煩雑さを指摘して入所手続の簡素化を提言している。しかし，措置制度の存在そのものについては肯定している。また，施設の居住環境の向上に向けて努力を継続し，施設入所者の処遇水準の向上を図っていく必要があるとしながらも，「運営基準」の改善については，当面改正する必要はないとしている。第五は「市町村の役割重視，新たな運営体制の構築」で，「住民に身近な行政は，可能な限り，住民に身近な地方公共団体が実施する」と基本方針を述べ，社会福祉従事職員の資質向上と社会福祉士および介護福祉士の活用などの課題についても言及している。この意見具申は，施設のいわゆる最低基準の改善には及ばなかったものの，処遇水準の向上と社会

福祉従事者の資質の向上を提言するものとして，注目される。

そして，いよいよ1990年の福祉関係八法改正により，地方分権による市町村の役割重視，施設福祉中心主義から地域・在宅福祉中心への変革，福祉サービス供給主体の多元化，受益者負担や応能負担の問題，マンパワーの専門化など，上述の意見具申の内容をほぼ盛り込んだ社会福祉改革が実施され，現在に至るのである。

以上のように，利用者の生活水準の向上により高度化した福祉ニーズに対応するために，すでに，1970年代には，ケアの「質」に関心がもたれるようになっていた。そして，1980年代を中心とした社会福祉の普遍化と有料化の進展により，ケアの質の向上は必然的なものとなっていく。また，社会的な背景として，低経済成長下において，公的規制の範囲の拡大や乱用が問題視され，規制緩和のための諸施策が社会福祉の分野にも例外なく及んだ。この規制緩和と社会福祉サービスの量的充実を背景に，社会福祉施策は，国が公的責任として実施するものから，国が委託した民間事業者によるサービスやシルバーサービスへと進展していった。その結果，民間事業者によるケアサービスは，ある程度国民に受け入れられ，利用者の選択，および契約によるサービスの利用が進展し，それはまた，社会福祉の質と量，両面からの充実を施策として位置づけることを迫られる要因ともなった。

しかしながら，措置制度は継続され，「運営基準」の改善もなされなかった。それは，1989年の高齢者保健福祉推進10か年戦略（以下，ゴールドプランと称す）にみられるように，まず，社会福祉サービスの量的拡大に力点が置かれたからである。顕著な例として，ゴールドプランによるホームヘルパーの人数の具体的な数値目標では，1989年当時約3万人だったものを，10年後に10万人に増やそうとしている。そして，ある程度の量的整備についての目安がついたところで，1990年の福祉関係八法改正を経て，厚生省（当時）は，1993年度から，「特別養護老人ホーム・老人保健施設サービス評価事業」を開始した。これは，ケアの質の向上を目的とした第三者評価事業であり，その詳細は，本章第三節で述べる。この第三者評価事業の実績を踏まえ，翌年の改正で老人福祉法20条の2，および老人保健法46条の8第4項に処遇の質に関する自己評価の努力義務規定が明文化された。ゆえに，ケアの質への関心は，より高まる結果となる。

そして，介護保険制度の導入による社会福祉サービスの措置から選択による利用への転換が，ケアの質を保障するための政策を必要不可欠なものとして押し上げ，前述した介護保険法や社会福祉法への質の評価に関する明文規定として具体化されたのである。

第二節　高齢者施設における「運営基準」と「指導監査」

1．高齢者社会福祉施設の「運営基準」

「運営基準」は，1966年に省令として制定され，第1章総則，第2章養護老人ホーム，第3章特別養護老人ホームの3章からなり，1998年の改正においても制定当初の原型をとどめたままであった。しかし，介護保険法の制定や社会福祉基礎構造改革に関する検討に伴い，1999年に「養護老人ホームの設備及び運営に関する基準」(29)に改正され，新たに「特別養護老人ホームの設備及び運営に関する基準」(30)が定められている。

措置制度下の「運営基準」は，(31)設備や職員配置の基準が中心である。居室の定員に関し，特別養護老人ホームは，1987年の改正で8人以下から4人以下へ，養護老人ホームは，1986年の改正で4人以下から2人以下となった。職員配置基準に関しては，特別養護老人ホームの入所者6人に寮母（現介護職員）1人以上という基準が，1967年の改正で5人に1人以上，1984年の改正で4.5人に1人以上，1987年の改正で生活指導員，寮母（現介護職員）および看護婦（現看護師）又は准看護婦（現准看護師）の総数が4.1人に1人以上となった。養護老人ホームについては，入所者20人に1人以上という基準が，1984年の改正で11人に1人以上，1987年の改正で生活指導員，寮母（現介護職員）および看護婦（現看護師）又は准看護婦（現准看護師）の総数が9.3人に1人以上となった（表2-1）。

一方，ケアの内容に関する規定として，養護老人ホームに関しては，第14条「給食」，第16条「衛生管理」と第17条「生活指導等」がある。特別養護老人ホームに関しては，第14条，第16条，第17条を準用するほか，第21条「介護」，第22条「健康管理」，第23条「医療」がある。とくにケアの内容に迫る規定と捉えられるのは，第14条第1項「給食は，食品の種類及び調理方法について栄

第2章 ケアの質を保障する評価制度

表2-1 「運営基準」による基準の変化

	特別養護老人ホーム（年）	養護老人ホーム（年）
居室の定員	8人以下→4人以下（1987）	4人以下→2人以下（1986）
職員配置基準	6：1 → 5 ：1（1967） 5：1 → 4.5：1（1984） 4.5：1 → 4.1：1（1987） 4.1：1 → 3 ：1（1999）	20：1 → 11 ：1（1984） 11：1 → 9.3：1（1987）

養並びに被収容者の身体的状況及び嗜好を考慮したものでなければならない」，第17条第1項「養護老人ホームは，被収容者に対し，生活の向上のための指導を受ける機会を与えなければならない」，同第2項「（略）被収容者に対し，（略）機能を回復し又は機能の減退を防止するための訓練に参加する機会を与えなければならない」，同第3項「被収容者の日常生活に充てられる場所は，必要に応じ，採暖のための措置を講じなければならない」，同第4項「1週間に2回以上，被収容者を入浴させ又は清拭しなければならない」，同第5項「教養娯楽設備等を備えるほか，適宜レクリエーション行事を行わなければならない」や，特別養護老人ホームに関する第21条「特別養護老人ホームは，被収容者に対する介護を常時行うことができるように職員の勤務の体制を定めておかなければならない」がある。制定当初からのこれらケアの内容に関する基準については，文言などの微少な改正にとどまる。

　これらの規定を，介護保険法の制定以降である1999年に改正されたものと比較すると，養護老人ホームに関する規定は，ほぼ同じである。第17条の「生活指導」に関する項目においても，1987年に被収容者が入所者に改正されたのみである。一方，特別養護老人ホームに関しては，1999年制定の「特別養護老人ホームの設備及び運営に関する基準」において，名称変更とともに大幅な改正が行われた。とくに，第13条「入退所」，第14条「入所者の処遇に関する計画」，第15条「処遇の方針」，第17条「食事の提供」，第18条「相談及び援助」，第19条「社会生活上の便宜の供与等」，第20条「機能訓練」，第24条「勤務体制の確保等」，第28条「秘密保持等」，第29条「苦情処理」の項目が新たに設けられている。また，職員配置基準は，生活指導員，介護職員及び看護師又は准看護師の総数が入所者3人に1人以上と改正され，第16条「介護」の項においては，項目数が増え，詳細かつ具体的な内容となっている。

このように措置制度下の「運営基準」は，制定以来，ほぼ改正されずにいた。そのなかでも，「収容」という文言が「入所」に改められたことは，前述した社会福祉の普遍化による意識変革の表れだと考えられる。そして，居室の入所定員や，介護職員の配置基準など，ケアの構造面の基準がいくらか改善された。しかし，ケアの内容に関する基準，たとえば第17条「生活指導等」，および第21条「介護」については，30年以上全く改正されなかった。よって，ケアの質の保障に関する政策提言は，1970年代からなされていたものの，ケアの内容の改善に向けて，「運営基準」の改正は行われなかった。ゆえに，特別養護老人ホームのケアの内容の「運営基準」の改正は，介護保険法の制定や社会福祉基礎構造改革の検討を待たねばならなかった。

2．高齢者社会福祉施設における「指導監査」

1）高齢者社会福祉施設における「指導監査」の概要

　老人福祉法制定当初，「指導監査」は，1963年8月1日付社発第525号通知「老人福祉法の施行に伴う留意事項等について」により，1年に1回以上行わせるとし，「昭和30年10月14日付社発第733号通知『生活保護法による保護施設に対する指導監査について』の規定中養老施設に係る部分を準用すること」とされた。社発第733号通知の別紙「指導監査実施要領」には，定款や管理規定の有無，職員の配置や事務処理の体制，会計や経理，施設の構造設備や処遇について記載されている。すなわち，監査項目は，ケアの外形的なものである施設の経理や構造設備を中心としている。

　その後，1969年「社会福祉施設の指導監督について」[32]，1972年「社会福祉施設に対する指導監査の強化について」[33]，1979年「社会福祉法人監査指導要綱の制定について」[34]による監査指導要綱の制定，1980年「社会福祉法人及び社会福祉施設に対する指導監督の強化について」[35]，1988年「社会福祉法人及び児童福祉施設等に対する指導監督の強化について」[36]，と複数の通知が出された。これらの通知により，「指導監査」は，事業費や事務費の適正執行を主眼とした経理中心のものから，施設の運営管理面，入所者の処遇面を含めた総合的な観点での実施へと変容し，監督体制の強化，および充実が求められた。介護保険法制定後の1998年「老人福祉施設等に係る指導監査の実施について」[37]においては，

監査の着眼点について詳細な記載がなされており，行政による監査の強化は今日まで続いている。

　この1998年の通知によるケアの内容に関する食事，入浴，排泄といった介護の代表的なものについては，独立した項目とし，監査の着眼点をより詳細，かつ具体的に記載している。たとえば，「食事」の項目では，「入所者がくつろいで食事ができるよう配慮がなされているか」，「嗜好調査，残食（菜）調査及び検食調査結果等を踏まえて，入所者の評価が献立に反映され，食事のメニューに工夫がなされているか」，「食事の時間は，家庭生活に近い時間になっているか。（特に夕食時間は17時以降となっているか）」など，13項目が記載されている。入浴の回数についても，「入所者の入浴は，1週間に少なくとも2回以上行っているか。また，次回の入浴までの間については，必要に応じて清拭等を行っているか。特に，入浴日が行事日・祝日等に当たった場合，代替日を設けるなど週2回の入浴が確保されているか」，「自力で入浴可能な者については，入浴回数を増やす配慮を行っているか」など具体的である。また，「運営基準」に定められ，30年以上改善されなかった1週間に2回の入浴に対し，「1週間に2回の入浴の間に清拭等を行っているか」との記載は，ケアの内容の改善を図るものとして，注目される。

2）「指導監査」の結果に基づく是正措置

　老人福祉法には，養護老人ホームおよび特別養護老人ホームに対して，制定当初から，第18条に報告の徴収や実地での監督，第19条第1項に施設の設備や運営の改善，事業停止や事業廃止の各命令，及び認可の取り消しが規定されていた。社会福祉事業法においても，第54条，第55条に報告の徴収や実地での監督，事業の改善命令，役員の解職勧告，事業停止命令などが規定されている。老人福祉法制定当初に適用された「生活保護法による保護施設に対する指導監査について[38]」における，「指導監査」の結果に対しては，監査終了後，施設側に講評および指示を行い，改善または是正を要する事項を文書で指示し，指示事項に対する施設がとるべき措置について期限を付して報告を求め，必要に応じて実施状況を確認する，とあるが，改善措置が講じられない場合の措置は記載されていない。1987年に出された「社会福祉施設における運営費の運用及び指導について[39]」には，改善措置が講じられない場合の措置が記載されている。

その内容は，入所者の処遇に影響を及ぼす場合の新規入所措置の停止，入所者の他の施設への措置替え，また，運営費の不当支出や職員の未充足などの場合の管理費加算分や人件費加算分の減額，氏名の公表などである。

しかし，「指導監査」の結果，上記のような是正措置がとられているのか，また，指示事項に対する改善の有無の確認を行っているのかは定かでない。「これらの制裁手段がとられることはほとんどなく，もっぱら，こうした権限を背景とした是正指導により改善がはかられてきている[40]」との指摘がある。また，1991年に総務庁が実施した社会福祉法人の指導監督に関する行政監察の結果，「指導監査の結果に基づく文書指導事項が改善されていない場合に，その後の指導監査においても同様の指導及び改善措置状況の報告聴取を繰り返すのみで，改善命令等の効果的な措置をほとんどとっていない[41]」と述べられている。したがって，老人福祉法や社会福祉事業法に規定されているような，事業の停止命令や廃止命令などが実際にとられることはほとんどないと考えられ，「指導監査」の結果に対する是正をいかにすすめていくのかについては，課題が残る。

「指導監査」は，根拠となる「運営基準」の改正がほぼなされなかったにもかかわらず，複数の通達や通知によって強化されてきた。監査項目は，経理や施設の設備に重点が置かれたものから，ケアの質にも着目されるようになった。とくに介護保険法の制定や社会福祉基礎構造改革の検討以降は，監査の着眼点が詳細かつ具体的に記載されている。そのため，今後も「指導監査」は，ケアの質の保障に対して，重要な役割を果たすと考えられる。しかしながら，年に1度の予告した上での監査であるためにケアの内容に踏み込んだ問題点を発見して是正することができない[42]，および問題点の指摘がなされても改善に結びつかないなどの限界[43]，一般職による実地調査に対する疑問の声や監査の結果についての情報が公開されない[45]などの問題もある。

以上のことから，「指導監査」は，ケアの質の保障を目的とした場合，その質に関する最低基準保障としての役割を担うものである。指摘される問題点に対する改善の必要があるが，たとえいくらかの改善が図られても，「指導監査」の限界は，依然として残ると考えられる。その限界に対しては「指導監査」以外の仕組みの構築が必要となる。

第三節　高齢者施設における第三者評価

1．特別養護老人ホーム・老人保健施設サービス評価事業

　第一節で触れたように，1989年策定のゴールドプランに基づき，サービスの量的確保に目安を付けたところで，サービスの質の確保，および向上を図ることが，今後の課題とされた[46]。そして，介護保険制度構想が表面化する1993年度[47]から，厚生省（当時）は国の補助事業として，都道府県を実施主体とした特別養護老人ホーム・老人保健施設サービス評価事業（以下，施設サービス評価事業と称す）を開始した。この施設サービス評価事業を踏まえ，翌1994年の改正により老人福祉法，および老人保健法にサービスの自己評価の努力義務が規定された。なお，在宅福祉サービス評価事業については，1996年度より実施されている。そして，介護保険法には，全てのサービス事業者に対するサービスの質の自己評価に関する努力義務が規定され，それぞれのサービスの「運営基準」[48]には，サービスの質の自己評価と，その改善を図る旨が規定されている。

　このように，施設サービス評価事業は，介護保険制度の構想とともに急速に活発化し，介護保険制度導入に向けての条件整備的な側面をもっていたと考えられる。

1）施設サービス評価事業の概要

　施設サービス評価事業は，老計第77号通知「特別養護老人ホーム・老人保健施設サービス評価事業の実施について」（1993年5月26日付）に付された実施要綱に基づき実施された[49]。実施要綱によれば，施設サービス評価事業は，入所者の自己決定，残存能力の活用，サービスの継続性を基本理念とし，施設自らが提供するサービス水準の向上を支援することを目的としている。そして，実施組織である都道府県設置のサービス評価委員会は，幅広い観点から評価を行うために，保健・医療・福祉関係者，有識者，住民などから構成された。また，施設の特性を考慮し，特別養護老人ホーム（以下，特養と称す）部会と老人保健施設（以下，老健と称す）部会を設けている。

　評価の手順は，まず，評価の受け入れを希望した施設が，サービス評価基準に基づき自己評価を行う。自己評価後，施設はサービス評価委員会に実地調査

表2-2 サービス評価基準の例

1　食事をおいしく，楽しく食べるための食堂の雰囲気づくりを行っていますか
A：□Bを満たしている上で，観葉植物を置いたり，音楽を流したり定期的にイベントメニューを設ける等，施設独自の工夫をしている。
B：□食堂の採光に気を配っている。 　　□照明設備に工夫している。 　　□椅子・テーブルに工夫している。 　　□食器類に気を配っている。 　　□見ても楽しめるような盛りつけ等の工夫をしている。
C：□Bのいずれかは実施している。
D：□雰囲気作りの工夫はみられない。

を申出，その申出により，委員が1日程度施設に赴き，実地調査による評価を行う。その際，自己評価と同様のサービス評価基準を使用し，施設におけるサービス水準の公平かつ客観的な評価を行う。実地調査終了後，施設関係者とサービス内容の改善方法に関する意見交換を行い，サービス水準の向上に向けた助言を行う。サービス評価委員会は，評価結果を取りまとめて施設に通知し，施設は，評価結果に付された助言をもとに改善に取り組むことになる。その後，施設側が改善を行った場合に再評価を実施し，再評価の結果，改善が認められた場合に評価結果の公表を行うとしている。

2）サービス評価基準

　サービス評価基準は，全国社会福祉協議会が厚生省（当時）の委託を受けて作成したものである[50]。サービス評価基準の評価項目の構成は，食事，入浴などの日常生活援助サービス39項目，看護・介護などの専門的サービス18項目，そのほかのサービス8項目，地域連携11項目，施設設備環境11項目，運営管理13項目の100項目である。また，評価項目は，特養と老健双方が使用する共通用，特養のみで使用する特養用，老健のみで使用する老健用，老健のみが評価する老健専用項目が設けられている。

　評価は，A，B，C，Dの4段階でなされ，それぞれの判断基準が示されている（表2-2）。段階評価Aは，Bランクの評価項目を全て満たした上で，施設独自の工夫を認める場合である。段階評価Bは，Bランクの評価項目全てを満たし，段階評価Cは，Bランクの評価項目のうちいずれかを満たしている場合である。段階評価Dは，その評価項目についての工夫が全く見られない場合であ

る。

3) サービス評価の実際

　ここで，1993年度から1999年度までに実施された熊本県の施設サービス評価事業について，報告書に基づき検討する(51)。熊本県は，九州地区では唯一，本事業が制度化された初年度から，施設サービス評価事業に取り組んでいる。1993年度当初，サービス評価委員会は，特養部会と老健部会の二つの部会に分かれ，担当施設の評価を実施していた。すなわち，特養部会が特養を，老健部会が老健を評価していたのである。しかし，介護保険法施行を控えた1998年度からは，特養と老健はともに介護保険施設になることを踏まえ，部会を統合してチームを構成し，隔たりなく双方の施設を評価する手法をとった。1993から1999年度の7年間，特養と老健各33施設，延べ66施設を評価し，1999年度には，特養と老健各1施設の2施設を再評価した。なお，熊本県下には2000年10月現在で，特養104施設，老健75施設があった（2008年7月1日現在では特養116施設，老健86施設がある）。

　サービス評価委員の構成は，2部会に分かれていた1994年度までは，医師，有識者，看護師，理学療法士，栄養士，相談指導員，事務管理，住民代表から構成し，両部会合計28人で対応していた。統合されてからは，有識者（2人），保健（2人），医療（2人），福祉（3人），住民代表（2人）から選出され，1999年度は，学識経験者，建築士，医師，栄養士，看護師，作業療法士，特別養護老人ホーム施設長，社会福祉士，介護福祉士各1人，および住民代表のぼけ老人を考える会（当時）と熊本市ボランティア連絡協議会から各1人で構成された。

　熊本県の施設サービス評価事業の特徴として，まず，老健部会において，実地調査を受けない施設についても，毎年自己評価を実施したことが挙げられる。そして，1996年度までの自己評価結果を集計して，報告書に掲載している。よって，老健におけるサービス評価基準に基づく自己評価は，施設サービス評価事業の実施当初から定着していたと考えられる。一方の特養部会においては，1996年度まで，実地調査を受けた施設についてのみ再自己評価を実施し，サービスの質の改善点について，写真などを添付して報告させていた。たとえば，1993・94年度に実地調査を受けた11施設の再自己評価における改善項目28件，

1995・96年度に実地調査を受けた12施設の再自己評価における改善項目41件について，その内容を報告書に掲載している。

次に，熊本県は，施設サービス評価事業を，おおむね実施要綱に沿って実施していたが，実施主体としての県の自主性をいかし，サービス評価基準を独自に変更し，介護保険制度をにらんで，特養部会と老健部会を一つの評価部会に統合した。少なくとも熊本県には，施設サービス評価事業に積極的かつ自主的に取り組む実施主体としての姿勢が窺える。

また，報告書の改善事例，および優良事例として紹介されているものからは，施設の努力や工夫を窺い知ることができる。まず，食事の選択の項目では，特別行事の際にのみバイキング方式をとっていたものを，毎日の朝食について，主菜は同じでも副菜を数種類用意したり，主菜の複式献立を月1回実施していた施設が週1回に頻度を増やしたりしている。そのほか，外出や外泊への援助の項目では，故郷訪問や個別に出身地の祭りへ参加し，外出や外泊の頻度が高い施設を認める。すなわち，サービス評価事業は，本書が着目するケアプロセスの質を，少なからず向上させている点に着目できる。

4）熊本県における施設サービス評価事業の効果と課題

まず，特養部会の報告書によれば，1993・94年度は，段階評価Aが自己評価29.6％に対し委員評価47.3％，Bは45.7％に対し45.0％，Cは22.5％に対し7.1％，Dは2.2％に対し0.6％となっている。1995・96年度は，段階評価Aが自己評価18.5％に対し委員評価11.5％，Bは45.5％に対し55.5％，Cは34.5％に対し32.4％，Dは1.4％に対し0.6％である。このように，当初は「サービス評価基準」の解釈が徹底しておらず，自己評価と委員評価に格差が生じていた。とくに委員評価では，Bの大部分を満たした上で独自の工夫が認められればAと評価するなど，評価の甘さが見受けられた。一方で，施設が，提供するサービスを厳しく自己評価する傾向があったとも言えよう。次に，1999年度に実施された再評価では，再評価を受けた2施設双方に，前回指摘された点について顕著に改善が認められたとしている。よって，施設サービス評価事業は，ケアの質の改善に対し有効である。

しかしながら，いくつかの課題がある。第一に，事業の予算上の制約，サービス評価委員の確保に関する人的資源の問題，時間的な制約などから実地調査

数に限りがあり，実地調査を受けていない施設が多数存在する点である。また，実地調査は，施設側からの申出により行っているため，実地調査を受けた施設は，比較的サービスの質の確保に熱心な施設であると考えられる。よって，まずは全施設が実地調査を受けることが必要である。

　第二に，評価委員の質の確保である。評価委員の構成に関し，同じ種別の施設職員を選任しているが，評価がやりにくいと考えられる。また，報告書からは，評価委員のなかで，評価の視点など共通認識をもつことの困難さが感じられた。

　第三に評価の継続性を確保することである。今回検討したサービス評価は，ケアの実際を一時点で評価している。熊本県では，7年間で2施設のみが再評価を受け，そのほかの特養31施設，老健31施設は，再評価を受けていないため，継続的な評価手法について検討する必要がある。

　第四に評価結果の未公表が挙げられる。熊本県では，公表の必要性を認識しているが，1999年度時点では，事前に評価結果の公表に対する了解を得なかったこと，実地調査の施設数が少ない現状では，特定施設のPRになりかねないことを理由に公表していない。

　これらの課題の多くは，熊本県に限らず，全国的なものとして捉えることができる。

2．病院機能評価事業

　医療は，措置制度下の福祉サービスとは異なり，患者の医療機関の選択に基づいて提供されてきたが，医療の質についても，福祉サービスの質と同様に関心が高まりつつある。適切で安心できる質の高い医療が，強く求められるようになった背景には，(1)急性疾患から慢性疾患へ変化した疾病構造，(2)医療の量的整備の進展，(3)医療の専門分化による弊害，(4)医療に対する国民の知識の増大，(5)医療ニーズの多様化などの事情があった。また，医療の基本的方向として，「(1)パターナリズムからパートナーシップへといった医師—患者関係の変化の認識，(2)情報の重視，(3)医師の視点から患者の視点への変化」などが挙げられる。このような状況下で，1985年，厚生省（当時）と日本医師会が，質の高い医療サービスの提供を目的に「病院機能評価に関する検討会」を設置し，[52]

2年後の1987年に自己評価を前提とした「病院機能評価マニュアル」[53]を公表した。そして、1990年に、「医療の質に関する研究会」が発足し、第三者評価活動のモデルを創設する。

これらの動向が立法にも反映され、1992年の医療法の改正により、第1条の2第1項に医療提供の理念が規定された。すなわち、「医療は、生命の尊重と個人の尊厳の保持を旨とし、(略)その内容は、単に治療のみならず、疾病の予防のための措置及びリハビリテーションを含む良質且つ適切なものでなければならない」である[54]。

その後、第三者評価が進展するなか、1995年に財団法人「日本医療機能評価機構」(以下、評価機構と称す)が、「国民の医療に対する信頼を揺るぎないものとし、その質の一層の向上を図るために(略)医療機関の機能を学術的観点から中立的な立場で評価し、(略)問題点の改善を支援する第三者機関として」[55]医師会、厚生省(当時)、そのほかの医療関係団体の出資とリーダーシップのもと設立された[56]。評価機構が行う事業は、主に、病院機能評価事業、医療評価に関する研究・開発事業、病院機能評価・改善支援事業の三つである[57]。

次に、第三者評価の意義、および課題について理解を深めるために、前述した施設サービス評価事業との比較を視野に入れながら、病院機能評価事業の検討を進める。

1) 病院機能評価事業の概要

評価の対象病院は、地域密着型で比較的規模の小さい一般病院A、国公立病院など組織の体制がしっかりしている比較的規模の大きい一般病院B、同じように精神病院Aと精神病院B、長期療養施設病院の5種類に区別される[58]。

評価の手順[59]は、まず、評価機構が、病院機能評価の申込みをした病院を対象に審査の流れや仕組みについて説明会を行う。次に、評価は、自己評価を含む書面審査と訪問審査の2段階で行われる。対象病院から事前に書面を提出させ、評価者が訪問審査の前に行う書面審査と、事情を把握した複数の評価者が1日現地に出向いて行う訪問審査である。自己評価と訪問審査時の評価項目は同一であり、訪問審査では、病院の基本的事項や全般的問題について評価者全員が管理者などと面接を行い、その後それぞれの専門領域について審査を行う。1日という限られた時間のため、とくに記録物を中心に行われ、訪問審査後、評

価者は各自の評価結果を持ち寄って検討を加え，責任者が審査結果報告案を評価機構に提出する。この報告案が詳細に検討され，評価委員会において承認されることになる。

評価者（サーベイヤーと呼んでいる）については，高度の経験を必要とするため，この事業で養成し，委嘱している。また，評価者の8～9割が現任の管理者であるため，公平性・中立性を保つ目的から，施設と同じ都道府県の評価者が出向くことは無い。また，評価料については，長期療養病院の場合，200床未満であれば140万円，200床以上であれば180万円，再審査の場合は評価者1人で18万円，2人で20万円（10万円/1人），書類のみの場合が3万円となっている。

2）評価項目

評価項目について，ここでは，施設サービス評価事業との整合性を考慮し，高齢者を対象にケアを提供している，長期療養施設病院の評価項目に沿って述べる。[60] 長期療養施設病院の評価は，「病院の理念と組織的基盤について」「地域ケアへの参加とサービスの継続性」「診療内容の評価」「ケア（看護・介護）の適切な提供」「患者（療養者・利用者）の満足と安心」「運営管理について」「リハビリテーションとQOLへの配慮」，の七つの領域から構成されている。そして，各領域は大・中・小3項目から成り，中項目が評価の中心である。中項目は5段階で評価し，その判断基準となる小項目を3段階で評価する仕組みである（表2-3）。中項目の評価「5」は極めて優れた状況であり，「1」は早急な対応が求められる場合である。一般的に適切な状況が「4」，標準的評価が「3」，問題の改善が望まれ，対応すれば一般的な水準に到達可能な場合に「2」と評価される。

審査結果報告書には，中項目の評価結果のほか，大項目ごとに，優れた部分や問題点をまとめた「所見」と「総括」が掲載される。中項目の87項目全てが「3」や「4」，あるいは「5」といった質的水準に達している場合，認定証が発行される。「2」や「1」の判定があった場合，評価者が，書面審査の実状も合わせて検討し，改善要望事項をまとめ，認定を留保する。認定留保の判定を受けた病院は，改善要望事項に応じて改善に取り組み，審査結果受領後1年以内に再審査を受け，改善されれば，認定証が発行される仕組みである。この

表2-3 病院機能評価項目の例

5.2.3　食事の快適性に配慮している	（5・4・3・2・1・NA）
5.2.3.1　食事時刻に配慮している　夕食の配膳時刻が午後6時以降であること	（a・b・c・NA）
5.2.3.2　食事の温度管理が適切に行われている	（a・b・c・NA）
5.2.3.3　メニューの選択が可能である	（a・b・c・NA）
5.2.3.4　食器や季節感等さまざまなくふうがなされている	（a・b・c・NA）
5.2.3.5　利便性・快適性に配慮した食堂がある	（a・b・c・NA）

認定証の有効期間は5年間である。

3）病院機能評価事業の実際，および課題

　2000年7月24日現在で認定された病院は350病院であり，全国9,400余の病院の4％弱にすぎなかったが，2008年9月29日現在では2,527カ所（約27％）[61]　[62]と増えてはいる。また，審査を受けた病院には，認定されるまで改善のための相談助言を評価機構が行っている。

　課題としては，第一に評価を受ける施設が少ないことが挙げられる。評価機構は，当初，毎年千病院の評価を見込んだが，及ばなかった。理由として，病院が従来から閉鎖的であることを払拭できない今日において，病院機能評価事業が申請主義であるとともに有償であること，その費用が比較的高額であることが挙げられる。すなわち，医療の質の向上に対する強い意欲がないと評価を受けるまでには至らないと考えられる。また，認定を受けても受けなくても病院の収益に影響しないため評価を受けない[63]との指摘もある。

　第二に，医療法に良質な医療を提供する旨の目的や理念が規定されたものの，医療の質の評価に関する規定がないことも，病院機能評価事業が進展しない要因と考えられる。老人福祉法，介護保険法，社会福祉法と同様に，医療の質の評価に関する規定が望まれる。

　第三に，評価者が医療の専門家であるため，患者の視点に欠けることである。医療の閉鎖的な体質を払拭するためにも，患者の視点は重要である。

　第四に，評価項目の判断基準が不明確である。5段階評価において，優れていれば「5」，一般的であれば「3」など，判断基準が抽象的である。どこまでできていれば「5」であるのか，当事者である医療提供者や患者に理解しやすい判断基準が求められる。

　第五に，評価結果の公表が不十分である。2000年に朝日新聞社が実施したア

ンケートによれば,審査を受けても,7割を越える病院が評価結果を公表していない。評価機構では,認定証を発行した病院名に限って公表しているが,評価結果そのものについては,評価を受けた病院の責任での公表を求めている。しかし,評価結果を何らかの方法で公表している病院は,24%にすぎず,公表の範囲も病院により差がある。未公表の理由は,「病院内部の検討に役立てるため」76%,「細かすぎて患者や家族には理解しにくい」29%,「要望がない」16%となっている。一方,公表する理由は,「知ることは患者の権利だから」78%,「結果が良かったのでPRになる」28%である。これでは,たとえ評価を受けても,前述した「国民の医療に対する信頼を揺るぎないものとする」という病院機能評価事業の目標には届かない。また,「病院内部の検討に役立てるため」に評価を受けるのであれば,それは病院の自己満足にとどまり,閉鎖的な体質を払拭することは困難である。

3．第三者評価の意義と課題
1）第三者評価の意義

第三者評価は,最適基準を目標とした,ケア提供者の自主的な取り組みに基づく評価である。最適基準を満たしていないからといって,先に検討した「指導監査」のように,行政上の処罰に結びつくものではない。ゆえに,第三者評価の意義は,第一にケアの質を強制的に確保するものではなく,自主的な改善意欲を引き出し,取り組ませるところにある。「指導監査」のように最低基準を満たした一定のケアを提供していればよしとするのではなく,最適基準に近づき,最大限達成可能なレベルまで質を高めていくところに重視すべき意義がある。

第二に,ケア提供者自らが自己評価により問題点を把握し,第三者評価に向けて,自主的に改善を目指して取り組む。また,第三者評価終了後も評価機関と協働して改善に取り組むという効果的な過程が挙げられる。この過程により,「指導監査」のような公的規制では得難い効果が期待される。

第三に,自己評価による内部評価に加えて,第三者評価を行うことで,正当な評価が得られることである。内部評価は,比較的容易に実行できる評価手段であるし,ケアの質の保障に対して重要な役割を果たすとされる。その上に第

三者評価を行うことで，客観的な評価としての正当性を得，評価結果を施設全体におけるケアの質の改善意欲に結びつけるほか，利用者への有効な情報として提供できる。

　第四に，以上のような，ケア提供者の自主的な意欲により最大限達成可能なレベルまでケアの質を高めていくことや，評価機関との協働作業，自己評価と第三者による評価の二段構造などの第三者評価の仕組みは，本書が重視するケアプロセスの質の向上を目的とした評価手段として，適切である。実際に，本節で検討した第三者評価の評価基準や評価項目には，ケアプロセスに関するものが多く含まれ，また，サービス評価事業においては，ケアプロセスの質の向上が認められている。

　2）第三者評価の今後の課題

　施設サービス評価事業に対しては，第一に日本医療機能評価機構のように，評価機関を設立し，組織化することである。これにより，評価の第三者性（中立性・独立性・倫理性），専門性，実行能力，安定性，透明性の保障が可能となる。また，技術革新への迅速な対応，評価基準の柔軟な改訂，評価対象と評価機関の協働によるケアの質の向上など利点がある。そのほか，物理的な要因で評価施設数を1カ月に2施設程度と制限する必要もなく，組織が評価者を養成することで，評価者の質を確保できる。[67]

　第二に，期限付きの認定証を発行することである。認定証に期限を付すことで，評価の継続性を確保できる。

　一方，病院機能評価事業に対しては，第一に，評価の過程に患者の視点を加えることが必要である。施設サービス評価事業において，実地調査に住民代表の参加があるが，病院機能評価事業においても評価者に患者代表を加えることも一つの方法である。患者の視点が加わることで，医療界に対して真に第三者の立場から適正な評価を期待できる。福祉サービスの質に関する検討会が2000年6月に出した「福祉サービスの第三者評価に関する中間まとめ」（以下，中間まとめと称す）では，評価調査者には，社会福祉士，介護福祉士，医師などのように専門知識や資格を有する者と，資格は有しないが，研修により一定の知識を有する者が考えられている。前者には専門的な知識や経験などをいかした評価，後者には利用者の視点に立った評価が期待されている。

第二に施設サービス評価事業において，実施主体である都道府県に裁量権をもたせたことで，創意工夫が認められたことから，その地域の実状にあった評価の実施が望まれる。

さて，施設サービス評価事業，および病院機能評価事業の双方に共通する課題として，評価を受けない施設への第三者評価の推進と評価結果の公表についての課題が残る。そこで，これらの課題について，以下に考察を進める。

❶　第三者評価の推進について

第三者評価が浸透するためには，まず，評価に対する利用者や患者の関心を高めることが必要である。そのためには，自己評価，および第三者評価の際に利用者や患者・家族，地域住民の意見を反映させること[68]や，評価基準（評価項目）にサービスの結果としての，たとえば治療の成果や利用者，および患者・家族の望みや満足度を加えることが挙げられる。利用者などが第三者評価に参加する機会があれば，利用者とサービス提供者，および評価機関が一体となってケアの質の向上に取り組むことができる。

次に，法律上の手だてが必要となる。前述したように，医療に関して，医療の質の評価に関する規定が存在しないことは，第三者評価が進展しない要因の一つと考えられる。ケアの質に関する自己評価の努力義務規定に対する第三者評価を促す通知により，施設サービス評価事業がほとんどの都道府県で実施された経緯を考えれば，法律上の努力義務規定の実効性は高い。よって，まずは医療法に医療の質の自己評価に関する努力義務規定が求められる。また，今後の法律上の手だてとしては，ケアの質に関する自己評価の努力義務規定が，将来的には，自己評価とともに第三者評価の義務規定となることが望ましい。

なお，長期療養施設病院に含まれる療養型医療施設は，特別養護老人ホーム，および老人保健施設とともに介護保険施設となった。よって，医療施設でもある介護保険施設については，介護保険法にサービスの質の自己評価に関する法的根拠をもつことになり，第三者評価は進展するものと考えられる。

❷　評価結果の公表について

2000年に成立した社会福祉法には第75条に「利用者の利益の保護」を実現するための「情報の提供」が挙げられている。また，2006年の医療法の改正により，医療に関する情報の提供について規定された。これら情報の内容には第三

者評価結果や患者満足度調査の実施の有無などを含み，評価結果公表への環境が整備された。

　今後は，有効な情報になっているのか否かの検証が求められる。私見では，評価結果公表のあり方として，第一に，評価を実施し，公表する機関の信頼度が高いことが挙げられる。信頼のおける第三者評価機関を，その人材とともに国が責任をもって育成することが望まれる。第二に，信頼のおける評価機関による評価結果が適切であるとしても，評価結果の公表には，結果の善し悪しにかかわらず，慎重さが要求される。第三者評価の結果公表が懲罰的なものになることを避け，第三者評価の意義としての，ケアの質の改善に自主的に取り組む意欲を引き出すものでなければならない。よって，評価結果の公表の仕組みとして，ケア提供者に評価結果に対する異議申し立ての機会を与え，了解を得た上での公表であることが必要となる。そして，評価結果の公表は，改善すべき評価結果の場合には改善を促すものであること，比較的良い結果であっても，継続してケアの質の改善に取り組むことを促すものでなければならない。第三に，利用者に求められる評価結果の公表のあり方として，段階評価に加えて，なぜこのような評価になったのかという段階評価の根拠が必要である。そして，評価結果に対するケア提供者の今後の方針を，利用者が理解しやすい内容にして公表することが求められる。また，継続して取り組まれる改善策や改善の経過を一緒に公表するなどの工夫により，ケア提供者の自主的な取り組みを促すとともに，利用者にとっては，適切なサービスの選択に活用できる情報としての公表内容が求められる。

4．福祉サービスの第三者評価事業の推移

　本節では，ケアの質を保障する手段として，第三者評価を中心に検討した。第三者評価は，その実践の検討から，課題はあるものの，ケアの質の保障に対して少なからず有効である。また，とくに，訴訟などの強権的な手法と違って，当事者であるサービス提供者の自主性に委ねるソフトな手法である，という独自の意義を明らかにした。

　さて，本節で検討した施設サービス評価事業は，1999年度で終了した[69]。そして，2000年に施行された社会福祉法に，社会福祉事業者に対する福祉サービス

の質の自己評価に関する努力義務とサービスの質の向上に関する国の援助措置努力義務が規定されたことは，本書序章で触れた通りである。前述の「福祉サービスの質に関する検討会」が，中間まとめとして「第三者評価基準試案」を報告後，2001年3月に「福祉サービスにおける第三者評価事業に関する報告書」を公表し，これを受けて厚生労働省が同年5月に社援発第880号「福祉サービスの第三者評価事業の実施要領（指針）」を出した。その後，高齢者分野に限らず，福祉サービスの質に関する指針や評価基準が相次いで示された。2002年雇児発第0422001号「児童福祉施設における福祉サービスの第三者評価事業の指針について」，2003年雇児発第0528006号「児童福祉施設（児童自立支援施設・情緒障害児短期治療施設）における福祉サービスの第三者評価事業の指針について」，並びに全国社会福祉協議会の「児童養護施設・母子生活支援施設・乳児院サービス自主評価基準」を踏まえて検討された，2001年障発第296号「「平成13年度版　障害者・児施設のサービス共通評価基準」について」である。高齢者分野においても，施設サービス評価事業で使用された評価基準は一切使用されないことになり，今後は，より良い評価基準にするための追究も必要となろう。

　さらに，厚生労働省は2004年5月7日「福祉サービス第三者評価事業に関する指針」（以下，新指針と称す）を出した。新指針は，本節の第三者評価の検討で課題として挙げた独立した評価機関の設立，評価者の養成，認証，評価結果の公表などに関する内容，および福祉サービス第三者評価基準ガイドラインを示した。また，都道府県レベルの福祉サービス第三者評価事業の推進組織として「都道府県推進組織」の設置を支援し，その設置状況は2005年12月28日現在36都道府県であったが，2008年10月22日現在，全国47都道府県に設置されている。第三者評価機関は，この都道府県推進組織が新指針に示された「福祉サービス第三者評価機関認証ガイドライン」に基づいて策定する第三者評価機関認証要件に照らして認証を行うことになった。第三者評価基準についても，前述の福祉サービス第三者評価基準ガイドラインに基づき都道府県推進組織が策定し，2006年度からは，全国の都道府県で本格的に第三者評価事業が実施され，評価結果についても独立行政法人福祉医療機構WAM NET上で公開されている。今後は，この第三者評価事業が福祉サービスの質を保障する役割を果

たし得るのか，その動向に着目し，より適切な第三者評価の実施について追究することが求められる。

このような福祉サービスの第三者評価事業に先立ち，グループホームに対する外部評価が義務付けられた。よって，グループホームに対する外部評価の動向が，今後の福祉サービスに対する第三者評価事業に影響を与えるため，グループホームにおける外部評価に関する検討は必須であり，詳細は第3章第二節で述べる。

第四節　当事者評価としての苦情解決

一連の社会福祉基礎構造改革の検討で，当初，ケアの質を向上する施策として，「サービス評価」とともに「苦情解決」が位置づけられていた。事業者が苦情解決に積極的に取り組むことは，事業者によるケアの質の向上に資するものである。[76]そして，苦情解決は，利用者の権利を擁護する利用者保護制度として採り上げられる。ゆえに，苦情解決は，利用者の利益を保護する仕組みであるとともに，ケアの質の保障に対する重要な役割を担う仕組みである。

介護保険法第176条には，国民健康保険団体連合会（以下，国保連合会と称す）が行う介護保険事業関係業務に苦情解決と解される旨が規定された。[77]この規定は，法律としては初めての苦情解決に関する規定であり，この規定に基づき，国保連合会は，介護保険制度における苦情解決機関の主体として位置づけられたとしている。[78]また，介護保険制度下では，サービス事業者が苦情解決を行う旨を「運営基準」に規定している。そして，社会福祉法第82条には，社会福祉事業者による苦情解決と，福祉サービスの利用援助事業の適正な運営の確保と苦情を適切に解決するために，第83条において都道府県社会福祉協議会に「運営適正化委員会」を置く旨が規定された。よって，介護保険法，および社会福祉法に基づく苦情解決は，事業者段階，都道府県段階の二段階構造を成す。また，都道府県段階の苦情解決は，「国保連合会」の苦情解決と「運営適正化委員会」によるものの二重構造を成す。このように，「苦情解決」は重層的な構造としての整備も進展し，第三者評価としての「サービス評価」と同様，関心が高まる状況にある。

第2章　ケアの質を保障する評価制度

1．苦情解決の概要

　ここでは，介護保険制度下の国保連合会が行う苦情解決の概要について述べる。具体的な運営内容については，社団法人国民健康保険中央会が，1999年9月に作成した「介護保険にかかる苦情処理の手引き」（以下，手引きと称す）第一版，および2000年3月に作成した第二版に詳しい。

　手引きによれば，国保連合会は広域的対応が可能であること，第三者機関であること，審査・支払い業務を通じて，受給者および介護サービス事業者に関する情報を保有することになるなどの理由で苦情解決機関として適しているとされる。

　まず，苦情解決の目的は，権利擁護としての利用者の実質的な保護，および介護サービスの質を維持・向上するための，サービスの質のチェックが挙げられている。

　次に，苦情解決の流れであるが，①本人からの申立て，②苦情内容の受付，③調査の必要性を判定するための内容調査，④介護サービス事業者などへの調査，⑤改善すべき事項の提示，⑥介護サービス事業者などへの指導，⑦申立人への調査結果・処理の通知，となっている。流れに沿って補足すると，苦情の申立人は代理人であってもかまわないが，本人が同意したかどうかの確認を行う。また，申立て方法は，書面を郵送することを原則としているが，場合によっては，口頭（面接，電話）や類似の書面（手紙，ファクシミリ，電子メール）でも可能である。そして，苦情受付の際には苦情の振り分けを行うが，国保連合会では，介護保険上の指定サービスであること，市町村域を越える場合（申立人が居住する市町村と介護サービス事業者が所在する市町村が別の場合には，保険者である市町村では対応が行き届かないため），苦情を市町村で取り扱うことが困難な場合，申立人が国保連合会での解決をとくに希望する場合の四つの基準を設けて対応している。

　よって，苦情解決の手順としては，「苦情申立書」を受け付けた事務局が，理由および事実の確認をし，「要件審査」を行う。その結果，国保連合会が対応すべき内容だと判断された場合には，まず，介護サービス苦情処理担当委員が調査の必要性や内容について「内容審査」を行う。そして，調査が必要な場合は，担当委員が「事業者等調査票」を作成し，これを基に事務局で介護サー

ビス事業者などへの調査を行う。調査には,「事業者等調査票」を介護サービス事業者などの関係機関に送付し,回答期限（原則として20日間）を付して回答を求める書類調査と,書類の閲覧や事情聴取などを介護サービス事業者の協力を得て行う訪問調査がある。その調査結果をもとに担当委員（あるいは担当委員が重要案件だと判断した場合は委員会）が改善すべき事項を検討する。その検討結果を苦情処理委員などが「介護サービス改善に関する指導及び助言」としてまとめて事務局へ提出し,事務局が介護サービス事業者へこれを提示する。最終的には,事務局が調査結果および介護サービス事業者のとった処置を「介護サービス苦情処理結果通知書」にまとめて申立人へ通知する。同時に,市町村へ「介護サービス苦情処理結果連絡書」として連絡する。さらに,事務局の判断により,「介護サービス改善に関する指導及び助言」送付後１カ月を目安として,介護サービス事業者に改善結果の報告を求めることがあるとしている。

以上が国保連合会における苦情解決の流れであるが,苦情受付から結果通知までの期間は,原則として60日間とし,申立人への通知が遅れる場合においては,遅延通知を行う。申立人が結果に納得しない場合,調査方法や審議内容について開示し,納得が得られるよう説明する。また,同一人からの同一案件について,再度申立てがあった場合は,介護サービス事業者に対して再通知書を提出することにより改善を促すとしている。

大阪府国保連合会による５年間（2000年度〜04年度）の苦情相談の状況によれば,受付総件数は,介護サービス利用の伸びに伴い増加している。しかし,苦情申立件数は,2002年度をピークに減少傾向にある。この点については,苦情申立に至る前に,事業所が速やかに対応を行っているためと分析されている。

２．苦情解決の意義と課題

１）苦情解決の意義

苦情解決の意義は,第一に,第三者評価と同様,ケアの質を強制的に確保するものではなく,介護サービス事業者の自主的な改善努力を促すところにある。苦情解決は,裁断的判断を伴う仲裁は行わず,介護サービス事業者の協力の下で進められ,あくまでサービスの質を改善するための指導と助言,あるいはあっせんを行うものである。

第二に福祉「サービス」としての位置づけの確立が挙げられる。介護サービス事業者には，措置制度下では否定できなかった「与える福祉」を脱却して，福祉「サービス」を提供する責任としての利用者に対する苦情解決の仕組みが必要である。苦情解決は，利用者にとって権利侵害の予防となる一方で，介護サービス事業者にとっては，苦情の早期解決により，大きな事件や事故を予防できる利点がある。

　第三に，苦情解決のシステムにおける重層的な構造により，苦情の顕在化が期待できる。すなわち，事業者段階と都道府県段階，および国保連合会と運営適正化委員会の重層構造である。

　第四に，苦情解決は，事後的な対応だが，簡易で迅速な苦情解決体制が整っていること自体が，事前的な意義も有すると考えられる。

　第五に，「指導監査」や「第三者評価」結果に基づく指摘に対する実施率の低さや，監査結果や評価結果の公表の不十分さを補う意義がある。とくに，苦情解決結果の公表については，社会福祉法に基づく政令などに規定されたことから，「指導監査」や「第三者評価」に対する相乗的効果が期待できる。

　第六に，国保連合会，あるいは運営適正化委員会という第三者による苦情解決は，公平・公正に，あるいは客観的に対応できる点が挙げられる。すなわち，提供された福祉サービスについて，利用者の苦情とサービス提供者の言い分を聞き，中立の立場で調査・判断できることである。また，利用者側に立てば，主観的な苦情を客観的に整理されることで，どこに問題があるのかなど内実を見極め，利用者自ら解決することも可能となる。

　第七に，介護サービス事業者，あるいは社会福祉事業者に苦情解決体制が整備されることで，苦情を出すための身近な環境が整う点である。介護サービスの利用者は，サービスの供給量が限定されているなどから，不満があってもそのサービスの利用を続けざるを得ない場合が少なくない。よって，苦情解決は，簡易性，かつ迅速性が最重視され，本来，当事者同士によるものが望ましい。苦情を気兼ねせずに言える関係作りが重要となる。

2）苦情解決の今後の課題

　苦情解決の今後の課題として，第一に，介護サービス事業者や社会福祉事業者の苦情解決の取組みに対する意識の向上が挙げられる。まだ，実態の把握が

正確ではないが，事業者段階の苦情解決体制について，受付に苦情相談窓口といった看板がかかっているものの，あるいは，「目安箱」などが設置されているが，積極的に苦情を吸い上げるような機能を果たしているとは言えない状況である。事業者は，苦情を悪いものと捉えるのではなく，有効活用することで，利用者の信頼を高め，ケアの質の向上に結びつくと理解することが重要である。

第二に，苦情が顕在化していないことが挙げられる。在宅介護支援センターやケアマネジャーに苦情が相当数報告されているようである(82)が，知られていない。これは，第一の課題に挙げたように事業者段階での苦情解決が機能していないこと，また，苦情の第一次的相談窓口である市町村と都道府県段階の苦情解決との連携が図られていないことが要因として考えられる。よって，事業者段階の苦情解決体制の整備と，事業者段階の苦情解決と市町村および都道府県段階の苦情解決体制との連携体制が，重要な課題となる。

第三に「第三者委員」の設置に関する問題がある。社会福祉法に基づく苦情解決では，実効性および透明性の確保の観点から，社会福祉事業者に外部の第三者委員を設置することになっている(83)が，介護保険制度に基づく苦情解決には，介護サービス事業者に第三者委員を設置するといった仕組みはない。当事者同士で苦情解決が困難な場合には，簡易に相談でき，迅速かつ公平・公正な対応が期待できる第三者委員の設置は不可欠である。しかし，適切な「第三者委員」を設置するための課題もある。まず，予想される人材不足を解消するために，社会的責任のある立場での第三者委員の人材バンクが必要となる。そのほか，第三者委員の活動マニュアルの策定やその質を確保するための研修システム，第三者委員の活動を評価するシステムの構築などが必要となる。さらに，第三者委員の立場や報酬について，第三者委員が兼務という立場で機能できるのか，原則として無報酬で良いのか，といった指摘がある(84)。また，第三者委員の職務の範囲に関して，現在のところ，発議権や自己発意による調査権が認められていない。福祉サービスの利用者には，苦情を自ら申し立てることが難しい者が少なくない実情から，サービスの改善策に対する発議権や調査権を認めることが望ましいと考えられる。

第四に，苦情解決結果の公表に関する問題である。苦情解決における結果の公表には，個人のプライバシーにかかわるという問題があり，公表の方法に特

別の配慮が必要となる。苦情件数に加えて苦情の内容や対応方法などの活動状況の公表に関しては，とくに施設名などを公表する必要はなく，利用者に苦情解決事業の存在を周知させ，安心を与えるといった利点からも促進されるべきである。しかし，施設名を含む苦情解決の結果の公表には，懲罰としての側面があるから，慎重な対応が求められる。公表に当たっては，第三者評価の場合と同様，苦情解決に対する高い信頼度を前提に，事実関係を慎重に把握し，その結果に対してサービス事業者に異議を申し立てる機会を与え，了解を得た上での公表が求められよう。

　第五に，利用者とサービス事業者の力の不均衡が是正された上で，双方が満足する苦情解決の結果を得ることである。苦情解決は，その手続きに厳密な法的権限はないため，強制的に実施できるものではなく，サービス提供者の協力を得て初めて調査などが可能となるものである。また，前述のように，提供された福祉サービスについて，不満があっても，そのサービスの利用を継続する場合が少なくない現状においては，苦情解決により，両者の良好な関係の構築が求められる。すなわち，苦情解決は，サービスの善悪を決定するものではなく，利用者の適切なサービス利用を援助する，あるいはサービスの質の向上を目的とした施策なのである。可能な限り利用者の意向に添うサービスが提供できるように，サービス提供者に改善策に対する助言を受け入れてもらうよう促すものであり，懲罰を与えるものではない。たとえば，運営適正化委員会のあっせんによる苦情解決には，利用者とサービス提供者双方が満足した円満な解決結果を得るまで，きめ細かな長期的な支援が求められている。しかし，現状では，あっせんによる紛争解決には消極的である。(85)継続的な利用を強いられる利用者の権利を擁護するためには，指導・助言だけでなく，あっせんによる紛争解決に，より積極的に取り組む必要がある。

3．「苦情解決」と「指導監査」，および「第三者評価」の関係

　「苦情解決」の仕組みの独自性は，「指導監査」や「第三者評価」と比較すると，まず，重層的な構造になっていることである。すなわち，事業者段階と都道府県段階による２段階構造と，介護保険法に基づくものと，社会福祉法に基づくものの２重構造である。よって，「苦情解決」は，事業者段階の自主的な

側面と都道府県段階の公的な側面を併せもつものでもある。この事業者段階の苦情解決と，都道府県段階の苦情解決が密接な関係をもつことで，より苦情解決が図られるものと考えられる。

次に，国保連合会や運営適正委員会といった，中立性と公正性をもつ第三者機関が苦情解決に携わることが挙げられる。中立・公正，円滑に苦情が解決されることにより，利用者の権利を擁護することはもちろん，介護サービス事業者や社会福祉事業者にとっても有益となる。

4．「指導監査」「第三者評価」「苦情解決」の関係

本章では，ケアの質を保障する施策の中核として，「指導監査」，「第三者評価」，「苦情解決」の三つの仕組みを検討した。その結果，第一に「指導監査」は，ケアの質に関する，最低基準保障としての役割を担うものであり，「第三者評価」は，ケアの質の保障に対して事前的に，「苦情解決」は事後的に保障する役割を担うものである。

第二に，ケアの質を構成する「構造（structure）」，「過程（process）」，「結果（outcome）」の三つの枠組みにおいて，「指導監査」はケアの質に関する「構造」，「第三者評価」は「過程（プロセス）」，「苦情解決」は「結果」の各側面から取り組む手法である。本書が重視するケアプロセスの質の評価手段には，「第三者評価」が挙げられる。

第三に，これらの各仕組みは，以下のような相互関係が考えられた。まず，「第三者評価」と「苦情解決」は，行政による規制とは異なり，最終的には当事者の自主性，あるいは自主的な努力に委ねるソフトな手法である。よって，行政による規制として，強制的にケアの質を保障させる機能の限界を，自主的にケアの質を向上させようとする機能が補う関係，あるいはその逆の相互関係があると考えられる。次に，「第三者評価」と「苦情解決」についても，事前的な手法と，事後的な手法という関係のほか，相互的に機能することが考えられる。たとえば，「第三者評価」の評価項目に，苦情解決体制について問うことや，「苦情解決」の過程における最終的な助言や指導に，第三者評価体制を挙げることである。よって，ケアの質を保障する仕組みは，これらの手法が独自性を保ちながら，有機的なつながりをもつことで，効果的に機能するものと

考えられた。

　以上のことから，高齢者ケアの質の保障に対する施策は，多様で重層的な仕組みになりつつある。今後は，相互補完的な機能の充実と，適切な役割分担が求められるとともに，利用者にとって，より活用しやすい仕組みとしての発展が望まれよう。なお，ケアの質を保障する仕組みには，「指導監査」，「第三者評価」，「苦情解決」のほか，介護サービスを提供する人材の質の確保，情報提供体制の整備，地域福祉権利擁護事業，福祉領域の特殊オンブズマン制度などが考えられる。これらの仕組みの相互関係についての検討も，今後の課題である。

注

（1）　増田雅暢（2000）：福祉サービスの質の保障と社会福祉法人の在り方　社会保障法，第15号：171-184。
（2）　1966年厚生省令第19号
（3）　現行老人福祉法（2005年法第123号）においても，第17条第1項に厚生労働大臣は，養護老人ホーム及び特別養護老人ホームの設備及び運営についての基準を定めなければならない，第2項に養護老人ホーム及び特別養護老人ホームの設置者は，前項の基準を遵守しなければならない，と規定されている。
（4）　養護老人ホーム及び特別養護老人ホームに関して，老人福祉法制定当初から，第18条第1項に，報告の徴収や実地での監督について，第2項に，施設の設備若しくは運営の改善命令，事業の停止若しくは廃止命令，認可の取り消しなどについて規定されている。
（5）　監査の表現は，多岐にわたっている。たとえば，老人福祉法制定前，生活保護法に基づき設置されていた老人ホームについては，「生活保護法による保護施設に対する指導監査について」（1955年社発第773号）に基づき監査が実施され，老人福祉法が制定された後も，しばらくはこの通知が適用された。その後「社会福祉法人監査指導要綱の制定について」（1979年社庶第57号）が通知され，適用された。この通知のなかでは，「指導監督」と「監査指導」が使い分けられている。また，「社会福祉基礎構造改革について（中間まとめ）」では，「行政による監査」と表現されている。本書では，基準を遵守したサービス提供になっているかを審査し，その結果に基づいて必要時行われる改善措置の指導を含む意味で，「指導監査」という表現を用いて述べる。
（6）　河野正輝（1991）：社会福祉の権利構造　有斐閣，p.274。
（7）　本書では，第1章第一節で述べたように，ケアを保健医療サービス，および福祉サービスを包含する概念として捉え，基本的に医療，看護，介護，福祉サービスの総称として用いる。しかし，文脈や法令，当時の報告書，文献の引用などとの関係で介護サービス，あるいはサービスと表記する場合がある。
（8）　一般的には，本章第三節で詳細に検討する特別養護老人ホームおよび老人保健施設で始まった第三者による評価を「サービス評価」，グループホームに義務付けられた第三

第Ⅰ部　理論編

者による評価を「外部評価」，社会福祉法に基づく第三者による評価を「第三者評価」とされている。本書では，以上の第三者による評価を総称して用いる場合は「第三者評価」と表記し，それ以外については，当時の一般的な使われ方や文脈，報告書や文献の引用などに応じて表記する。

（9）　介護保険法には，「苦情解決」を表す条文を置いていない。介護保険法に基づく「運営基準」には「苦情処理」と規定している。社会福祉基礎構造改革の検討のなかでは，当初「苦情処理」と表現されていたが，終盤には「苦情解決」とされ，社会福祉法やそれに基づく政令などには「苦情解決」が用いられた。「苦情処理」と「苦情解決」に本質的な差はないが，「苦情処理」という言葉の不適切さが考えられ，本書では，「苦情解決」を用いる。

（10）　社会福祉基礎構造改革の検討は，まず，1997年8月に厚生省（当時）内に社会福祉事業のあり方に関する検討会が設置され，同11月に「社会福祉基礎構造改革について（主要な論点）」を公表した。これをたたき台として，中央社会福祉審議会社会福祉構造改革分科会において議論され，98年6月に「社会福祉基礎構造改革（中間まとめ）」，同12月に「社会福祉基礎構造改革を進めるに当たって（追加意見）」を公表している。その後，99年4月の厚生省（当時）「社会福祉事業法等一部改正法案大綱」，同8月の厚生省（当時）「社会福祉の増進のための関係法律の整備に関する法律案制定要綱」，同9月の中央社会福祉審議会「答申」を経て法律案が閣議決定された。そして，国会へ上程後，2000年5月29日に社会福祉法として成立し，6月7日に法律第111号として公布された。「社会福祉基礎構造改革（中間まとめ）」では，改革の具体的内容としての「サービスの質」に，サービス提供方法の確立や人材の養成・確保，サービス評価，行政による監査，苦情処理体制の整備が挙げられている。

（11）　2001年1月の省庁再編にともない厚生省と労働省が統合されて，厚生労働省となった。本書では，2001年1月以前は厚生省（当時）と表記するが，法令や引用などについては，その限りではない。

（12）　この基本方針では，利用者の福祉サービスの利用を支援するために，「権利擁護，苦情解決，事業の透明性の確保のための方策と併せて，サービスに関する基準の策定，サービス評価などの仕組みを充実，評価する必要がある」としている。

（13）　同分科会は，2年後の1974年8月16日，「有料老人ホームのあり方に関する意見」をまとめているが，ここでは，「各自の収入と好みによって選択できる居住性も高く，かつ必要なケアも保障された快適な有料老人ホームが大量に整備されることは社会的な要請となってこよう」と述べ，「選択できる快適な居住」を有料老人ホームに求めている。

（14）　根本嘉昭氏は厚生省（当時）社会局に在職中，「社会福祉サービスの『新局面』―その内実と方向」という論文（根本嘉昭（1983）：社会福祉研究，第32号：13-18）で，「新局面」の背景の1番目に対象の質的変化を挙げている。すなわち，「社会福祉の対象も，必ずしもかつてのように経済的貧困をその主流としないでもすむようになり，所得の多寡を問わず，福祉ニーズを有するものならだれでもサービスの対象にするという傾向がみられる」と述べている。そのほかの背景としては，対象の量的変化，福祉機器の進歩，「福祉見直し」，基本理念（ノーマライゼーション）の確立を挙げ，「新局面」の現状・方向として①在宅サービスの重視，②施設機能の再編，③市町村の重視，④サービスの質の確保を挙げている。

(15) 1975年12月に財政制度審議会が出した「社会保障についての報告」では,「わが国の社会保障は全体としてみれば既に国際的にも遜色のない水準に達していると考えられ,今後における各種の制度,給付の改善については十分慎重に対処する必要がある。特に,安易な給付水準の引き上げ,総花的な福祉施策による財源配分は厳に避けるべきである」としている。また,第17次地方制度調査会の「地方財政の硬直化を是正するためにとるべき方策を中心とした地方行財政のあり方に関する答申」でも,社会福祉施策が多大の財源を要し,「一度選択して実行に移した施策は長期にわたって継続し,その水準を引き下げることが困難な性格」をもつことが財政硬直化の一因とまで述べている。

(16) 1979年8月に閣議決定された「新経済社会七か年計画」の「新しい日本型福祉社会の実現」において,「欧米先進国へキャッチアップした我が国経済社会の今後の方向としては,先進国に範を求め続けるのではなく,このような新しい国家社会を背景として,個人の自助努力と家庭や近隣・地域社会等の連帯を基盤としつつ,効率のよい政府が適正な公的福祉を重点的に保障するという自由経済社会のもつ創造的活力を原動力とした我が国独自の道を選択創出する,いわば日本型ともいうべき新しい福祉社会の実現を目指すものでなければならない」と述べている。

(17) ホームヘルパーの派遣について,1982年より,派遣対象の「低所得者」という規定がはずされ,所得税課税世帯においても有料で派遣できるようにし,派遣対象を拡大した。

(18) 「当面の在宅老人福祉対策のあり方について(1981年12月10日中央社会福祉審議会)」参照。また,ここでは,所得制限が課されることで,利用者の範囲が厳しく限定されているとし,「今後は,一般市場経済では自由に購入できないか,又は購入することが困難な種類の福祉サービスについては,原則として利用希望老人等の所得の高低にかかわらず,援助を必要とするすべての老人を対象とすることが望ましい」としている。利用者の費用負担に関しても「利用者層を課税世帯へ拡大していくに当たっては,利用者がその負担能力や受益量に応じて,応分の負担をする制度の導入は避けられない」,「このような負担制度の導入は,福祉サービスについて利用者の側から主体的に利用するものであるという認識を醸成する役割を果たし,更に社会的公正の確保及び制度の恒久的かつ安定的発展,維持につながるものと考える」と述べている。ここにすでに,現在の介護保険制度における中核的な思想,福祉サービスを主体的に利用するという将来像が窺える。

(19) 「新しい社会福祉需要の対応策を問う—老人福祉を中心にして—」というテーマの討論で,「社会福祉ニーズは変わったか」ということについて論じられているが,お年寄りが住み慣れた場所で死ぬまで生活するためのニーズが顕在化してきたこと,地域で生活することがノーマルだとした場合多様なニーズが生じてくることなどが述べられている。(1982年,社会福祉研究,第31号:42-45)。

(20) 1985年1月24日に内閣総理大臣あての建議「老人福祉の在り方について」において,病院と特別養護老人ホーム双方において,入所者の心身の状態や処遇の内容にほとんど差がみられないといった不合理な状況を解消するために,両施設を統合し,それぞれの長所をもちよった中間施設の検討を提唱している。

(21) 老人保健施設は,1986年の老人保健法の一部改正に基づき創設されたが,1997の介護保険法の制定に伴い,介護保険法に基づく介護老人保健施設として位置づけられている。

(22) 1988年1月4日厚生省令第1号。

第Ⅰ部　理論編

(23)　「長寿社会対策大綱」では，基本方針として，「経済社会の活性化を図り，活力ある長寿社会を築く」，「社会連帯の精神に立脚した地域社会の形成を図り，包容力ある長寿社会を築く」，「生涯を通じ健やかな充実した生活を過ごせるよう，豊かな長寿社会を築く」を挙げ，雇用・所得保障，健康・福祉，学習・社会参加，住宅・生活環境の四つの政策分野にかかわる長寿社会対策を総合的に実施するとしている。

(24)　ここでは，社会福祉の推進されなければならない展開として，「社会福祉の普遍化・一般化」，「在宅福祉の推進」，「福祉供給システムの再編」，「新しい公共の立場にたつ社会福祉」，「総合化の促進」の五つを挙げている。

(25)　1985年9月に当時の厚生省に設置された。

(26)　仲村優一氏は1987年の時点で，1950年代から80年代にかけての社会福祉の動向を，「選別的・救貧的福祉から，一般的・普遍的福祉へ，施設福祉中心の福祉から在宅福祉の強調へ」と表し，今後の課題として「受動的措置の福祉から，主体的選別利用の福祉へ，公的行政による画一的サービス供給から，公私共働による多元的供給，行政の縦割りによる福祉セクショナリズムから地域における保健・福祉サービスの横断的総合化へ，中央集権的福祉から地方分権的福祉へ」を挙げている（仲村優一（1987）：社会福祉「改革」の視点とは何か　社会福祉研究，第40号：1-6）。

　　吉田久一氏も，社会福祉改革を普遍化（ノーマライゼーション）と統合化（インテグレーション），地方分権による市町村の役割重視，施設中心主義から地域・在宅福祉中心への変革，経営主体の多元化，マンパワーの専門化を挙げ，同様の見解を示している（吉田久一（1994）：日本の社会福祉思想　勁草書房，pp.210-212）。

　　しかし，社会福祉の普遍化については，様々な議論が生じた。たとえば，保護事業や救貧事業においてその対象者を「社会的弱者」と特色づけることによって社会福祉独自の存在理由を主張してきたから，福祉国家において社会福祉の対象者を一般国民にまで拡大すると，その存在理由を失ってしまう（岡村重夫（1983）：社会福祉原論　全国社会福祉協議会，pp.47-58），社会福祉の普遍化とは，利用者が「福祉サービスを欲するだけ自由に選択して利用することを可能にするかの如き幻想が伴いがち」であるが，「基本的には一種の対象を振り分ける"選別性"を内包した制度である現実を忘れるべきではない」（仲村優一（1987）：社会福祉「改革」の視点とは何か　前掲論文，p.3），社会福祉改革において「貧困・低所得対策」からの脱却が強調されたことについて，「社会福祉の普遍化とは，『絶対的貧困』から『相対的貧困』ないし『デプリベーション』への転換であって，それは『相対的貧困』の切り捨てを意味しない（吉田久一（1994）：全訂版　日本社会事業の歴史　勁草書房，pp.206-209）などである。

(27)　仲村優一（1994）：現代社会福祉の展開と21世紀への新しい潮流　社会福祉研究，第60号，6-11。

(28)　ホームヘルパーの数については，1994年の新ゴールドプランでは17万人，1999年のゴールドプラン21では35万人に増やすことを目標としている。

(29)　1999年3月31日に制定（厚生省令第46号）され，2000年4月1日より施行されている。

(30)　この基準も，1999年3月31日に制定（厚生省令第46号）され，2000年4月1日より施行されている。

(31)　制定当時の「運営基準」第11条第2項によると，原則として養護老人ホームに設けなければならない設備は，居室，静養室，食堂，集会室，浴室，洗面所，便所，医務室，

調理室，事務室，宿直室，寮母室，面接室，洗濯室又は洗濯場，物干場，給水設備，排水設備，汚物処理設備，倉庫，霊安室であり，養護老人ホームと特別養護老人ホームの設備基準を比較してみると，特別養護老人ホームに集会室がない一方で，看護婦室，機能回復訓練室，介護材料室がある。双方に差があるのは，妥当であるか否かは別として，第11条及び第18条第2項のただし書きで「他の社会福祉施設等の設備を利用することにより施設の効果的な運営を期待することができる場合であって，被収容者の処遇に支障がないときは，設備の一部を設けないことができる」とあり，機能回復訓練室は集会室をかねることができること，特別養護老人ホームの入居対象者の障害が重度であり，養護老人ホームの対象者は身の回りのことが自立しているためと想像できる。1999年改正の基準は，養護老人ホームについては上記施設から，物干場，給水設備，排水設備，倉庫を除いた16設備を設けることとなっており，特別養護老人ホームも養護老人ホームと同様，物干場，給水設備，排水設備を除いている。そのほかは，名称の変更があるものの改正はされていない。

(32)　1969年社施第99号厚生省社会局長通知。
(33)　1972年社施第184号厚生省社会局長通知。
(34)　1979年社庶第57号厚生省社会局長通知　児童家庭局長通達，1997年社援企第68号改正。
(35)　1980年社庶第150号厚生省社会局長　児童家庭局長連名通知。
(36)　1988年児発第104号厚生省社児童家庭局長通知。
(37)　1998年老発第240号厚生省老人保健福祉局通知。
(38)　1955年社発第773号厚生省社会局長通知。
(39)　1987年社施第111号厚生省社会援護局長　児童家庭局長連名通知。
(40)　石田道彦（1999）：社会福祉事業における第三者評価の意義と課題　季刊・社会保障研究，35(3)：285-294。
(41)　総務庁行政監察局（1992）：社会福祉法人の現状と課題　p.114。ここで述べられている行政監察は，198法人における都道府県の指導監査への対応状況などについて調査されている。
(42)　大橋洋一（1997）：福祉オンブズマンの制度設計　法政研究，63(3-4)：363-415。
(43)　総務庁行政監察局（1992）：前掲（41）(pp.114-117)には，1988年度から90年度までの間に指導監査を受けた184法人中，78法人（42.4％）が2年以上同様の指摘を受けながら改善措置を講じておらず，指摘事項が改善されないままとなっている状況が示されている。
(44)　石田（1999）：前掲（40）。
(45)　大橋（1997）：前掲（42）。
(46)　1993年老計第77号通知「特別養護老人ホーム・老人保健施設サービス評価事業の実施について」の冒頭に「（略）特別養護老人ホーム及び老人保健施設については，高齢者保健福祉推進十か年戦略に基づき，計画的に整備を行うと同時に，より一層のサービスの質の確保，向上が課題となっている」と述べられている。
(47)　1993年2月に社会保障制度審議会社会保障将来像委員会が公表した「社会保障将来像委員会第一次報告～社会保障の理念等の見直しについて～」において，福祉サービスの権利性の弱さを指摘した後に「今後，ニーズの高度化・多様化に対応した種々のサービスが用意されるようになると，それらを利用者側の意思で選択できることが社会保障推

第Ⅰ部　理論編

進のために重要である」とするとともに，社会保険について「国民のすべてに対して基本的な保障をする必要がある給付，物価の上昇に対して実質価値を維持する必要がある長期的な給付など」は，社会保険として運営されるべきと主張しており，これが，介護保険制度構想の構築に結びついていく。実際，翌年9月の「社会保障将来像委員会第二次報告」では，介護保険制度構想が明確に提言された。

(48)　介護保険制度下の事業所の運営基準には「指定居宅サービス等の事業の人員，設備及び運営に関する基準」，「指定居宅介護支援等の事業の人員及び運営に関する基準」，「指定介護老人福祉施設の人員，設備及び運営に関する基準」，「介護老人保健施設の人員，施設及び設備並びに運営に関する基準」，「指定介護療養型医療施設の人員，設備及び運営に関する基準」がある。

(49)　1993年度に実施したのは，北海道，群馬県，埼玉県，石川県，三重県，大阪府，島根県，岡山県，広島県，山口県，高知県，熊本県の12の道府県である。厚生省老人保健局老人福祉計画課（1997年当時）によれば94年度31都道府県，95年度には45の都道府県で実施されている（厚生省老人保健福祉局老人福祉計画課（1997）：評価基準導入4年目をむかえて―全国的な実施状況とその効果　月間福祉，1月号：20-21）。

(50)　厚生省老人保健福祉局監（1994）：特別養護老人ホーム・老人保健施設のサービス評価基準　全国社会福祉協議会，p.87．

(51)　熊本県特別養護老人ホーム・老人保健施設サービス評価委員会（特別養護老人ホーム部会）（1996）：熊本県特別養護老人ホームサービス評価事業報告（平成5・6年度）。熊本県特別養護老人ホーム・老人保健施設サービス評価委員会（特別養護老人ホーム部会）（1997）：熊本県特別養護老人ホームサービス評価事業報告（平成7・8年度）。熊本県特別養護老人ホーム・老人保健施設サービス評価委員会（老人保健施設部会）（1996）：熊本県老人保健施設サービス評価事業報告（平成5・6・7年度）。熊本県特別養護老人ホーム・老人保健施設サービス評価委員会（老人保健施設部会）（1997）：熊本県老人保健施設サービス評価事業報告（平成8年度）。熊本県特別養護老人ホーム・老人保健施設サービス評価委員会（1999）：熊本県特別養護老人ホーム・老人保健施設サービス評価事業報告（平成10年度）。熊本県特別養護老人ホーム・老人保健施設サービス評価委員会（2000）：熊本県特別養護老人ホーム・老人保健施設サービス評価事業報告（平成11年度）。

(52)　新田秀樹（1999）：日本における医療サービスの質―広告規制の議論を中心に　海外社会保障研究，No.129：3-12．

(53)　日本医師会・厚生省健康政策局指導課編（1989）：病院機能評価マニュアル　金原出版．

(54)　さらに，2007年の医療法の改正により，第1条の医療法の目的に，医療を受ける者の医療の選択を支援することや，医療を受ける者の利益の保護及び良質かつ適切な医療を効率的に提供する体制の確保が追加されている。

(55)　日本医療機能評価機構ホームページ（http://jcqhc.or.jp/html/index.htm）。

(56)　今中雄一（1996）：医療の質の評価と改善　組織・運営・戦略におけるトータル・クオリティー・3　病院，55(11)：1070-1073．

(57)　大道久（1999）：講演Ⅲ　第三者評価を考える　日本医療機能評価機構の現状（新・福祉システム　Part3　措置から契約へ　社会福祉基礎構造改革をどうすすめるか）　月

刊福祉，82(9)：48-67。
(58) 大道，同前。
(59) 大道，同前。
(60) 日本医療機能評価機構のホームページ，前掲（55）。
(61) 2000年7月26日付『朝日新聞』。
(62) 日本医療機能評価機構のホームページ，前掲（55）。
(63) 中野次郎「論壇」2000年7月12日付『朝日新聞』。
(64) 2000年7月26日付『朝日新聞』。
(65) 2008年12月現在では，日本医療機能評価機構より認証を受けた病院の7～8割が評価結果の公表に応じ，同機構のホームページより閲覧できるようになっている。
(66) 西田和弘（1996）：医療における良質保障の法的枠組—イギリスの取組みを手掛かりに　九大法学，71：1-52。
(67) 1993年老計第102号通知「特別養護老人ホーム・老人保健施設サービス評価事業の実施について」。
(68) 久田則夫（2000）：第三者機関によるサービス評価の知られざる魅力—英国の評価システムに学ぼう　月刊福祉，83(10)：70-71。
(69) 本節で検討した都道府県を実施主体とした熊本県施設サービス評価事業は，本文で触れたように1999年度で終了した。しかしながら，施設サービス評価事業はサービスの質の向上に重要な機能を果たすものとして，熊本県老人保健施設協議会および熊本県老人福祉施設協議会は，共同で「熊本県介護老人保健施設・福祉施設サービス評価委員会」を設立し，熊本県の地域福祉基金助成金を受けて，2000年度単独事業として独自に実施した（『熊本県介護老人保健施設サービス評価事業報告（平成12年度）』より）。さらに2001年度は，熊本県老人保健施設協議会の単独事業として実施している。2000年度については，熊本県老人保健施設協議会の全会員施設75施設の自己評価と9施設の訪問調査，2001年度については，全会員施設77施設の自己評価と5施設の訪問調査を実施している。このような活動は，施設のサービスの質の向上に対する関心を高め，評価を受け入れる土壌をつくり，サービスの質の向上に少なからず影響していると考えられる。よって，今後のサービスの質の向上への熱心な取り組みに期待するところである。
(70) 福祉サービス第三者評価事業の全国レベルの推進組織に，全国社会福祉協議会を位置づけている。
(71) 厚生労働省：平成18年全国厚生労働関係部局長会議資料（社会・援護局）厚生労働省ホームページ（http://mhlw.go.jp/topics/2006/bukyoku/syakai/1-j08.html）。
(72) 全国社会福祉協議会ホームページ（http://www.shakyo-hyouka.net/system/list.html）。
(73) 全国社会福祉協議会ホームページ，同前。また，都道府県推進組織が定める第三者評価機関認証要件は，「福祉サービス第三者評価機関認証ガイドライン」を満たした上で所要の修正を行うことは差し支えないものとされている。
(74) 全国社会福祉協議会ホームページ，同前。
(75) 社会福祉法令研究会（2001）：社会福祉法の解説　中央法規出版，p.275。
(76) 独立行政法人福祉医療機構（Welfare And Medical Service NETwork System）ホームページ（http://www.wam.go.jp/wam/）。

第Ⅰ部　理論編

(77)　国民健康保険団体連合会の介護保険事業関係業務として介護保険法176条第1項第2号に，サービスの質の向上に関する調査，サービス事業者に対する指導及び助言が規定されている。また，指定事業者の当初の「運営基準（たとえば，介護保険施設については，指定介護老人福祉施設の人員，設備及び運営に関する基準33条第3項，介護老人保健施設の人員，施設及び設備並びに運営に関する基準34条第3項，指定介護療養型医療施設の人員，設備及び運営に関する基準32条第3項）」には，国民健康保険団体連合会の調査に協力すること，指導又は助言に従って必要な改善を行わなければならないと規定された。

(78)　国民健康保険中央会　保健介護部　介護保険課（2000）：介護保険にかかる苦情処理の手引（第二版）p.168。

(79)　大阪府国民健康保険団体連合会（2006）：統計からみる苦情・相談の状況　月刊総合ケア，16(3)：35-39。

(80)　シンポジウム　福祉サービスに係る苦情解決を考える（2000）：福祉サービスに係る苦情解決を考える　月刊福祉　増刊号　新・福祉システム　PART 4：pp.26-45を参考にした。

(81)　課題も同前「シンポジウム　福祉サービスに係る苦情解決を考える」を参考にした。

(82)　2001年4月6日付，8日付朝日新聞社会面の記事によれば，介護保険制度が導入されて，希望や苦情が多く出され，ケアマネージャーが対応に追われていることが窺える。

(83)　2000年障第452号　社援第1352号　老発第514号　児発第575号通知「社会福祉事業の経営者による福祉サービスに関する苦情解決の仕組みの指針について」には，苦情解決の体制として，①苦情解決の責任主体を明確にするため，施設長，理事長などを苦情解決責任者とすること，②職員のなかから苦情受付担当者を任命すること，③苦情解決に社会性や客観性を確保し，利用者の立場や特性に配慮した適切な対応を推進するため，第三者委員を設置することが規定されている。

(84)　「シンポジウム　福祉サービスに係る苦情解決を考える」前掲（80）。

(85)　齋藤哲（2005）：社会福祉法の定める苦情解決制度はADRとして機能するか　地域福祉研究，33：78-91。

第3章

認知症高齢者ケアとグループホーム

 認知症高齢者ケアの方法・技術について，エビデンスの乏しさが指摘されている[1]。認知症高齢者ケアは試行錯誤の途上で，理念・方法論のなさからの「行動制限」「収容」「隔離」，あるいは「問題対処型ケア」によるつなぎ服や鍵の使用など，あやまちをおかしてきたと批判されている[2]。その要因には，大規模施設収容型社会福祉や医療モデルとしての認知症高齢者への対応のまずさ，すなわち，認知症高齢者の尊厳を無視したケアが挙げられる。

 2003年7月15日に出された，ゴールドプラン21以後の指標となる高齢者介護研究会報告書「2015年の高齢者介護～高齢者の尊厳を支えるケアの確立に向けて～」では，要介護高齢者のほぼ半数が認知症の影響が認められる者であるために，これからの高齢者介護は認知症高齢者対応でなければならず，そのためには新しい介護サービス体系が必要になるとともに，サービスの質の確保と向上が必須であるとしている。その後，厚生労働省は，2005年から「認知症を知り，地域を作る10か年」構想を打ち出し，認知症の人が尊厳をもって地域で暮らし続ける「地域づくり」への理解者・支援者の輪を広げる基盤作りを目的として，認知症に関する知識の普及啓発や当事者本位のケアプランを作成する取り組みなどの事業を展開している。このように，認知症高齢者の尊厳を守るための施策は充実されつつある。本研究についても，グループホームで提供される認知症高齢者ケアの質を保障し，認知症高齢者の尊厳を守ることを目的としたものである。

 本章では，まず，認知症高齢者ケアの代表的な理論について述べた上で，グループホームケアの背景，グループホームのケアの質の保障手段である規制，および外部評価の概要とともに，その評価尺度について検討する。

第一節　認知症高齢者ケアの理論

　認知症 (dementia) は、一般的に「一旦は正常に発達した知能がその後に起こった慢性の脳機能障害のために異常に低下してしまった状態」であり、要因は脳神経細胞が大脳皮質の比較的広範にわたり、かつ長時間にわたって障害を受けたときに起こるとされる。国際的に使われている認知症の定義や診断基準に、アメリカ精神医学会が1994年に出した Diagnostic and Statistical Manual of Mental Disorders, 4th edition（以下、DSM-Ⅳと称す）がある。DSM-Ⅳによれば、「認知症は、記憶力障害を伴うさまざまな認知障害によって特徴づけられる」とされ、その診断基準は、①記憶障害、②一つ以上の認知障害（失行、失認、失語、実行機能障害）、③上記①、②のために社会的または職業的機能の著しい障害を引き起こす、④上記①、②、③の身体的原因があるか、あると推測できる、⑤意識障害はない、である。

　また、認知症は、疾病により起こるものであり、主な原因疾患は、脳血管型認知症とアルツハイマー型認知症である。認知症の症状は極めて多彩であり、中核症状と周辺症状に分けて説明され、前者には記憶障害、見当識障害、判断の障害、思考障害、言葉や数のような抽象的能力の障害などが、後者には幻覚妄想状態、抑うつ、意欲障害、せん妄、徘徊、妄想、弄便、収集癖、攻撃性などが挙げられる。中核症状は脳障害から直接的に生み出され、周辺症状は、認知症を病み、中核症状がもたらす不自由を抱えて暮らしているなかで困惑し、行きつ戻りつしながらたどり着いた結果であるとされる。ケアの効果が認められるのは、周辺症状と廃用性の症状であり、周辺症状は、「ケアによって必ず治るはずである」とされる。前述したアメリカ精神医学会の診断基準においても、DSM-Ⅲまでは、認知症は「進行性または不可逆的」とされていたが、DSM-Ⅳでは「進行、停止、寛解のいずれかである」となった。進行性で不可逆的、つまりは悪くなる一方であると信じられてきた病が、進行が止まる、あるいは症状が軽減することもあると変更された。よって、認知症高齢者ケアのあり方が、認知症の症状に大きく影響を与えることが認識されてきている。

　認知症ケアの原点は、第一に、病を正確に見定め、認知障害を明らかにし、

暮らしの中で彼らが抱えている不自由を知り，できないことは要求せず，できるはずのことを奪わないかかわりである。第二に，認知症を生きる一人ひとりのこころに寄り添い，一人ひとりの人生が透けて見えるようなかかわり，そのためには彼らが生きてきた軌跡を折に触れて語る機会をもつかかわりである，とされる。

そこで，本節では，認知症高齢者ケアの代表的な三つの理論について述べる。まず，日本の認知症高齢者ケアの先達，室伏君士精神科医の「理にかなったケア」について述べる。次に，Tom Kitwoodの「person-centred care」，Lois B. Taftの「psychosocial model」から，どのようなケアが求められているのかを検討したい。

1．理にかなったケア

理にかなったケアでは，まず，認知症高齢者を恐ろしい病気をもつ病人としてではなく，「痴呆というものをもちながらも，一生懸命に生きようとしている姿」[10]として受け止めることが重要である。「その老人の心の向き（態度）を知り，それにそって，その老人の生き方を援助していく」ケアとしての「理にかなったケア」の原則（20か条）[11]には，「老人が生きてゆけるように不安を解消すること」「老人の言動や心理をよく把握し対処すること」「老人をあたたかくもてなすこと」「老人に自分というものを得させるように（自己意識化）すること」の四つの大項目に各五つの下位項目，計20項目が挙げられている。

1）理にかなったケアの実際

以下，理にかなったケアの実際の内容を，簡単に表3-1にまとめた（以下，痴呆を認知症，老人を高齢者とする）[12]。

2）理にかなったケアの検討

理にかなったケアは，室伏医師の国立療養所菊池病院の認知症ケアの臨床体験を基にして構築されたものである。それまでの認知症高齢者ケアの実態は，問題となる行動への対症的なケア，すなわち，その場限りのケアであった。このような経験的ケアを，認知症高齢者を充分に理解した上で，理論的に客観的に整理した点で，「理にかなったケア」は非常に貴重である。そして，室伏医師は，理にかなったケアを改めて「認知症高齢者に日常生活での付き合いや話

第Ⅰ部　理論編

表3-1　「理にかなったケア」の原則（20か条）

Ⅰ．高齢者が生きてゆけるように不安を解消すること	
1）急激な変化を避けること	認知症高齢者は，融通性がなく，一度とられた態度は臨機応変に変えることが困難で，一途に生きているから，急に環境が変わるとその生き方を失い悪化する。このような場合は密着した接触により，心の向きを頼れる人へ一途に向けさせ，次第に人を通じてなじみの場とするケアを提供する。
2）高齢者にとって頼りの人となること	認知症高齢者は人に依存して生きているため，なじみの人，すなわち頼りになる人となることが必要である。これは，日常生活において，密着した接触や好ましいケアを提供することで構築できる。
3）安心の場（情況）を与えること	うずくまり，立ちん坊，うろうろ歩きは，安心していられる場がないためである。テーブルの一角に隣り合わせに座って話し込むことから始め，安定したら他の特定の高齢者との仲間関係をつくり，最終的にはテーブルを囲んだ「なじみの仲間の集まり」の一員とする。
4）「なじみの仲間の集まり」をつくること	なじみの仲間の集まりの中では，虚構の世界であっても，活発に感情や意欲が働き，互いに助け合うものや，気配りもあって楽しげに暮らすことができる。小さな生活共同体であり，ケアの上でも積極的に利用してゆく価値がある。
5）高齢者を孤独にさせないこと	認知症高齢者が放置されたり，人間関係を失うと，具合の悪さや不満を訴えたり，異食や不潔行為が習癖的に続く。しかし，周囲の高齢者の中で接触を図ると問題習癖が消失し，感情や行動面の反応が出て活発となる。
Ⅱ．高齢者の言動や心理をよく把握し対処すること	
6）高齢者を受容すること	ケアの成否は認知症高齢者の態度や振る舞いを受け止めるか否かにかかっている。不機嫌な怒りや反発，執拗な要求に面倒くさがることなく耳を傾け，接触して受けとめる。
7）高齢者を理解すること	たとえ間違ったことでも，その人なりの心があるところを理解して対処してゆく。
8）高齢者と年代を同じにすること	18歳の娘であると主張する人には，その年代の話題を取り上げることで，生き生きと活発になってくる。また，昔なじみのものを目印にすると認識できることがある。
9）説得より納得をはかること	認知症高齢者は理論的な考えや判断ではなく，直感的・本能的・感性的な感じ方や考え方をするために，理屈で説得するのではなく，心が通じて気持ちでわかるように感性的に納得することが重要である。
10）それぞれの高齢者の，反応様式や行動パターンをよく把握して対処すること	認知症高齢者には，くせのように身についているものがあるので，これを心得，困惑・混乱した時や，介助・指導を円滑にする時に利用できる。たとえば物盗られ妄想で落ち着かず不安の時に，その高齢者の好きな民謡を歌い始めると，それに合わせて歌いだして，平静になることがある。
Ⅲ．高齢者をあたたかくもてなすこと	
11）高齢者のよい点を見出し，よい点で付き合うこと	認知症高齢者は知的能力が全て喪失しているのではなく，それが停止・遮断されて出てこないものもある。しかし，その人に合ったよい情況になると想像もできなかったよいものを表したりする。このようなよい点で付き合ってゆくと，隠されているよい能力を発揮して，向上し伸展し

第3章 認知症高齢者ケアとグループホーム

		てゆく。
12) 高齢者を生活的,情況的に扱うこと		悪い点に着目して正すのではなく,なじみの仲間と暮らしてゆけるようにはかり,あるいはふさわしい状況を与えることで,隠されているよい点を発揮し,生き生きと豊かになってゆく。
13) 高齢者を蔑視・排除・拒否しないこと(尊重すること)		間違った言動を馬鹿にし続けたり,自分たちとはともに住めないと決めつけてゆくと,高齢者は生きる場(自分の役割・位置や安住の場)を失ってしまう。なじみの仲間の中に,あたたかくつつみこむことが必要である。
14) 高齢者を窮地に追い込まないこと(叱責・矯正しつづけないこと)		叱責・矯正しつづけると,ますますおろおろして心そこになく,ひどくなってしまう。高齢者のペースに合わせることで,失敗しない場合もある。
15) 高齢者に対し感情的にならないこと		認知症高齢者は,頼れる人の感情的な叱責・軽蔑,排除的行為に最も弱い。ここにしばしば盗られ・いじめられ・捨てられ妄想が起こることがある。
Ⅳ. 高齢者に自分というものを得させるように(自己意識化)すること		
16) 高齢者のペースに合わせること		その人がすることを多少とも自分でしている意識をもたせることでもあり,これはひいては自分で納得して安心することも含まれており,ケアの基本である。
17) 高齢者と行動をともにすること		行動をともにすることで,自分で忘れることを意識して納得することがある。たとえば,家はすぐそこだからと連れ立って外に出ても,家がないことがわかると,その日は帰宅欲求がなくなることがある。
18) 簡単にパターン化してくり返し教えること		1日数回ずつパターンを決めて繰り返し教えることで,2週間でほぼ正確に覚えることができる例がある。
19) 高齢者を寝こませないこと		廃用性萎縮という言葉があるが,認知症についても同様で,頭を使わないと廃用性低下がある。ケアでは「寝こませるな」が鉄則である。
20) 適切な刺激を少しずつでもたえず与えること		認知症は放置すると残存機能まで鈍麻させ,適切な刺激は残存するものを伸ばし,それに関係する鈍化している機能をも活発にする。昔体得した裁縫や園芸,得意だった歌や踊り,日常やっていた掃除,生き物の世話など効果的な場合がある。

し合いで接近し,その症状や変化の成り立ちを知って,そのなかにある問題の仕方や悩み方の心(精神世界)を理解して,その心にそって対応した生き方の変化を,人間学的に意味づけたケアの理念である[13]」としている。よって,いまだ認知症高齢者ケアの基本となるものであり,また,今後さらに発展していく理念でもある。

「理にかなったケア」の「高齢者が生きてゆけるように不安を解消すること」「高齢者の言動や心理をよく把握し対処すること」「高齢者をあたたかくもてなすこと」「高齢者に自分というものを得させるように(自己意識化)すること」の四つの大項目は相互に関連している。とくに,「高齢者の言動や心理をよく

把握し対処すること」「高齢者をあたたかくもてなすこと」「高齢者に自分というものを得させるように（自己意識化）すること」の三つは全て、「高齢者が生きてゆけるように不安を解消すること」に結びつくと考えられ，認知症高齢者ケアにおいては，不安への対応，すなわち安心を与えるケアが，第一義的なケアであると理解される。また，単に「不安を解消すること」とせずに，「高齢者が生きてゆけるように」としたところに，その場限りではない，継続的なケアの重要性を認める。

2．Person-centred care

Person-centred careとは，疾病あるいは症状を対象にした医学的なアプローチではなく，"the person comes first"「初めに人ありき」，という生活する個人を対象にしたケアであり，認知症高齢者との着実なコンタクトとコミュニケーションを重視している。[14]

Tom Kitwoodは認知症の原因の究明や予防に力が注がれていた時代に，認知症を抱える高齢者へのかかわりを実践し，カウンセリングなどでは却って症状を悪化させてしまう体験の中から，Person-centred careを主張する。認知症を抱えるそれぞれの人独自の存在に目を向け，それぞれの人自身の現実の世界を知り，受け入れ，尊敬することが必要であるとし，その人に添ったケアを具体的に挙げている。[15]

また，Kitwoodはpersonhoodの概念を構築している。[16]すなわち，「超越性（transcendence）」「倫理（ethics）」「社会心理学（social psychology）」の三つの核となる理論から，それぞれ「究極の個人（ultimate personal）」「深い尊敬（deep respect）」「その人に対する誠実さ，継続性，安定性（integrity, continuity, stability）」といった要素を導き出した。そして，personhoodを「関係の背景や社会的存在において，他人から一人の個人に授けられたその人の立場や地位であり，そこには認めることと，尊敬および信頼が含まれる。(It is a standing or status that is bestowed upon one human being, by others, in the context of relationship and social being. It implies recognition, respect and trust.)」と定義した。ここでは，personhoodを「その人らしさ」と訳す。

第3章　認知症高齢者ケアとグループホーム

表3-2　Kitwoodの認知症高齢者の経験の物語

〈重度の認知症の女性（80歳）〉

　あなたは庭にいて，空気は暖かく心地よく，花の甘い香りが漂い，ほこりが浮かんでいる。あなたは形・姿を理解できないけれど，何か美しい色，青，オレンジ，ピンク，紫，そして芝生のエメラルドのような緑がわかる。あなたはどこにいるのか知らないけれど，かまわない，とにかく家のような平和で調和の取れたところだと感じている。

　歩いて行くと，何人かの人がいた。数人はあなたのことを知っているようで，名前を呼んで温かく迎えてくれて嬉しい。その中には確実にあなたが知っている人がいて，そのうち1人は特別な人である。彼女はとても温かく，優しく，あなたの理解者である。お母さんかもしれない，彼女とともに戻れたらどんなに良いだろう。あなたの中の命の炎は，今や明るく活発に燃えている。いつもこうではなく，あなたの奥深くには，壊滅的に孤独で冷たい氷のような悲しい時間のおぼろげな記憶がある。それはいつだったかあなたにはわからない，たぶんそれは別の人かもしれない。とにかくここには，あなたが望めば仲間とともにいることができるし，1人でいることもできる。ここにはあなたの居場所があり，すばらしい人々がいる，まるで家族のようだ。

　ここでする仕事は，これまでの中で一番いい。時間の融通が利き，楽しい，人と一緒にやることはあなたにはいつも楽しいのである。あなたは，急いだり，せかされたりすることもなく，いつでも休むことができ，自分のペースで仕事ができる。時々親切な人が会いに来る，偶然にも彼の名前はあなたの夫と同じである。彼はあなたを必要としていて，あなたと一緒にいるのが楽しいらしい。あなたも，彼と一緒にいると楽しいし，不思議なことに彼の存在は心地よい。

　鏡の前を通ったとき，とても年をとった人がちらっと見えた。私の祖母か，それとも隣のおばあさん？　とにかく彼女にもごきげんよう。そして，あなたは疲れを感じて，見つけた椅子に1人で座った。すぐにあなたは心に寒気を感じ，胃のあたりが苦しくなって，再び深い恐れがやってきた。今にも泣き出しそうだったけど，さっきのお母さんのような人がすでに側にいて，あなたの横に座った。彼女の手が差し伸べられ，あなたと握手をする。一緒にお話していると，恐れは朝の霧が消えるようになくなってしまい，あなたは再び，庭の温かい陽の中でリラックスする。あなたは，そこは天国でないことを知っているが，時々天国の途中にいるのかもしれないと感じる。

1）Person-centred careの実際

　認知症高齢者ケアにおいて急務であることは，精神面の力が低下している中にあって「その人らしさ（personhood）」を維持することであり，それは，五つのニーズに敏感に出会うことを通してなすことができると主張している。ニーズには，「快適さ（Comfort）」「愛着（Attachment）」「仲間意識（Inclusion）」「役割（Occupation）」「アイデンティティ（Identity）」が挙げられている。Kitwoodは，このようなPerson-centred careを提供された認知症高齢者の経験を空想し，詩的な物語（表3-2参照）にして描写している。

　さらに，Kitwoodは，その人らしさを高める12種類の相互行為Positive person work，①「是認（Recognition）」②「交渉（Negotiation）」③「共同（Collaboration）」④「遊び（Play）」⑤「感覚的刺激（Timalation）」⑥「お祝い

(Celebration)」⑦「くつろぎ（Relaxation）」⑧「バリデーション（Validation）」⑨「支え（Holding）」⑩「容易にする（Facilitation）」⑪「創造する（Creation）」⑫「与える（Giving）」を提示し，介護者に求められることとして追求している[19][20]。よって，Person-centred careでは，その人らしさを尊重する上記の相互行為としてのケアが重視される。そして，認知症の場合，このようなその人らしさを尊重するケアには，終わりはなく，補充され続けなければならないのである[21]。

また，Kitwoodは，認知症高齢者ケアにおいては，古い文化から新しい文化に変えることの必要性を訴えている[22]。なぜならば，幽閉されていた認知症の人々は解放され，表舞台に登場し，人として認められるようになったものの，一方で，人間性や人格の復権の歩みは遅いためである[23]。そこで，Kitwoodは，古い文化と新しい文化による認知症ケアを「認知症の一般的な見方（General view of dementia）」「知識の一番の根拠（Ultimate source of knowledge）」「重視する研究（Emphasis for research）」「ケアに求められるもの（What caring entails）」「優先されるべき理解（Priorities for understanding）」「問題行動（Problem behaviours）」「ケア提供者の感情（Carers' feelings）」の七つの項目で比較している[24]。「ケアに求められるもの」については，古い文化では，安全な環境の提供，基本的なニーズ（食事，着替え，排せつ，暖かさ，清潔，適度な睡眠など）を満たすことおよび適切な身体的ケアが優先され，新しい文化では，その人らしさを維持し強めることが最も優先される。安全な環境の提供，基本的ニーズを満たすことおよび適切な身体的ケアは，基本であるが，それらは認知症ケア全体の一部であるとしている[25]。

2）Person-centred careの検討

Person-centred careでは，その人らしさを高める12種類の相互行為に示されているように，認知症の人といかに相互行為を育むか，そのための安定した関係の構築が求められている。ケア提供者は決して一方通行でのケアを提供してはならず，認知症高齢者との相互作用を充分にケアに活かす必要がある。その際，ケアの基盤として重視される「その人らしさの尊重」について，「究極の個人（ultimate personal）」「深い尊敬（deep respect）」「その人に対する誠実さ，継続性，安定性（integrity, continuity, stability）」の三つの概念で理論的に整理しているが，認知症高齢者の尊厳を支える重要な概念である。

3．Psychosocial model of Dementia care

　Taftらは，認知症ケアでは，社会的なケアと心理的なケアの双方が重要であるとして，Psychosocial model of Dementia careを提唱している[26]。このモデルは，GundersonのTherapeutic Processes[27]を理論的な基盤として統合したものであり，「支持（Support）」「参加（Involvement）」「認める（Validation）」の三つの治療的プロセスに対し，社会的および心理的な介入が挙げられている。すなわち，人と人との相互関係を助長し，社会的機能を支持する社会的介入として[28]の「共感的ケア（Empathic caring）」「支持的タッチ（Supportive touch）」「活動の提供（Providing activities）」「関係づくり（Relating）」，個々人を認め支持し，心理的機能を維持する心理的介入としての「敏感に反応しつづける（Being responsive）」[29]「相手の立場に立つ（Taking the other's perspective）」「選択の機会の提供（Offering choices）」「見方を変える（Reframing）」の八つである。

1）Psychosocial model of Dementia careの実際
　以下，それぞれの八つの介入について，表3-3にまとめた。

2）Psychosocial model of Dementia careの検討
　これらPsychosocial model of Dementia careでは，社会的介入と心理的介入にそれぞれ四つのケアが提示されているが，相互に関連があるように見受けられる。とくに，社会的介入として提示されている「共感（Empathic caring）」「支持的タッチ（Supportive touch）」は，心理面にも大きく影響を与え，心理的介入として提示されている「選択の機会の提供（Offering choices）はその人の社会性に働きかけるものと捉えられる。重要なことは，認知症ケアにおいては，心理的介入に加えて社会的な介入が必要であるということである。

4．三つの認知症高齢者ケアの理論から得られた示唆

　本節で検討した「理にかなったケア」「Person-centred care」「Psychosocial model」のそれぞれのケアの特徴としては，「理にかなったケア」では認知症高齢者への具体的な直接的ケアの原則を掲げていること，「Person-centred care」では「その人らしさ」を尊重したケアの実践を重視していること，「Psychosocial model」では，心理的なケアに社会的なケアを加える必要性を述べていることが挙げられる。これら三つのケアは，いずれも認知症高齢者を

第Ⅰ部　理論編

表3-3　Psychosocial model of Dementia careの八つの介入

(1)	「Empathic caring」（共感的ケア）	ケア提供者は，思いやり，尊敬，優しさ，安心，愛情といった介入を通してケアし，認知症の人たちが不適当なことを言っても気にせず，協調するように言葉を返す。声のトーンも重要である。認知障害や記憶障害のために，彼らはとても不安であり，多くのもてなしや安心を必要とする。「私がいるから大丈夫ですよ，一緒にしますよ」と伝え，いつも抱えている気がかりに対しても共感し，大丈夫であるとそのつど伝える。
(2)	「Supportive touch」（支持的タッチ）	ケア提供者は，安心が得られるように，あるいは彼らがケアされていることを理解されていることを感じることができるように「タッチ」を用いる。眠りから覚めた時にタッチにより眠りに戻ったり，コミュニケーションをより効果的に図ることができる。
(3)	「Providing activities」（活動の提供）	ケア提供者は，彼らがアイデンティティを補強したり維持する活動として，生活の上での仕事に参加したり関与することを計画する。彼らは，活動を自ら計画したり始めたりすることはできないだろうが，様々な広い範囲の活動に参加することはまだできる。活動は，彼らの興味に添った個々のものでなくてはならないし，文化や個々の生活史を踏まえて果たされなければならない。
(4)	「Relating」（関係づくり）	活動は忙しい仕事というだけでなく，笑ったり，生活を楽しんだり，人間社会に留まるための他者と関係する手段である。関係づくりは，認知症ケアの基礎的な構成要素であり，介入としてコミュニケーション，ユーモア，要求に対する援助などや，家庭的な雰囲気，社会性の構築が含まれる。コミュニケーションはいかなる関係の中核にあり，話すことと同様傾聴も含まれる。傾聴は，コミュニケーション能力障害の進行の結果としての認知障害をもつ彼らにとって，とくに重要である。ケア提供者は，彼らの言葉やジェスチャーからのサインを見つけ出すことや，表現やトーンで応じることが必要である。関係づくりは，家庭的雰囲気や相互関係を構築することをも意味し，助けが必要な人であっても，彼らに援助を求めることは，彼らが必要とされていることを感じる一つの方法である。
(5)	「Being responsive」（敏感に反応し続ける）	ケア提供者が，個々の認知症の人たちを認めるということは，彼らが何を言っているのか，しているのか，感じているのかについて，その人の言葉，態度，感情的なサイン，トーンを認識することである。敏感に反応し続けることにより，トイレなどの身体的なニーズのサインを認識することができる。たとえば，言葉で伝えることができないので起き出して歩き回り出す，言葉を発する代わりにささやくようになる，といったサインである。敏感に反応し続けることには，感情的なサインを認識することも含まれる。不安の表現としての精神的興奮などである。そのために重要なことは，できる限り個々を知り，その人にとって何が大切であるかを知ることである。認知症の個々のニーズを調整することは，認知症ケアにおいてきわめて重要なことであるが，その人の能力と体力に敏感であることも同様に重要である。その人が貢献すべきこと全てを認めてそれらを引き上げることにより，その人の自尊心が高められることも理解する必要がある。
(6)	「Taking the other's	この介入は，現実の事実と見当識の正確さを主張するよりも，その人の

	perspective」 (相手の立場に立つ)	感情を受け入れることに焦点を当てるという,バリデーションの支持的なコミュニケーションテクニックに似ている。ケア提供者は,言葉や意味を解釈するために表現される感情を傾聴する。叫ぶ認知症の人に対して,それを防ぐよりも支持して他のことに展望をもつための働きかけを実施する。
(7)	「Offering choices」 (選択の機会の提供)	自己選択の強化は,彼らの認知能力に関係なく全ての高齢者ケアにおいて重要である。しかし,選択の機会の提供は,認知症ケアにおいてしばしば放置されている。なぜならば認知症の人は選択する能力を失っていると想定されているからである。複雑な選択はその人の認知能力を超えるが,熟練したケア提供者は,その人のリードを支え,自己管理を補強することができる。
(8)	「Reframing」 (見方を変える)	Reframingとは,基準の枠組みを変えることや説明することによって出来事や事象の意味を変えることである。認知症の発症による知覚的な減退や混乱のために,環境による刺激を脅迫と解釈することが多々ある。大きな音や多くの葛藤を覚える刺激は認知症の人を興奮させる。そこで,ケア提供者は,その意味を変えて伝えることによって恐れる状況を少なくする。

主体とした,認知症高齢者の尊厳を守るケアの実践を目指すものであり,認知症高齢者とケア提供者間において,感情を共有できる確固たる信頼関係に基づく徹底した個別ケアにより成り立つと理解された。すなわち,認知症高齢者ケアにおいても,第1章第一節のケアの概念において,目標として述べた「感情を共有できる人間同士の深い相互関係」と「個別的なケア」が重視される。このような,相互関係に基づく個別ケアの質をいかに評価できるのか,の探究をこれから始めることにする。

第二節　グループホームケアの質と評価

1．グループホームケアの背景

　新しい取り組みとして期待され,介護保険制度下で急増している認知症高齢者対象のグループホームは,居室は原則個室であり,5〜9人の少人数を単位とした共同居住形態での落ち着いた家庭的な環境において,認知症を抱えつつもできる限りその人らしい尊厳ある生活を続けることができるように支援するものである。[30] 1990年代以前の日本では,自宅で介護ができなくなった認知症高齢者に効率的に対応するために,そのほかの社会福祉施策と同様,大規模な痴

第Ⅰ部　理論編

認知症の治療と症状についての補足説明

〈治療〉
薬物治療：アルツハイマー型認知症の治療薬として世界で最も多く使われているのは，塩酸ドネペジル（商品名アリセプト）である。塩酸ドネペジルの効能は「症状の進行抑制」であり，疾患の原因そのものをなくすことはできない。また，全てのアルツハイマー型認知症に有効ではなく，効果が認められる期間も限られ（約1～2年とされる），下痢や腹痛などの軽い副作用があるために，服用に対する適切な医師の判断が求められる。1日1回の服用でよいが，約800円／1錠（10mg）と比較的高価であるために，病院から介護老人保健施設に移る時に止められることも実際にある（介護老人保健施設では，薬代を施設が負うため）。脳血管性認知症の治療薬には，高血圧をコントロールする降圧剤や脳循環改善薬がある。

〈診断基準〉
DSM-Ⅳの用語について
記憶障害：先ほど話したことや大切なことを忘れる，体験の全てを忘れる，物の置き忘れが目立つ。そのため，同じことを何度も言ったり聞いたりする。
失行：運動機能に障害がない（麻痺などの障害がない）にもかかわらず，目的にかなった動作ができない（歩くように促されても歩けないが1人で出かけることはできる）。
失認：視覚障害がないにもかかわらず，認識ができない（自分の左手の存在を忘れて自分の体の下に敷いてしまう）。
失語：言葉のやりとりができない。言葉が出ない。
実行機能障害：その場の状況を判断して的確な行動ができない。段取りを組むことができない。たとえば，食材をそろえ，包丁で刻み，鍋や火を使って煮たり焼いたりして味をつけるなど，手順よく料理ができない。
社会的・職業的機能の障害：上に述べた障害により，今までの生活や仕事を続けることが難しくなる。

〈認知症の症状ついての補足説明〉
見当識障害：時間，場所，人の認知ができない。たとえば，夜中に起きだして食事を作ったり外出しようとする，真夏に厚着をする，道に迷って帰ってこれなくなる，同居している家族の顔がわからなくなることがある。
徘徊：以前は，理由や目的もなく歩き回ることなどと言われていたが，現在で

> は，家で子どもが待っていて食事を作りに帰らなければいけない，兄が出征して自分しかいないから畑仕事をしなければいけない，など認知症高齢者その人なりの理由や目的がある。徘徊に対して，警察，消防署，社会福祉協議会，保健所，バスやタクシーなどの交通機関，ガソリンスタンド，コンビニエンスストア，老人会，自治会，民生児童委員や地域住民らが連携して，地域でのネットワークづくりが進んでいる。
> 妄想：男性より女性に多く，盗られ妄想の内容にも男女に差があるのではないか，とされる。盗られたとするのは，女性は「金」，男性は「妻」だというのである。現場にいたころ，確かにそうだったと納得するのは私だけだろうか。盗られ妄想は，自分が最も大切にしているものが自分の見えるところからなくなり，心配で不安で仕方なくなって生じることは確かである。盗人呼ばわりされる息子の配偶者（嫁）には「よくあることなのです。お嫁さんには一番気が許せるものだからつい心配事をぶつけてしまうのですね。大事なものがなくなって大変という気持ちを受け止めて一緒に捜してみてください」，また，根も葉もない「男がいるのだろう，男に会いに行っていたのだろう」と訴える夫の妄想に苦しむ妻には「奥さんがそのような人ではないことはわかっております。愛されているのですね。奥さんにずっと側にいて欲しいのですね」と声をかけて欲しい。

呆病棟に収容して保護するという施策が一般的であった(31)。しかし，医療機関での医学的治療では対応が困難であると認識され，生活の場での対応が試みられるようになった(32)。これは，たとえ認知症であっても1人の人間として住み慣れた地域社会で普通に暮らすというノーマライゼーションの思想の実践でもある。

　日本のグループホームは，1990年代から取り入れられるようになったが，グループホームの制度化に先立ち，まずは92年に小規模で毎日型の認知症高齢者を対象としたデイサービスE型が制度化されたことに触れておく。そして，94年に現厚生労働省に設置された痴呆性老人対策に関する検討会が「痴呆性老人対策に関する検討会報告」において，グループホームにおけるケアのあり方を提示した。そして，95年に先駆的に運営していた全国8カ所を対象に「痴呆性老人のグループホームのあり方に関するモデル事業」が開始された(33)。その後97年にグループホームに対する運営補助，98年に施設整備費補助が創設され，99

年3月31日現在では,国庫補助対象のグループホームが全国で103カ所となっている。そして,グループホームケアの効果が認められ,2000年に施行された介護保険制度に「痴呆対応型共同生活介護(現認知症高齢者対応型共同生活介護)」として居宅サービスの一つに位置づけられたのである。

　厚生労働省が99年12月21に発表したゴールドプラン21では,2000年から04年度まで5年間のグループホームの数値目標を3,200カ所に定めていたが,05年10月1日現在で,指定事業所数7,255カ所,07年10月1日現在で9,026カ所と急増している。前述の報告書「2015年の高齢者介護」の中でも,宅老所やグループホームでの実践が評価され,具体的な方策に小規模施設やユニットケアが推奨されている。02年度には,従来の4人部屋を中心とした特別養護老人ホームに替わって,個室およびユニットケアの小規模生活単位型特別養護老人ホームが制度化された。ユニットケアについて報告書「2015年の高齢者介護」は,「居宅に近い居住環境の下で,居宅における生活に近い日常の生活の中でケアを行うこと,すなわち,生活単位と介護単位を一致させたケア」と定義している。以後,厚生労働省は,この小規模生活単位型特別養護老人ホームに限り新規開設を認めている。

　このように,グループホームは,今後の認知症高齢者ケアの重要な担い手の一つである。グループホームケアの効果に関しては,グループホーム先進導入国のスウェーデンやデンマークですでに実証され,スウェーデンでは,1992年末の時点で1,000カ所整備されている。[34]日本では,現場からの紹介・報告に始まり,[35]実証的研究による効果も発表されつつある。[36]

2．グループホームの概要とケアの質

　小規模で家庭的な環境といったグループホームの特性により,認知症高齢者ケアの理論から学んだ認知症高齢者を主体とした,認知症高齢者の尊厳を守るケア,すなわち,ケア提供者との確固たる信頼関係に基づく徹底した個別的なケアが実現可能となる。グループホームケアの効果としては,①特定の利用者と職員間でなじみの関係ができ,心理的に安定する,②環境特性により,過剰な刺激を防ぐことができ,心理的に安定する,③個別のニーズに対応しやすく,周辺症状やADL能力が改善する,④これまでの生き方を継続することができ,

自尊心を失わずに生活できる，⑤家族との関係を再構築できる，などが現場から紹介・報告され，期待できる。しかし，このような質の高いケアが継続して実践されることを保障するためには，また，小規模で家庭的な環境を作るためにも，何らかの規制が必要となる。そこで，改めてグループホームの概要を法令に沿って整理し，グループホームにおけるケアの質に関する規制について述べる。

介護保険法8条第18項では，グループホーム（認知症対応型共同生活介護）を「要介護者であって認知症であるもの（その者の認知症の原因となる疾患が急性の状態にある者を除く。）について，その共同生活を営むべき住居において，入浴，排せつ，食事等の介護その他の日常生活上の世話及び機能訓練を行うことをいう。」と定義する。

「指定居宅サービス等の事業の人員，設備及び運営に関する基準」（以下，運営基準と称す）では，基本方針として，要介護者であって認知症であるもの（その者の認知症の原因となる疾患が急性の状態にある者を除く。以下同じ。）について，共同生活住居において，家庭的な環境の下で入浴，排せつ，食事等の介護その他の日常生活上の世話及び機能訓練を行うことにより，利用者がその有する能力に応じ自立した日常生活を営むことができるようにするものと規定されている。何をもって「家庭的な環境」とするかについての定義はないが，認知症高齢者は環境の変化に影響を受けやすいことから，自宅からグループホームへの転居のショックを可能な限り和らげる配慮を表しているとされる。また，対象となる認知症の状態にあるものについては，認知症に伴って著しい精神症状，又は著しい行動異常をもち，極端な暴力行為や自傷行為を行う恐れがある者及び認知症の原因となる疾患が集中的な医療を必要とする状態の者は，共同生活住居において共同生活を送ることに支障があることから除かれている。

ユニット数の上限について，1999年は5ユニットであったが，2001年に3ユニット，03年に2ユニットとなった。これに対して厚生労働省は，ユニット数が多いと，「家庭的でこじんまりしている」，「近所の高齢者が入居する」というグループホームの理念からはずれ，ミニ施設化すると説明している。そのほか，03年度よりグループホームの立地を住宅地に限定している。

人員配置については，当初，宿直時間帯を除き，常勤換算で利用者3人に対

し1人以上，そのうち1人以上は常勤でなければならない。宿直時間帯については，1人以上とされ，併設施設との兼務が可能であったが，03年4月からは1人の職員が他のユニットを兼務する場合は2ユニットまでと明記された。また，02年4月からは管理者と計画作成担当者に事前研修を義務付け，04年4月からは共同生活住居ごとに，原則として専従の計画作成担当者を置かなければならず，そのうち1人以上は，介護支援専門員を配置することとなった（06年3月31日までは経過措置とする）。06年4月からは夜間体制をこれまでの宿直可から「原則夜勤」とし，介護報酬で夜勤加算分を基本報酬に含めて評価することとした。

設備に関する基準としては，入居定員を5人以上〜9人以下とし，居室，居間，食堂，台所，浴室，そのほか利用者が日常生活を営む上で必要な設備を設けることになる。居室は原則個室とし，利用者の処遇上必要と認められる場合は，2人とすることができる。居室の面積は7.43㎡（4.5畳）以上だが，施設整備費の補助基準では9.9㎡（6畳）以上となっている。

介護については，利用者の心身の状況に応じ，利用者の自立の支援と日常生活の充実に資するよう，適切な技術をもって行わなければならないこと，利用者の負担で職員以外の者による介護を受けさせてはならないこと，利用者の食事そのほかの家事などは，原則として利用者と介護従事者が共同で行うよう努めるものとされている。また，社会生活上の便宜の提供として，利用者の趣味または嗜好に応じた活動の支援，日常生活を営む上で必要な行政機関に対する手続きなどについて家族が行うことが困難な場合の代行，利用者の家族との連携を図るとともに交流を図ることが挙げられている。

このように，グループホームに対する規制は，運営基準を徐々に強化することにより，質の保障を担保してきたが，グループホームの数が急増する中で，一部のグループホームで介護計画を立てていないことや，前述のように質の格差が懸念され，2002年度から外部評価が義務付けられている。[39] グループホームの質の問題で重要なことは，様々な背景をもつ事業主の存在，知的機能に障害をもつ利用者，利用者のプライバシーとケアの密室性に対する職員間の共通理解の難しさ，1人勤務の時間帯における緊張と融通の調和の難しさ，利用者の重度化によるリスクの増大などから，著しく志の低い事業主が誤ってグループ

ホームの経営に参入した特殊な場合にのみ生じるのではなく，全てのグループホームに共通して起こりうることが指摘されている。[40]

3．グループホームにおける外部評価の概要

　グループホームにおける外部評価は，本書がケアプロセスの質の評価手段として重視する「第三者評価」の一つである。外部評価は，運営基準第163条（指定認知症対応型共同生活介護の取扱方針）に規定されている。当初，第6項は「指定痴呆対応型共同生活介護事業者は，自らその提供する指定痴呆対応型共同生活介護の質の評価を行い，常にその改善を図らなければならない」という自己評価の義務規定であった。2001年3月26日厚生労働省令第36号改正により，第7項として「指定痴呆対応型共同生活介護事業者は，自らその提供する指定痴呆対応型共同生活介護の質の評価を行うとともに，定期的に外部の者による評価を受けて，常にその改善を図らなければならない」と自己評価に外部評価を加えた規定に改正された。また，2001年3月12日に出された通知（老発第83号）「指定痴呆対応型共同生活介護（痴呆性高齢者グループホーム）の適正な普及について」により，外部評価について，先の基準第163条第6項の質の評価実施を担保するために，一定の評価基準による評価を行った上で，結果を公表するように義務付けている。評価基準については，同日に出された通知（老計発第13号）「痴呆性高齢者グループホームの適正な普及について」により，都道府県が策定することとし，評価項目内容の概略を示している。さらに，2002年1月28日付通知（老計発第3号）「痴呆性高齢者グループホームの自己評価項目の参考例等について」により自己評価項目の考え方が示されている。

　その後2002年7月26日付通知「指定痴呆対応型共同生活介護（痴呆性高齢者グループホーム）が提供するサービスの外部評価の実施について」（老計発0726002号）により，外部評価項目の参考例を含み，外部評価の具体的な実施方法が提示された。すなわち，評価機関は都道府県が選定すること，結果は社会福祉・医療事業団（2003年10月1日より独立行政法人福祉医療機構に変更）が運営する「福祉保健医療情報ネットワークシステム（WAM NET）」を利用して公開されること，事業者は結果の詳細版（評価調査員のコメントが付されたもの）を重要事項説明書に添付して利用申込者および家族に説明すること，また，グ

ループホーム内の見やすい場所に提示するほか，入居者の家族に送付することなども提示している。外部評価の頻度を年1回とし，経過措置として2004年度末までに1回は受けることになった。

　2004年度末までに外部評価の実施体制が整わない都道府県は，認知症介護研究・研修東京センター（以下，東京センターと称す）に依頼することができた。東京センターは，02年度の外部評価実施開始から各地域で評価体制が整うまで，独自に外部評価を実施した東京都，神奈川県，岡山県，熊本県を除く43道府県の外部評価を実施し，05年9月に評価機関業務を終了した。そのため，10月以降は，各都道府県で選定された評価機関により本格的に実施されている。06年5月18日現在，WAM NETには8,722件の評価結果が公表されている。ここでは，東京センターによる外部評価（以下，センター方式と称す）の概要を述べる。

　1）センター方式による外部評価の概要

　東京センターが発行している『痴呆性高齢者グループホーム評価調査員研修テキスト〜外部評価に向けて〜2004年度版』によれば，評価は，①事前にグループホームの自己評価結果と利用者家族アンケートを資料として提出してもらい，事前書面調査を行う。②研修を受けた評価調査員が2人1組で訪問調査（観察，ヒアリング，書類点検）を実施し，主な調査結果についてグループホーム管理者と話し合う。③調査員2人が調査結果を合意したうえ，調査報告書・調査報告概要表を評価機関に提出する。④評価機関は調査結果の内容を確認し，グループホームに通知する。⑤調査結果に対してグループホームから意見を求め，意見が出されなかった場合は評価機関による評価が確定し，評価結果が公開される。意見が出された場合は，必要時評価委員会で審査・再調査が行われる場合もある。評価時間の目安としては，代表者からのグループホームの概要説明など：30分，書類点検：30分，ホーム内観察：90分，調査員から代表者への質疑：30分，職員へのヒアリング：30分，調査員のみですぐれている点，改善を要する点の記入：30分，調査報告書に基づく代表者との話し合い：60分，調査員同士での調査結果のまとめ：60分と，全体で6時間30分となっている。

　2）センター方式の評価尺度

　センター方式の評価尺度[41]は，先駆的なグループホームを主体としたチームにより，まず，「グループホームのサービスの質の要素」が抽出された。これは，

本人に関するサービスの質，家族に関するサービスの質，地域に関するサービスの質の三つの領域で構成され，以下の13の要素が抽出されている。すなわち，本人に関するサービスの質の要素には，①安らかさ，心地よさ，②身体の安全，③プライバシーの保護，④触れ合い・交流，⑤力の発揮・自立，⑥生き方の継続，⑦自己決定・自由，⑧達成感のある暮らし，それら全てにより確立される⑨尊厳・誇りの九つの要素がある。家族に関するサービスの質の要素には，⑩家族との交流・協働，⑪家族の力の伸長，地域に関するサービスの質には，⑫地域との交流・協働，⑬地域痴呆ケア向上への貢献性が挙げられている。そして，これらの要素の評価領域は，運営理念，生活空間作り，ケアサービス，運営体制，の4分野で構成されている。

さらに，下位領域と評価項目数（（ ）内に示す）は，運営理念の2領域「運営理念の明確化（3）」「運営理念の啓発（1）」，生活空間づくりの2領域「家庭的な生活環境づくり（4）」「心身の状態に合わせた生活空間づくり（6）」，ケアサービスの7領域「ケアマネジメント（7）」「介護の基本の実行（8）」「日常生活行為の支援（10）」「生活支援（2）」「医療・健康支援（9）」「地域生活（1）」「家族との交流支援（1）」，運営体制の4領域「内部の運営体制（10）」「情報・相談・苦情（2）」「ホームと家族との交流（3）」「ホームと地域との交流（4）」となっている。

項目数は総計71項目であり，「できている」「要改善」の2段階評価と，そのほか「評価不能」が設けられている。また，全体を通しての総合的な評価として4分野を1分野ずつ，記述式で評価している。

4．認知症高齢者ケアの質の評価尺度

グループホームのケアの質を保障する施策には，本節で検討したように，まず，行政による規制としての「運営基準」が定められるとともに，この最低基準に基づき実施される「指導監査」がある。第2章第二節で検討したように，養護老人ホームと特別養護老人ホームを対象としたものは，1966年から実施されている。次に，第三者評価がある。これも，第2章第三節で検討したように，特別養護老人ホームと老人保健施設を対象に1993年度から実施されている。よって，これら二つの仕組みは，措置制度下において，高齢者施設を対象にす

でに実施されていたものを，外部評価に関しては他の介護保険事業に先立ちグループホームに適用し，義務付けたものである。よって，グループホームの外部評価のあり方として，評価尺度を含め他の高齢者施設とは異なるどのような配慮が求められるのかについても検討の必要がある。そこで，本研究で焦点を当てる，グループホームにおけるケアプロセスの質の評価の視点から評価尺度について検討する。

グループホームにおけるケアの質の評価尺度は，前述したグループホームの外部評価の際に使用するセンター方式のものがあるが，ケアプロセスの質に特化した評価尺度は，今のところ存在しない。そこで，ケアの質の評価尺度に関する先行研究の中から，まず，短時間の観察で質に関する複数の要素を測定できる，観察可能なナーシングホームケアの質指標ツール：Observable Indicators of Nursing Home Care Quality Instrument（以下，OI-NHと称す）[42]に着目した。「観察できる」評価尺度の検討により，見えにくいケアプロセスの質の枠組みを見極め，第三者がどのようなツールで，どのように評価し得るのかを明らかにすることが期待された。次に，認知症高齢者対象の専門的ケアユニットにおける環境面の「観察できる」評価尺度：Therapeutic Environment Screening Survey for Nursing Homes（以下，TESS-NHと称す）と，TESSの妥当性を検証するためにアメリカで開発されたProfessional Environmental Assessment Protocol（以下，PEAPと称す）の日本版3（以下，PEAP-日本版3と称す）を検討した。TESS-NHとPEAPは環境面，すなわちケアの質の評価次元における「構造」に関する評価尺度であるが，観察できる評価項目として出発しているために学ぶことが多々あると考えた。そして，センター方式の評価尺度と比較検討した。

1）「観察できる」評価尺度の有効性

第2章第三節で検討した施設サービス評価事業における評価方法は，[43]合意を得た施設に評価者が1日程度赴いて行う。実施施設は自己評価を終えており，評価当日まで課題となった項目について，質向上に取り組む。自己評価と第三者による評価の際に使用する評価尺度は同じものであり，評価者は，自己評価結果を参考にしながら評価を行う。その際，施設の見学はするものの，多くは，別室で評価者が職員に，評価項目の実施の有無，あるいは，自己評価当時から

ケアの質向上に向けて取り組んできた内容を尋ね，必要時ケアマニュアルや行事予定表，委員会の議事録などの資料の提示を受けながら評価していく。よって，実際のケアを観察するわけではないので，自己評価当時と比較してのケアの質向上の有無を含めて，ケアの質を客観的に評価することは困難であった。そのため，見えにくいケアプロセスをいかに評価するか，という課題に対して，「観察できる」という視点は大切だと考えられた。また，そもそもケアの質の向上に取り組むのは，現場の職員であるから，職員にとって，分かりやすく，取り組みやすい尺度が必要である。その点でも観察できる評価項目は期待される。

加えて，認知症高齢者へのケアは，「その高齢者の心の向き（態度）を知り，それにそって，その高齢者の生き方を援助してゆく[44]」から，非常に個別的である。見えにくい上に個別的なケアを，分かりやすく客観的に評価できる「観察できる」評価尺度の視点は，重要である。

2）「観察できる」評価尺度の概要

❶ 観察可能な質評価尺度：OI-NHの概要

OI-NHは，Rantz博士を筆頭研究者として，広範囲にわたるフィールドワークで得られたデータの質的分析により明らかにした，ナーシングホームのケアの質に関する理論的なモデルに基づき作成された[45]。評価は[46]，ナーシングホームの生活スペース，廊下，共用スペースを，20〜30分見学した後に，尺度の質問項目に答える形で行う。見学は，たとえば午前10時〜午後7時までの日勤帯に行い，騒音，臭いの有無，入居者が大声をあげた場合の職員の対応とその際の入居者の状態など，ナーシングホームの環境や職員の対応について観察する。できれば食事時間近くに訪問し，食事や飲水のケアの観察を勧めている。1度の見学で質問に答えることが難しければ，もう1度見学し，必要時職員に質問して5段階で評価する。評価項目は，コミュニケーションに関するものが5項目，ケアに関する12項目，職員に関する6項目，環境に関する14項目，家庭や家族に関する10項目の47項目である。さらに環境に関しては，空間に関する5項目，臭い・清潔・状態に関する5項目，騒音・採光に関する4項目に分類されている。

評価項目中ケアプロセスにかかわると捉えたコミュニケーションに関するも

第Ⅰ部　理論編

表3-4　Observable Indicators of Nursing Home Care Quality Instrument : Nursing Home Version (Version 7) よりCommunication, Care, Staffの一部の項目を抜き出したもの（日本語訳永田）

1．Were the conversations between staff and residents friendly ? (Communication) 入居者と職員は親しく話していましたか 1　Most were not　　2　A few were　　3　Some were　　4　Many were　　5　Most were 　　誰もしていなかった　　ほとんどしていなかった　　一部していた　　多くはしていた　　大半はしていた 　　　　　　　　　　　　　　　　　　　　　　　　　　　　　　　　　　　以下回答項目は全て5段階評価
2．When staff talked to residents, did they call them by name ? (Communication) 職員が入居者に話しかける時，名前で呼んでいましたか
3．Did residents and staff acknowledge each other and seem comfortable with each other (for example, smile, eye contact, touch, etc.)? (Communication) 入居者と職員は挨拶を交わし心地よさそうでしたか（笑顔，視線，触れ合いなど）
4．Did residents and staff interact with each other in positive ways (for example, conversation, humor, touch, eye contact, etc.)? (Communication) 入居者と職員はお互いに積極的に交流していましたか
5．Other than at naptime or bedtime, were residents up and out of bed ? (Care) 入居者は午睡や就寝時以外は，起きて離床していましたか
6．Were residents dressed and clean ? (Care) 入居者の衣服は整い清潔でしたか
7．Were residents well groomed (shaved, hair combed, nails clean and trimmed)? (Care) 入居者の身だしなみは整っていましたか（髭剃り，髪がとかれている，爪が清潔で切ってある）
9．Were staff seen actively caring for residents ? (Staff) 職員は積極的に入居者のケアをしていましたか
13．Did staff appear caring (compassionate, warm, kind) ? (Staff) 職員は情緒的で，温かく，親切にケアをしていましたか
14．Did staff treat residents as individuals with dignity and respect ? (Care) 職員は，入居者を個人として尊厳と敬意をもって対応していましたか
15．Were a variety of activities available for residents (Look for posted schedules, calendars, group meetings, etc.)? (Care) 入居者にとって適切で豊富な活動がなされていましたか（貼ってある予定表やカレンダー，グループミーティングで確認する）
16．Were there activities involving children (Look for posted activity schedules, calendars)? (Care) 子どもを含めた活動がありましたか（貼ってある予定表やカレンダーで確認する）
17．Did staff help residents with food or fluids ? (Care) 職員は入居者の食事や飲水を助けていましたか
18．Did residents have a variety of foods to choose from at mealtime (Look for posted meal plans ; may need to ask staff)? (Care) 入居者は，食事の際，豊富なメニューのなかから選ぶことができましたか（貼ってあるメニューや職員に確認する）
19．Did residents have access to snacks and other foods at any time (Look for posted signs about access to snacks; may need to ask staff)? (Care)

	入居者は,いつでもスナックや他の食べ物を得る機会がありますか(貼り紙や職員に確認する)
20.	Were residents walking or independently moving about the facility with or without assistive devices such as canes, walkers, wheelchairs？(Care) 入居者は施設内を歩いたり,杖や歩行器,車椅子を使う場合も自由に移動していましたか
21.	Were staff helping some residents walk or move about the facility？(Care) 職員は,施設内を入居者が歩いたり移動するのを助けていましたか
22.	Were therapy staff (physical, occupational, speech, restorative assistants) actively working with residents to improve or restore function？(Care)(May need to ask staff) 理学療法士,作業療法士,言語聴覚療法士は入居者の失われた機能を元に戻したり向上させるために積極的に実践していましたか(必要時職員に確認)
23.	Did staff communicate with confused residents in positive ways (for example, talk, touch, sit with, etc.)？(Communication) 職員は混乱している入居者を受け入れながら話していましたか(触れながら,ともに座って,ほか)

の5項目,ケアに関する12項目,職員に関する2項目,計19項目を表3-4に示す(番号は原文のとおり)。

❷ 治療的環境スクーリング調査：TESS-NHの概要

TESS-NHは,長期療養施設の物理的環境を系統的に集めた観察できる評価尺度であり,アルツハイマー型認知症や混乱している人にとって重要だとされる80以上の個々の環境特性を含んでいる。TESS-NHは,アメリカのSloane博士を責任者とした研究チームが,10年以上かけて作成した。評価は,ユニットを15～40分かけてゆっくりと歩き,施設の構造を識別した後に,環境の特徴に注目する。そして,チェックリストを完成させるが,直接観察できなかった項目は職員に尋ねてもよい。見学は,食事時間を除いた平日の午前9時～午後5時の間に行う。

評価項目の構成は,目標領域とその質問項目に分類される。すなわち,①安全性・安心・健康,②オリエンテーション,③プライバシー・管理・サービス構造,④社会的環境の四つの目標領域があり,たとえば①の領域の「出口の統制」に対する質問項目として,ドアの偽装,出口の数,施錠,アラームの四つがある。質問項目は12次元の46項目であり,質問によって3段階,2段階の評価や,下位項目を加えて質問を重ねる項目もある。

❸ 環境評価尺度：PEAP-日本版3の概要

TESSの評価項目の妥当性を検証する基準として開発され,観察による評価

表3-5　PEAP-日本版3（ケアプロセス）

V．「生活の継続性への支援」
1）慣れ親しんだ行動様式とライフスタイルの継続への支援
：入居者ができる限り慣れ親しんだ活動に参加しつづけることができるように，また，入居者の能力を最大限引き出すように，環境と施設方針の両側面から支援をする。
① 入居者自身やあるいは家族から，好みや生活様式などの情報を十分に仕入れ，把握する。
③ 入居者に応じて，食事の時間に融通をもたせることができる。
④ 入居者に応じて，入浴方法（家庭的な浴槽など）や時間，温度などに融通が利く。
⑤ 入居者自ら部屋の掃除ができるように，道具や機器を用意したりするなどの支援を行う。
⑥ 園芸などの趣味を楽しむ場所や機会を提供する。
⑦ 入居者が以前行っていた仕事などに応じて役割を担えるようにする。
⑧ 世話をする役割を継続できる機会を設ける（たとえばペットや植物の世話など）
VI．「自己選択への支援」
1）入居者への柔軟な対応
：入居者が居場所や空間を選択することや入居者の行動に対して柔軟に対応する。
① 入居者がさまざまな活動への参加を選択できるように配慮する（たとえばスケジュール表をわかりやすい場所に提示するなど）
② 就寝，食事，入浴時間などを入居者の状況に合わせて対応させる融通性がある。
③ 入居者が個室か相部屋，または同室者を選ぶ融通性がある。
④ 食事の献立に対して意見を出したり選択することができる。
⑤ 入居者の行動を制限する手段として，薬物，ベルト，いすの傾きなどを使用しない。
VII．「プライバシーの確保」
1）プライバシーに関する施設の方針
：施設環境におけるプライバシーの確保には，スタッフの努力だけでなく施設全体の方針が大きく影響する。プライバシーの確保の考え方には，入居者のニーズに対応して，1人になれるだけでなく，ほかとの交流が選択的に図れることも含まれる。
① 居室に入る際に，ノックや声かけをする。
② 入居者は，部屋のドアを閉めることは自由である。
③ ほかの入居者と交流を図るために，一日のうち何度か居室から出るように働きかけている。
④ 入浴，排泄，衣服着脱に関して，羞恥心に配慮した方針がある。
VIII．「入居者とのふれあいの促進」
4）社会生活を支える
：入居者の社会生活を支えるには，ふれあいの促進とともに1人でいる場所を確保することも大切である。
① 入居者どうしの関係づくりに，配慮をする。
② 地域へ出て行き，施設以外の人とふれあえる機会づくりをする。
③ ふれあいの場面とともに，1人になれる時間も配慮する。

＊児玉桂子・足立啓・下垣光・潮谷有二編（2003）：痴呆性高齢者が安心できるケア環境づくり　実践に役立つ環境評価と整備方法　pp.75-77の表3痴呆性高齢者への環境支援のための指針（PEAP-日本版3）よりケアプロセスに関する項目を抜き出したもの。

では不十分な点が補われたPEAPについて，研究者児玉桂子氏らが研究を積み重ね，日本版1～3が作成された[(48)]。PEAP-日本版1は，評価尺度であり各項目を5段階で評価するが，評価者や評価時間などの取り決めはない。PEAP-日本版2および3は，評価尺度ではなく，環境づくりの指針として位置づけられている。

　ここでは，PEAP-日本版3の特性を先行研究に学びながら述べる[(49)]。PEAP-日本版3は，①見当識への支援，②機能的な能力への支援，③環境における刺激の質と調整，④安心と安全への配慮，⑤生活の継続性への支援，⑥自己選択への支援，⑦プライバシーの確保，⑧入居者とのふれあいの促進の8領域があり，①～④は物理的環境の整備が中心であり，⑤～⑧はケア，人間関係，社会的活動，施設の運営方針などの要素が含まれている。8領域には，31の中項目，111の下位項目がある。この尺度を活用する場合の留意点として，ⅰ．グループホームなどに適用する場合には，項目がグループホームの形態にそぐわない場合があるので，状況に合わせて可能な援助を行うこと，ⅱ．ケアと物理的な環境づくりを切り離して考えないこと，ⅲ．"Personalization"～その人らしさ～を意識すること，ⅳ．融通性が挙げられている。

　PEAP-日本版3のケアプロセスと深くかかわる，⑤生活の継続性への支援の「慣れ親しんだ行動様式とライフスタイルの継続への支援，⑥自己選択への支援の「入居者への柔軟な対応」，⑦プライバシーの確保の「プライバシーに関する施設の方針」，⑧入居者とのふれあいの促進の「社会生活を支える」の19項目を表3-5に示す（番号は原文のとおり）。

3）評価尺度の比較検討

❶「OI-NH」の検討

　「OI-NH」は，「観察できる評価尺度」として，20～30分という短い時間での見学で観察できる内容としているために，非常に簡単な項目で構成されている。しかし，観察だけでは評価できない場合には，職員に質問して確認する項目が9項目ある。また，1度のラウンド（見学）で評価できない場合には，再度ラウンドして評価項目全てを評価するように指示している。

　「OI-NH」のケアプロセスの質評価尺度としての適正は，まず，「OI-NH」のケアプロセスに関する評価項目は，「care」12項目に「communication」5

項目,「staff」2項目を加えた19項目と少なく,「care」12項目の内訳は,観察した時点で,入居者が起きているか,清潔であるか,身なりが整っているか,尊重した態度か,適切な活動があるか,食事や飲水のケアをしているか,自由に移動しているか,移動の介助をしているか,専門家による訓練を受けているかなどであり,入浴や排泄などの直接的なケアには全く触れられていない。また,ケアの結果として入居者が起きたり移動したり,清潔で身なりが整っていると考えられ,食事や飲水,移動のケア,専門家による訓練がどのようになされているかというケアプロセスの評価は難しい。一方で,尊重した態度か否か,自由に移動しているか否かについては観察可能であり,グループホームケアの全体の雰囲気を把握するには,妥当な項目だと考えられた。

以上のことから,「OI-NH」は,「観察できる」単純な評価項目で構成され,わかりやすいために評価が容易である。しかし,「OI-NH」だけでは評価できないケアの側面がある。よって,「OI-NH」は,短時間で観察できるケアの構造面,あるいは結果面の評価には有効だが,ケアプロセスの質の評価尺度として単独で使用するには,項目数の少なさ,ケアプロセスの捉え方に課題があると考えられた。しかし,一般人でも評価可能なことや,頻繁に短時間で評価できる利点をいかした活用の機会が望まれる。

❷ 「TESS-NH」「PEAP-日本版3」「センター方式」の検討

認知症高齢者を対象とした「TESS-NH」「PEAP-日本版3」「センター方式」は,詳細で具体的であり,評価に時間がかかると予測された。また,「TESS-NH」は観察を主として評価するが,「PEAP-日本版3」と「センター方式」は観察だけで評価することは困難である。しかし,「センター方式」は,ケアプロセスの項目が71項目中38項目あり,「OI-NH」の47項目中17項目に比較しても,ケアプロセスを重視していると捉えられた。また,「センター方式」は,ある程度観察可能な項目や,職員・入居者への簡単な質問により客観的に評価できる項目,入浴・排泄などの直接的なケアに踏み込んだ項目が複数存在し,他の尺度との比較からよく検討されていると理解された。

また,「センター方式」の評価項目には,「一人ひとりの特徴を踏まえた具体的な介護計画」「一人ひとりの過去の経験を活かしたケア」「一人ひとりにあわせた調理方法」など,「一人ひとり(に応じる)」という文言が多用されており,

個別的なケアが強調されている。この個別的なケアの内容こそが、ケアプロセスである。すなわち、一人ひとりの特徴を踏まえてどのように介護計画に活かすのか、一人ひとりの過去の経験をどのように活かしてどのようなケアを提供しているのか、といった具体的な内容である。このような認知症高齢者ケアの具体的な内容は、普遍的で客観的な評価尺度により踏み込むことは難しいと予測された。しかしながら、ここで検討した「観察できる」視点を強化、あるいは加えることで、ある程度評価項目に活用することができる。また、具体的な評価尺度の存在は、ケアの質の向上に取り組む職員の意識や意欲の継続に効果的で有効な評価尺度になり得ると考えられた。そこで、現段階で考えられたセンター方式のケアサービスに関する評価項目に不足する内容を追加したものを、案として表3-6に示す（修正部分は**太字**で表す）。

❸ ケアの構造面の評価

今回は検討しなかった、ケアの質枠組みの一つ「構造」に関する環境面の評価であるが、グループホームにおける評価項目として、重要な位置を占めると考えられた。認知症高齢者を対象とした環境面の評価尺度である「TESS-NH」と「PEAP-日本版3」を概観したところ、「センター方式」の「ケアサービス」の項目の中に「TESS-NH」と「PEAP-日本版3」の環境の評価尺度と重なるものがあり、ケアの質枠組みにおける「構造」と「プロセス」の密接なつながりを認識させられた。実際、「センター方式」の中でケアプロセスと捉えた「ケアサービス」の評価項目に、明らかに環境面の評価項目が含まれていた。一方で、「TESS-NH」と「PEAP-日本版3」の環境面の評価項目の中には、「センター方式」の環境面の評価項目に十分応用できるものが認められた。

4）評価尺度の検討から得られた示唆

ケアの質は、外圧的に指摘しても向上しない。また、ケアの質の評価結果が優秀であったとしても、ケアの質の向上に対する職員の意識や意欲が継続されなければ、ケアの質を維持できずに短期間で質が低下する怖さがある。詳細で具体的なPEAP-日本版3が、評価尺度ではなく、環境づくりの指針として位置づけられたのは、個別性や多様性に対応できないといった普遍的で客観的な評価尺度の限界の解消に加えて、職員の意識や意欲の向上を目指したものとも

表3-6 センター方式評価尺度修正版（案）

項目番号	項目 Ⅲ ケアサービス　2．ホーム内でのくらしの支援(1)介護の基本の実行	備考
23	○入居者と職員の穏やかな関係 　職員の言葉かけや態度はゆったりしており，情緒的でやさしい雰囲気であり，職員と入居者は相互に交流し，共に心地よさそうである。(笑顔，視線，ふれあいなど)	OI-NHの項目3，4，9，13を加えた表現にした。
新	○職員の入居者との積極的な交流 　職員は，混乱している入居者にその人にとって適切な方法で常に関わっていましたか。(適度な距離を保って，触れながら，共に座って，共に同じような行動をとって，ほか)	OI-NHの項目23の職員と入居者間の積極的な交流について新たに作成した。
25	○入居者のペースの尊重 　職員は，職員側の決まりや都合で業務を進めていく態度ではなく，入居者が自由に自分のペースを保ちながら暮らせるように，就寝，食事，入浴時間などを入居者の状況に合わせて対応する融通性をもっている。	PEAP-日本版3のⅤ-1)③，Ⅵ-1)②を加えた表現にした。
新	○入居者の生活のリズム 　入居者は，好みに応じた様々な活動への参加を選択できるように配慮されているなど，適度な刺激を受けながら生活のリズムは保たれており，午睡や就寝時以外は，起きて離床している。	PEAP-日本版3のⅥ-1)①，OI-NHの項目5の入居者の生活のリズムに関して新たに作成した。
28	○身体拘束のないケアの実践 　身体拘束は行わないということをすべての職員が認識しており，薬物，ベルト，いすの傾きなども含めて身体拘束のないケアを実践している。	PEAP-日本版3のⅥ-1)⑤を加えた表現にした。
29	○鍵をかけない工夫—環境面— 　入居者の自由な暮らしを支え，入居者や家族等に心理的圧迫をもたらさないよう，日中は玄関や外部につながる出入り口は，目立たない方法で見守られており，鍵をかけなくてもすむような配慮がある。やむを得ず鍵をかける場合は，その根拠が明白で，その理由を家族に説明している。(外出の察知，外出傾向の把握，近所の理解・協力の促進等)	これは，環境に関する評価である。PEAP-日本版3のⅣ-1)②[1)]，TESS-NHの項目5[2)]，6[3)]の内容を加えた表現にした。
新	○プライバシーの尊重 　職員が入居者の居室に入る際にはノックや声かけをし，入浴・排泄・衣服の着脱などケア提供時には羞恥心に配慮している。入居者は，居室のドアを自由に閉めることができる。	PEAP-日本版3のⅦ-1)①，②，④のプライバシーの尊重に関して新たに作成した。
	(2)日常生活行為の支援1）食事	
新	○食事の選択 　入居者は，食事の献立に対して意見を出したり，食材やメニューを選ぶことができる。	PEAP-日本版3のⅥ-1)④，OI-NHの項目18のメニュー選択の可能性を新たに作成した。
新	○間食を楽しむ 　入居者は，いつでも間食を楽しむ機会をもてる。(好きなもの	OI-NHの項目19の間食を楽しむことを新たに作

	を食べてもらう機会を作る,酒たばこなどの嗜好品への希望に対応できている)	成した。
	4) 整容	
38	○プライドを大切にした整容の支援 　整容の乱れ,汚れ等に対し,プライドを大切にしてさりげなくカバーしている。(髭,髪が整っている,爪は清潔で切ってある,着衣,履き物,食べこぼし,口の周囲等)	OI-NHの項目7を加えた表現にした。
	(4)ホーム内生活拡充支援	
41	○ホーム内の役割・楽しみごとの支援 　ホーム内で入居者一人ひとりが楽しみごとや出番(役割)を見出せるよう,場面づくり等の支援を行っている。(テレビ番組,週刊誌,園芸,食器洗い,掃除,洗濯たたみ,小動物の世話,新聞取り,地域の子どもとの活動等)	PEAP-日本版3のV-1) ⑤, ⑧, OI-NHの項目15, 16を加えた表現にした。
	(6)心身の機能回復に向けた支援	
45	○身体機能の維持 　認知症の人の身体面の機能低下の特徴(筋力低下,平衡感覚の悪化,嚥下機能の低下等)を理解し,屋内を杖や車椅子を使う場合も自由に移動することができ,買い物や散歩など外出する機会が多く,調理,楽しみごと等の日常生活の中で自然に維持・向上するように取り組んでいる。	OI-NHの項目20, 22, 26[4]を参考にして表現した。
	3.入居者の地域での生活支援	
新	○入居者間の関係づくり 　入居者同士の関係づくりに配慮し,居室から出てふれあう場面とともに,1人になれる時間や場所も配慮する。	PEAP-日本版3のⅧ-①,③の入居者間の関係づくりについて新たに作成した。

注:1)外部につながる出入り口は,目立たない方法で見守られている(騒々しいアラームや驚かすような光は使わない)。
　　2)Does the physical layout or the decoration of the exits of this disguise the presence of a door from residents?(入居者からドアの存在を偽る工夫として出口の装飾やレイアウトがなされていますか。)
　　3)How is unauthorized resident exit from this unit controlled?(無断で出て行ってしまう入居者をどのようにして管理していますか。)
　　4)Did confused residents have access to outdoor spaces?(Environment)(混乱している入居者は屋外に出る機会がありましたか。)

　理解できる。よって,ケアの質の向上に対して,職員が積極的に取り組むことができる,あるいはケアの指針となる評価尺度を検討することが必要である。
　本節では,先行研究による評価尺度の検討から,「観察できる」視点を強化,あるいは加えることで,グループホームにおけるケアプロセスの質の評価に有効な尺度の作成が可能だと考えられた。しかしながら,ケアプロセスの質の評価には課題が多く,更なる検証が必要であることは言うまでもない。グループホームでの「観察できる」視点を評価項目に活かすための参与観察,グループ

第Ⅰ部　理論編

ホームケアの当事者であるケア提供者および利用者家族へのインタヴューやアンケート調査を踏まえ，評価すべき質の要素の検証をはじめとして，個別の事例にも耐えうるケアプロセスの指針となるガイドラインの作成が急務である。

注

（１）　日本痴呆ケア学会編（2004）：痴呆ケア標準テキスト　ワールドプランニング，p.3。
（２）　高齢者認知症介護研究・研修東京センター（2004）：痴呆性高齢者グループホーム評価調査員研修テキスト―外部評価に向けて　p.16。
（３）　柄澤昭秀（1999）：新　老人のぼけの臨床　医学書院，p.1。
（４）　長谷川和夫（2002）：痴呆ケアの新しい道　日本痴呆ケア学会誌，2(1)：37-44。
（５）　Sadock, Benjamin J. and Virginia A. Sadock, 融道男・岩脇淳監訳（2003）：カプラン臨床精神医学ハンドブック第2版　DSM-Ⅳ-TR診断基準による診療の手引　メディカル・サイエンス・インターナショナル，p.38。
（６）　小澤勲（2003）：痴呆を生きるということ　岩波新書，p.7。小澤勲（2005）：認知症とは何か　岩波新書，p.22。
（７）　小澤（2003）：同前，pp.7-8。小澤（2005）：同前，p.24。
（８）　小澤（2003）：同前，pp.193-194。小澤（2005）：同前，p.151。
（９）　小澤（2003）：同前，p.195。
（10）　室伏君士（1985）：痴呆老人の理解とケア　金剛出版，p.32。
（11）　室伏，同前，p.32。
（12）　2005年以降の室伏君士精神科医の論文・著書においては，「認知症」「高齢者」とされている（室伏君士（2006）：認知症高齢者へのメンタルケアの理念　認知症ケア学会誌，5(1)：51-61。室伏君士（2008）：認知症高齢者へのメンタルケア　ワールドプランニング）。そのため，本書の室伏君士医師の引用についても，「認知症」「高齢者」と記す。
（13）　室伏（2006）：同前，51-61。
（14）　Kitwood, Tom M. (1997)：*Dementia reconsidered : the person comes first.* Open University Press, pp.1-4.
（15）　Kitwood, Tom M. and Kathleen Bredin (1991)：*Person to Person : A Guide to the Care of Those with Failing Mental Powers* (Second Edition). Gale Centre Publications.
（16）　Kitwood, (1997)：*op. cit.*, p.9.
（17）　Kitwood, *ibid.*, p.84.
（18）　Kitwood, *ibid.*, pp.84-85.
（19）　Kitwood, *ibid.*, pp.90-92.
（20）　Kitwood, *ibid.*, pp.119-120.
（21）　Kitwood, *ibid.*, p.99.
（22）　Kitwood, *ibid.*, pp.133-144.
（23）　Kitwood, *ibid.*, p.133.
（24）　Kitwood, *ibid.*, p.136.

(25) Kitwood, *ibid.*, p.136.
(26) Taft, Lois B., Sam Fazio., Dorothy Seman D., Jane Stansell (1997): A Psychosocial Model of Dementia Care : Theoretical and Empirical Support. *Archives of Psychiatric Nursing*, 11(1) : 13-20.
(27) Gunderson, John G. (1978): Defining the Therapeutic Processes in Psychiatric Milieus. *Psychiatry*, 41 : 327-335.
(28) Taft, Lois B., Valerie Matthiesen, Carol J. Farran, Judith J. McCann, Kathleen A. Knafl. (1997): Supporting strengths and responding to agitation in dementia care: An exploratory study. *American Journal of Alzheimer's Disease*, 12 : 198-208.
(29) Taft, et. al., ibid., 199.
(30) 老人保健福祉法制研究会編（2003）：高齢者の尊厳を支える介護　法研，p.369。外山義編著（2000）：グループホーム読本　ミネルヴァ書房，p.4。山井和則（2003）：改定新版グループホームの基礎知識　リヨン社，p.28。
(31) 山井和則（2000）：グループホームの基礎知識　リヨン社，pp.22-23。
(32) 長嶋紀一（2001）：痴呆性高齢者のグループホームケア　老年社会科学，23(1)：9-16。
(33) 日本で初めてのグループホームとされるのは，1993（平成5）年に介護専用型有料老人ホームの中にできた①「エスティームライフ学園前」であり，三階建ての建物の中に7～8人用のユニット（グループホーム）が10ある（山井和則・斉藤弥生（1999）：介護ハンドブック　講談社，p.199）。②特別養護老人ホーム「ことぶき園」の開設は1987（昭和62）年，同じく③「シルバービレッジ函館あいの里」は1991（平成3）年であり，こちらを日本の草分けとして紹介するものもある（日本老年行動科学会（2000）：高齢者の「こころ」事典　中央法規出版，p.280）。モデル事業に指定されたのは，上記3施設に加え，④「社会福祉法人札幌栄寿会」，⑤「医療法人愛全会」，⑥「もみの木の家」，⑦「至誠ホーム」，⑧「神港園しあわせの家」の8カ所である。
(34) 岡本祐三・山井和則（1995）：介護保険のすべて　不安なき老後への福祉革命　朝日カルチャーセンター，p.147。
(35) 外山義（1990）：クリッパンの老人たち—スウェーデンの高齢者ケア　ドメス出版，pp.196-199。外山（2000）：前掲（30）。外山義（2003）：自宅でない在宅　医学書院。山井和則（1993）：スウェーデン発　住んでみた高齢社会　ミネルヴァ書房，pp.159-174。山井和則・斉藤弥生（1994）：体験ルポ　日本の高齢者福祉　岩波新書，pp.80-90。山井和則・斉藤弥生（1999）：転ばぬ先の介護ハンドブック　講談社。鳩山邦夫・山井和則（1999）：グループホーム入門　介護サービスの革命　リヨン社。山井（2000）：前掲（31）。山井（2003）：前掲（30）。千葉和夫・野村豊子・諏訪茂樹・下垣光（1999）：高齢者グループケア—その理論と実際　メヂカルフレンド社。加藤仁（2001）：介護を創る人々—地域を変えた宅老所・グループホームの実践　中央法規出版。三浦文夫監，大國美智子・中西茂編（2002）：痴呆性高齢者ケアの経営戦略—宅老所，グループホーム，ユニットケア，そして　中央法規出版。
(36) 山口宰（2005a）：認知症高齢者グループホームの多機能化の効果に関する研究　日本認知症ケア学会誌，4(3)：488-495。山口宰（2005b）：認知症高齢者介護におけるグループホームケアの効果に関する実証的研究　社会福祉学，46-2(75)：100-111。
(37) 注（35）に同じ。

第Ⅰ部　理論編

- (38)　全国痴呆性高齢者グループホーム協会監（2004）：グループホームの手引き―開設から運営まで　ワールドプランニング，p18。
- (39)　山井（2003）：前掲（30），p.42。
- (40)　北川公子・中島紀恵子（2002）：痴呆性高齢者グループホームの今日的課題　日本在宅ケア学会誌，5(3)：13-18。
- (41)　永田久美子・中島民恵子・平林景子（2003）：痴呆性高齢者グループホームにおける外部評価（東京センター方式）の目指すものと課題　日本痴呆ケア学会誌，2(2)：262-268。
- (42)　Rantz, Marilyn J. (2002): International field test results of the Observable Indicators of Nursing Home Care Quality instrument. *International Nursing Review*, 49：234-242.
- (43)　第三者評価事業は，老人保健福祉局老人福祉計画課長：老人保健課長通知：特別養護老人ホーム・老人福祉施設サービス評価事業の実施について（1995年7月23日付老計第102号）に基づき実施された。著者は2年間評価委員として携わった。
- (44)　室伏（1985）：前掲（10），p.32。
- (45)　Rantz（2002）：前掲（42）。
- (46)　評価尺度の検討は，Professor Rantzに直接問い合わせて提供された，2003年改訂のVersion7について実施する。なお，提供された資料のマニュアルについても，検討する際に参照した。
- (47)　ホームページ（http://www.unc.edu/depts./tessnh/tess_info.htm）より入手。評価尺度とともにマニュアルが存在する。
- (48)　児玉桂子［研究代表者］（2001a）：痴呆性高齢者環境配慮尺度（住宅版・施設版）の開発と有効性に関する長期的評価研究　平成11年度～12年度科学研究成果報告書。児玉桂子［主任研究者］（2001b・2002a・2003a）：在宅痴呆性高齢者の環境適応の円滑化と介護負担軽減のための居住支援プログラムの開発に関する研究　厚生科学研究長寿科学総合研究事業研究報告書。児玉桂子［主任研究者］（2002b・2003b・2004）：痴呆性高齢者にふさわしい生活環境に関する研究　厚生科学研究21世紀型医療開拓推進研究事業研究報告書。児玉桂子・鈴木晃・田村静子編（2003c）：高齢者が自立できる住まいづくり　安心生活を支援する住宅改造と工夫　彰国社。児玉桂子・足立啓・下垣光・潮谷有二（2003d）：痴呆性高齢者が安心できるケア環境づくり　実践に役立つ環境評価と整備手法　彰国社。
- (49)　児玉・足立・下垣・潮谷（2003d）：同前（48）。

第Ⅱ部　実証編

―――――――――――― 第Ⅱ部概説 ――――――――――――

　認知症高齢者ケアは，これまで明らかにしたケアの概念と比較して，特別に違うわけではない。すなわち，認知症高齢者ケアは，第**1**章第一節で述べたように，人間対人間の相互関係により成り立つ，直接的で個別的なケアにほかならない。しかしながら，認知症高齢者ケアの特徴として，この，直接的で個別的なケアの内容，すなわち，ケアプロセスに多様さが求められる。本書では，認知症高齢者ケアの質を向上させるためには，多様なケアの具体的な内容を，適切に評価することが必須であると主張する。つまり，グループホームにおけるケアの質の向上を目的とした評価において，ケアの質の枠組みの中でも，過程（プロセス）を適切に評価することが重要である。
　そこで，実証編では，直接的に提供される個別的で多様な認知症高齢者ケアの，具体的なプロセスの内容に迫るために，まずは，ケアの提供現場に密着した調査を実施し，現段階ではエビデンスの不足から曖昧な認知症高齢者ケアプロセスの概念を創出する。そして，測定したい現象の検討を重ね，最終的には，認知症高齢者ケアの特徴に適合したケアプロセスの評価に結びつける。具体的には，ケアプロセスガイドライン（以下，ガイドラインと称す）を作成し，その妥当性を検証していくものである。

第4章

グループホームにおけるケアの質

　本章では、まず、グループホームの実態を把握した上で、グループホームにおけるケアの質の概念を創出するための調査を行った。調査は、調査1〈12グループホームの概要調査〉、調査2〈12グループホームでの参与観察〉、調査3〈12グループホームの職員25人への半構成的面接〉、調査4〈12グループホームの職員および利用者家族へのアンケート調査〉、調査5〈全国のグループホームから無作為に抽出した1,500カ所へのアンケート調査〉の五つである。なお、これらの調査は、財団法人三井住友海上福祉財団の助成を受けて実施した。

　次に、ケアの質の概念を創出するために、質的研究を行った。先行研究にケアの「質」の明確な定義がない中で、見えにくく曖昧なケアの質の概念を創出するには、質的研究が妥当だと考えられた。そこで、調査により得られたデータから、主にKJ法を用いた質的分析により、ケアの質を概念化し、概念図の作成とともに文章化した。KJ法を用いた分析は、事前に発案者川喜多二郎氏の指導を受けた著者と、調査に参加した経験年数5年以上の熟練保健師を中心に、社会福祉士の協力を得て実施し、適宜研究指導者の指導を受けた。また、調査5のアンケートでは、外部評価に関する項目も置き、外部評価に対するグループホームの代表者および利用者家族の認識状況の把握を試みた。以下、五つの調査について、その概要を述べる（表4-1参照）。

調査1　12グループホームの概要調査

　グループホームの実態を把握することを目的として行った調査1の対象は、都道府県AおよびBにあるグループホームのうち、社会福祉協議会からの情報などを得て、とくに法人の種別が偏らないように選択した13のグループホーム

第Ⅱ部　実証編

表4-1

	調査1	調査2	調査3
目的	グループホームの実態の把握	グループホームにおけるケアプロセスの質の概念の抽出	ケア提供者が捉える認知症高齢者ケアの質の明確化
対象	都道府県AおよびBにあるグループホームのうち、社会福祉協議会からの情報などを得て、法人の種別が偏らないように選別した13グループホームのうち、研究協力への承諾が得られた12のグループホームの代表者	調査1と同様の12グループホーム	調査1、2と同様の12グループホームの代表者と代表者の依頼に承諾が得られた職員13人の25人
調査者	著者	著者、大学社会福祉学部教員3人、社会福祉士2人、保健師2人、介護福祉士2人	著者、大学社会福祉学部教員3人、社会福祉士2人、保健師2人、介護福祉士2人
方法・内容	半構成的面接による1．グループホームの概要（設立年月日、代表者の年代・基礎資格・経験年数、定員、家賃、食材料費、光熱水費、施設の形態、併設施設、入居者の状況、職員の状況、収支状況）、2．代表者のグループホームへの思い、についてのインタヴュー ・半構成的面接による上記項目の調査のほか、パンフレット、重要事項説明書、運営規定、施設見取り図などの資料の提供を受けた ・得られたデータは、調査シートに整理した ・12グループホームの概要を表に整理した	・参与観察によるケアプロセスの観察 ・申し送り後（許可された場合は申し送りから参加）から昼食が終わる頃まで、入居者の共用スペースに入居者と同じ立場で滞在し、認知症高齢者のサインをいかに汲み取り、どのように対応しているのかに焦点を当てて観察した ・現象に忠実に観察された内容はフィールドノートに記載され、ケアプロセスシートに整理した ・得られたデータを意味の類似性に沿ってケアプロセスの質の概念をカテゴリー化し、グループ編成を行った	・半構成的面接による1．対象者のプロフィール（基礎資格、経験年数、実践の経緯）、2．実際のケア内容（盗られ妄想へのケア、徘徊へのケア、不潔行為へのケア、暴言・暴力へのケア、意思の疎通へのケア）、3．認知症高齢者ケアで重要なこと、4．認知症高齢者ケアの質のイメージのインタヴュー ・インタヴュー項目については、プレテストを実施し、専門家会議で検討した ・了解が得られた16人は録音し、得られなかった9人は記録し、調査シートに整理した ・対象者が語ったもの、記載したもの（学術論文なども含む）全てをデータとした ・面接は、1対1で実施した ・面接時間は40分〜1時間40分であり、平均1時間であった ・2，3，4に関して得られたデータは、まず、KJ法の手順に従って、意味の類似性に沿ってケアの質の概念をカテゴリー化した。次に、概念間の関連を分析して概念図を作成し、文章化した
期間	2005年3月1日〜05年3月16日	2005年3月5日〜05年4月21日	2005年3月3日〜05年4月21日

第4章　グループホームにおけるケアの質

調査の概要

調査4	調査5
ケア提供者と利用者家族が捉える認知症高齢者ケアの質の明確化	質的データの妥当性の強化と，外部評価への代表者および利用者家族の認識の実態把握
調査1．2．3と同様の12グループホームの職員86人，および代表者の承諾が得られた9グループホームの利用者家族98人	2005年8月1日現在，WAM NETで公開されている全国のグループホームのうち，無作為に抽出した1,500カ所の代表者と，代表者から承諾が得られた103ホームの利用者家族412人
著者	著者
・託送・依頼調査法（代表者に一任）によるアンケート調査 ・アンケート項目：1．職員に対しては，①プロフィール（年齢，性別，基礎資格，経験年数），②利用者に望む生活，③もっとしたいケア（有無の選択と内容の記述），④認知症高齢者ケアで重要なこと三つの記述，⑤ケアの質へのイメージの記述． 2．家族に対しては，ⅰプロフィール（利用者の性別，年齢，入居前の生活の場，回答家族の性別，続柄，自宅での介護期間，入居の経緯，入居前に困ったこと），ⅱ満足度（程度の選択と理由の記述），ⅲ入居後の良い変化（有無の選択と状況の記述），ⅳ利用者に望む生活，ⅴもっとして欲しいケア，ⅵ職員に対する項目④⑤ ・得られた回答の集計は，ソフト「即析Ver.2」を使用した ・職員と利用者家族双方に実施した設問「認知症高齢者ケアで重要なこと」「ケアの質へのイメージ」への記述は，調査3と同様まず，KJ法の手順に従って，意味の類似性に沿ってケアの質の概念をカテゴリー化した．次に，グループ編成を行い，概念間の関連を分析して概念図を作成し，文章化した	・代表者に対しては郵送法によるアンケート調査，アンケート項目：①プロフィール（年齢，性別，基礎資格，経験年数，グループホームへの思い），②ホームの概況（設立年月日，代表者の年代・基礎資格・経験年数，定員，家賃，食材料費，光熱水費，施設の形態，併設施設，職員の状況，収支状況），③利用者の状況（要介護度別人数，日常生活自立度別人数），④ケアに関すること（利用者に望む生活，もっとしたいケアの有無の選択と内容の記述，グループホームにおける認知症高齢者ケアで重要なこと三つの記述，ケアの質へのイメージの記述），⑤外部評価に関すること（実施の良否と理由の記述，あり方の適否と理由の記述，結果の満足度と理由の記述，外部評価に基づく改善の有無と内容の記述，外部評価結果の活用の有無と内容の記述） ・家族に対しては託送・依頼調査法（代表者に一任）によるアンケート調査，アンケート項目：ⅰ利用者の状況（利用者の性別，年齢，入居期間，入居前の生活の場，入居前に困ったこと），ⅱケアに関すること（満足度の程度の選択と理由の記述，入居後の良い変化の有無の選択と状況の記述，利用者に望む生活，もっとして欲しいケアの有無の選択と内容の記述，認知症高齢者ケアで重要なこと三つの記述，ケアの質へのイメージの記述），ⅲ外部評価に関すること（実施の認知および外部評価結果公開の認知の有無，外部評価結果の理解度，外部評価に関する意見の記述） ・得られた回答の集計は，ソフト「即析Ver.2」を使用した
2005年5月14日～05年7月31日	2005年9月1日～06年3月31日

のうち，研究協力への承諾が得られた12のグループホームおよび代表者である。代表者に対して研究のテーマ，目的，内容に加えて，情報は保護されること，研究への協力は自由意志であること，承諾した後であっても協力を中止できることなどを含む研究協力依頼書を作成して説明し，研究協力への承諾書をとった。また，グループホームの代表者の判断により，利用者への承諾が必要とされた場合には，利用者および家族に対しても研究協力依頼書を作成し，口頭による承諾をとった。なお，研究協力依頼は，調査1，2，3，4の四つを同時に行った。

　方法は，半構成的面接によるインタヴューと，パンフレット，重要事項説明書，運営規定，施設見取り図などの資料の提供から得られたデータを，半構成的面接調査シート（巻末資料1「半構成的面接調査シート記入例」参照）に整理した。インタヴュー項目は，12グループホームの代表者のプロフィールやグループホームの構造面に関する項目，およびグループホームへの思いについてである。調査期間は，2005年3月1日～3月16日である。

調査2　12グループホームでの参与観察

　調査2の目的は，本研究の主題であるケアプロセスの質の概念を抽出することである。また，本書第3章第二節の4「認知症高齢者ケアの質の評価尺度」の検討で重視された「観察できる」視点をいかしたガイドラインとするために，参与観察の手法を採った。

　対象は，調査1と同様の12のグループホームである。方法は，12グループホームに著者を含む調査者が出向き，参与観察によるケアプロセスの観察を行った。調査者には，著者のほか，大学教員3人，社会福祉士2人，保健師2人，介護福祉士2人に依頼し，研究協力への承諾書をとった。統一した調査を実施するために，調査前に2回の会議を行い，参与観察の方法について検討した。ケアプロセスの観察は，申し送り後（申し送りへの参加を許可された場合には申し送りから参加）から昼食が終わるころまで，利用者の共用スペースに滞在して実施した。1人のケアに参加してしまうと全体が見えにくくなるために，職員ではなく利用者と同じ立場で滞在するように努めた。本調査の目的は，ケアプロセスの質を概念化することであるために，参与観察の際には，認知症高齢

第4章 グループホームにおけるケアの質

者のサインをいかに汲み取り，どのように対応しているのかに焦点をあてた。現象に忠実に観察した内容をフィールドノートに記述し，データとした（巻末資料2「参与観察における12グループホームのケアプロセス」参照）。得られたデータを意味の類似性に沿ってケアプロセスの質の概念をカテゴリー化し，グループ編成を行った（巻末資料3「参与観察におけるケアプロセスの質の概念の分析」参照）。

　著者は，12グループホーム全てに訪れた。著者が住む都道府県Aの場合は，8施設全てのケアプロセスの観察を他の調査者と共に実施し，調査方法の一貫性を保つとともに複数のデータを得た。また，都道府県Bの場合は，遠方であったために時間的な条件から，4施設の代表者への調査1を実施することで，著者がそれぞれのグループホームの特徴を把握できるように考慮した。調査期間は，2005年3月5日〜4月21日である。

調査3　12グループホームの職員25人への半構成的面接

　実際にケアを提供する者が，認知症高齢者ケアの質をどのように捉えているのかを明らかにすることを目的とした調査3の対象は，調査1，2と同様の12グループホームの代表者と代表者の依頼に承諾が得られた職員13人の25人である。調査者は，調査2と同様の研究者および複数の専門職12人である。方法は，半構成的面接によるインタヴューであり，インタヴュー項目については，1回目の調査者会議で項目の原案について検討・修正し，2回目の会議で学部学生2人によるプレテストの結果を検討して最終的な項目を決定し，調査シートを作成した。

　インタビュー項目は，対象者の簡単なプロフィールを尋ねた後に，ケアプロセスの質に迫るために，グループホームで実際に行っているケア内容として，盗られ妄想へのケア，徘徊へのケア，不潔行為へのケア，暴言・暴行へのケア，意思の疎通へのケアの5項目について尋ねた。そして，グループホームにおける認知症高齢者ケアで重要なことを三つ挙げてもらい，最後に認知症高齢者ケアの質へのイメージについて尋ねた。

　半構成的面接（インタヴュー）は，了解が得られた16人の場合はテープに録音し，録音の了解が得られなかった場合は，記録をとる了解を得て実施し，調

査シートに整理した（巻末資料1「半構成的面接調査シート記入例」参照）。データの信頼性を高めるための面接時の留意事項としては，項目にこだわらず対象者が語ったもの，また，対象者が記載したもの（学術論文なども含む）全てを分析対象とした。面接時間は40分〜1時間40分，平均1時間であった。調査期間は2005年3月3日〜4月21日である。

テープを逐語に起こしたものと，記録したものをデータとした分析は，実践経験15年の熟練保健師，実践経験5年以上の社会福祉士2人とブレーンストーミング的にKJ法の手順に従って進めた。すなわち，意味の類似性に沿ってケアの質の概念をカテゴリー化し，概念間の関連を分析して概念図を作成し，文章化した。

調査4　12グループホームの職員および利用者家族へのアンケート調査

調査4は，ケアの質には当事者であるケア提供者と，利用者および家族の意向が大きく影響すると考えられたために，ケア提供者である職員と利用者家族がケアの質をどのように捉えているのかを明らかにすることを目的として実施した。対象は，調査1，2，3と同様の12グループホームの職員86人，および代表者の承諾が得られた9グループホームの利用者家族98人である。

方法は，託送・依頼調査法をとり，代表者に一任した。家族については，70人の回答が得られた（回収率約71%）。調査期間は，2005年5月14日〜7月31日である。

職員に対する調査内容は，①プロフィール（年齢，性別，基礎資格，経験年数），②利用者に望む生活（後述する），③もっとしたいケア（有無の選択と内容の自由記述），④グループホームにおける認知症高齢者ケアで重要なこと三つ（自由記述），⑤ケアの質へのイメージ（自由記述）である。家族に対する調査内容は，ⅰプロフィール（利用者の性別，年齢，入居前の生活の場，回答家族の性別，続柄，自宅での介護期間，入居の経緯，入居前に困ったこと），ⅱ満足度（程度の選択と理由の自由記述），ⅲ入居後の良い変化（有無の選択と状況の自由記述），ⅳ利用者に望む生活（職員の場合と同様），ⅴもっとして欲しいケア（有無の選択と内容の自由記述）の五つに，ⅵ職員に対する項目④⑤を加えたものである。

得られた回答の集計は，ソフト「即析Ver.2」を使用した。対象となった職

員と家族双方に実施した設問「認知症高齢者ケアで重要なこと」「ケアの質へのイメージ」への自由記述の内容は，調査3と同様に，まず，KJ法を用いてケアの質の概念をカテゴリー化し，グループ編成を行った．次に，概念間の関連を分析して概念図を作成し，文章化した．

調査5　全国のグループホームから無作為に抽出した1,500カ所へのアンケート調査

調査5は，これまで行ってきた調査結果のデータの妥当性を強化することと，外部評価に対するグループホームの代表者および利用者家族の認識の実態を知ることを目的として実施した．対象は，2005年8月1日現在，独立行政法人福祉医療機構WAM NETで公開されている全国のグループホームのうち，等間隔抽出法により無作為に抽出した1,500カ所の代表者と，代表者から承諾が得られた103ホームの利用者家族である．

方法は，まず，アンケート用紙とともに依頼書，返信用封筒を郵送し，225グループホームより回答を得た（回収率14.8％）．利用者家族へは，お見舞いや家族会などで家族が訪れた際に，代表者が依頼書，著者宛の返信用封筒と共に手渡した．その際，アンケートへの協力は自由意志であり，協力しないことで不利益は生じないこと，プライバシーの保護，研究に関する質問や疑問への即応などを書面にした依頼書を基に，必要時説明を代表者が加える場合もあった．103グループホームの利用者家族412人より回答を得た．調査期間は，05年9月1日～06年3月31日である．

代表者に対する調査内容は，①プロフィール（年齢，性別，基礎資格，経験年数，グループホームへの思いに関する自由記述），②ホームの概況，③利用者の状況，④ケアに関すること（利用者に望む生活，もっとしたいケアの有無の選択と内容の自由記述，グループホームにおける認知症高齢者ケアで重要なこと三つ（自由記述），ケアの質へのイメージ（自由記述）），⑤外部評価に関すること（実施の良否と理由の自由記述，あり方の適否と理由の自由記述，結果の満足度の程度と理由の自由記述，外部評価に基づく改善の有無と内容の自由記述，外部評価結果の活用の有無と内容の自由記述），である．

家族に対する調査内容は，ⅰ利用者の状況（利用者の性別，年齢，入居期間，

第Ⅱ部　実証編

表4-2　12グルー

名	法人	設立年月日	代表者（基礎資格）	定員（人）	利用料（介護保険自己負担除く）
A	NPO	H13年10月2日	50歳代女性小中学校養護教諭・准看護師	9	入居時一時金：20万円 家賃3万5,000円，食材料費3万円，水道光熱費1万円，日用品費並びに生活文化費5,000円，電気用品1点につき3,000円　計：8万3,000円
B	NPO	H13年12月1日	20歳代男性准看護師	9	入居時一時金：なし 家賃2万4,000円，食材料費2万1,000円，共益費3,500円，電気用品1点につき1,000円　計：4万9,500円
C	医療法人	H10年10月28日	40歳代女性看護師	6	入居時一時金：6万8,000円 家賃3万4,000円，食材料費3万円，水道光熱費1万1,100円，共益費2,100円　計：7万7,200円
D	医療法人	H15年6月1日	50歳代女性看護師	6	入居時一時金：なし 家賃3万円，食材料費3万円，水道光熱費9,000円　計：6万9,000円
E	医療法人	H15年3月24日	50歳代女性看護師	9	入居時一時金：なし 家賃3万円，食材料費3万円，水道光熱費1万8,000円，共益費3,000円　計：8万1,000円
F	社会福祉法人	H16年4月1日	40歳代女性介護福祉士	9	入居時一時金：なし 家賃4万円，食材料費3万円，水道光熱費1万5,000円　計：8万5,000円
G	社会福祉法人	H14年4月1日	40歳代女性介護福祉士	9	入居時一時金：なし 家賃5,000円，食材料費2万4,000円，水道光熱費1万円，共益費5,000円　計：4万4,000円
H	有限会社	H12年12月28日	40歳代女性看護師	9	入居時一時金：なし 家賃2万円，食材料費2万5,000円，水道光熱費5,000円，おやつ代2,100円　計：5万2,100円
I	医療法人	H12年4月1日	50歳代女性社会福祉士・介護福祉士	9	入居時一時金：なし 家賃6万5,000円，食材料費4万2,000円，水道光熱費1万円　計：11万7,000円（冬場は暖房費加算3,000円）
J	社会福祉法人	H13年10月1日	20歳代女性介護福祉士	9	入居時一時金：なし 家賃4万7,000円，食材料費4万円，水道光熱費1万1,000円　計：9万8,000円（冬場は暖房費加算5,000円）
K	有限会社	H15年5月1日	女性看護師	9	入居時一時金：なし 家賃6万5,000円，食材料費（おやつ代含む）4万2,000円，水道光熱費および共益費1万2,000円　計：11万9,000円（冬場は暖房費加算5,000円）
L	株式会社	H14年7月1日	50歳代女性介護福祉士	9	入居時一時金：15万円 家賃10万円，食材料費（おやつ代含む）3万円，水道光熱費2万円　計：15万円（冬場は暖房費加算2,000円）

第 4 章　グループホームにおけるケアの質

プホームの概要

施設の構造 併設施設	入居者の状況		職員の状況	
	要介護度	認知症の状況	雇用形態	資格（重複回答）
平屋の一軒屋新築の2軒と小規模多機能施設が併設	1：5人 2：2人 3：1人 5：1人	Ⅱa：5人 Ⅱb：3人 Ⅳ：1人	常勤：3人 非常勤：9人	代表者は統括，ケアマネ：2人，看護師：1人，准看護師：1人，社会福祉士：1人，介護福祉士：1人，ヘルパー1級：1人，ヘルパー2級：6人，栄養士：1人，調理師：1人
平屋の一軒屋新築で小規模多機能施設が併設	1：1人 2：1人 3：6人	Ⅰ：1人 Ⅱa：4人 Ⅱb：2人 Ⅲb：1人	常勤：4人 非常勤：2人	代表者も主に介護業務：1人，ケアマネも主に介護業務：1人，ヘルパー2級：3人，ヘルパー1級：1人
平屋の一軒屋新築の3軒が並ぶ。同法人の病院，介護老人保健施設が隣接	1：1人 3：3人 4：1人 5：1人	Ⅲa：3人 Ⅳ：1人 M：2人	常勤：5人 非常勤：1人	代表者は介護も三つのグループホームの統括も行う。ケアマネは法人の所属，看護師：3人，介護福祉士：1人，ケアワーカー：2人
既存の宿泊施設を改修，4階建ての2・3階を使用（2ユニット）。1階は診療所	1：3人 2：1人 3：1人 4：1人	Ⅰ：4人 Ⅱa：1人 Ⅳ：1人	常勤：3人 非常勤：5人	ケアマネ：1人，看護師：1人，介護福祉士：1人，社会福祉士：1人
新築，平屋で2ユニットがつながっている。病院が併設	1：2人 2：3人 3：3人 4：1人	Ⅱa：3人 Ⅱb：1人 Ⅲa：2人 Ⅲb：2人	常勤：5人 非常勤：6人	代表者は統括，保健師：1人，看護師：1人，介護福祉士：2人，ヘルパー2級：4人，調理師：1人
平屋の一軒屋新築。診療所が併設	1：6人 2：3人	Ⅱb：3人 Ⅲa：3人 Ⅲb：1人	常勤：4人 非常勤：5人	ケアマネ：2人，看護師：2人，准看護師：1人，介護福祉士：2人，ヘルパー2級：1人，調理師：1人
平屋の一軒屋新築で2軒並ぶ。特別養護老人ホームが併設	1：1人 2：1人 3：5人	Ⅰ：1人 Ⅱa：5人 Ⅲa：3人	常勤：12人	代表者は統括，ケアマネ：3人，准看護師：2人，介護福祉士：10人，1人は特養との兼務
古家民家改修型で通所施設が併設，近くで宅老所を運営。	1：1人 2：2人 3：3人 5：1人	Ⅱa：1人 Ⅱb：2人 Ⅲa：2人 Ⅳ：3人	常勤：7人 非常勤：4人	代表者は統括，ケアマネ：2人，介護福祉士：3人，ヘルパー2級：7人
新築の3階建て。3階家族宿泊室，2階通所施設，1階住居	1：1人 2：1人 3：4人 4：2人 5：1人	Ⅱ：1人 Ⅲ：6人 Ⅳ：1人	常勤：9人 非常勤：1人	代表者は統括，ケアマネ：2人，社会福祉士：1人，介護福祉士：2人，ヘルパー2級：5人，看護師：1人
2階建ての一軒屋新築，介護老人保健施設が併設	1：2人 2：3人 3：1人 4：3人	Ⅱa：2人 Ⅱ：1人 Ⅲ：3人 Ⅲa：2人	常勤：6人 非常勤：2人	介護福祉士：3人，ヘルパー2級：5人
2階建て2ユニットの一軒屋新築，併設施設は無	3：1人 4：2人 5：6人	Ⅲb：2人 Ⅳ：7人	常勤：8人	代表者は統括，ケアマネ：1人，介護福祉士：3人，社会福祉主事：4人
ケアハウスの2階をグループホームとして使用	1：1人 2：1人 3：3人 4：1人 5：2人	Ⅱb：2人 Ⅲa：2人 Ⅲb：1人 Ⅳ：4人	常勤：8人	介護福祉士：1人，ヘルパー1級：3人，ヘルパー2級：4人

入居前の生活の場,入居前に困っていたこと),ⅱケアに関すること(満足度の程度の選択と理由の記述,入居後の良い変化の有無の選択と状況の自由記述,利用者に望む生活,もっとして欲しいケアの有無の選択と内容の自由記述,グループホームにおける認知症高齢者ケアで重要なこと三つの自由記述,ケアの質へのイメージの自由記述),ⅲ外部評価に関すること(実施の認知の有無,外部評価結果公開の認知の有無,外部評価結果の認知の有無,外部評価結果の理解度,外部評価に関する意見の自由記述)である。

得られた回答の集計は,ソフト「即析Ver.2」を使用した。

第一節　グループホームの構造

本書では,これまで述べてきたように,ケアの質の定義,およびケアの質の評価次元を論じる際の理論的枠組みとして,1960年代にDonabedianが提唱した,医療・看護の質の枠組みを構造,過程,結果の三つの側面から捉えるものが基盤となっている。そして,この三つの枠組みの過程(以下,プロセスと称す)に焦点をあて,ケアプロセスの質の概念を導き出そうとするものであるが,構造,結果との関係は密接である。最終的に認知症高齢者ケアの質を保障するためには,関連する構造,プロセス,結果の三つの側面に効果的に機能する仕組みを考案する必要があろう。

そこで,本節では,グループホームの構造の調査結果,およびその検討について述べる。

1. 12グループホームの構造

ここでは,四つの調査を実施した12グループホームの概要(表4-2参照)を紹介する。

1)代表者12人の状況

調査1,2,3,4の対象となった12グループホームの代表者は11人が女性,1人が男性であり,年代(図4-1参照)は20代2人,40代4人,50代5人,1人は不明である。代表者の基礎資格(図4-2参照)は看護職7人,介護福祉士4人,社会福祉士1人であり,ケア提供者としての経験10年以上の代表者が9人であ

第4章　グループホームにおけるケアの質

図4-1　12グループホームの代表者の年代

- 不明　8.3%
- 20代　16.7%
- 40代　33.3%
- 50代　41.7%

図4-2　12グループホームの代表者の基礎資格

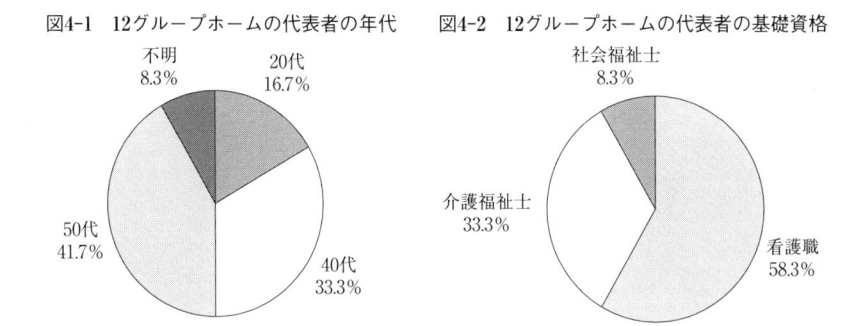

- 社会福祉士　8.3%
- 介護福祉士　33.3%
- 看護職　58.3%

表4-3　12グループホーム代表者のグループホームへの思い

A	ご利用者およびその家族が，地域の中で普通に暮らせるように，家庭的な環境の下でその有する能力に応じた自立した日常生活を営むことができるようにする。
B	利用者の習慣に合わせて，個人が自信をもって生きることができるように活性化を目指す。また，自分の家として生活できるようにかかわる。
C	個別対応，外に出られる人はどんどん外へ行ってもらいたい。
D	なるべくその人らしく，グループホームで最期まで暮らしていただく。看取りまでその人に添いたい。「今」を大切にしたい。
E	一人ひとりの尊重，その人を認めること，健康を重視している。
F	家庭的な雰囲気を重視し，「家」としての生活を基本とする。季節感のあるサービスを提供し，家族や地域と連携を図りつつ認知症の進行を穏やかにし，安心と尊厳ある生活の援助を目指している。
G	ハードではなく，ソフト面が重要であると考えている。職員も利用者も家族である。やってあげている，やってもらっているという立場ではなく，一緒にできることが心地よい，一緒にここで生活することが幸せと思えるように，毎日が穏やかに生活できることを心がけている。
H	人間らしく，自由に生活し，生活の質を確保していきたい。家庭らしさを大切にした民家で普通の暮らしができるようにしたい。利用者の自立を促進したい。利用者に残された能力を最大限に発揮し，普通の暮らしを送らせたい。
I	個別ケアを検証したい。
J	ここで生活されている方が普通に暮らしていただけるようにしたい。どんなに認知症という病気があっても，ちょっとしたお手伝いをするだけで，社会的にも家の中でも外でも普通の暮らしが継続できるようにしたい。
K	自分が住みたい家にしたい。一人ひとりを大切にし，ターミナルまで看取る。有限会社にしたのは，私がやりたいようにしたいためである。
L	あくまでも在宅と同じように生活していただく。

り，10年未満の代表者についても5年以上の経験があった。

　代表者のグループホームへの思いについて語られたことを表4-3に整理した。

第Ⅱ部　実証編

図4-3　12グループホームの法人の種別
- 株式会社 8.3%
- 有限会社 16.7%
- NPO法人 16.7%
- 社会福祉法人 25.0%
- 医療法人 33.3%

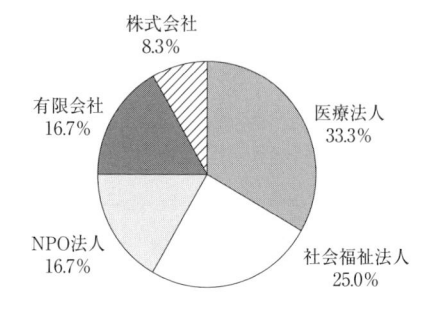

図4-4　12グループホームの建物の形態
- 改修型(民家) 8.3%
- 改修型(施設) 16.7%
- 新築型2階建て以上 25.0%
- 新築型平屋 50.0%

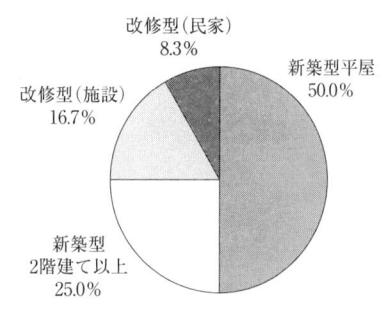

図4-5　12グループホームの併設施設の内訳
（併設施設有りは11グループホーム）
- 2施設 9.1%
- 介護老人保健施設 9.1%
- 特別養護老人ホーム 9.1%
- ケアハウス 9.1%
- 通所施設 18.2%
- 小規模・多機能施設 18.2%
- 病院・診療所 27.3%

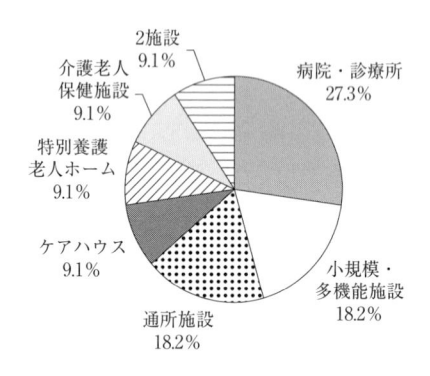

図4-6　12グループホームの規模
- 定員6・3ユニット 8.3%
- 定員6・2ユニット 8.3%
- 定員9・2ユニット 33.3%
- 定員9・1ユニット 50.0%

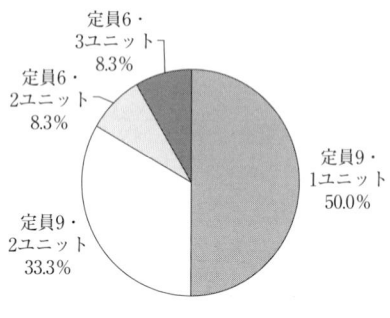

2）12グループホームの概況

　12グループホームの法人の種別（図4-3参照）は，医療法人が4，社会福祉法人が3，営利法人が3（株式会社1，有限会社2），NPO法人が2ホームである[2]。建物の形態（図4-4参照）は，新築型の平屋が6，新築型の2階建て以上が3，改修型（施設）が2，改修型（民家）が1ホームであり，併設施設が有るホームは11ホームであり，その内訳（図4-5参照）は，特別養護老人ホームが1，介護老人保健施設が1，病院・診療所が3，小規模・多機能施設が2，ケアハウスが1，通所施設が2，介護老人保健施設＋病院が1ホームである[3]。グルー

第 4 章　グループホームにおけるケアの質

ホームの規模（図4-6参照）は，定員9人で2ユニットが4，定員9人で1ユニットが6，定員6人で2ユニットが1，定員6人で3ユニットが1ホームである。利用料としての家賃，食材料費，光熱水費の平均は，それぞれ約38,000円（最低5,000円～最高100,000円），31,000円（同21,000～同42,000），12,000円（同5,000～同20,000）であり，これは全国の平均値と差は無く，収支状況は12グループホーム全て黒字であった(4)。職員の雇用形態については，常勤のみが3ホーム，常勤と非常勤が働くホームが9ホームであり，そのうち非常勤が常勤より多いところが4ホームある。職員の基礎資格や経験年数は多様であり，資格をもたない者もいた。12グループホーム中10ホームには医療・看護職と福祉職双方が働いているが，2ホームは福祉職だけが働いている。

2．全国225グループホームの構造

1）全国225グループホームの代表者の状況

　調査5の全国225グループホームの代表者の性別は男性74人（32.9％），女性151人（67.1％）で，年代（図4-7参照）は，有効回答223人のうち20代8人（3.6％），30代42人（18.8％），40代50人（22.4％），50代74人（33.2％），60代42人（18.8％），70代以上7人（3.1％）である。基礎資格（図4-8参照）は，有効回答187人のうち看護職36人（19.3％），介護福祉士67人（35.8％），社会福祉士11人（5.9％），ホームヘルパー27人（14.4％），その他46人（24.6％）であり，グループホームにおける経験年数（図4-9参照）は1年未満12人（5.7％），1～3年未満96人（45.5％），3～5年未満80人（37.9％），5年以上23人（10.9％）である（有効回答211）。

　グループホームへの思いでは，調査1の内容に加えて，「最後の家でありたい」「先駆的に機能したい」「家庭的……とはどういう状態なのかを常に念頭に置き，利用者の目の輝きをケアの質の尺度にしている」「病気になっても人間らしく日常生活が送れるよう黒子役として支援していける所」「『相思相愛』職員と利用者，職員と家族，職員間，利用者と家族の関係づくりが大切」「認知症高齢者が地域社会で愛され，大切にされ，できるだけ自立した日常生活が送れるようグループホームから地域へ啓発していきたい」「一緒に笑いながら，時には怒りながら普通に生活していきたい」「亡き母のために作った」，などが

第Ⅱ部　実証編

図4-7　全国225グループホームの代表者の年代（n=223）

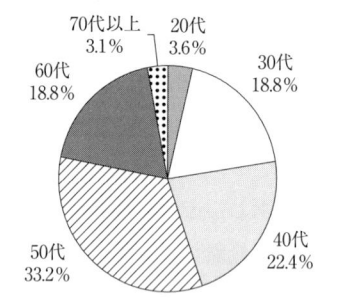

- 20代 3.6%
- 30代 18.8%
- 40代 22.4%
- 50代 33.2%
- 60代 18.8%
- 70代以上 3.1%

図4-8　全国225グループホームの代表者の基礎資格（n=187）

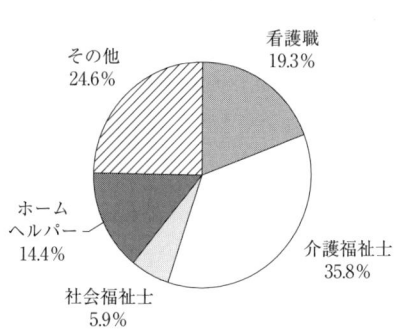

- 看護職 19.3%
- 介護福祉士 35.8%
- 社会福祉士 5.9%
- ホームヘルパー 14.4%
- その他 24.6%

図4-9　全国225グループホームの代表者のグループホームにおける経験年数（n=211）

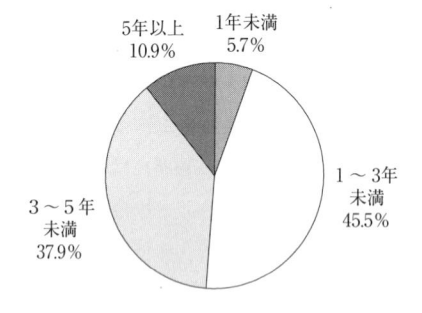

- 1年未満 5.7%
- 1〜3年未満 45.5%
- 3〜5年未満 37.9%
- 5年以上 10.9%

図4-10　全国225グループホームの法人の種別

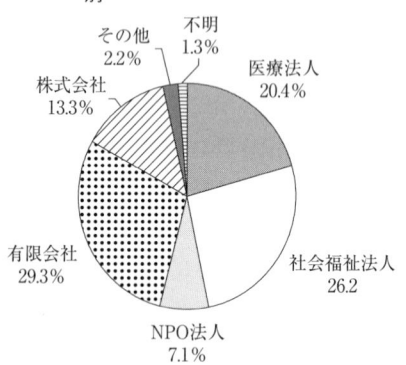

- 医療法人 20.4%
- 社会福祉法人 26.2
- NPO法人 7.1%
- 有限会社 29.3%
- 株式会社 13.3%
- その他 2.2%
- 不明 1.3%

記述されていた。

2）全国225グループホームの概況

　法人の種別（図4-10参照）は，営利法人（有限会社）が66ホーム（29.3％）で最も多く，次いで社会福祉法人の59（26.2％），医療法人の46（20.4％），営利法人（株式会社）の30（13.3％），NPO法人の16（7.1％），その他5（2.2％），不明3（1.3％）であった。建物の形態（図4-11参照）は，新築型の平屋92（40.9％），新築型の2階建て以上65（28.9％），改修型（民家）35（15.6％），改修型（施設）13（5.8％），その他16（7.1％），不明4（1.8％）である。117ホームは単独の

(5)

118

第4章 グループホームにおけるケアの質

図4-11 全国225グループホームの建物の形態

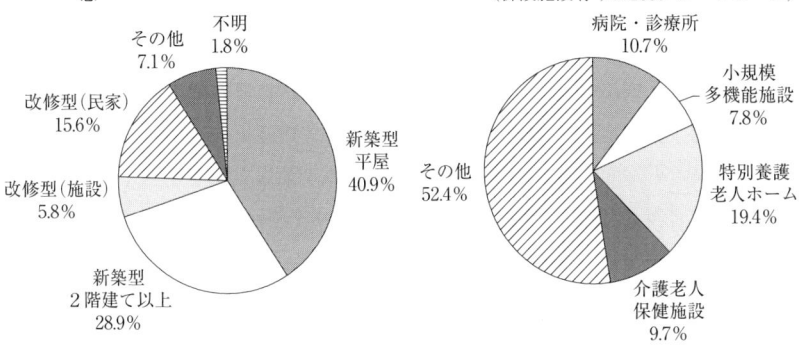

- 新築型平屋 40.9%
- 新築型2階建て以上 28.9%
- 改修型(施設) 5.8%
- 改修型(民家) 15.6%
- その他 7.1%
- 不明 1.8%

図4-12 全国225グループホームの併設施設の内訳（併設施設有りは103グループホーム）

- 病院・診療所 10.7%
- 小規模多機能施設 7.8%
- 特別養護老人ホーム 19.4%
- 介護老人保健施設 9.7%
- その他 52.4%

図4-13 全国225グループホームの規模

- 定員9・1ユニット 40.0%
- 定員9・2ユニット 32.9%
- 定員9・3ユニット 8.4%
- 定員6・1ユニット 6.7%
- その他 7.6%
- 不明 4.4%

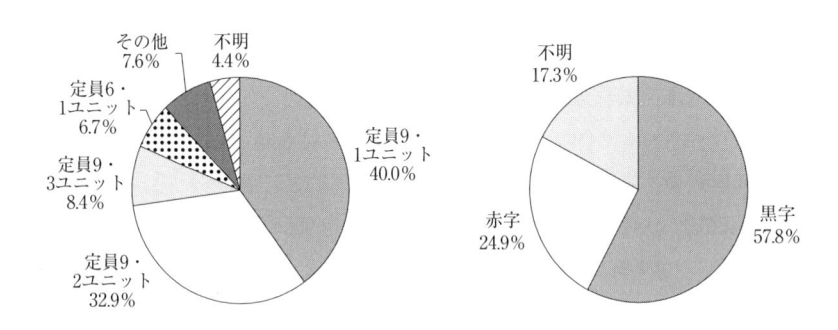

図4-14 全国225グループホームの収支状況

- 黒字 57.8%
- 赤字 24.9%
- 不明 17.3%

ホームであり，103ホームが，特別養護老人ホーム（20・19.4%），介護老人保健施設（10・9.7%），病院・診療所（11・10.7%），小規模・多機能施設（8・7.8%），などとの併設であった（図4-12参照）。グループホームの規模（図4-13参照）としては，定員9人で1ユニット90，定員9人で2ユニット74，定員9人で3ユニット19，定員6人で1ユニット15，その他17，不明10である。家賃（有効回答222），食材料費（有効回答223），光熱水費（有効回答211）の平均は，それぞれ約37,000円（最低0円〜最高105,000円），33,000円（同1,100〜同60,000），13,000円（同0〜同30,000）であり，これは，全国の平均値と差はなく，収支状

況は，赤字56（24.9%），黒字130（57.8%）であった（図4-14参照）。

　利用料について，家賃0円の2ホームは，双方ともに地方に立地し，新築，定員9人の1ユニットであり，それぞれ単独型の社会福祉法人と，病院・診療所に併設する医療法人立である。この2ホームの家賃以外の費用は，それぞれ，食材料費24,000円，光熱水費0円と，食材料費23,400円，光熱水費3,000円であり，全国の平均額以下であるが，収支状況はいずれも黒字と答えている。そのほか食材料費1,100円のホームの食材料費以外の費用は，家賃36,000円，光熱水費12,000円と全国平均並みであり，収支状況は黒字であった。また，光熱水費0円の10ホームについては，2ホームの家賃が39,000円，45,000円と全国の平均を超えているが，8ホームは全国平均以下であり，食材料費が全国平均を超えているのは1ホーム39,000円であり，極端に家賃や食材料費が高いということではない。ここに挙げた家賃0円の2ホームと光熱水費0円の10ホームの1ユニットの職員の人数と雇用形態は，定員5人のホームが常勤2人と非常勤3人であるが，そのほかのホームは常勤3人以上が確保されているものの，収支状況は，12ホーム全て黒字と答えている。

　職員の雇用形態（有効回答221）は，調査1と同様に多様である。常勤職員が非常勤職員と同数，あるいは多いグループホームは，171ホーム（77.4%）であり，収支状況は，99ホームが黒字（57.9%），44ホーム（25.7%）が赤字と答えている（28ホームは不明）。また，常勤職員のみのホームが30ホームあり，収支状況は全て黒字と答えている。一方，常勤職員より非常勤職員が多いグループホームは50ホーム（22.6%）であり，収支状況は，30ホームが黒字（60.0%），12ホームが赤字（24.0%）と答えている（8ホームは不明）。また，常勤職員と非常勤職員を合わせて5人未満のホームが4カ所存在していた。

3．グループホームの構造から得られた示唆

　グループホームの構造面を中心とした調査で学んだことは，第一にグループホームそれぞれの個性の強さである。グループホームは，前述したように「小規模で落ち着いた家庭的な環境（5〜9人の少人数を単位とした共同居住形態）において，認知症を抱えつつもできる限りその人らしい尊厳ある生活を続けることができるように支援するもの」であり，著者が足を運んだ研究対象の12ホー

ム全てがこれに該当する。しかしながら、同じ「グループホーム」であっても、その概観や印象は、それぞれに強い個性がある。これは、介護老人保健施設や特別養護老人ホームなどの高齢者施設と比較しても、強いものである。要因の一つに、規模が小さい、すなわち小規模であることが考えられた。それは、調査のために著者が訪れた際に、調査者の存在がその日のグループホームの日常に影響を与えてしまうことを意識させられたからである。たとえば、日頃は皆と一緒にリビングでお茶を飲む利用者が、調査の日は「することがあるから」と居室から出て来なかったり、行事への参加にはりきりすぎたり、といった出来事があった。また、小規模であるがゆえに、ケア提供者の考え方も反映されやすい。たとえば、グループホームで最期まで住むことができるか否かについて尋ねたところ、代表者ができると即答した三つのグループホームでは、「最期までその人らしく生きて欲しい」というケア提供者の思いが実践されている。一方で、入居する利用者側の意向も反映されやすいと考えられる。よって、グループホームの個性の強さは、ケア提供者と入居する利用者側との相互関係により確立されているものであるから、グループホームケアの質に迫るためには、ケア提供者の意向を知ることが重要であると同時に、利用者および家族の意向も視野に入れる必要がある。

　第二に、ケアの質の枠組みにおける構造面について、一般的に設備が整っているほどケアの質は高い、利用料が高いほどケアの質は高い、専門職の資格をもつ常勤の職員の数が多いほどケアの質は高い、などの仮説が考えられるが、一概には言えない。まず、12グループホームの一つに、古家民家改修型のグループホームがある。このグループホームの建物は、バリアフリー仕様ではなく、玄関には30cmほどの段差があるが、利用者は、下駄箱を使って上手にその段差をクリアし、後ろを振り返って膝をつき、履物を揃える場合もあり、好ましくないと考えられるバリアが、日常生活動作の自立度を高めている。また、利用料が最も安いところはケアの質が低いとも、専門職の資格をもつ常勤の職員が少ないところはケアの質が低い、とも言えなかった。すなわち、構造の質が高ければ、過程や結果としてのケアの質は高いという前提は成立しても、構造の質が低ければ、過程や結果としてのケアの質は低いとは言えないのである。これは、調査対象のグループホームが、研究依頼に快く応じ、ケアの質に対す

る意識や意欲が高いと考えられることも一因である。よって，ケアの質枠組みの構造面でケアの質を測ることには困難さがあり，ここに，本研究が主題とするケアプロセスに着目することの意義を認めるのである。また，225グループホームのアンケート調査の結果で述べたように，利用料が安くても，あるいは職員が全て常勤であっても，収支状況は黒字とするグループホームの存在により，職員の賃金が低く抑えられていることが予測された。これは，福祉領域全般で囁かれる職員の待遇の悪さが背景にあると捉えられ，ケアの質の高さが，職員の犠牲の上に成り立っていることが懸念される。すなわち，構造面の評価が重要であることにかわりはなく，福祉領域における市場原理が根付きつつある今日，より厳格な構造面の評価が求められると考えられる。

第二節　参与観察によるケアプロセスの質

1．グループホームにおけるケアプロセスの概念

調査2では，グループホームで実践されているケアプロセスに迫る。参与観察によりフィールドノートに記載された内容とその分析をケアプロセスシートに整理し，得られたデータを意味の類似性に沿ってケアプロセスの質の概念をカテゴリー化し，グループ編成を行った（巻末資料2「参与観察における12グループホームのケアプロセス」，巻末資料3「参与観察におけるケアプロセスの質の概念分析」参照）。以下カテゴリー【　】，サブカテゴリー〈　〉として示す。

参与観察において導き出されたケアプロセスの概念は，【安心・安らかさ】【安全な暮らし】【リズムある暮らしの継続】【健康管理】【アイデンティティの保持】【自立支援】【自己選択・自己決定の尊重】【自由な暮らし】【敏感に反応する】【アクティビティによる生活の活性化】【共同生活の和をつくる場面づくり】【職員への教育】の12である。

【安心・安らかさ】を与えるケア（表4-4参照）には，ケアの倫理としての人権の尊重にかかわる〈利用者自身の存在の承認〉〈プライバシーの尊重〉〈恥をかかせない〉〈自分の親と思ってのケア〉があり，直接的な介入方法には，〈より添う〉〈否定しない〉〈傾聴〉〈距離をとる〉〈タッチング〉〈関心を示す〉〈不安や心配な場面をきりかえる〉や，情報提供に関する〈不安や心配を解消する

情報提供〉〈納得できる説明〉〈不安になる言葉は使用しない〉，間接的な環境づくりに関する〈安心できる生き方・日常の継続〉〈安心できる環境〉〈落ち着く環境〉〈ゆっくりできる時間〉を認めた。

【安全な暮らし】（表4-5参照）には，直接的な介入方法としての〈転倒・転落の防止〉〈見守る〉と間接的な環境づくりに関する〈物品管理〉や〈環境整備〉があった。

【リズムある暮らしの継続】（表4-6参照）には，人権の尊重にかかわる〈生き方の尊重〉，日々の暮らし方としての〈日常の暮らし〉〈生活のリズム〉〈得意なことをする〉〈見当識を高める〉〈能力をつぶさない環境〉を認めた。〈能力をつぶさない環境〉は，自立支援における環境づくりとは異なり，あまり好ましくない環境においても，利用者が能力を使って生活しているさまを示している。ケアプロセスとして提供しているものでもないため，ケアプロセスの質の要素にはならないが，利用者の能力を引き出している点に注目した。

【健康管理】（表4-7参照）は，医療施設ではないグループホームにおいて，医療職が存在しない場合であっても留意されている。ケア内容には〈健康状態に関する情報の共有〉〈観察・バイタルチェック・受診・与薬〉〈風邪・脱水・便秘・しもやけ予防〉〈食事摂取への援助〉〈衛生面の管理〉を認めた。

【アイデンティティの保持】（表4-8参照）は，グループホームにおけるケアプロセスとしては，最も多くの場面を観察した。「認知症を抱えつつもその人らしい尊厳ある生活を続けることができる」というグループホームの目的に対して，すなわち「その人らしい尊厳ある生活」を達成するために，その人に添った役割を担うことができるように支援されている。ケア内容には〈役割を担うことへのサポート〉〈担う役割への承認〉〈役割を担う場面づくり〉〈その人に添った役割の提供〉〈役割を担わないことへの承認〉を認めた。

【自立支援】（表4-9参照）には〈自分でできることは行うためのサポート〉が最も多く観察されたが，とくに排せつの自立に対しては利用者の〈サインを見逃さない〉ように留意されていた。そのほか〈意欲を引き出す〉〈予測に基づくケア〉〈リズムある日常〉〈環境づくり〉を認めた。

【自己選択・自己決定の尊重】（表4-10参照）には，〈自己選択・自己決定の機会の提供〉〈自己選択・自己決定へのサポート〉が挙げられ，また，日常の暮

表4-4 ケアプロセスの質の概念1：安心・安らかさ

ケアプロセスの場面	サブカテゴリー	カテゴリー
・「私はどうする？」との訴えに職員が「ここにいらしていていんですよ」と応じる。 ・「私は時々カーッとくると、わーって叫ぶんです。自分でもわかっているんだけど、治らない、ここの代表が『いらいらしたときは大声を出していいんですよ』と言ってくださった」 ・利用者が、食後、独語がみられ興奮している様子あり。職員が横に座り、背をさりながら「どうしましたか」と問いかける。その後、職員が「○○さん、大好きですよ」と言い軽く抱きしめるなどして対応。ほか。	利用者自身の存在の承認	安心・安らかさ
・利用者がパジャマを脱いでお茶を飲んでいた。その様子をあまり見てはいけないと思い「失礼します」と声をかけ退室。 ・利用者がトイレに何度も座っている（職員はトイレの外で待機）。トイレから出る時には便がついていないか（便が出ても失語症で訴えることができないとのこと）職員がさりげなく確認している様子。 ・職員が両膝をついて「入ってよろしいですか」と利用者の許可を得て、入室。ほか。	プライバシーの尊重	
・職員はサトイモを大きく切る利用者に何度も「だご汁を作りますけど大きさはどうしましょうか」と声をかけるが大きいまま。利用者が離れた隙に小さく切る。にんじんも切ってもらうが大きいので、職員は利用者が見ていないうちに切っていた。 ・職員がトイレに誘導途中、棚の中から尿とりパットを取り出した。利用者が、何を持ってるのかと尋ねるとオムツとは言わずに「よかもんば持っとります」と声をかけトイレへ行く。 ・利用者はそうそうに食べ終わり後片付けを始める。がちゃんがちゃんという音に他の利用者は「音のしよる」と。職員がすぐに（後片付けを始めた利用者の行動を否定せずに）水の出る量を少なくした。ほか。	恥をかかせない	
・「よく大変でしょーと言われるが、やっぱり自分の親だと思ってすれば大変だとは思わない」と職員。 ・「就職したとき、親だと思ってケアをするように言われたのでそうしようと職員と話し合ってきた」	自分の親と思ってのケア	
・利用者が突然立ち上がり、職員が「どうしたの」と訪ねると「トイレ」と。トイレへ誘導するが、トイレには入らない。落ち着かない様子のため職員が手をつなぎ、一緒に歩いている。 ・利用者は、お茶の時間だけ椅子に座っていたが、すぐに立ってはあちらこちらに行き、「私はどうすればいいのか」と訴え、ため息をつく。職員が、「一緒に行きましょう」と台所に行き、お昼の準備はできているので心配ないと伝えたり、利用者が「私はわからん」と訴えると「私はわかってますよ、（夫や息子のことを）よく知っています」と話す。 ・「どこじゃったのかな」と言って廊下の方に行こうとしたり、歩き回っていた利用者の後ろを職員がついて行き、ドアを開けたり閉めたりするのを見守っていた。無理に席に戻ってもらうのではなく、側に寄り添っていた。しばらくして、「立っているのも疲れますので、あすこに座りましょうか」と職員が言うと「はい、そうね」と言い、ゆっくりと座った。ほか。 ・盗られ妄想のある利用者と2人ですばやく自室に行き、一緒に捜している（プライバシーの尊重）。	より添う	

第4章 グループホームにおけるケアの質

事例	カテゴリ
・何かを指さししきりに訴える利用者に「今日は手伝ってくれる人がたくさんいるから大丈夫ですよ」と話す。 ・利用者はなぜか荷物をはんてんに包んで持って行こうとする。「これが名物なんです」と職員。あとから，職員が引き上げてきたはんてんを，ホーム長がたたんで片付けている。 ・時々「これはこがんあるけん，こんなふうにするといい」と意味不明なことを言うが，職員は「ああそうですねー，知りませんでした」と応える。 ・大学芋がテーブルに置いてあり，利用者はテーブルに着くと，ほかの料理を待たずにお芋を食べてしまう。職員が「あら，食べちゃったの？おいしかった？」と言うと，顔を上げ，にこにこしながら応える。ほか。	否定しない
・爪を切っている時に利用者が話し出すと，爪切りを一旦やめて聴いている。そしてお話が終わった後で，「あとこの指だけ残っていますから切りますね」と言って爪を切る。 ・自室入り口で立っている利用者が『誰か知らない人の子を預かっているみたいだが，自分がここから帰る前に親御さんが迎えに来なかったらどうしよう……家へ連れて行こうにもどこだかもわからないし，困った』という内容のことを幾度も話している。（『子』というのは人形のこと）職員はずっと聴いている。ほか。	傾聴
・ガラスが割れた後だったので台所に入らないように職員が「○○さん，こっちで見てください」と居間へ移動するように勧めると，邪魔されたと感じたのか本をテーブルに投げて部屋へ戻った。職員は部屋へ戻った様子を見て，（すぐには行かず）2,3分後に利用者の部屋をのぞきに行き，「お風呂の準備をしていてくださいね」と声をかけた。 ・盗られ妄想がある利用者に皆から少し離れた場所でおやつ作りをお願いする。その結果他の利用者への影響はなくなり，おやつ作りに夢中になって妄想が消失。 ・お茶の時間になるが，「私はまだやることがあるの」と言って部屋に戻る。職員は「恥ずかしいのでしょう」と（無理には誘わない）。ほか。	距離をとる
・利用者も職員も笑顔で穏やかな会話であり，そっと背中に手をまわし，耳元で話しかけていた。 ・職員が利用者のそばに寄り「今日いいの着てるねぇ」と言いながら腕をさする。利用者「なんも良くないよぉ，（娘さんか嫁さんか誰かが着られなくなったものを）もらったの」職員「良かったねー」と背中をさすりながらその場を離れる。ほか。	タッチング
・8時30分代表出勤――荷物を床に置きコートを脱ぐと利用者に「おはようございます」と膝をついて挨拶にまわる。「今日は天気ですよ」と一人ひとりに声をかける。利用者が代表がしているマフラーを「これいいね」と触ると，笑いながら「まいてあげようか」と利用者の首にかける。 ・新聞をめくっている利用者に声をかける。「何かいい記事載ってる？」（耳元でやや大きな声で）利用者「ん？」職員「何かいい記事載ってる？」利用者「ん？」職員「なんかいい記事載ってるかい？」利用者「まだそれほど見てないから，今開いたばっかりだから」職員「いい記事あったら教えてね」と。利用者は笑って再び新聞をめくり始める。ほか。	関心を示す
・「私はこれからどうするの」と不安を訴える利用者に職員が家族の誰が訪れるかを聞き，「息子夫婦でしょ」と応える利用者に職員が「わー，いいですねー，いつもいらして，いつだったかは他の方もいらしたでしょ」と話題をきりかえる。 ・落ち着かず，部屋から荷物を持ってうろうろされる利用者に「お気に入りの○○さ	不安や心配

※右端「安心・安らかさ」は「距離をとる」「タッチング」「関心を示す」を含むまとめ

125

ん（職員）の隣に座りましょうか」と声をかけ，イチ・ニ，イチ・ニと声をかけ，おどけた調子で（ユーモア）ソファーまで歩く。その時には笑顔がある。 ・フルーツの盛り付けをしていた利用者が，これまでとは違う動作を繰り返し，盛り付けがうまくできなくなる。職員がプルーンの盛り付けと交替しようと提案したが，上記の動作を繰り返すため，「あとはやっておくので，休んでください」と言い，利用者はその場を離れた。職員より「混乱されてきた場合は，『あとはやっておきます』と言い，その場を離れるように促している」との弁。ほか。	な場面をきりかえる
・「私はこれからどうするの」との訴えに職員が「もうすぐお昼を食べるでしょー，それからお風呂に入る，お休みになる，と朝になる，家族が来られるでしょー」と応える。 ・「ご飯はできとりますかね」と利用者が尋ねるとすぐに，「じゃあご飯ができとるか見に行ってみましょう」と利用者の手を引いてキッチンまで一緒に行き，「ほら，今準備をされていますから，大丈夫ですよ」と実際にご飯を作っている様子を見せる（敏感に反応する）。ほか。	不安や心配を解消する情報提供
・代表が利用者の皆さんに「今日は私のお友達が私がどんな仕事ばしよるか見にきなはった」と，参与観察に来た調査者の紹介をする。 ・食器を洗おうとする赤ぎれのひどい利用者に，「赤ぎれがひどくなるので」と指を見せながら「やめといてくださいということなんですよ」と言うと，「そうなの」と。職員が「洗い物は私が引き受けました，座っておいていいですよ」と声をかける。ほか。	納得できる説明
・トイレと言わずに「先生が来る前にちょっと行きましょうか」と声をかける。 ・トイレのサインに気づくと手を引いて「宝島ね」と言って案内する。 ・耳元で他の人に聞こえないような小声で「○○行こうか」と言いトイレに誘導する。 ・夜勤の職員が朝帰る時は「行って来ます」，出勤時には，「ただいま」と声をかける。ほか。	不安になる言葉は使用しない
・「ただいま」とホームに戻ると皆が「お帰りなさい」「どうもありがとうございました」などと声をかける。 ・利用者の名前は，反応がよい呼称にしている。例えば，以前教員をしていた利用者に対しては「先生」と呼んでいた。また，穏やかでおとなしい利用者には「○○ちゃん」と呼んでいた。 ・職員が台所で急須にお茶を入れていたところへ，利用者がトイレから戻ってくる。さっと居間へ出て行き，職員が「ここ，一番音楽よく聞こえるから」と，利用者が元いた場所の椅子を引く。利用者はそこへ自分で行き，座る。ほか。	安心できる生き方・日常の継続
・トイレには和紙に「御手洗」と書かれたランプがつけられていた（なじみとなる表示）。 ・2人の利用者とも，自分の定位置が決まっているようで，ずっとその場所に座り，テレビを見たり，庭を眺めたり，リビングに飾られている花を見たりしていた。 ・テレビの斜め前のソファーが最も安心する場所のため，その利用者は，動かずに他の利用者と職員の輪の中には加わらない。視線は1.5mほど先の私たちの様子を追っている。職員が時々ボールを投げると取ろうとしたり，たたいて返そうとする。2m先からのボールもたたいて返す。ほか。	安心できる環境
・テレビはつけられていたが音量は小さかった。利用者の皆さんは，時々出る字幕を見て自分たちで話していた。 ・私たちが食器を引こうとすると「まだ座っておいてください，○○さんはゆっくり	落ち着

安心・安らかさ

第4章 グループホームにおけるケアの質

ケアプロセスの場面	サブカテゴリー	カテゴリー
だから」と言い，利用者に「ゆっくりどうぞ」と声をかける。 ・早く食べ終わった利用者は，部屋に戻ってしまう。皆が食べ終わるまで食器は引かない。食べ終わった利用者の代わりに，職員がまだ食べている利用者の横に座る。 ・食事中に椅子を移動しながら「音を立ててごめんね」と周囲を気遣う。ほか。	く環境	安心・安らかさ
・「30分から食事の準備をしていただくので，しばらくゆっくり休憩してくださいね」と声をかける。 ・餃子づくりが終わると疲れたのか，利用者の1人が部屋に戻る。それが他の利用者には気になる様子で，一緒に行こうとする。職員が「餃子を作るのに頑張ったから疲れたのですって，だからお部屋で一休みしているのですよ，○○さんはここにいていいですよ」と声をかける。ほか。	ゆっくりできる時間	

表4-5 ケアプロセスの質の概念2：安全な暮らし

ケアプロセスの場面	サブカテゴリー	カテゴリー
・椅子に座っていた利用者が，かけていたひざ掛けを取ろうとするのを見つけ，すかさず近づき，「お部屋に帰りますか」と声をかけ，安全な立位，移乗ができるよう，押し車の位置を確認する。移乗の際は見守り。部屋の中に入るまで職員が一緒について行く。 ・利用者が立とうとすると，職員がテーブルの反対側に誘導し，「歩いたけん疲れたろう」と椅子に勧める。「ここはさっき来た」などと言うが座った。ほか。	転倒・転落の防止	安全な暮らし
・何度も部屋とリビングを行ったり来たりする利用者が，部屋から長い間出て来ない時，職員が部屋まで出向き「こちらにいらしてください」と声をかけ，リビングまで誘導する。 ・外へ出た利用者をそのまま声をかけずに見守る。職員に聞いたところ，その利用者は一日に何度も洗濯物を確認しに外へ出るが，徘徊等の危険な行動はなく，見守っているとのこと。	見守る	
・電子体温計を使っているが，体温計に長い紐をつけて誰が使用しているか一目でわかるように工夫していた。 ・使ったものはこまめに収納するようにしていた。 ・バナナを切って皮をむき，小皿に盛る。包丁は洗ってすぐにしまった。	物品管理	
・床にはじゅうたんが敷きつめられ，隅がめくれないようにテープで止められていた。 ・台所には見守ることのできる窓枠のような部分があり，炊事をしながらでもそこから見守ることができる。 ・日中は利用者9人中7～8人が居間や台所にいて，職員は台所で調理を行う者1人，そのほかに3人の職員がいるので常に目が届くようになっている。ほか。	環境整備	

第Ⅱ部　実証編

表4-6　ケアプロセスの質の概念3：リズムある暮らしの継続

ケアプロセスの場面	サブカテゴリー	カテゴリー
・畑で職員は,「先生と呼ばなんでしょうが」と利用者にずいぶん怒られたとのこと。畑から戻った後から○○先生と呼ぶ。 ・お茶の時間——部屋から時間を見計らって利用者が出て来て、お茶の準備をする。お茶とパンケーキをお皿に入れて配る(いつもしている様子)。ほか。	生き方の尊重	リズムある暮らしの継続
・職員は,利用者をよく知っていて家族の話や,住んでいる地域の話を自然にしていた。一人の利用者を知ることを大切にしているようだった。利用者が言ったことに職員が笑い,楽しい空間が広がっていた。 ・職員は利用者の隣のソファーへ座り,家族と話し始める。それを,他の利用者3人が静かに職員と家族の顔を見ながら,時々うなずきながら聞いている。うとうと眠っている利用者もいる。食堂では利用者の1人が,新聞の角をめくっている(角を次々とめくっているだけで読んでいる様子はない)。奥の洗面所では,ラバー製の人形(お風呂で使うようなもの)をもち,鏡に向かって何やらニコニコと話しかけている利用者がいる。ほか。	日常の暮らし	
・10時：お茶の時間——ホットミルクが出される。利用者が部屋から出て来る。他の職員も利用者と一緒にお茶を飲む。 ・いつもしている朝の体操。皆で輪になり足の体操や手の体操をする。部屋にいた利用者も体操が始まると来て,自然と数字を数えながら手足を動かしていた。毎日,体操をしているので習慣になり体が動いているのだと思った。職員は利用者を細かく観察し,「○○さん,足をもう少し上げてみましょうか」など名前を呼びながら声をかけていた。声かけにあまり反応していない利用者も体操をしていくうちに,声も元気になり足もよく動くようになった。体を動かすことで,メリハリがついて,利用者も一日の始まりを感じているのではないか。 ・今日と昨日,誕生日の利用者がいるので,午後誕生会をする予定。お昼はお赤飯でお祝い膳。午前のおやつは昨日誕生日だった利用者のご家族からいただいたロールケーキ。ほか。	生活のリズム	
・1人の利用者は,「縫えているかしら」と心配しながら裁縫をしていた。そこへ他の利用者がやって来て「代わりましょうか」と縫うのを交替した。その利用者は,縫い物が得意な様子で,すばやく縫っていた。先ほどまで縫っていた利用者とも「縫い物は難しいですもんね」と話しながら,笑いあっていた。 ・利用者がドレスアップをして登場。ボランティアの男性と素晴らしいダンスを披露する。とても真剣な表情である。ほか。	得意なことをする	
・今日は桃の節句のため,昼食はちらし寿司,吸い物,めかぶ,デザートのりんご。 ・湯呑み、お箸は自分のものを使用。お茶は「自分のを取って下さい」とお盆を差し出すと,自分のものを「ありがとう」と言いながら取る。お箸は,箸袋に名前が書いてあるが,わからない利用者が多い。指でさし示して自分で取ってもらう。	見当識を高める	
・10分ほど同じ場所に立っている利用者に,庭で小犬3匹が遊んでいるのを見に行こうと誘っても動かない。そこで,その場を離れ庭の方に行くと,自分でソファーの前に行き,座っている利用者にそこをあけてくれというようなことを言い,座った。 ・利用者に「おいくつですか」と聞きよんなはるよと職員。(わからないために)「あた(あんた)より多か」と応える(あまりはじめて会う他人の前でこのような質問はよくないと思うが,利用者の表情は変わらず,その切り返す能力はすばらしい)。ほか。	能力をつぶさない環境	

第 4 章　グループホームにおけるケアの質

表4-7　ケアプロセスの質の概念4：健康管理

ケアプロセスの場面	サブカテゴリー	カテゴリー
・利用者の1人が発熱しており、何の熱かわからないために職員間で対応を話し合う。 ・不眠の利用者の対応や、安全管理のための対応をミーティングで話し合う。 ・散歩から戻ると職員の1人がリーダーへ利用者の様子を報告。 ・夜勤者より、早番と日勤者へ、生活アセスメントシートを用いて引き継ぎ。各利用者の普段と異なる言動、体調の変化、必要な物品の購入など丁寧に引き継がれている。ほか。	健康状態に関する情報の共有	健康管理
・職員は、食後に外出することになっている利用者に「おはようございます、今日の体調はどうですか、きついことはないですか」と一人ひとりに体調を聞き利用者が答えるのをゆっくりと待って（観察して）いた。 ・血圧計を持って利用者の隣に座り、ゆっくりと「○○さん右手かしてくれる？」と右手をとり、服を少しめくって血圧計を巻く。その後、汗をかいていないか確かめて、体温計を出し、「熱測ろうか」と体温計をさした。ほか。	観察・バイタルチェック・受診・与薬	
・10時──お茶の時間。皆でコーヒーを飲む。水分を取ったほうがいいからと、利用者2人の介助をする。他の利用者1人はゆっくりだが、勧めると少しずつ飲み、最後まで飲んだ（見守り）。 ・お茶の時間──風邪をひいている人には生姜湯が出ている。便秘の方も多いために水分摂取が励行されている。 ・こたつに入った方が、温まって便秘にもいい、ということで利用者をこたつに誘導する。「○○さん、あっちにいいのがあるから行きましょう」と。拒否なく手引き歩行で行く。 ・午後から入浴もするが、午前中に血行が悪い利用者の足浴をしている。しもやけで痛いために、なかなかお湯につけようとしない。職員が「ようなれ、ようなれ」と言って指をさする。ほか。	風邪・脱水・便秘・しもやけ予防	
・なかなか食事が進まない利用者の横に職員が行き「だご汁のおかわりがありますよ、あげましょうか」「召し上がってください」と頻繁に声をかける。冷蔵庫からふりかけや漬物を出して利用者の前に置く。それでも進まないために、利用者の好きな煮魚の残りをあたため「お魚あげましょうか」と出す。魚屋の奥さんだった利用者は喜び、「私は魚は何でも好きです」と食べ始める。 ・利用者の1人はここ数日食事がほとんど入らない。今は毎日の点滴と、エンシュアリキッドで栄養を取っている状態。ご飯は一口も入らない。だご汁の汁だけ飲むため、「だご汁まだありますよ。あげましょうか」と3回おかわりを勧め、飲んだ。お菓子なら食べられるかと、職員が「黒砂糖の入った蒸しケーキにお好きなおいもをのせて作ったんですよ、おいしいですよ、食べてください」と勧める。「うん」と言い手に持ったが、なめるだけだった。	食事摂取への援助	
・散歩から戻ると利用者を洗面所へ片手をつないで誘導し、「○○さん、手を洗いましょう、はい、せっけん」と手を洗う。	の衛生管理面	

第Ⅱ部　実証編

表4-8　ケアプロセスの質の概念5：アイデンティティの保持

ケアプロセスの場面	サブカテゴリー	カテゴリー
・利用者の4人は白い割烹着を着て，「皮むきをお願いしますね」と言われ，職員と一緒に慣れた手つきで皮むきを始めた。ジャガイモやたまねぎの皮むきが済むと，再び職員に「切り方はどうしたらいいの？」「これ（きゅうりの2本目）も切っていいのか？」など聞き，職員の手本を見て確認しながら下ごしらえを始めた。 ・コップを人数分並べ温めたミルクを鍋ごとテーブルに置き，「コップに少しずつ分けてくださいね」と促し，利用者に注ぎ分けてもらう。「こちらは○〇です」と声をかけ，配膳も行ってもらう。手伝いはせず座っている利用者に対しては，料理のとりわけを促し，利用者と一緒に行っている。料理のとり分けの仕上げは職員が行い，均等に分けていた。ほか。	役割を担うことへのサポート	アイデンティティの保持
・「いつも丁寧に（茶碗を）拭いていただきありがとうございます，本当に助かります」と声をかける。終わったあともお礼を言うと利用者自身が「ああよかった」と笑顔を見せる。 ・利用者は自分の部屋とテーブルの間を行ったり来たりしていたが，いよいよ食事が出来上がりそうになると，ランチョンマットや箸の準備をする。職員が「いつもありがとうございます」と声をかける。 ・利用者が皿を洗うのを申し出たが，「ありがとうございます，今は手が足りてます，また，よろしくお願いしますねぇ」と言い，利用者が不快にならないように断ると，利用者も笑顔でうなずいていた。ほか。	担う役割への承認	
・居間に移動するとテーブルの上に新聞紙・まな板・包丁・野菜（にんじん・ジャガイモ・たまねぎ・きゅうり）が置かれていた。 ・流しに置いてある（放置してある）飲み終わったコップを洗う利用者もいた。 ・男性職員が洗濯物を干す。男性職員が厨房に立つと皆がほっとけないと思って手伝う。女性だと，するのが当然みたいに思ってあまり自発的に手伝わない。「だから男性職員に台所に入ってもらうんですよー」と。 ・きゅうりを切った後にかぶを出し，「もう一つ頼んでよかですか」と働きかける。「これで煮物を作ろうと思います，どんな風に切ればよかですか」「〇〇さんが一番上手と聞いています」「皆さん喜びなさるです」「わあ，私はこんなふうには切りきらん，上手ですね」「私よりずーっと達者だから指を切るようなことはないと思いますけど，気をつけてくださいね」など。 ・「昨日とっても喜んでくれた黒砂糖の入った蒸しケーキに今日はおいもをのせて作ろうと思っているの」と話しかけると，利用者の皆さんが思わず「わー」と声を上げる。「だから手伝ってくださいね，お願いします」と。ほか。	役割を担う場面づくり	
・利用者に，「おいも作ったからちょっと味見して」利用者「おいしいわ，甘いね」職員「いいおいもでしょ？」と隣に座り，大きめの声でゆっくり話しかけている。職員「こんな味でいいかい？」利用者「いいわ，おいしいわ，まったく……」と。 ・お茶の後のカップなどの洗い物を職員が「拭いてもらっていいですか」と頼むと「いいですよ」と快く引き受ける。調査者が「若者が座っていてすみません」と言うと，背中をさすり「いいんですよ，ゆっくりしてらしてください」と笑顔で応じる。 ・利用者が外の洗濯物を乾いているか，陽は当たっているかなど点検に行く。その利用者の仕事であるとのこと。日常のことであるため職員は外出を気にしていない。	その人に添った役割の提	

第4章　グループホームにおけるケアの質

ケアプロセスの場面	サブカテゴリー	カテゴリー
・「酢の物の作り方を教えてください」と利用者に手伝いを依頼する。 ・チラシの束を利用者に持って行き，「これ整理してくれるかい？」と利用者に頼む。その利用者は，チラシを折り始める。ほか。	供	アイデンティティの保持
・部屋にいた利用者とドアの隙間から視線があい「ちょうどよかったもうすぐお食事ですよ，テーブルにおいでください」と声をかける。その利用者はよく部屋で荷物の整理や荷造りをする。食事の準備は好きでないので手伝いを頼まない。 ・食事作りについては，やりたい人とやりたがらない人とがいるため自由参加の形を取る。 ・2人の男性利用者のうち1人の男性は，食後片付けをせずにテレビの前のソファーに座る。職員が「女性の方は手伝ってください」と声をかけるのは，この男性利用者が「男がそんなことするなんて」と，もう1人の率先して食器を洗う男性利用者を批判する発言があるため。ほか。	役割を担わないことへの承認	

表4-9　ケアプロセスの質の概念6：自立支援

ケアプロセスの場面	サブカテゴリー	カテゴリー
・時間はかかるが目の前に食事を置くと最後まで全て食べることができる利用者に，職員が見えにくいおかずの名前を言うと食べようとする。りんごを手で食べようとし，職員も「手でいいですよ」と声をかける。 ・職員は，利用者と目線が合う小さめの椅子に座り，器を持つ介助をし，箸を持ってできるだけ自分で食べてもらっていた。残り少なくなった時などにスプーンですくう介助を行っていた。 ・外の掃除をしていた利用者が，職員と一緒に玄関に入って来る。利用者が靴を脱ぎ室内履きに履き替えるのを，見守っている。 ・湯呑みと急須をお盆にのせ，利用者に渡す。利用者は自分でお茶を注いでいる。 ・利用者が自分のお膳をキッチン前のカウンターまで下膳する（すり足歩行）。職員が「つま先を上げると歩きやすいですよ」と声をかけつつ見守る。ほか。	自分でできることは行うためのサポート	自立支援
・お茶の後，利用者がそわそわして，テーブルの反対側に座った調査者のスリッパを気にし，テーブルの下にもぐって，調査者のスリッパを自分の足下に置く。その後も何度も自分の足下に置いたスリッパを気にし，「危ないですよ」と声をかけてもテーブルの下に頭を入れてテーブルで頭を1度ぶつける。トイレではないかと職員が誘導しようとすると「どうして？」と尋ねるが，トイレに一緒に行き排尿する。その後落ち着く。 ・斜めに座っている状態から，さらに横を向いて座り，ズボンの股の部分を触ったりし始めて，しばらくすると，独言が始まった。トイレに行きたいのか尋ねるようなずかれた。職員が，手を引き立ってもらい，トイレまで誘導した。 ・利用者が食堂で椅子から立ちあがる。職員が除けてあった歩行器を近くにつけると，ゆっくりゆっくり歩行器につかまり，体の向きを変え，歩き始める。ほか。	サインを見逃さない	
・職員が箸を手に持ってもらい「ご飯ですよ。ご自分で食べましょう」と声をかけるが，全く持つことができない。閉眼しているが，口だけはあけて食事を入れてくれるのを待っている。それを見て職員は笑いながら「○○さん，ご飯の時ぐらいは，目を開けましょうよ。今日は散らし寿司できれいなんですのよ」と声をかけると，	意欲	

目を開ける。すかさず「あー開いた。その方がいいですよ」と。利用者も「うんうん」と。 ・部屋で寝ていた利用者（1カ月の予定で入居中）が手引き歩行で出て来る。以前は，縁側で一休みして，リビングまで来ていたが，今日は「ドアが閉まっちゃうから」と声をかけながら，一息に歩いた。その後職員が歩けたことを褒める。ほか。	を引き出す
・盗られ妄想のある利用者がリビングに出て来た際「ちゃんと部屋にカギをかけた？」との声かけあり。「カギを自分の手でかけ，胸にかけるようにしてからはずいぶん訴えが減った」との弁。	予測に基づくケア
・食べ終わるとすぐに「部屋に連れて行って」と訴える。職員が「まだ食べよりますから食べ終わってからでいいですか」とか，(職員自身も)今食べ終わったばっかりだから動けません」と返す。利用者「食べ終わったばっかりだから元気があるでしょう」と言うが，職員「動ききらん」と。その後も「片付けが終わってからでいいですか」，「お皿も片付けますね」と言いながら時間をかせぐ（部屋に戻ったら寝てしまう。依存心が強いが，1カ月で在宅に戻られるので，できるところはやってもらいたいという方針)。とうとう「あと10数えましょう」と言ってその後，縁側のソファーに休憩と言って座ってもらう。 ・TVの動物番組が好きな利用者は，動物が映るとしっかりと見ているが，その番組が終わり，おやつも食べてしまうと，コタツに横になろうとする。そのためそばに行き「コタツで寝ると，風邪をひくから，座ってましょうね，どらどら……」と言いながら，足を掘コタツの下に入れ，体を抱き起こし，座位に戻す。しばらくすると，また，横になろうとするが，誰か他の職員が見つけて，横になる前に起こす。ほか。	リズムある日常
・浴室を出たところに椅子があり，そこに座って髪を乾かし，顔に化粧水をつけたり，手にクリームを塗ることができるように，化粧品が置かれている。 ・古家改修型であり，玄関には30cmほどの上がりかまち（バリア）があるが，玄関からの出入りは，下駄箱につかまりながらなど自然に利用者が工夫しできている。	環境づくり

右端の大項目: 自立支援

第 4 章　グループホームにおけるケアの質

表4-10　ケアプロセスの質の概念7：自己選択・自己決定の尊重

ケアプロセスの場面	サブカテゴリー	カテゴリー
・「明日はなに着る？」と尋ねる利用者に職員が「これでいいじゃないですか」とセーターをさすり，「これ素敵ですよね，それにまだいっぱいいいのをもってらっしゃるから，後で準備しましょうね」 ・入浴の順番が後の利用者は，本を見たり・広告を見たりと興味がありそうなことを職員が見計らって提供していた。 ・「○○さん今度のお菓子作りの時のメニューがまだ決まっていないから，どれがいいか見てもらってていいですか？」と料理の本を渡していた。その利用者がちらし寿司に興味がわいたらしく台所で片付けをしている職員に「これどうかしら？」と言うと「あら，ちらし寿司？　材料には何が必要かしら？」と対応していた。 ・「だご汁を作ろうと思いますが，材料は何を入れますか」「今ある野菜を出してみました」とほぼだご汁の材料をテーブルに並べ，問いかける。 ・後味にと漬物を配る。4種類から「どれがいいですか」と尋ねて配る。ほか。	自己選択・自己決定の機会の提供	自己選択・自己決定の尊重
・大根の切り方について利用者同士の意見が異なる場面あり。大根を切ろうとしていた利用者が「自分はその切り方を知らないから，切らない」と気分を害した様子に職員が「今日は○○さんが大根を切るから，○○さんの切り方でいこう」と提案。皆うなずき，その利用者も機嫌を直して大根を切り始める。 ・午後からのお風呂の準備に，利用者の部屋に一緒に行き，一緒にたんすを開けて「パンツを出してください」「上着を出してください」「靴下」と一つひとつ声をかけ，利用者は選びながら準備する。ほか。	自己選択・自己決定へのサポート	
・食事作りについては，やりたい人とやりたがらない人がいるため，自由参加の形である。 ・トランプの輪に入らず，ソファーに座っている利用者の横に職員がぴったり座り，おしゃべりをする。 ・部屋で過ごすのを好む方，テレビの前が好きな方，食事の所定位置に座っているのを好む方，それぞれの過ごし方に合わせている。 ・入浴は温泉のためか，毎日ほぼ全員入るが，1人だけは3日に1度程度の入浴。ほか。	利用者の意向・ペースの尊重	
・落ち着かない利用者にお手伝いをお願いしますと，台布巾を渡すと「ふー」と肩を落とし疲れた様子を訴える。「疲れましたか」とホーム長が台を拭く。 ・体操をしたくないと言われる利用者には無理に体操をしてもらおうとせず，利用者の意思を尊重している。 ・入浴を促そうと，職員が利用者に，「お風呂が今空いとりますから，一緒に行きましょうか」と声をかける。返答できるが「うん」といいながら，動こうとしない。「あんまり気分が乗らないかなー」といい，無理に勧めない。ほか。	拒否の尊重	

133

表4-11　ケアプロセスの質の概念8：自由な暮らし

ケアプロセスの場面	サブカテゴリー	カテゴリー
・食事が終わると，利用者一人ひとり自由に過ごしていた。椅子に座ってテレビを見る方，廊下の方まで行き景色を眺めている方，自分の部屋に戻る方など様々であった。 ・穏やかにゆっくりと自分の時間を過ごしているという印象である。調査者が行ったことのあるグループホームと比べ，利用者同士が話す場面がなく，静かな雰囲気だが，利用者によっては，落ち着くことのできる静かな空間がある方が自分の時間をゆっくりと楽しむことができると学んだ。 ・午前中の過ごし方は思い思い。利用者の1人が歌い出すと，他の利用者は目を開けて歌を聴いていたり，リズムをとったりしている。ほか。	自分の時間を楽しむ	自由な暮らし
・息子さんが帰る時にすくっと立って玄関まで見送る。歩行が不安定なため職員がさっとついて行く。(その際利用者に心理的負担がかからないように)「私が心配だから」と声をかける。 ・利用者が外の洗濯物を乾いているか，陽は当たっているかなど点検に行く。その利用者の仕事であるとのこと。日常のことであるため職員は外出を気にしていない。「冬は寒いので朝から外に出られると心配しますけどね」と。 ・食事作りは，やりたい人とやりたがらない人とがいるため，自由参加の形を取っている。	束縛しない	
・特に排泄誘導はしていない。本人の自由にしているとのこと。1人の利用者はひげを剃るのも本人の気がむいたときだけしかできないとのこと。	型にはめない	
・狭い廊下を抜けると，開放感のあるリビングとキッチンがあった。リビングから庭が見え窓も大きいので，部屋が明るく広く見え，住み心地が良さそうである。	開放感のある構造	

第4章 グループホームにおけるケアの質

表4-12 ケアプロセスの質の概念9：敏感に反応する

ケアプロセスの場面	サブカテゴリー	カテゴリー
・調査者が利用者の隣に座り，お茶をいただき声をかけると「あなたも一緒に食べようか」と言う。すかさず職員が「○○さんは優しいですもんね」と声をかける。 ・利用者が他の利用者に「しっかり気をつけなさいよ」と声をかけている。しかし，意味がわからない様子のため，すかさず職員が横に行って「○○さんのことをとっても心配されているのよ，優しいのよねー」と2人の会話を助ける。	自尊心を高める	敏感に反応する
・「家族はだれが来なさるの」という職員の声かけに「うんー，うん」とうなずき「息子夫婦でしょ」と応える利用者に，職員が「わー，いいですねー」と喜ぶ。 ・お茶の時間に利用者の息子が来訪。春ものの新しい洋服を買って持って来る。玄関を入って来たときに，職員が母親にあたる利用者に「あー誰か来た，当てたらお茶をもう一杯サービス」と投げかける。利用者は考えた後に息子の名前を言う。「当たった！」と職員と喜ぶ。息子が持って来た洋服を見て職員がコーディネートし，あわせてみてお似合いと褒める。その利用者は静かでそんなに笑顔が多くはないが嬉しそう。 ・ロールケーキを食べながら「おいしいね〜」と割と大きな声で利用者が言う。別のところにいた職員が「おいしい？ そう，よかった」とすぐに応える。職員「昨日お誕生日だったおばさんがいて，家族の人にもらったのよ」「今度，くれた人に言っとくね，おいしかったって，また持って来てねって」ほか。	嬉しさを高める	
・「ひむしか（おなかすいた）」と訴えると，すぐに職員が「ちょうどよかった，今からおやつですよ，今日は珍しいお菓子が出ますよ，岡山県だったかなー」と応える。 ・「メッセージを書いていたけれど，ペンがつかない」と訴える利用者に対し，「私のを貸しましょうか？」と自分が持っていたペンを渡し，「メッセージ書くのなら，紙を持って来ますね」とメモ用紙を持って来て利用者に渡す。ほか。	要求に応じる	
・トランプでばば抜きをすることになる。「ばばにばば抜きと言わんといて」と利用者が言うと，すぐに職員が「じゃあじじ抜きにしましょう」と。皆が笑う。	モユア1	

第Ⅱ部　実証編

表4-13　ケアプロセスの質の概念10：アクティビティによる生活の活性化

ケアプロセスの場面	サブカテゴリー	カテゴリー
・今日みたいに音楽療法があり，早くから職員が準備していると，利用者はとても素直だから，何があるのかと集まってくるのよね。ヴェールに包まれているような人達が，私にとってこっちにいた方がいいみたいというような雰囲気を作るようにする。 ・1人の利用者が「体操をしませんか」という職員の声かけに「今日はよかです」と断ったが，職員は「では，したくなったら来て下さい，無理に体操をしなくても良いのですから」と利用者のペースに合わせた声かけを行っていた。 ・トランプをする時，調査者が参加する意欲の見られない利用者に「見ておきますか？」と声をかけると，職員が「一緒にします」と利用者に声をかけ，一緒にトランプを持ち，参加する。最後まで実施できた。ほか。	アクティビティへの環境づくり参加	アクティビティによる生活の活性化
・利用者2人の外出の準備をそれぞれ個別にする。職員は化粧道具を持って「さあさあ準備をしましょう，すてきなコートがありますよ」と誘導する。洋服を着替え，髪を整え，きれいにお化粧する。部屋から出てくるとみんなで拍手し「とてもきれいですよー」と声をかけると，とても嬉しそう。 ・歌が続くのを見計らい，記録の整理をしていた職員がCDをかける。先日盛り上がった民謡やおてもやんの時には，歌っていなかった利用者もしっかりと歌う。 ・顔の体操を「美人になる体操です」と紹介する。 ・社交ダンスを披露してもらうために，会場を設定し，利用者がドレスアップをして登場。ほか。	演出されたアクティビティ	
・利用者全員居間のソファーに座ったところで，職員が「おはようございます，今日は何月何日でしょう」と投げかけ，日にちを確認してもらって，新聞を取り出し「今から新聞を読みたいと思います」と今日のニュースをいくつか，話しかけながら読む。 ・ケアワーカーが真ん中に座り，回想法を使ったコミュニケーションを図っている。給料が8円だったという話から，「30円でいわしが山盛り買えた」「昔はものを買うということがほとんどなかった，食べ物なんかぜーんぶ作りよった」「昔がなつかしいー」など。 ・「今日は3月3日桃の節句です」「お雛様は飾りましたか」と声をかける。「はい」とはっきりとした返事は1人だけ。「お子さんが男の子ばかりだとあまり飾らないですもんねー」と職員。ほか。	見当識を高めるアクティビティ	
・利用者全員居間のソファーに座ったところで，職員が「おはようございます，今日は何月何日でしょう」と投げかけ，新聞を読むことからアクティビティに入っていく。 ・皆で輪になり足の体操や手の体操をした。部屋にいた利用者も体操が始まると出てきて，自然と数字を数えながら手足を動かしていた。毎日，体操をしているので習慣になり体を動かすことができている。体を動かすことで，メリハリがつき，利用者も一日の始まりを感じている。ほか。	生活のリズムをつけるアクティビティ	
・体操——舌の体操，発声練習，座ったままでの体操，グーパー，指折り，歌を歌う他30分休みなく実施。1人だけ，目を閉じているが，「きついのですか」と声をかけると「大丈夫です，ありがとう」と言い，その後はする。印象として次から次へとメニューをこなしているが，そのようにして関心を引き付けていると感じた。	心身の活アクティ	

第4章　グループホームにおけるケアの質

内容	分類	大分類
・職員は利用者をよく観察しており、「○○さん、足をもう少し上げてみましょうか」など名前を呼びながら声をかけていた。声かけにあまり反応しない利用者も体操をしていくうちに、声も元気になり足もよく動くようになった。 ・風船なげでは、利用者全員が参加できるよう職員は配慮し風船を回していた。ほか。	活動性を高めるアクティビティ	アクティビティによる生活の活性化
・利用者の1人が歌っている時、1人は手拍子しているが他の利用者は歌わない。しかし、別のテーブルに座っていた利用者は「よーう、知っとるな」と言い、こっちを見て笑う。 ・カルタの後にトランプをする。皆で話し合い7並べをしようということになった。 ・「今日はお天気がよくて気持ちいいから畑に行ってみましょうか」と声をかけ、おやつ作りをやめて、「行こう行こう」と手をつないで利用者2人と畑へ。ほか。	利用者同士の交流を促すアクティビティ	
・利用者の1人は視力が弱いためにボールがよく見えない。近くにあるものはつかめる。投げるのは上手。「どこにやればいいの」と言いながら後半は積極的に立って投げる。もう1人の利用者は、状況をよく判断し、ボールが回っていない人にボールを回そうとする。重度の利用者でなかなか覚えられない名前を呼んでボールを渡そうとする。 ・○×クイズでは、「今の季節は夏である、○か×か」を反応を見ながら実施。ほか。	選択の機会を与えるアクティビティ	
・落ち着きなく歩く利用者が、レクの間は椅子にずっと座っていた。ボールのやり取りは一番上手。皆から拍手をたくさんもらう。職員より「大分のっておられた」と感想あり。 ・社交ダンスが得意な利用者に、会場を設定し、ボランティアの男性に来訪してもらい披露してもらう。	得意な部分を引き出すアクティビティ	
・利用者の表情を見ながら休憩をするか、時間をみて行うか、利用者に体調を聞くなどをした方が良いのではないかと思った。調査者も少し疲れてしまったので利用者にとっては、きついものであったかもしれない。終わった後に、椅子に座りぐったりしてしまっていたので、少し心配になってしまった。	アクティビティによる疲労	

137

第Ⅱ部　実証編

表4-14　ケアプロセスの質の概念11：共同生活の和をつくる場面づくり

ケアプロセスの場面	サブカテゴリー	カテゴリー
・配膳されつつある料理を利用者が食べようとする。1人は食べている。その利用者はいつもは自ら箸に手をつけようとしないので，1度だけ「まだご飯がくるのですよ」と静止するが，その後食べだしても何も言わない。しかし，それを見ていた他の利用者も食べようとしたので「まだご飯と吸い物がくるのですよ」と声をかける。利用者が「じゃあお茶だけ」といい，「そうですねお茶だけですね，すみませんもう少しお待ちください」と。その後再び食べようとするので「もしよろしければご飯を持って来てもらってもよろしいですか」と声をかけ，利用者の1人が席を立ち，ご飯を取りに行く。 ・食卓についた利用者が「箸をちょうだい」と訴えたが，職員は「はい」と答えたまま，そのまますぐに渡さなかった。箸を渡すと，みんなを待たずにすぐに食べてしまうからとのことだった。 ・利用者と同じ空間（職員の1人は利用者と同じテーブルで，そのほかの職員はコタツのところ）で職員も食事をしていた。ほか。	一緒にとる食事	共同生活の和をつくる場面づくり
・テーブルごとに1皿ずつビスケットが置かれる。利用者は少しずつ取り「はいどうぞ」と利用者同士で皿を回し，分けながら食べていた。 ・お茶の時間になるが，1人は「私はまだやることがあるの」と言って部屋に戻る。職員は「恥ずかしいのでしょう」と言い，他の利用者に「○○さんにお茶を一緒に飲みましょうと持って行ってくれない」と頼む。お盆に2人分のおやつとお茶をのせ，職員と部屋の前に行き，職員が「○○さんの部屋は日当たりがいいから，○○さんの部屋で一緒にお茶を飲みたいのですって」と声をかけると「あらーいいわよ，どうぞ」と声が返ってくる。その後利用者2人でお茶を楽しんだ様子。 ・テレビの横に座っていた利用者に他の利用者が「○○ちゃん，お茶だよ，こちらにいらっしゃい」と声をかける。ほか。	利用者同士の交流の場面・職員との場面づくり	
・1人の利用者に後ろの利用者がちょっと触ったら「なんしよっと，なんしよっと」と大声で怒鳴った。離れて座っていた他の利用者が「そんな怒らんでもいいのに」と言うと，怒鳴った人とおしゃべりしてた利用者が「関係ないこと」という意味のことを言う。すぐに台所にいた職員が来て，怒鳴られた利用者に「ここの椅子はくるくるして危ないから，こちらの椅子に座りましょう」と声をかけ，かばった利用者のソファーの隣に誘導する。それでおさまり，怒鳴らない。怒鳴られた人もほかの人とソファーで談笑されている。 ・職員が利用者に蒸しパン作りをしましょうと声をかけ，一緒に材料の分量を確認しながらボウルに混ぜ始める。「この利用者は他の利用者と気が合わないため，少し距離を取ったほうがよいと考え，調理場から少し離れた場所でおやつ作りを担当するよう促した」とのこと。 ・トランプ：皆で話し合い7並べをしようということになった。カルタはできた利用者が「私はわからないのよ」と言うと，他の利用者が「何の7並べがわからんことのあろかい」と言う。すかさず職員が「わからないのではなくてルールを思い出せないことがあるのよ，やればわかるのよ」と話し（情報提供），しゅんとしている利用者の隣に寄り添い「私と一緒にやるから大丈夫ですよ」と。この方は7並べはやはり職員の助けがかなり必要だが，ばば抜きは，少しサポートすればOK。カルタができなかった利用者も職員と一緒に行う。ほか。	争いの解消・和を乱さない	

第4章　グループホームにおけるケアの質

ケアプロセスの場面	サブカテゴリー	カテゴリー
・職員から調査者を「若い子が遊びに来ましたから，ちょっとお話しとって下さい」と紹介する。 ・レクリエーションが終わり，食事の準備を始めたころに，利用者の家族が来訪した。息子さんのようで，利用者に「誰でしょう」と言いながら，後ろから抱き付いていた。利用者は，すぐに誰かを分かった様子で，名前を呼んで笑顔になっていた。息子さんはよく訪れているのが窺え，職員とも仲が良さそうに話していた。ほか。	来訪者が場面受けられる入れ	共同生活の和をつくる場面づくり
・レクリエーションでボールのやり取りが一番上手な利用者は皆から拍手をたくさんもらう。 ・畑に行っていた2人の利用者が菜っ葉をとって戻る。皆が「わー」と歓声をあげ，「お疲れ様でした」「ありがとうございました」と声をかける。	一緒に喜ぶ	
・利用者の1人がおろおろしながらお茶の準備をするのをもう1人の利用者が何も言わずに湯呑みを出したり，手伝う。 ・代表が「私達（職員）はずっと一緒に暮らすわけではないけど，あなたたちはずっと一緒に暮らすのだから，そこを考えて助け合って仲良く暮らして欲しいといつも言ってます」と。 ・自分の部屋だけを各自が掃除するのではなく，できる人が苦手な人を手伝っている。	助け合い	

表4-15　ケアプロセスの質の概念12：職員への教育

ケアプロセスの場面	サブカテゴリー	カテゴリー
・職員が台所に3人入っていると代表が「利用者が入れないでしょ」とみんなの前で，大声で怒った。 ・職員が小さいテーブルで他の利用者がいる大きなテーブルを背に他の利用者と話している。居間に戻ってきた代表が，職員が利用者に背を向けていることを注意する。「個別だけじゃだめだって言ったろ！　朝，話したばかりだよ，考えてごらん！」 ・職員が他の職員が行ったケアで，利用者の足の位置が悪いのに気付き，どこが悪いか説明して一緒にやって見せる。 ・職員は，台所で洗い物をしている他の職員に「ここ（台所），代わった方がいいですか？」と聞く。職員「それより，お茶勧めてあげて」とやんわりと指導。 ・職員は他の職員に「お茶入ってるから○○さんにあげて」と指示。また，「できることは全部やってもらって」と指導。湯呑みと急須をお盆にのせ，職員は利用者の所へ持って行き，湯呑みと急須を渡す。利用者は，自分でお茶を注いでいる。	実践教育	職員への教育

らしの中で自然に〈利用者の意向・ペースの尊重〉〈拒否の尊重〉が実践されていた。

【自由な暮らし】(表4-11参照)には〈自分の時間を楽しむ〉〈束縛しない〉〈型にはめない〉とともに環境面として〈開放感のある構造〉を認めた。

【敏感に反応する】(表4-12参照)には,利用者とのかかわりの中で,利用者の言動や行動に対してすぐにその人に適した言動や行動を返すことである。その内容には〈自尊心を高める〉〈嬉しさを高める〉〈要求に応じる〉ものや〈ユーモア〉で返されるものもあった。

認知症高齢者は,きっかけや働きかけがないと刺激の少ない日常を送ることになる。【アクティビティによる生活の活性化】(表4-13参照)は,全てのグループホームで実践されていた。〈アクティビティ参加への環境づくり〉や〈演出されたアクティビティ〉により,〈見当識を高め〉,〈生活のリズムをつけ〉,〈心身の活動を高め〉,〈利用者同士の交流を促し〉,〈選択の機会を与え〉,〈得意な部分を引き出〉していた。アクティビティ実践の後には〈疲労〉も窺えたが,これも日常のことである。

【共同生活の和をつくる場面づくり】(表4-14参照)には,〈一緒にとる食事〉〈利用者同士・職員との交流の場面づくり〉〈争いの解消・和を乱さない〉〈来訪者が受け入れられる場面づくり〉〈一緒に喜ぶ〉〈助け合い〉を認めた。

【職員への教育】(表4-15参照)については,観察できたのは2ホームだが,〈実践教育〉として,熟練した職員が口頭で指導する場面や実践して見せる場面もあった。

2．導き出されたケアプロセスの概念の妥当性
1) 理論との整合性

12のグループホームの参与観察により導き出されたケアプロセスの概念と,第**3**章第一節で検討した認知症高齢者ケアの代表的な三つの理論と比較検討する。まず,理にかなったケアについては,「高齢者が生きてゆけるように不安を解消すること」に表現が近似する【安心・安らかさ】,「高齢者に自分というものを得させるように（自己意識化）すること」に近似する【アイデンティティの保持】が抽出された。【安心・安らかさ】の下位概念〈利用者自身の存

在の承認〉〈傾聴〉には，ケアプロセスの場面の記述《職員が横に座り，背をさすりながら「どうしましたか」と問いかける。その後，職員が「○○さん，大好きですよ」と言い軽く抱きしめるなどして対応》《（利用者の訴えを）職員は聴いている》などから，「高齢者の言動や心理をよく把握し対処すること」に密接であると捉えられた。同じく【安心・安らかさ】の下位概念〈否定しない〉のケアプロセスの場面の記述《（利用者が意味不明なことを）言うが，職員は「ああそうですねー，知りませんでした」と応える》などは，「高齢者をあたたかくもてなすこと」に通じると考えられた。また，【自己選択・自己決定の尊重】の下位概念には〈利用者の意向・ペースの尊重〉〈拒否の尊重〉など「高齢者の言動や心理をよく把握し対処すること」に表現が類似するものが，【敏感に反応する】の下位概念〈嬉しさを高める〉〈要求に応じる〉のケアプロセスの場面の記述には《（利用者の応えに）職員が「わー，いいですねー」と喜ぶ》《「ひむしか（おなかすいた）と訴えると，すぐに職員が「ちょうどよかった，今からおやつですよ，今日は珍しいお菓子が出ますよ，岡山県だったかなー」と応える》など，「高齢者をあたたかくもてなすこと」に密接な概念が抽出された。よって，グループホームにおいて，理にかなったケアの全てが観察され，ケアプロセスの概念として抽出されている。

次に，Person-centred careで重視されている「快適さ（Comfort）」「愛着（Attachment）」「仲間意識（Inclusion）」「役割（Occupation）」「アイデンティティ（Identity）」の五つのニーズをケアの概念とみなして検討する。まず，「快適さ（Comfort）」については，表現が近似する【安心・安らかさ】，「アイデンティティ（Identity）」に近似する【アイデンティティの保持】が抽出された。【安心・安らかさ】の下位概念〈利用者自身の存在の承認〉の記述の中には《「○○さん，大好きですよ」と言い軽く抱きしめるなどして対応》があり，「愛着（Attachment）」に通じるものと捉えられた。また，【共同生活の和をつくる場面づくり】の下位概念〈一緒にとる食事〉〈利用者同士・職員との交流の場面づくり〉〈一緒に喜ぶ〉〈助け合い〉は，「仲間意識（Inclusion）」に密接であると捉えられた。さらに，参与観察で抽出された【アイデンティティの保持】の下位概念は，〈役割を担うことへのサポート〉〈担う役割への承認〉〈役割を担う場面づくり〉などは全て，役割を担うことに関するものであり，役割を担う

こととその人のアイデンティティを保持することを同義に捉えている。そのため，Person-centred careの「役割（Occupation）」の概念も含まれる。よって，Person-centred careの五つのニーズの概念全てが，表現は一致しないにしても，グループホームで観察され，ケアの概念として抽出されるに至っている。

さらに，Kitwoodのその人らしさを高める12の相互行為のうち，①「是認（Recognition）」に表現が近似する〈否定しない〉〈利用者自身の存在の承認〉，②「交渉（Negotiation）」に通じる〈不安や心配な場面をきりかえる〉，③「共同（Collaboration）」に表現が近似する【共同生活の和をつくる場面づくり】，④「遊び（Play）」に通じる【アクティビティによる生活の活性化】，⑤「感覚的刺激（Timalation）」に表現が近似する〈嬉しさを高める〉，⑥「お祝い（Celebration）」に表現が近似する〈演出されたアクティビティ〉，⑦「くつろぎ（Relaxation）」に通じる【自由な暮らし】〈ゆっくりできる時間〉，⑧「バリデーション（Validation）」に通じる〈利用者自身の存在の承認〉，⑨「支え（Holding）」に表現が近似する〈役割を担うことへのサポート〉〈自分でできることは行うためのサポート〉〈自己選択・自己決定へのサポート〉，⑩「容易にする（Facilitation）」に通じる〈安心できる生き方・日常の継続〉〈安心できる環境〉〈落ち着く環境〉〈役割を担う場面づくり〉〈アクティビティ参加への環境づくり〉，⑪「与える（Giving）」に通じる〈要求に応じる〉の11のケアの概念が抽出されている。そのほか⑫「創造する（Creation）」については，概念としては抽出されなかったが，アクティビティで畑作りや演芸，趣味を行うことが該当するのではないかと考えられた。よって，12の相互行為についても，表現は一致しないものの，グループホームで観察され，11の相互行為が，ケアプロセスの質の概念として抽出されるに至っている。

最後にPsychosocial model of Dementia careの八つの介入「共感（Empathic caring）」「支持的タッチ（Supportive touch）」「活動の提供（Providing activities）」「関係づくり（Relating）」「敏感に反応しつづける（Being responsive）」「相手の立場に立った見方（Taking the other's perspective）」「選択の機会の提供（Offering choices）」「見方をかえる（Reframing）」と比較する。まず，「活動の提供（Providing activities）」に通じる【アクティビティによる生活の活性化】，「関係づくり（Relating）」に通じる【共同生活の和をつくる場面づくり】，「敏感に反

応しつづける（Being responsive）」に表現が近似する【敏感に反応する】の三つが抽出された。また，「共感（Empathic caring）」に通じる【安心・安らかさ】の下位概念〈より添う〉，「支持的タッチ（Supportive touch）」に表現が近似する〈タッチング〉が，「相手の立場に立った見方（Taking the other's perspective）」に通じる【自己選択・自己決定の尊重】の下位概念〈利用者の意向・ペースの尊重〉が抽出された。また，「見方をかえる（Reframing）」については，【安心・安らかさ】の下位概念〈不安や心配な場面をきりかえる〉に通じるものと考えられた。よって，Psychosocial model of Dementia careの八つの介入についても，表現は一致しないものの，密接なケアプロセスの概念が抽出された。

このように，調査2の参与観察により得られたグループホームで提供されているケアプロセスの概念は，認知症高齢者ケアの理論との整合性も高い。完全に一致しなかったケアの概念については，実際に提供されていたにもかかわらず，調査者の認識の欠如や概念化する際に脱落した可能性も否めないが，ケア提供者が重視していないために実施されずに観察されなかったケアの可能性もある。そうであれば，ケア提供者に対して啓発を図ることで，グループホームにおけるケアプロセスの質が向上すると考えられる。よって，面接（インタヴュー）やアンケート調査によるデータ収集により，検討を重ねる必要がある。

2）「グループホームのサービスの質の要素」との比較

12のグループホームの参与観察により，導き出されたケア概念と東京センターが提示した「グループホームのサービスの質の要素」[7]と比較検討する。「グループホームのサービスの質の要素」は，本人に関するサービスの質，家族に関するサービスの質，地域に関するサービスの質の三つの領域に分かれ，その概念図は，家族に関するサービスの質と地域に関するサービスの質を土台として，本人に関するサービスの質が積み重なっている。本人に関するサービスの質では，①安らかさ，心地よさを基底に置き，②身体の安全，③プライバシーの保護，④触れ合い・交流，⑤力の発揮・自立，⑥生き方の継続，⑦自己決定・自由，⑧達成感のある暮らし，の八つの要素が⑨尊厳・誇りを構成するとしている。

本研究で抽出された12のケア概念のうち，【安心・安らかさ】は①安らかさ，

心地よさ,【安全な暮らし】は②身体の安全,【自立支援】は⑤力の発揮・自立,【自己選択・自己決定の尊重】および【自由な暮らし】は⑦自己決定・自由と重なっている。また,【安心・安らかさ】で認められた〈プライバシーの尊重〉は③プライバシーの保護,【共同生活の和をつくる場面づくり】の〈一緒にとる食事〉〈利用者同士・職員との交流の場面づくり〉は④触れあい・交流,【リズムある暮らしの継続】の〈生き方の尊重〉は⑥生き方の継続に該当し,【リズムある暮らしの継続】の〈得意なことをする〉,【アイデンティティの保持】の〈担う役割への承認〉,および【アクティビティによる生活の活性化】により⑧達成感のある暮らしができると理解された。そして,【安心・安らかさ】で認められた〈利用者自身の存在の承認〉〈プライバシーの尊重〉,【リズムある暮らしの継続】の〈生き方の尊重〉,【アイデンティティの保持】の〈担う役割への承認〉〈その人に添った役割への提供〉〈役割を担わないことへの承認〉,【自己選択・自己決定の尊重】の利用者の〈意向・ペースの尊重〉〈拒否の尊重〉,【敏感に反応する】の〈自尊心を高める〉は,⑨尊厳・誇りを構成する要素と捉えられた。

このように,調査2の参与観察により得られたグループホームで提供されているケアプロセスの概念は,東京センターの「グループホームのサービスの質の要素」の本人に関するサービスの質の要素と完全に一致しないにしても,全て満たすと捉えられた。しかしながら,家族に関するサービスの質や,地域に関するサービスの質については,本調査では得られなかった。よって,面接(インタヴュー)やアンケート調査によるデータ収集の必要がある。

3)参与観察により得られた示唆

調査2の参与観察により,グループホームにおいて個別的に実践されていた【安心・安らかさ】を与えるケア,利用者6人から9人の小集団のへのケアのよさも取り入れながら個別的に実践されていた【アイデンティティの保持】に対するケアは,時間的に占める割合や,観察された内容の豊かさから重要な位置にあると考えられた。そのほかの10概念も重要なケアであるが,実践として観察される機会は少なかった。このケアの10概念は,今後の調査の積み重ねが必要ではあるが,ケア提供者が重点的に取り組むための啓発が必要なケアとして,関心をもつ必要がある。

そして，本調査により抽出された12のケア概念間の関係分析により，【安心・安らかさ】【敏感に反応する】を一つのグループとし，【安全な暮らし】【リズムある暮らしの継続】【健康管理】【アイデンティティの保持】【自立支援】【自己選択・自己決定の尊重】【自由な暮らし】【アクティビティによる生活の活性化】【職員への教育】を一つのグループ，【共同生活の和をつくる場面づくり】を一つのグループとして，三つのグループが構成された。それぞれ，【安心・安らかさ】【自立した生き方の継続】【共同生活の和】と名づけ，グループホームにおけるケアプロセスのコア概念として位置づけた。

また，12のケア概念のうち九つの概念のサブカテゴリーに，環境づくりに関する概念が含まれていることに着目した。すなわち，【安心・安らかさ】の〈安心できる環境〉〈安心できる生き方・日常の継続〉〈落ち着く環境（人も含む）〉〈ゆっくりできる時間〉，【安全な暮らし】の〈物品管理〉〈環境整備〉，【リズムある暮らしの継続】の〈能力をつぶさない環境〉，【健康管理】の〈衛生面の管理〉，【アイデンティティの保持】の〈役割を担う場面づくり〉，【自立支援】の〈環境づくり〉，【自由な暮らし】の〈開放感のある構造〉，【アクティビティによる生活の活性化】の〈アクティビティ参加への環境づくり〉，【共同生活の和をつくる場面づくり】の〈利用者同士・職員との交流の場面づくり〉〈来訪者が受け入れられる場面づくり〉である。環境は，ケアの質の枠組みのうち構造にかかわる部分であるが，ケアプロセスとして直接提供される側面もあり，過程（プロセス）と密着した関係にある。第一節では，ケアの構造面でケアの質を測ることは困難であるとしたが，過程（プロセス）と構造との相互関係を検討する必要性を認識した。

第三節　半構成的面接によるケア提供者が捉えるケアの質

第一節のグループホームの構造面を中心とした調査から，グループホームケアの質には，ケア提供者の意向が大きく影響すると学んだことから，ケア提供者がケアの質をどのように捉えているのかについて検討した。

第Ⅱ部　実証編

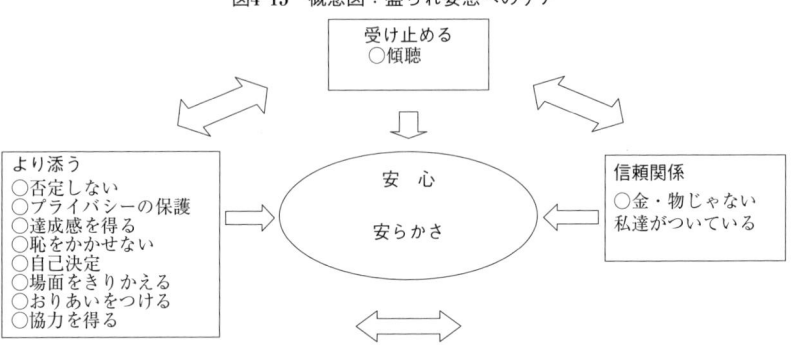

図4-15　概念図：盗られ妄想へのケア

【受け止める】
○傾聴

【より添う】
○否定しない
○プライバシーの保護
○達成感を得る
○恥をかかせない
○自己決定
○場面をきりかえる
○おりあいをつける
○協力を得る

安　心
安らかさ

【信頼関係】
○金・物じゃない
私達がついている

1．グループホームのケア提供者が捉えるケアの質の概念

1）ケアの実際

　まず，グループホームで実際に行っているケアとして，盗られ妄想へのケア，徘徊へのケア，不潔行為へのケア，暴言・暴行へのケア，意思の疎通へのケアの5項目に関する半構成的面接（インタヴュー）によるデータを，KJ法の手順に従い意味の類似性に沿ってケアの質の概念をカテゴリー化した。次に，概念間の関連を分析して概念図を作成し，文章化した。以下，カテゴリーを【　】，サブカテゴリーを〈　〉で示す。

❶　盗られ妄想へのケア

　「盗られた」と訴える利用者には，まず，話をじっくりと〈傾聴〉し，妄想を【受け止める】こと，そして【より添う】ことが重要である。そのためには，〈プライバシーを保護する〉ために場所を変えて1対1で対応する配慮，一緒に捜す際にも悲しみを受け止めて決して〈否定せず〉に充分に捜すことが必要となる。見つかった場合には，利用者が【安心】を得られるように，もしケア提供者が見つけても，利用者が〈達成感を得る〉ために本人が見つけたように場面づくりをし，〈恥をかかせず〉に一緒に喜ぶことが求められる。一方で，初めからないものをないと訴えるなど，見つからない場合もある。その際も，利用者が少しでも【安心】を得，捜すことを止めるという〈自己決定〉ができるように，妄想を【受け止め】，【より添】って気がすむまで一緒に捜し，捜す

第 4 章　グループホームにおけるケアの質

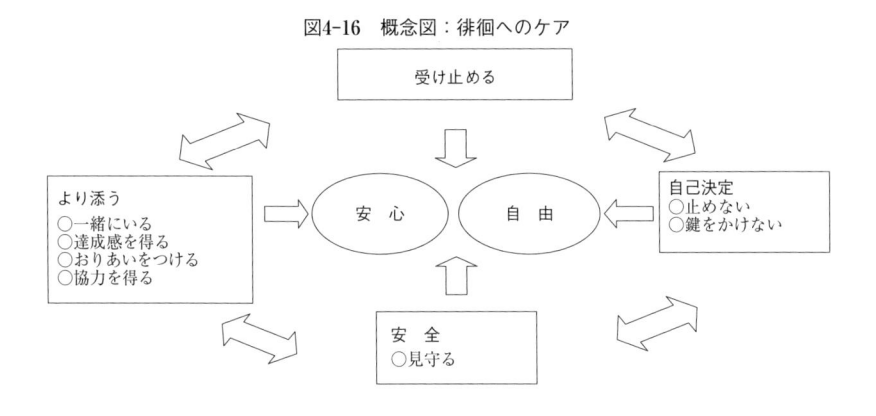

図4-16　概念図：徘徊へのケア

```
                    ┌──────────────┐
                    │  受け止める   │
                    └──────────────┘
                           ↓
┌──────────────┐                      ┌──────────────┐
│ より添う      │  ┌────┐  ┌────┐     │ 自己決定      │
│ ○一緒にいる  │→ │安心│  │自由│ ←   │ ○止めない     │
│ ○達成感を得る│  └────┘  └────┘     │ ○鍵をかけない │
│ ○おりあいをつける│                  │               │
│ ○協力を得る  │                      │               │
└──────────────┘                      └──────────────┘
                           ↑
                    ┌──────────────┐
                    │ 安　全        │
                    │ ○見守る       │
                    └──────────────┘
```

のに疲れたころに何か（他の楽しいこと，好きなこと）をしましょうと，〈場面をきりかえる〉あるいは気分を変える働きかけをする。また，【信頼関係】により「私が責任をもって捜しておきます」と約束をして〈おりあいをつけ〉たり，家族に電話して「（捜しているものは）家にあるから，今度持って行くね」と答えてもらうなど家族の〈協力を得る〉。また，日頃から「〈お金や物じゃないよ。私達がついている〉よ」といった信頼関係の構築のためのかかわりが求められている。

　これらのことから，不安の表れである盗られ妄想へのケアでは，【安心（安らかさ）】が得られるように，妄想を【受け止め】，【より添う】ケアが行われていた。日々のかかわりの中で職員との【信頼関係】が築かれていることも重要であると認識される（図4-15参照）。

❷　徘徊へのケア
　徘徊は悪いことではなく，目的をもった行動であると【受け止め】，【安心】を得るための【自由】な環境と【より添う】ケアが重要である。【自由】な環境は，〈鍵をかけず〉に，利用者が【自己決定】した行きたいところに行くことができ，ケア提供者も引き〈止めない〉。しかし，【安全】面への配慮から〈見守り〉は欠かさず，途中で偶然出会ったような場面づくりをすることもある。不安が原因であることが多いため，【安心】を得るための【より添う】ケアが必要であり，夜間であれば添い寝をしたり，日中であれば〈達成感を得

図4-17　概念図：不潔行為へのケア

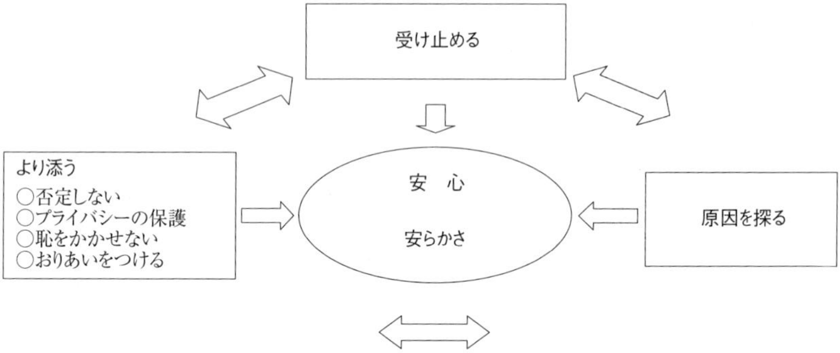

```
        ┌──────────┐
        │ 受け止める │
        └──────────┘
   ↕         ↓         ↕
┌─────────────┐   ╭─────╮   ┌──────────┐
│ より添う      │→ │ 安 心 │ ←│ 原因を探る │
│ ○否定しない   │   │ 安らかさ│   └──────────┘
│ ○プライバシーの保護│  ╰─────╯
│ ○恥をかかせない│
│ ○おりあいをつける│
└─────────────┘
              ↕
```

る〉ことができるようにとことん付き合って〈一緒に〉歩き，満足したころに「疲れたねー」「おなかすいたねー」「のどが渇いたねー」と休憩し，「そろそろ帰ろうか」と〈おりあいをつけ〉て帰ることを促す。一方で，体調などの問題で，外に行くことが許されない場合もある。その際は，【より添う】ケアにより，不安な部分に働きかけて【安心】が得られるようにし，その人の時代に戻った「おかあさんが迎えに来られますので」「お友達が来られますので」といった話題で〈おりあいをつけ〉たり，家族の〈協力を得〉，電話や面会をしてもらう。

　これらのことから，不安や焦燥感の表れであることが多い徘徊へのケアでは，やはり，【安心（安らかさ）】が得られるように【自由】な環境を作り，徘徊を【受け止め】て【より添い】，【安全】を保証しながら【自己決定】を尊重したケアが行われていた（図4-16参照）。

❸　不潔行為へのケア

　まず，「特別なことではない」と【受け止める】ことが必要であり，「汚い」「だめね」といった否定的な言葉は発しない（〈否定しない〉）。弄便というよりも気持ちが悪くて触ったり，トイレが自宅と違って失敗したりすることがほとんどであるため，【原因を探り】取り除くとともに，その人のせいにしない（〈恥をかかせない〉）で，「（誰かに）悪いことされましたねー」と話しながら，他の人に知られないように（〈プライバシーの保護〉）手早く清潔にする。手に持って離さない場合は，好きなお饅頭と交換したりする（〈おりあいをつける〉）。

第4章　グループホームにおけるケアの質

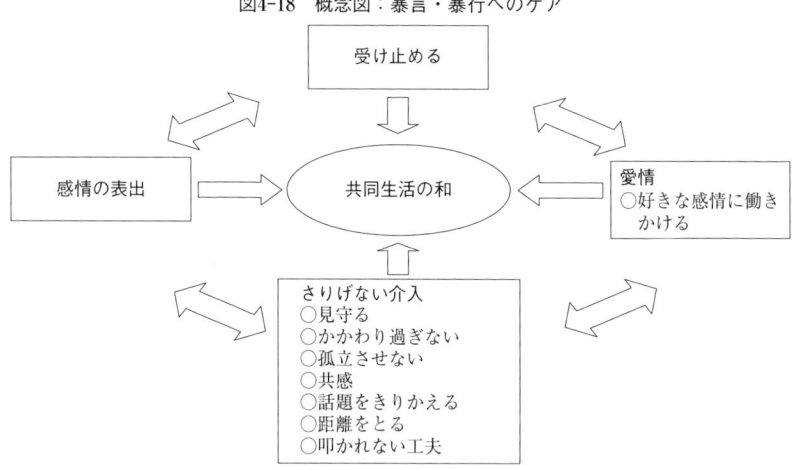

図4-18　概念図：暴言・暴行へのケア

```
                      ┌──────────┐
                      │ 受け止める │
                      └──────────┘
         ⇔              ↓              ⇔
┌────────┐        ╱──────────╲        ┌──────────────┐
│感情の表出│ ⇒    │ 共同生活の和 │   ⇐  │愛情          │
└────────┘        ╲──────────╱        │○好きな感情に働き│
                                       │  かける      │
                                       └──────────────┘
         ⇔              ↑              ⇔
              ┌──────────────────┐
              │さりげない介入      │
              │○見守る            │
              │○かかわり過ぎない  │
              │○孤立させない      │
              │○共感              │
              │○話題をきりかえる  │
              │○距離をとる        │
              │○叩かれない工夫    │
              └──────────────────┘
```

　これらのことから，不潔行為へのケアでは，やはり，【安心（安らかさ）】が得られるように，原因があっての不潔行為であると【受け止め】て【原因を探り】対応し，【より添う】ケアが行われていた（図4-17参照）。

❹　暴言・暴行へのケア

　共同生活をしている以上当たり前のこととして【受け止め】，大騒ぎせずに利用者に言いたいことを言い合ってもらって（感情の表出），【さりげない介入】を心がけて〈見守り〉，〈かかわり過ぎない〉ようにする。顔色が変わったり，手が出そうになったら，暴力に発展する前に介入する。その際には，決して1人だけ〈孤立させない〉ように，それぞれに職員が対応したり，職員の1人が悪者になったりする。そのほか，具体的な介入として，暴言の対象となった利用者には「私もぽんぽん言われるのは嫌だわ」と〈共感〉し，「ひどいわねー。でも叩かれなかったから良かったわねー，良かったわねー」と良かったと思えるように対応する。言った方には「そんなこともありますねー」と〈共感〉し，その人の関心ある〈話題にきりかえる〉。また，決まった利用者に暴言・暴行が認められる場合は，あきらめずにその利用者の〈好きな感情に働きかけ〉て【愛情】を注ぎ，一方で攻撃の対象になる利用者を離して〈距離をとる〉場合もある。利用者だけでなくケア提供者についても，利用者から叩かれ

図4-19 概念図：意思疎通へのケア

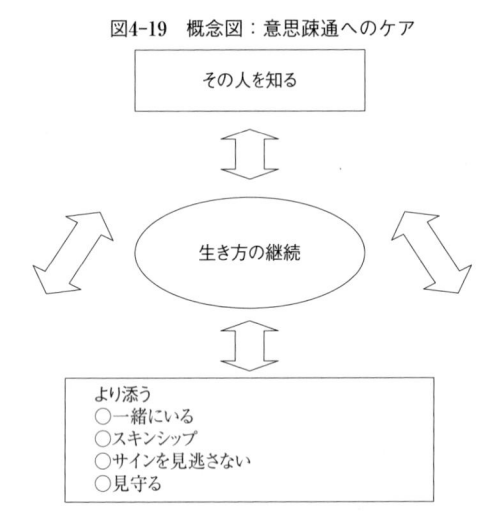

```
                    ┌──────────────┐
                    │  その人を知る  │
                    └──────────────┘
                            ⇕
          ⇖          ┌──────────┐          ⇗
                    │ 生き方の継続 │
          ⇙          └──────────┘          ⇘
                            ⇕
              ┌────────────────────┐
              │ より添う            │
              │ ○一緒にいる         │
              │ ○スキンシップ       │
              │ ○サインを見逃さない │
              │ ○見守る             │
              └────────────────────┘
```

たりすると,「一生懸命やっているのになぜ？」と思い悩むことになるので,〈叩かれない工夫〉をすることも大切である。

　これらのことから, 暴言・暴行は, グループホームにおける共同生活においては当然起こり得ることとして受け止め,【共同生活の和】を保つために,〈かかわり過ぎず〉に【さりげない介入】が行われていた。暴言・暴行を行う利用者に対して〈孤立させない〉ように留意しながら【感情を表出させ】て【愛情】をかけて接し, 対象となった利用者に対しても気持ちを〈共感〉し,〈距離をとる〉,〈叩かれない工夫〉などの【さりげない介入】が行われていた。また, 日常のケアで, 職員が〈叩かれない工夫〉をすることも重要である（図4-18参照）。

　❺　意思の疎通へのケア

　利用者と言葉での意思疎通が困難な場合に重要なことは, これまでのその人の【生き方を継続】できるように,【その人を知る】ための情報収集, 観察と,【より添う】ケアである。まず, 利用者の生活歴や家族関係, 友人関係などの情報を得て, その人の人生で一番戻りたい時代の話題をコミュニケーションに取り込む。そして, 利用者の視線, 表情, 瞬き, 行動・しぐさなどちょっとした〈サインを見逃さず〉, 洗濯物をたたんだり, ソファーやコタツに座ってテ

第 4 章　グループホームにおけるケアの質

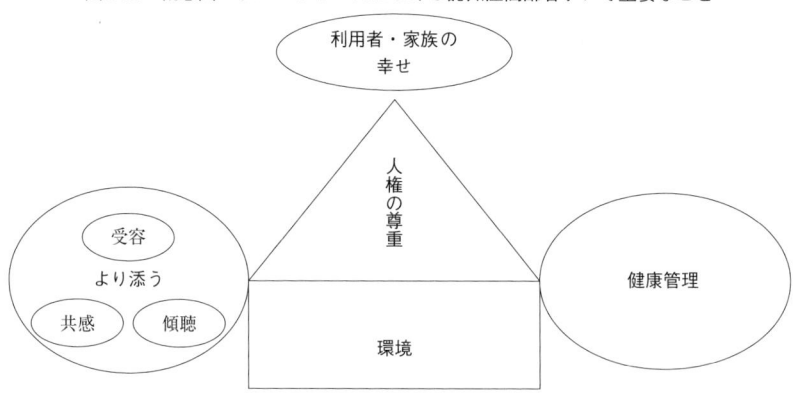

図4-20　概念図：グループホームにおける認知症高齢者ケアで重要なこと

レビを見たり，〈一緒にいる〉時間を楽しむ。手を握ったり，マッサージなど良い刺激を送ったり〈スキンシップ〉を図る。スキンシップを嫌がる場合は，レクリェーションで歌を歌うときに視線を合わせたり，距離をおいて〈見守る〉ことが必要である。

　これらのことから，意思疎通へのケアとしては，まずは【その人を知り】，【生き方を継続】できることが重要である。【その人を知る】ために，【より添う】ケアが行われていた（図4-19参照）。

2）認知症高齢者ケアで重要なことおよびケアの質へのイメージ

　ケア提供者が，グループホームにおける認知症高齢者ケアで重要なことは，【人権の尊重】をコア概念とし，〈受容〉〈傾聴〉〈共感〉の姿勢でその人に【より添う】ケア，場所・人・物などトータルな【環境】整備と，ターミナルケアまでを視野に入れた，命を支える【健康管理】を実施し，家族と共に幸せになることであると整理された。概念図は，ケアの目標としての【利用者・家族の幸せ】を頂点に置き，ケアの核となる【人権の尊重】を中央にして，ケアプロセスに該当する【より添う】ケアと【健康管理】を両サイドに置いた。そして，ケアの基盤となる【環境】を四角形にして土台を表し，さらに【人権の尊重】を三角形にして【利用者・家族の幸せ】を目指す過程を表した（図4-20参照）。

　また，グループホームにおけるケアの質は，前述の「グループホームにおけ

第Ⅱ部　実証編

図4-21　概念図：グループホームケアの質

```
              ┌─────────────────┐
              │      満足        │
              │  人間的な豊かさ   │
              └─────────────────┘
                    ╱      ╲              ┌──────────────┐
                   ╱        ╲             │  違和感がある  │
                  ╱  人 密    ╲            ├──────────────┤
                 ╱ 人 間 度    ╲           │何が質かわからない│
                ╱ と 間 ら の   ╲          └──────────────┘
               ╱ へ ら し 濃    ╲
              ╱ の し く い      ╲
             ╱ サ く 生 ケ        ╲
            ╱ ポ 生 き ア          ╲
           ╱  ー き る              ╲
          ╱   ト る                  ╲
  ┌──────────────────────────────────────┐
  │           ケアの技術                  │
  │ ○より添う              ○力を引き出す │
  │  個別的   専門的   利用者中心         │
  ├──────────────────────────────────────┤
  │ 職員の資質       理念      感性・心   │
  └──────────────────────────────────────┘
```

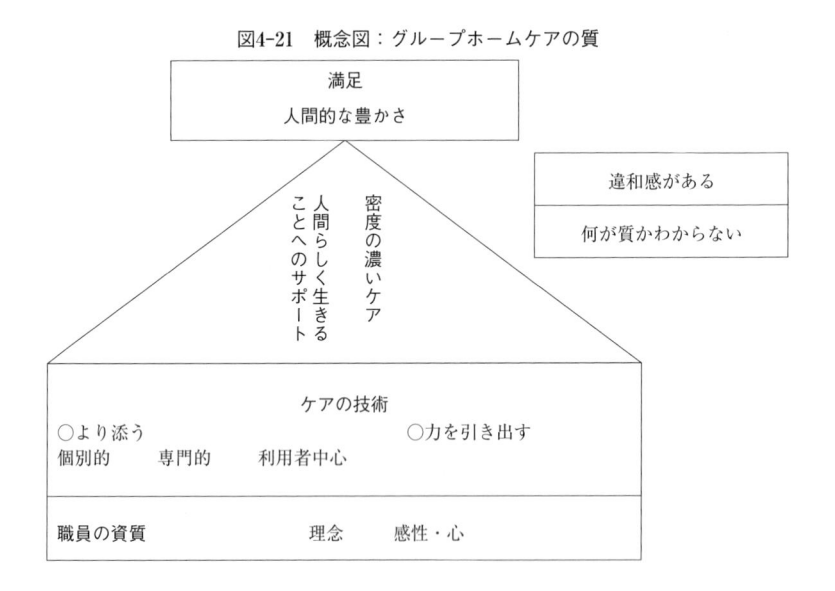

る認知症高齢者ケアで重要なこと」と同様の要素が抽出された。グループホームケアの質とは，認知症高齢者が【人間らしく生きることをサポート】する【密度の濃いケア】であり，【職員の資質】，【ケアの技術】により支えられ，そのケアにより認知症高齢者および家族の【満足】が得られ，認知症高齢者・家族・ケア提供者の三者が【人間的に豊か】であることと分析された。概念図は，ケアの目標としての【満足】【人間的な豊かさ】を頂点に置き，【人間らしく生きることをサポート】する【密度の濃いケア】を中央にして，そのケアを支える【ケアの技術】と【職員の資質】を四角で表し土台とした。また，ケアの質については，〈違和感がある〉，〈何が質かわからない〉というラベルが残っており，今後検討を重ねる（図4-21参照）。

2．ケア提供者への半構成的面接により得られた示唆

1）5項目のケアから抽出されたケアプロセスの質の概念

　盗られ妄想へのケア，徘徊へのケア，不潔行為へのケア，暴言・暴行へのケア，意思の疎通へのケアの5項目に関する半構成的面接（インタヴュー）によ

り，認知症高齢者ケアにおいては，盗られ妄想についてはその悲しみや不安をしっかりと支えること，徘徊については悪いことではなく運動をしているなどと良い面で捉えること，不潔行為についてはたいしたことではないと，また，暴言・暴行についても共同生活をしていれば当たり前のこととして，まずは【受け止める】ことが重要である。盗られ妄想，徘徊，不潔行為，暴言・暴行は，一般的に認知症の問題行動として取り上げられてきたが，当たり前であったことがそうでなくなっていく状態の認知症高齢者にとっては，問題行動ではなく，理にかなったケアにおいても「認知症というものをもちながらも，一生懸命に生きようとしている姿」(8)と述べられているように，自分で何とか対処しようとしている姿であり，原因が説明できる行動だと理解する必要がある。

そして，本調査により抽出されたケアプロセスの概念には，【安心・安らかさ】【生き方の継続】【共同生活の和】の三つを核として，【受け止める】【より添う】【信頼関係】【自己決定】【安全】【原因を探る】【感情の表出】【愛情】【さりげない介入】【その人を知る】が抽出された。本調査で抽出された【愛情】は，Person-centred careの「愛着（Attachment）」に同義の概念であり，調査2の参与観察では，【安心・安らかさ】の下位概念〈利用者自身の存在の承認〉の記述に認められたが，一致した表現では抽出されなかった概念である。よって，調査3により，ケア提供者は，暴行したり，暴言を吐いたりする利用者であっても，【愛情（愛着）】をもったかかわりを重視していることが明らかになり，Person-centred care理論を裏づけるものとなった。また，【安心・安らかさ】【生き方の継続】【共同生活の和】の三つのコア概念は，第二節の参与観察により抽出されたケアプロセスの概念とほぼ一致し，グループホームにおける認知症高齢者ケアプロセスのコア概念として着目する。

2）グループホームで大切なケア，ケアの質へのイメージ

グループホームで大切なケア，ケアの質へのイメージに対する半構成的面接（インタヴュー）から抽出されたケアの概念は，前述した東京センターが提示する「グループホームサービスの質の要素」やDonabedianが体系化したケアの質の三つの枠組み「構造」「過程」「結果」と矛盾はしない。また，ケア提供者が語るグループホームで大切なことやケアの質は，ケアプロセスに関するものの頻度が高かった。データのバリエーションが多い，頻度が高いからといって，

重要であるとは言えないが，ケア提供者である職員がケアプロセスを重視している事実を尊重する必要がある。本研究のテーマである，質評価のあり方を考えると，グループホームケアの質評価には，ケア提供者が重視するケアプロセスのより適切な評価が求められる。

第四節　ケア提供者および家族が捉えるケアの質

　第一節での検討から，ケアの質には，ケア提供者ともう一方の当事者である利用者および家族の意向が影響することを学んだ。本節では，ケアの質に対するケア提供者の意向に加えて，利用者家族の意向を知るために，調査4および5を実施し，検討した。

1．12グループホームの職員および家族が捉えるケアの質

1）職員の状況

　職員86人の性別（図4-22参照）は男性9人，女性77人と女性が多く，年代（図4-23参照）は10代2人，20代24人，30代10人，40代14人，50代29人，60代6人，不明1人である。基礎資格（図4-24参照）は，看護職16人，介護福祉士29人，社会福祉士4人，ホームヘルパー18人，その他19人であり，基礎資格での経験年数（図4-25参照）は，1年未満10人，1～3年未満23人，3～5年未満13人，5年以上38人，また，雇用形態は常勤だけの場合も非常勤の数が多い場合もあり，いずれも多様であった。

2）利用者およびその家族の状況

　12グループホームの利用者70人の性別（図4-26参照）は，男性6人，女性64人と女性が多く，あるグループホームの家族より「男性利用者を複数にして欲しい」という記述があった。年齢（図4-27参照）は65～75歳未満3人，75～85歳未満33人，85～95歳未満が34人で，75歳以上の後期高齢者が約96％を占める。入居期間（図4-28参照）は，3カ月未満5人，3カ月～1年未満10人，1～2年未満23人，2年以上30人である。入居前の生活場所（図4-29参照）は自宅が42人と60％を占め，そのほか施設20人，病院8人である。

　家族回答者の性別は男性20人，女性50人であり，続柄（図4-30参照）は子供

第 4 章　グループホームにおけるケアの質

図4-22　12グループホームの職員の性別（n=86）

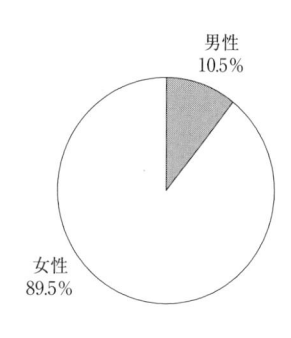

- 男性 10.5%
- 女性 89.5%

図4-23　12グループホームの職員の年代（n=86）

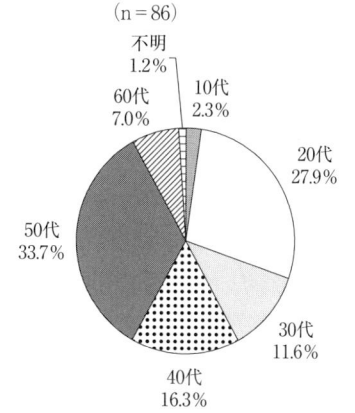

- 不明 1.2%
- 10代 2.3%
- 20代 27.9%
- 30代 11.6%
- 40代 16.3%
- 50代 33.7%
- 60代 7.0%

図4-24　12グループホームの職員の基礎資格（n=86）

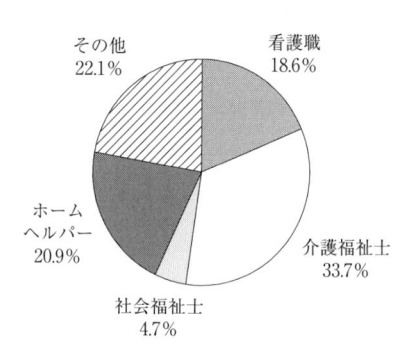

- 看護職 18.6%
- 介護福祉士 33.7%
- 社会福祉士 4.7%
- ホームヘルパー 20.9%
- その他 22.1%

図4-25　12グループホームの職員の基礎資格での経験年数（n=84）

- 1年未満 11.9%
- 1～3年未満 27.4%
- 3～5年未満 15.5%
- 5年以上 45.2%

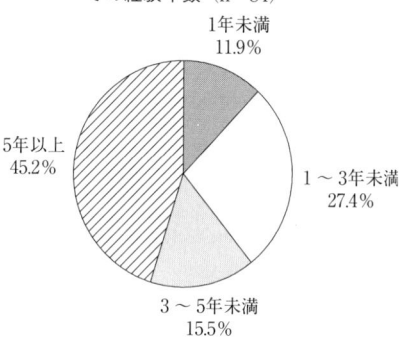

図4-26　12グループホームの利用者の性別（n=70）

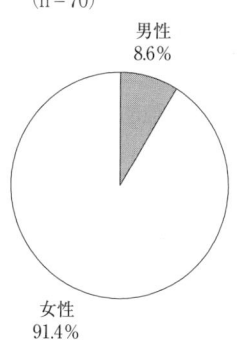

- 男性 8.6%
- 女性 91.4%

図4-27　12グループホームの利用者の年齢（n=70）

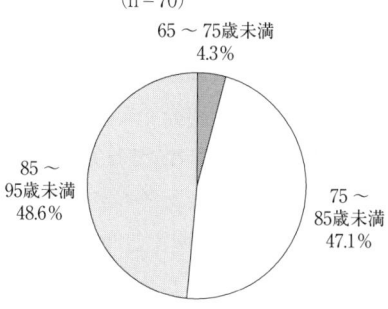

- 65～75歳未満 4.3%
- 75～85歳未満 47.1%
- 85～95歳未満 48.6%

第Ⅱ部　実証編

図4-28　12グループホームの利用者の入居期間（n=68）

- 3カ月未満 7.4%
- 3カ月〜1年未満 14.7%
- 1〜2年未満 33.8%
- 2年以上 44.1%

図4-29　12グループホームの利用者の入居前の生活場所（n=70）

- 病院 11.4%
- 施設 28.6%
- 自宅 60.0%

図4-30　12グループホームの家族回答者の続柄（n=70）

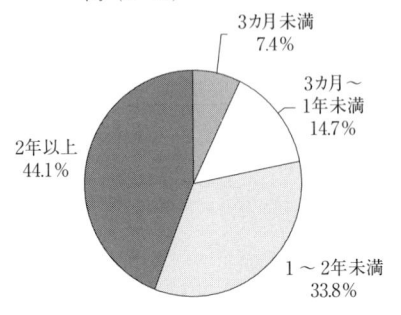

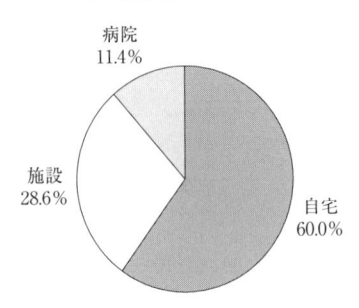

- その他 10.0%
- 兄弟姉妹 4.3%
- 配偶者 5.7%
- 嫁 7.1%
- 子供 72.9%

図4-31　12グループホームの利用者の入居の経緯（n=70）

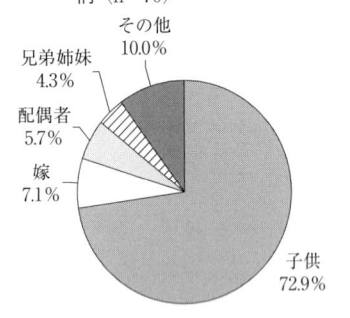

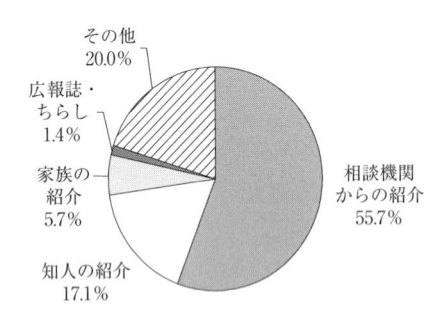

- その他 20.0%
- 広報誌・ちらし 1.4%
- 家族の紹介 5.7%
- 知人の紹介 17.1%
- 相談機関からの紹介 55.7%

が51人と最も多かった。入居の経緯（図4-31参照）は，相談機関からの紹介が39人約56％と最も多く，次いで知人の紹介12人，家族の紹介4人と続く。また，入居前に困っていた家族は60人で約86％に上る。そのため，自宅での介護に困り，相談機関からの紹介で入居に至ったケースが多いと推測できる。

3）職員・家族が利用者に望む生活

この設問は，東京センターが提示した「グループホームのサービスの質の要素」のうち，「本人に関するサービスの質」の「尊厳・誇り」を構成する八つの要素，①安らかさ，心地よさ，②身体の安全，③プライバシーの保護，④触れ合い・交流，⑤力の発揮・自立，⑥生き方の継続，⑦自己決定・自由，⑧達

第 4 章 グループホームにおけるケアの質

図4-32 12グループホームの職員が利用者に望む生活

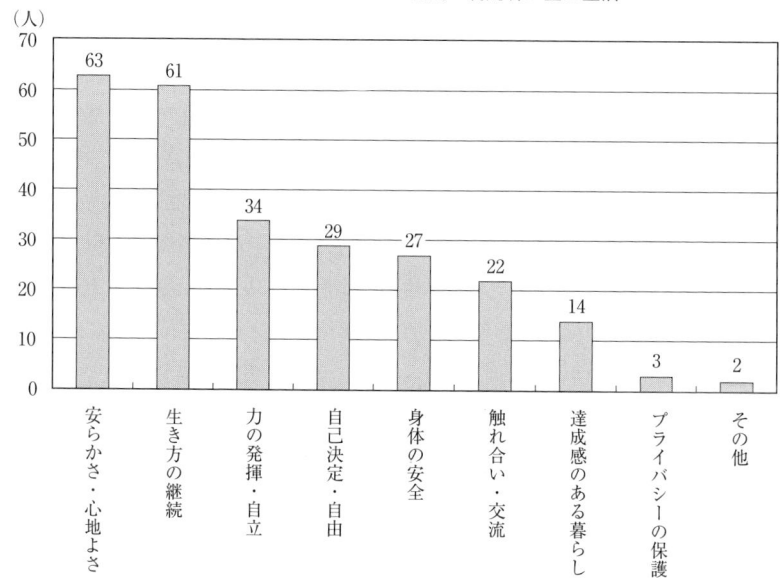

項目	人数
安らかさ・心地よさ	63
生き方の継続	61
力の発揮・自立	34
自己決定・自由	29
身体の安全	27
触れ合い・交流	22
達成感のある暮らし	14
プライバシーの保護	3
その他	2

図4-33 12グループホームの利用者家族が利用者に望む生活

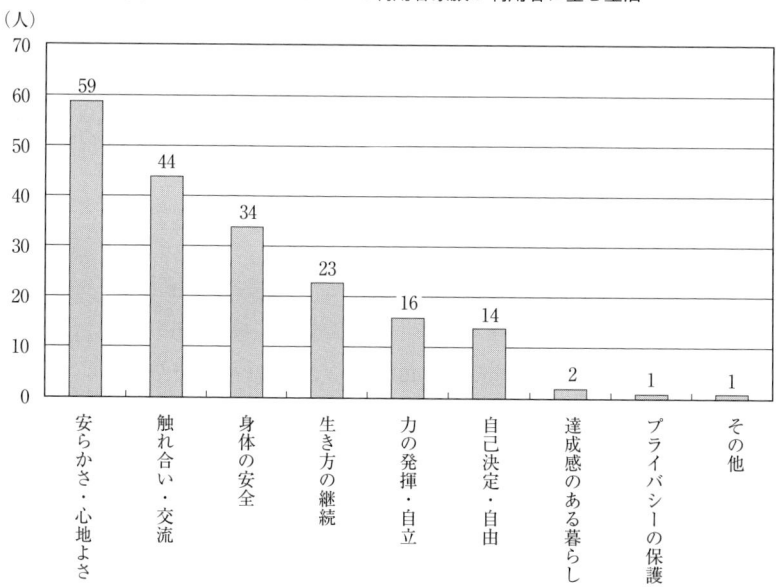

項目	人数
安らかさ・心地よさ	59
触れ合い・交流	44
身体の安全	34
生き方の継続	23
力の発揮・自立	16
自己決定・自由	14
達成感のある暮らし	2
プライバシーの保護	1
その他	1

成感のある暮らし，⑨その他の中から三つ選択してもらった。それぞれわかりやすい文章にしたが，とくに⑥生き方の継続については，「これまでだいじにしてきた生き方を全うする（その人らしい）生活」と表現した。

職員が選んだ利用者に望む生活（図4-32参照）の上位5項目は，①安らかさ，心地よさ63人（73.3％），⑥生き方の継続61人（70.9％），⑤力の発揮・自立34人（39.5％），⑦自己決定・自由29人（33.7％），②身体の安全27人（31.4％）である。一方，利用者家族（図4-33参照）は，①安らかさ，心地よさ59人（89.4％），④触れ合い・交流44人（66.7％），②身体の安全34人（51.5％），⑥生き方の継続23人（34.8％），⑤力の発揮・自立16人（24.2％）を上位に挙げている。両者の上位5項目のうち四つが一致し，家族は④触れ合い・交流を重視していることが認められる。

4）職員がもっとしたいケア・家族がもっとして欲しいケア

職員は，「もっとしたいケア」有69人，無1人，わからない・不明16人である（図4-34参照）。一方家族は，「もっとして欲しいケア」有19人，無37人，わからない・不明14人であった（図4-35参照）。家族の満足度は，満足している64人（91.4％），満足していない3人（4.3％），どちらでもない3人（4.3％）であり（図4-36参照），満足度は高かった。

職員の「もっとしたいケア」の自由記述の内容は，「個人を尊重した一人ひとりに添ったケア」「その人らしいケア」などを挙げた者が17人おり，次いで多かったのが，「ゆっくり，じっくり，ゆとりのあるケア」の13人である。「もっとしたいケア」が無いと答えた職員の理由には，「理念の下できるだけのケアをする」と記述されていた。

「もっとして欲しいケア」無と答えた家族は，理由の自由記述に，「家族が安心して生活できるようになったこと」「利用者が精神的に穏やかになり安定してきたこと」「利用者が歩けるようになったこと」「家庭的な雰囲気であること」「利用者中心の生活が送れていること」などを挙げている。一方，「もっとして欲しいケア」有の自由記述には，「冬場の適切な室温」「食事の充実」「利用者・家族が話しやすい環境」「自由な外出」「個人に添った対応」「利用者の心の理解」「外部の人や子供との交流」「教室・勉強会の開催」「排泄の指導」「毎日の入浴」「生命安全の確保」「リハビリテーション」「家庭的な雰囲気」

図4-34 12グループホームの職員のもっとしたいケアの有無（n=86）

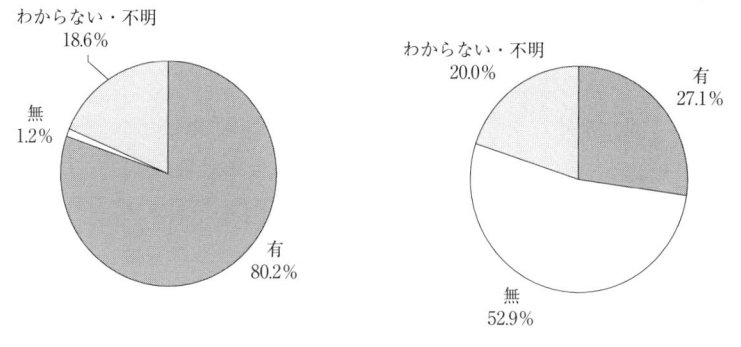

わからない・不明 18.6%
無 1.2%
有 80.2%

図4-35 12グループホームの利用者家族のもっとして欲しいケアの有無（n=70）

わからない・不明 20.0%
有 27.1%
無 52.9%

図4-36 12グループホームの利用者家族の満足度（n=70）

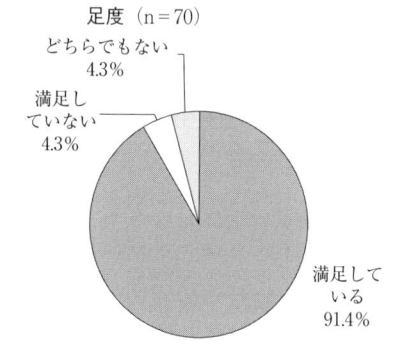

どちらでもない 4.3%
満足していない 4.3%
満足している 91.4%

「終の棲家としての機能」など具体的な内容が記述されていた。

このように，職員の80％はもっとしたいケアが有るが，できない現状にある。これは，職員には意欲をもつ者が多いが，人数や資質など，ケアの質の構造面がケア内容に影響していると考えられた。また，家族の91％が満足する一方で，約27％がもっとして欲しいケアを具体的に記述しており，家族の期待は多様であることが認識される。

5）認知症高齢者ケアで重要なこと

職員と家族へのアンケートの設問「認知症高齢者ケアで重要なこと」に対する記述部分のKJ法を用いた分析結果を表に示す。以下，カテゴリー【　】，サブカテゴリー〈　〉として説明する。

第Ⅱ部　実証編

表4-16　12グループホームの職員が捉える認知症高齢者ケアで重要なこと

アンケートの記述より	サブカテゴリー	カテゴリー	コアカテゴリー	目指されるもの
・愛情をもって接し、理解に努める。・心により添ったケアを行う。・尊敬・敬愛の気持ち。・認知症高齢者を好きになる。	愛情	より添うケア	人権の尊重	その人らしい暮らし
・優しさ。・愛情をもって優しく接すること。・思いやりの心。・思いやり。・より添う心。・不安に付き添う。・笑顔、優しい気持ちで接する。	優しさ			
・言動を受容し、理解する。「今」を大切に。・その人をあらゆる場面で受け入れ、より添うこと。・問題行動があっても受け入れる。・決して否定せず、その人を受け止めより添うケア。	受容			
・相手の話をゆっくり聴く。・常に傾聴の姿勢。・話をよく聴く。・不安のないようにコミュニケーションをもち、自尊心を大切にする。	傾聴			
・入居者のその人の気持ちになること。・本人の世界を守ること。・一緒に笑い、一緒の時・空間を過ごすケア。・スキンシップ、共感する。・一人ひとりの思いを感じとり、受け止める。・辛さの理解。・常に自分のこととして考える。	共感			
・個人を見ているよ、という思いが伝わるケア。・言葉だけでなく目線、しぐさ、表情で感情を伝える。・その人の気持ち、思いを理解しようと思う心。	関心			
・人格・人権の尊重。・人としての尊厳を守ること。・自尊心を高める。・入居者に恥をかかせない。・その人らしさを大切により添ったケアをする。・一人ひとりを尊重し、誇りをもって生活してもらう。・認知症の介護の基本理念をもつ。・プライドを傷つけない言動。	倫理			
・認知症について知る（正しい知識・理解）。・認知症の原因を知っておく。・理解できる知識・経験。・その人に残された能力を引き出す。・その人ができることを奪わない。・不安な気持ちや不満を敏感に察すること。・手・口出さず、目を離さない。・その人が何に困っているのかを理解し、できる力には手を貸さずに自尊心を傷つけない手助け。・その人らしく動ける場面づくり。・自己決定できるようにサポートする。・行っている行動の意味を考えながらケアをする。・1人にさせない。・ボディランゲージ。・エンパワーメント。・問題行動がある場合はその意味を考え、可能な限り原因を除去する。・どうしてこのような訴えがあるのか、より添って解決する。・ADLの低下、事故を防止し、普通の生活ができるようサポートする。・バックグラウンドを活用し、その人らしさを見つけていく。・残存能力を保持しつつ生活に対する意欲を高める。・見当識障害を解消するための訓練をする。・アニマルセラピーを利用し、リラックス効果を活用する。	専門性			
・その人のペースに合わせながら、援助や声かけをし、意識的に自発を促す。・利用者の過去を知り、一人ひとりの生活を大事にする。・入居者の長所や短所を見出し、それに添うこと。・生活歴を				

第4章 グループホームにおけるケアの質

受け止め，その人の素敵を発見し，共有する。・一人ひとりの今の思いに添うことができるゆっくりした生活と気持ち。・いつもお年より主体であること。	個別的			
・観察。・健康チェックと異常の早期発見。・毎日の生活の中で利用者の変化に気づくこと。・状態変化の観察と気づき。・転倒防止。	異常の早期発見	健康管理		
・適度な運動で足腰を丈夫にする。・認知症の進行を食い止める。その人ができることを奪わない。・その人が動けるような場面づくり。・自立と自律。・できないことも共に行い，できないと決めつけない。・残存機能の維持・アップを図る。・もっている力を弱めないケア。できることを減らさない。・できることはできるだけしてもらう。・できないことにとらわれず，できることを守っていくこと。・できること，生きがいを見つける。	認知症の進行を食い止める		人権の尊重	その人らしい暮らし
・なじみの関係や環境づくり。・安全で安心した暮らし。・安心して暮らせる環境（人・建物など）づくり。・ゆったりと安心できる環境をつくる。・楽しい生活を送ってもらうための雰囲気づくり。・うまく気持ちを伝えることができる環境づくり。・安らかに心地よい環境を作る。・騒音となる音源は出さない。・心地よい人間関係と安心できる空間づくり。・家庭的な環境づくり。・住環境の整備。	暮らしの環境	環境		
・家族・職員が同じ意識をもつこと。・知識への追求心を求める人材。・支える気持ち，響きあう心（職員間も含めて）。・ケアを提供する職員が自分自身に肯定的であり，幸せであること。・集団生活の中で，ストレスを感じない。・職員のチームワーク。	チームワーク			

　職員が捉える認知症高齢者ケアで重要なこと（表4-16参照）には，【より添うケア】【健康管理】【環境】【人権の尊重】【その人らしい暮らし】の五つの要素が抽出された。【より添うケア】には，〈愛情〉〈優しさ〉〈受容〉〈傾聴〉〈共感〉〈関心〉を示す姿勢と〈専門性〉〈倫理〉に裏づけされた〈個別的〉なケアが認められた。また，【健康管理】は〈異常の早期発見〉〈認知症の進行を食い止める〉ケアであり，【環境】は〈暮らしの環境〉や職員間および家族との〈チームワーク〉など，場所，物，人を含む環境整備を意味していた。また，【人権の尊重】はどのカテゴリーでも重視され，【その人らしい暮らし】ではその人の人生を尊重したケアが表現されていた。これら五つの要素間の関係分析により，【その人らしい暮らし】を達成するためには，【より添うケア】，および認知症高齢者の【健康管理】とケアの質の構造面に該当する【環境】整備が必須であり，【人権の尊重】はケア概念の核となった。そこで，概念図（図4-37参照）は，ケアの目標としての【その人らしい暮らし】を頂点に置き，核

第Ⅱ部　実証編

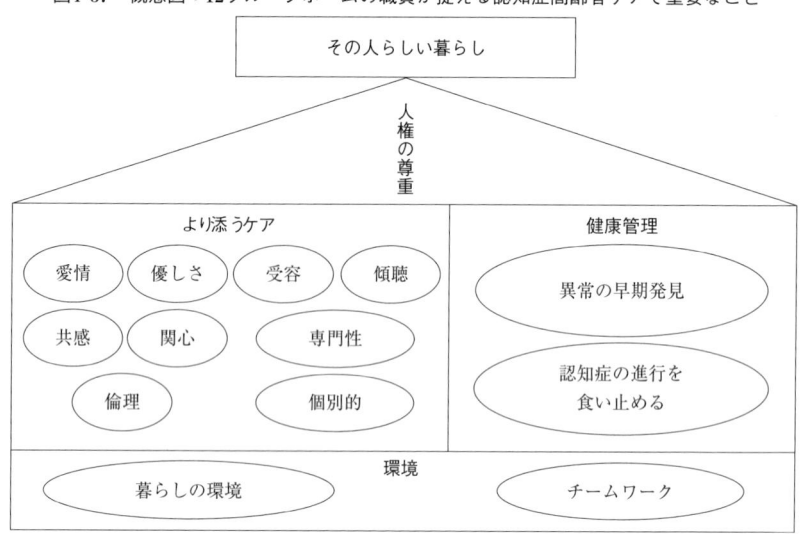

図4-37　概念図：12グループホームの職員が捉える認知症高齢者ケアで重要なこと

```
           ┌──────────────────┐
           │  その人らしい暮らし  │
           └──────────────────┘
                  人
                  権
                  の
                  尊
                  重
┌──────────────────────────────┬──────────────────────┐
│         より添うケア              │       健康管理        │
│  (愛情) (優しさ) (受容) (傾聴)    │   (異常の早期発見)    │
│  (共感) (関心)  (専門性)          │                      │
│  (倫理)      (個別的)             │  (認知症の進行を      │
│                                   │   食い止める)         │
├──────────────────────────────┴──────────────────────┤
│                      環境                              │
│   (暮らしの環境)            (チームワーク)             │
└─────────────────────────────────────────────────────┘
```

となる【人権の尊重】を中央にして，ケアプロセスに該当する【健康管理】と【より添うケア】を並べた。そしてケアの基盤となる【環境】を土台にした。さらに【人権の尊重】を三角形にして【その人らしい暮らし】を目指す過程を表した。

一方，家族の場合（表4-17参照）は，【心安らぐ生活】【人権の尊重】【個別的なケア】【触れ合い・交流】【健康面への配慮】【家族への支援】【環境】の七つの要素が抽出された。【個別的なケア】には〈愛情〉〈優しさ〉〈忍耐〉〈受容〉〈傾聴〉〈承認〉〈ユーモア〉が，【触れ合い・交流】には〈孤独にさせない〉〈コミュニケーション〉が認められた。【健康面への配慮】では，〈健康管理〉やバランスのとれた〈食事〉を含め〈認知症の進行を遅らせる〉こと，【家族への支援】では〈経済面〉を含み，〈利用者・家族・職員の良好な関係〉の構築が求められている。【環境】は，〈暮らしの環境〉や〈職員の資質〉〈介護体制〉など，職員の場合と同様，場所，物，人を含む環境整備を意味していた。また，【人権の尊重】は全てのカテゴリーにかかわると共に〈自由〉と〈自立〉が重視され，【心安らぐ生活】では利用者・家族が心身ともに安心できる生活が表現されていた。職員の場合と同様，要素間の関係分析による概念図（図

第4章　グループホームにおけるケアの質

表4-17　12グループホームの利用者家族が捉える認知症高齢者ケアで重要なこと

アンケートの記述より	サブカテゴリー	カテゴリー	コアカテゴリー	目指されるもの
・一人ひとりを大事にしてもらう。・思いやり。・敬愛をもって接すること。・愛情のある接し方。	愛情	個別的なケア	人権の尊重［自由］［自立］	心安らぐ生活
・事務的でない温かいケア。・同じ言葉の繰り返しで面倒だが，優しく。・優しい言葉かけ。・優しさをもって手伝うこと。・職員の優しさ。	優しさ			
・我慢強く行動を見守る。・忍耐。・同じ言葉の繰り返しで面倒だが優しく。・何度も同じことを繰り返すけれど面倒がらずにそのつど教えてあげる。	忍耐			
・入居者の思いを受け入れる。・プライドを傷つけず，良い方向に導くこと。・逆らわない，そのままの状態を受け入れる。	受容			
・思いを否定せずに聞いてあげること，実現してあげること。・話を聴く，話をあわせる。・話を十分聞いてくれる。	傾聴			
・認知症でも何もわからないのではなく，一人の人間として接すること。・人間として尊敬して認めること。・個人の性格を個性としてみる。・個人の好みの尊重。・今までの人生を認めてもらえる介護。	承認			
・笑いのある介護。・ユーモア。・毎日楽しく過ごせること。	ユーモア			
・1人にならずに皆さんと楽しく生活する。・さびしい気持ちを起こさせない。・スキンシップ。・職員の方々との触れ合い。・話し相手がいて，声をかけてくれる人が近くにいる。・ひきこもらず，人との交流をもち，楽しい日々を送り，生きる喜びを味わう生活。・一緒に何かやる。	孤独にさせない	触れ合い・交流		
・語りかけ。・話し相手。・周りのお年よりや職員とのコミュニケーションを通しての社会性を育てること。・入居者間・職員とのコミュニケーション作りに力を注いでくれる。・常に目線を合わせて，目と目を合わせて伝える。・失語症で発語の望みはなくても語りかける。	コミュニケーション			
・寝たきりにならないこと。・健康維持，健康管理をしっかりとすること。・健康状態を日々気をつけてもらう。	健康管理	健康面への配慮		
・食へのこだわり。・食事のバランス。・食事の心配をしなくていい。・規則的な食事。・バラエティに富んだ食事。	食事			
・認知症の進行の遅れ。・本人に合わせた食事や運動を進め，指導する。・適度な刺激（外出・買い物など）。・リハビリテーション。・これ以上機能を低下させないようにする。	認知症の進行を遅らせる			
・コンタクトを密にとってもらう。・親近感。・本人，職員，家族とのトライアングル。・家族とのつながりを大切にする。・介護者への理解。・家族への報告内容の吟味。・利用者および家族がいろいろ話しやすい状況。	利用者，家族，職員の良好な関係	家族への支援		
・仕事を辞めて介護しているが，介護終了後の就職支援。・金銭負担ができるだけ少ないように。	経済面			

第Ⅱ部　実証編

・最終的な場所だという安心感がある。・家族的。・快適。・安全で不安のないプライバシーも保たれる生活。・安全・安楽な生活。・怪我のないよう見守ってもらうこと。・心の安定をはかるための人や生活の場を提供すること。・全ての心配・不安がない。少人数で安心した生活が送れること。・周りの家族の訪問。	暮らしの環境	環境	人権の尊重【自由】【自立】 心安らぐ生活
・自己の仕事が崇高なものであることを認識すること。・個々の認知症の違いを的確に判断すること。・認知症をもっと把握して欲しい（いろいろなパターンがある）。・自分が認知症になったらどのようにして欲しいのかイマジネーションをもつ。	職員の資質		
・介護者のゆとりある体制。・もう少し人員に余裕があり，一人ひとりに接する時間が多く取れればと思う。	介護体制		

図4-38　概念図：12グループホームの利用者家族が捉える認知症高齢者ケアで重要なこと

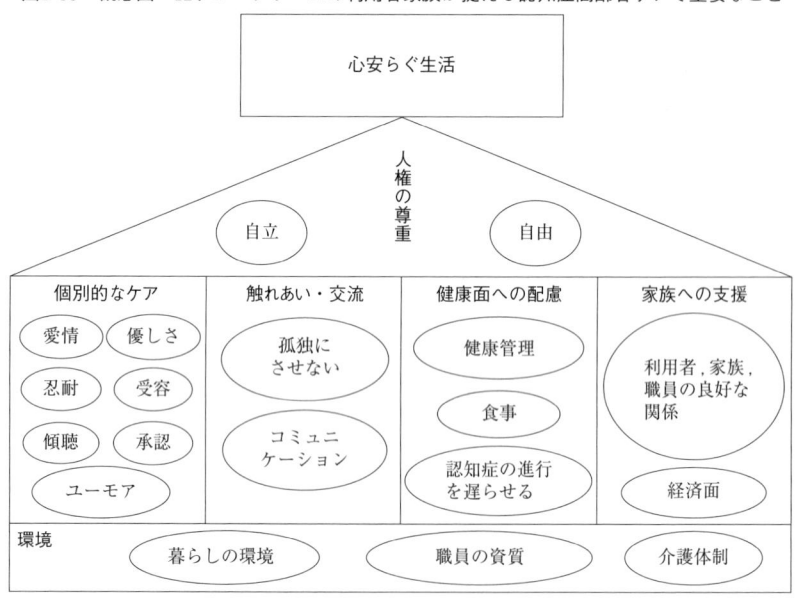

```
              ┌──────────────┐
              │  心安らぐ生活  │
              └──────────────┘
                 人権の尊重
            ( 自立 )     ( 自由 )

 個別的なケア  触れあい・交流  健康面への配慮   家族への支援
 (愛情)(優しさ)              (健康管理)
 (忍耐)(受容)  (孤独にさせない)              (利用者,家族,
 (傾聴)(承認)                 (食事)        職員の良好な
 (ユーモア)    (コミュニケーション)           関係)
                           (認知症の進行
                            を遅らせる)     (経済面)

 環境  (暮らしの環境)  (職員の資質)  (介護体制)
```

4-38参照）は，【人権の尊重】を核とし，土台となる【環境】が整った上での【個別的なケア】【触れ合い・交流】【健康面への配慮】【家族への支援】により，利用者・家族双方が【心安らぐ生活】を目指すことを表した。

よって，「認知症高齢者ケアで重要なこと」では，職員・家族の双方が利用者の【人権の尊重】を核とした【より添うケア】あるいは【個別的】なケアプ

ロセスを重視している。加えて家族は,【触れ合い・交流】【家族への支援】を求めていた。

6）ケアの質へのイメージ

以下,5）認知症高齢者ケアで重要なことと同様「ケアの質のイメージ」に対する記述部分のKJ法を用いた分析結果を表に示し,カテゴリー【　】,サブカテゴリー〈　〉として説明する。

職員が捉える認知症高齢者ケアの質（表4-18参照）には【ケアの技術】【より添うケア】【生き方の継続】【職員の資質】【環境】【人権の尊重】【その人らしい心地よい暮らし】【満足】の八つの要素が抽出された。【ケアの技術】では,〈個別的〉〈専門的〉〈利用者中心〉の【より添うケア】により,【生き方を継続する】ための利用者が培ってきた〈人生をいかす〉こと,【職員の資質】では,〈倫理〉観の強さ,認知症への理解が優れた〈専門性〉,そして〈心〉からのケアが認められた。【環境】は,〈暮らしの環境〉〈チームワーク〉〈人材の確保〉〈医療との連携〉により,利用者が安心して暮らせる条件が整っていることをさす。また,全てのカテゴリーにかかわる【人権の尊重】では〈自己決定〉と〈自由〉が重視され,【その人らしい心地よい暮らし】では利用者中心の生活が,【満足】では利用者・家族が「良かった」という思いや笑顔に達し,終生ここにいたいという気持ちになれることと表現されていた。要素間の関係分析から,【より添うケア】と【生き方の継続】は【ケアの技術】に含まれると考えられ,【満足】は【その人らしい心地よい暮らし】と共にケアの結果としての目指すべき目標とした。概念図（図4-39参照）は,【人権の尊重】を核とし,【職員の資質】【環境】を土台として,優れた【ケアの技術】により【その人らしい心地よい暮らし】を目指し,【満足】が得られることを表した。

一方,家族が捉えるケアの質（表4-19参照）には【ケアの技術】【健康管理】【職員の資質】【環境】【運営体制】【人権の尊重】【自由で心地よい暮らし】【満足】の八つの要素が抽出された。【ケアの技術】では,〈個別的〉〈専門的〉であるとともに〈愛情〉と〈受容〉が,【健康管理】では〈医学的管理〉が重視された。【職員の資質】では,職員の〈倫理〉としての人格,良識,品性のほか奉仕の精神,情熱,誇り,責任感が表現されるとともに,〈専門性〉も重視された。【環境】では,〈暮らしの環境〉〈利用者・家族・職員の良好な関係〉

第Ⅱ部　実証編

表4-18　12グループホームの職員が捉える認知症高齢者ケアの質

アンケートの記述より	サブカテゴリー	カテゴリー	コアカテゴリー	目指されるもの
・人格を重んじ，一人ひとりの意思決定に添った生活支援ができること，プライバシーが守られること。・画一的な介護ではなく，利用者一人ひとりに合った援助。・一人ひとりの心により添うケアを大切にする。・一人ひとりに添って家族や本人の「良かった」という思いや笑顔に達すること。・一人ひとりの思いやその時々の場面にどれだけ添えているか。・入居者とじっくりと話をする，聴く，料理や洗濯物たたみなどマンツーマンで指導できる。	個別的	より添うケア	人権の尊重 ［自己決定］［自由］	満足⇒その人らしい心地よい暮らし
・認知症についての知識を増やした上でのケア。・介護の技術だけでなく，それぞれの人の思いに心を寄せるメンタルケアの向上。・その人の心理状態を把握でき，求めに応じたケアを提供できる。・その人の能力を分析し，できるための工夫を的確に提供できる。・介護者としての知識や技術を最大限に活かしながら最も適したかかわりを臨機応変にできること（マニュアル的にならない）。・意欲を高められ，生活の中に生きがい，達成感を得られる取り組みができている。・ケアプランが的確に立てられた上でのケア。	専門的	ケアの技術		
・サービスを提供する側のケアではなく，利用者を中心としたケア，認知症の方のその人らしさを尊重するケア。・安全で安心してその人らしく過ごせるような介護。・利用者を中心にして心の通い合ったサービス。	利用者中心			
・一人ひとりの人生や思いを把握した動きができる。・利用者が今まで培ってきたことを生かし，その人らしい生活が送れるように手助けする。・その人らしい生き方を尊重する。・お年よりの思いや気持ちを第一に考えるケア。・自分らしく自分の望む生活。・その人らしい生活を引き出し，趣味に合わせて支援する。	人生を生かす	生き方の継続		
・挨拶，服装，言葉遣い，目配り気配りができる。・自分自身も健康で，常識を備え，心豊かに対応できる人。・誠実で前向きな姿勢。・職員のお年よりに対する言動・行動・サービス。・向上心をもつ職員であること。	倫理	職員の資質		
・専門性をもってかかわること。・認知症についての知識を増やした上でのケア。・職員の専門性，資質向上。・職員の力，どれだけ認知症のことを理解できているか。・職員のケアのレベルが高い。・職員が入居者のバックグラウンドを十分に理解し，各自が学びを深め，感性を磨くこと。探究心を忘れないこと。・専門性を身につけ，いかなる場合もそつなく対応できる技量と信頼を得る。・福祉・医療の知識と，その人に最善の判断が下せる技量。	専門性			
・その人を尊重した「心」のある「心」からのケア。・表面だけでなく，一方的にではなく，ただ優しくするのではなく心からのケアを行う。・心からのケアを行い，利用者・家族が良かったと満足してくれる。・深いか浅いか，気持ちがあるのかないのか，ただ単にすればよいというものではない。	心			

第 4 章　グループホームにおけるケアの質

・家族に安心してもらえるケア。・物的環境，人的環境を含め環境を整え，過ごしやすい。・環境と生活のレベルアップ。・ゆとりをもった互いの精神的つながり。・家庭的な雰囲気の中で利用者が安心して暮らせる条件が整っていること。・利用者と職員の心の触れ合いが大切である。	暮らしの環境	環境	人権の尊重［自己決定］［自由］　満足⇩その人らしい心地よい暮らし
・職員間のチームワークがとれていること。・職員一人ひとりがどれだけ認知症高齢者のことを中心に考えた接し方をしているか，その度合い。・向かうべき姿・目標が迷わずそこにある。	チームワーク		
・人手不足や時間に追われ，作業的になっていることが多い，ゆとりのある環境が必要。・質を上げるには，マンパワーが必要である。・認知症への教育がなされた職員，経験のある職員の配置が必要。・統一した介護・ケアが提供できること。	人材の確保		
・医療面でのバックアップがある。・医療との連携が大切。	医療との連携		

図4-39　12グループホームの職員が捉える認知症高齢者ケアの質

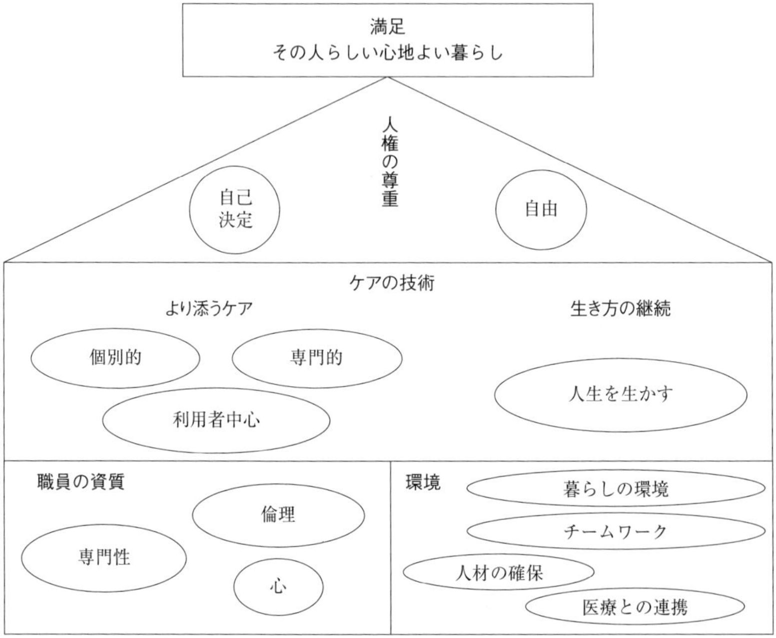

表4-19　12グループホームの利用者家族が捉える認知症高齢者ケアの質

アンケートの記述より	サブカテゴリー	カテゴリー	コアカテゴリー	目指されるもの
・一人ひとりを尊重する。・設備に重きを置くのではなく，本人を一番大事にすること。・個人に対応したケア。・人間らしさを活かしていくこと。・個人に合わせた生活スタイルを見守り，手助けをする。	個別的	ケアの技術	人権の尊重	満足⇒自由で心地よい暮らし
・認知症の接し方。・本人が希望する生活パターンや環境に対して配慮できる。・おむつ交換の回数やできるだけ口からとるような食事。・本人のもっている能力を引き出し自立できる生活や援助。・つかず離れることなく束縛しない。・人それぞれの様子を理解し，また性格を見極め，対処する。	専門的			
・愛情，責任感。・自分の身に置き換えて心をこめて介護する。・温かい心の通ったもの。	愛情			
・介護者は感情を抑え，何があっても理解し受け入れる。	受容			
・体調（医学的）管理ができる。	医学的管理	健康管理		
・職員の介護に対する考え。・仕事に対する誇りを持つ。・職員の人間性，考え方，接し方など。・介護に対するスタンスが義務になっていないこと。・介護者が一生懸命優しい言葉をかけて笑みで対応することが一番。・介護する人が単に仕事としてみるのではなく，気持ちの中に奉仕の部分がどれくらいあるか。・介護者の人格・良識・品性に左右される。・介護の情熱，介護者としての生きかた。	倫理	職員の資質		
・ケア提供者の技術が高く，差がない。・職員のレベル。・認知症など老人介護のことをよく勉強している。・介護の知識。・介護者の研究，勉強して一人ひとりに合ったケアをする。	専門性			
・住環境が整っている。・利用者にとって安全かつ自由で安らかなこと。・安心して暮らせる。・安全に配慮された環境で事故がない。・安心して暮らせる信頼関係。・常時温かく，家族的なケア。・家で生活するのに近い状態・状況で生活する。・温かい雰囲気。	暮らしの環境	環境		
・利用者および家族がいろいろ話しやすい状態。・ケアする人，される人という前に人間としてお互いに思いやりをもち合う関係。・なじみの関係，いつも誰とでも声をかけ合う関係。	利用者・家族・職員の良好な関係			
・営利目的ではない。・少人数で職員の目が届いている。・人員の確保。・催し物の充実。・現状を是とせず「途上である」として努力していく。・家族や友人のように接することができる時間，ゆとりをもってもらう。・職員の人数と質が充実されて，寝たきりになってもある程度はホームの一員としてみてくれる。・経営者の利益に優先させて対応すること。	介護体制	運営体制		

第4章　グループホームにおけるケアの質

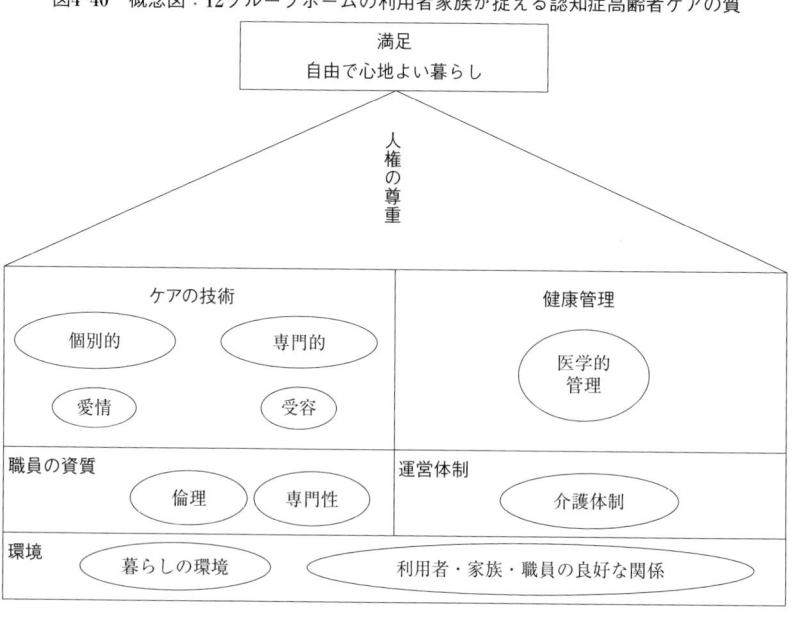

図4-40　概念図：12グループホームの利用者家族が捉える認知症高齢者ケアの質

```
              満足
        自由で心地よい暮らし
              人
              権
              の
              尊
              重
┌─────────────────────┬──────────────────┐
│    ケアの技術        │    健康管理       │
│  (個別的) (専門的)   │                   │
│                      │   (医学的         │
│  (愛情)  (受容)      │    管理)          │
├─────────────────────┼──────────────────┤
│ 職員の資質           │ 運営体制          │
│  (倫理) (専門性)     │   (介護体制)      │
├─────────────────────┴──────────────────┤
│ 環境 (暮らしの環境) (利用者・家族・職員の良好な関係) │
└────────────────────────────────────────┘
```

が認められた。【運営体制】は【環境】に含まれるとも考えられたが、バリエーションが豊富であり、家族の特性と捉えられたために、〈介護体制〉として独立させた。家族からは「営利目的ではなく」、「現状を是とせず努力していくこと」が求められている。職員の場合と同様に概念図（図4-40参照）は【人権の尊重】を核とし、【ケアの技術】【健康管理】【職員の資質】【環境】【運営体制】が整った質の高いケアにより【自由で心地よい暮らし】ができ、【満足】が得られることを表した。

　ケアの質に対する職員と家族の捉え方は、一致する内容が多く、双方ともプロセスに該当する【ケアの技術】、構造に該当する【職員の資質】に対するバリエーションが豊富であり、加えて家族は、構造に該当する【運営体制】を挙げる傾向が強かった。また、前述の「認知症高齢者ケアで重要なこと」と「ケアの質のイメージ」も一致する内容が多く、「認知症高齢者ケアで重要なこと」で抽出された【より添うケア】【個別的なケア】【触れ合い・交流】は、ケアの質においては【ケアの技術】に含まれると考えられた。

2．全国225グループホームの代表者および家族が捉えるケアの質

1）全国225グループホームの代表者の状況

全国225グループホームの代表者については，本章第一節参照。

2）全国103グループホームの利用者の状況

全国103グループホームの利用者の性別（図4-41参照）は，男性59人（14.8%），女性341人（85.3%）であり（有効回答400），年齢（図4-42参照）は，65歳未満8人（2.0%），65～75歳未満31人（7.7%），75～85歳未満151人（37.7%），85～95歳未満191人（47.6%），95歳以上20人（5.0%）であり，後期高齢者の割合が高かった（有効回答401）。入居期間（図4-43参照）は，6カ月未満62人（15.9%），6カ月～1年未満44人（11.3%），1～1.5年未満66人（17.0%），1.5～2年未満60人（15.4%），2年以上157人（40.4%）であった（有効回答389）。入居前の生活の場（図4-44参照）としては，自宅268人（65.9%）と最も多く，次いで特別養護老人ホーム84人（20.6%），病院51人（12.5%），その他4人（1.0%）であった（有効回答407）。入居前の困りごとの有無は，有347人（87.0%），無52人（13.0%）であり（有効回答399），その内容の自由記述には，「1人暮らしができなくなったこと」「身の回りのことができなくなったこと」「目が離せなかったこと」「介護者の健康問題」「介護と仕事との両立困難」「入院（入所）を断られたこと」「徘徊」「妄想」「暴力や火の不始末」などが挙げられていた。

1ユニットの65歳未満の利用者（有効回答217）がいないホーム198（91.2%），1人のホーム14（6.5%）であり，65～75歳未満の利用者（有効回答217）が0か1人のホーム162（74.7%），2人か3人のホーム46（21.2%）である。75～85歳未満の利用者（有効回答218）が2人か3人のホーム80（36.7%），4人か5人のホーム59（27.1%），85～95歳未満の利用者（有効回答216）が2人か3人のホーム75（34.7%），4人か5人のホーム66（30.6%）であり，後期高齢者の入居率が高くなる。要介護度別では，要介護1が1～2人，要介護2が2～3人，要介護3が2～3人，要介護4が1～2人の利用者構成が予測された。認知症の程度を表す日常生活自立度では，Ⅱb～Ⅲaの利用者の割合が高かった。

3）代表者・家族が利用者に望む生活

全国225グループホームの代表者が利用者に望む生活（図4-45参照）は，調査4と同様，東京センターが提示した「グループホームのサービスの質の要素」

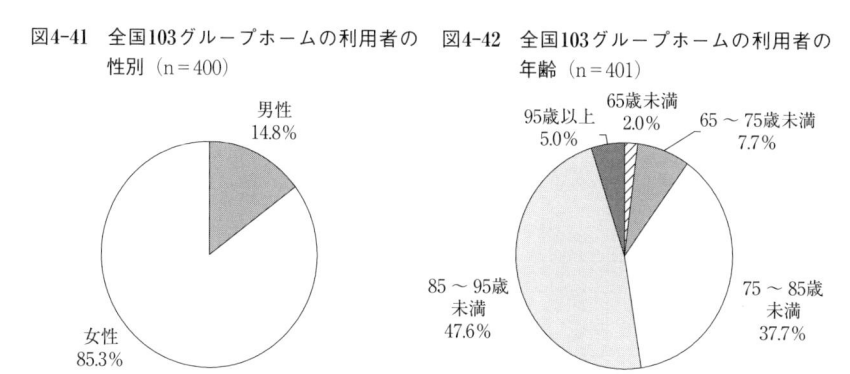

第4章 グループホームにおけるケアの質

図4-41 全国103グループホームの利用者の性別（n=400）
- 男性 14.8%
- 女性 85.3%

図4-42 全国103グループホームの利用者の年齢（n=401）
- 65歳未満 2.0%
- 65〜75歳未満 7.7%
- 75〜85歳未満 37.7%
- 85〜95歳未満 47.6%
- 95歳以上 5.0%

図4-43 全国103グループホームの利用者の入居期間（n=389）
- 6カ月未満 15.9%
- 6カ月〜1年未満 11.3%
- 1〜1.5年未満 17.0%
- 1.5〜2年未満 15.4%
- 2年以上 40.4%

図4-44 全国103グループホームの利用者の入居前の生活の場（n=407）
- その他 1.0%
- 病院 12.5%
- 特別養護老人ホーム 20.6%
- 自宅 65.9%

のうち，「本人に関するサービスの質」の「尊厳・誇り」を構成する八つの要素，①安らかさ，心地よさ，②身体の安全，③プライバシーの保護，④触れ合い・交流，⑤力の発揮・自立，⑥生き方の継続，⑦自己決定・自由，⑧達成感のある暮らし，⑨その他の中から，職員に三つ選択してもらった。選ばれた上位5項目は，①安らかさ，心地よさ152人（68.2%），⑥生き方の継続128人（57.4%），⑤力の発揮・自立126人（56.5%），④触れ合い・交流87人（39.0%），⑦自己決定・自由76人（34.1%）であった。調査4とは，4項目が同じであったが，今回の調査では④触れ合い・交流が第4位になり，調査4で第5位の②

第Ⅱ部　実証編

図4-45　全国225グループホームの代表者が利用者に望む生活（n＝223）

項目	人数
安らかさ・心地よさ	152
生き方の継続	128
力の発揮・自立	126
触れ合い・交流	87
自己決定・自由	76
身体の安全	45
達成感のある暮らし	27
プライバシーの保護	26
その他	3

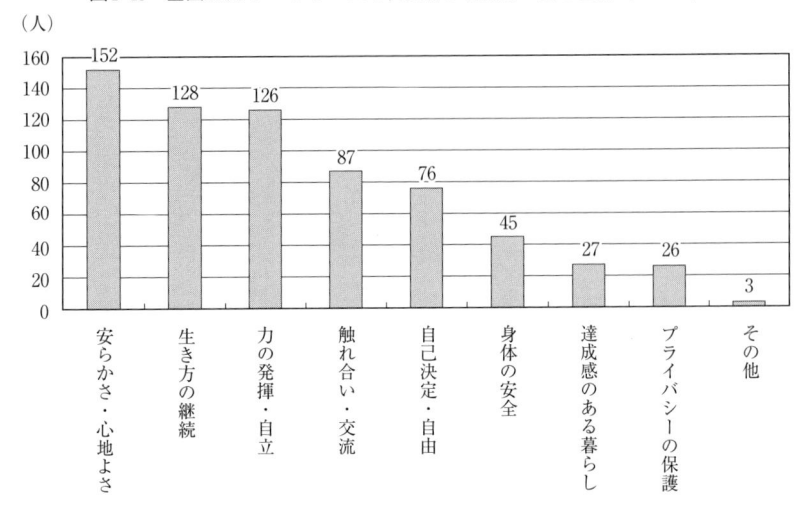

図4-46　全国103グループホームの利用者家族が利用者に望む生活（n＝404）

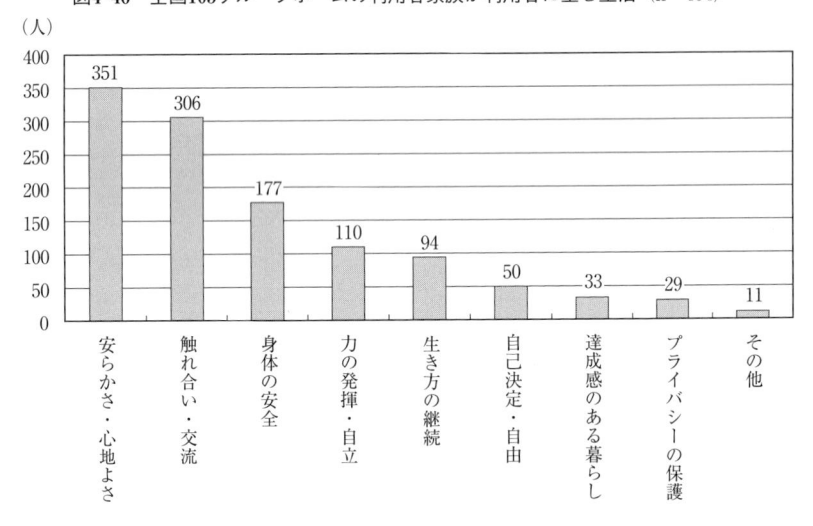

項目	人数
安らかさ・心地よさ	351
触れ合い・交流	306
身体の安全	177
力の発揮・自立	110
生き方の継続	94
自己決定・自由	50
達成感のある暮らし	33
プライバシーの保護	29
その他	11

身体の安全は第6位であった。

一方，家族が選んだ上位5項目は，①安らかさ，心地よさ351人（86.9%），④触れ合い・交流306人（75.7%），②身体の安全177人（43.8%），⑤力の発揮・自立110人（27.2%），⑥生き方の継続94人（23.3%）であり（有効回答404），調査4と，選ばれた項目は同じであり（図4-46参照），職員とは，4項目が同じであった。

4）ターミナルケア，および生活保護受給者の入居の可否

ケアの実態として，ターミナルケアの可否と生活保護受給者の入居の可否を尋ねた。ターミナルケアについて（図4-47参照）は，できる66ホーム（30.1%），できない56ホーム（25.6%），状況に応じて97ホーム（44.3%）であった（有効回答219）。状況に応じての記述には，「医療行為を必要としない」「医療行為ができないことに対する家族の理解がある」「家族の協力が得られる」「麻薬の使用はできない」「癌以外」「経口摂取が可能」などの他，「屋内歩行が可能」「内服薬がない」「見守りの必要がない」「医療処置が必要になれば入院してもらう」などの記述もあった。そして，「できればやりたい」「医療行為ができない制度を何とかして欲しい」「職員の教育が必要」「医療側の理解・サポートが必要」といった，ターミナルケアを実施する場合の課題が記述されていた。

生活保護受給者の利用について（図4-48参照）は，できる144（67.3%），できない48（22.4%），状況に応じて22（10.3%）であった（有効回答214）。状況に応じての記述には，「毎月の利用料の支払いに問題がなければ可能」とするものが大半を占めた。

5）代表者がもっとしたいケア・家族がもっとして欲しいケア

全国225グループホームの代表者のもっとしたいケアについては，有163人（72.4%），無11人（4.9%），わからない・不明51人（22.7%）であった（図4-49参照）。もっとしたいケアの記述内容を，質的に分析してグループ編成し，カテゴリー化してみると，【その人らしさを尊重した尊厳を守る個別ケア】【その人の好きなことを踏まえた生活を活性化するケア】【能力を引き出し自立を支援するケア】【地域交流，社会参加ができるケア】【科学的で専門的，医学的管理が充実したケア】【ゆったり・じっくり・丁寧に行き届くケア】【家族とのかかわりが濃いケア】【自由に暮らすことのできるケア】【家庭的でなじみの関係に

第Ⅱ部　実証編

図4-47　全国225グループホームにおけるターミナルケアの可否（n=219）

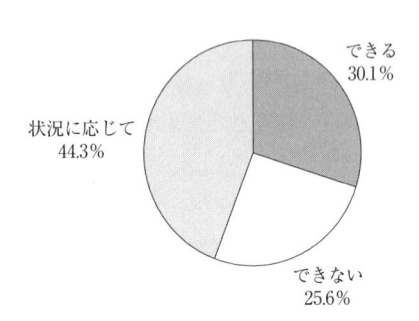

- できる 30.1%
- 状況に応じて 44.3%
- できない 25.6%

図4-48　全国225グループホームにおける生活保護受給者の利用の可否（n=214）

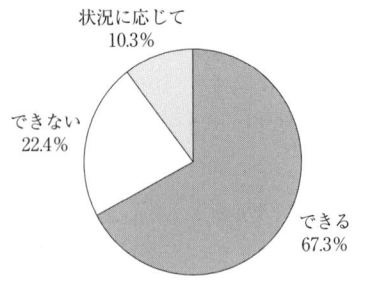

- 状況に応じて 10.3%
- できない 22.4%
- できる 67.3%

図4-49　全国225グループホームの代表者のもっとしたいケアの有無

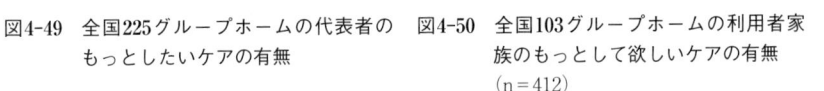

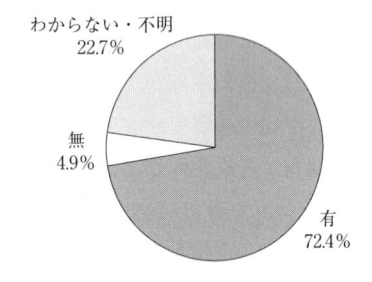

- わからない・不明 22.7%
- 無 4.9%
- 有 72.4%

図4-50　全国103グループホームの利用者家族のもっとして欲しいケアの有無（n=412）

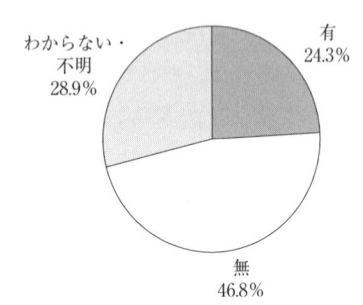

- 有 24.3%
- わからない・不明 28.9%
- 無 46.8%

もとづく共同生活】【福祉の心を重視したケア】が抽出された。【科学的で専門的，医学的管理が充実したケア】について，その記述内容に4人の代表者がターミナルケアを挙げた。

　一方，全国103グループホームの利用者家族のもっとして欲しいケアについては（有効回答412），有100人（24.3%），無193人（46.8%），わからない・不明119人（28.9%）であった（図4-50参照）。家族のもっとして欲しいケアの記述内容を，質的に分析してグループ編成し，カテゴリー化してみると，家族独自のものとして【認知症の進行や身体機能の低下を防ぐ専門的ケア】【受診や医療ケア】【職員の資質の向上】【金銭面の配慮】があった。また，【その人の好き

第4章 グループホームにおけるケアの質

なことを踏まえた生活を活性化するケア】に関する具体的な記述として，外出や散歩，趣味，農作業，レクリエーションなどが挙げられ，【職員の資質の向上】には，職員の入れ替わりが早いことへの懸念を示し，【ゆったり・じっくり・丁寧に行き届くケア】には，眼鏡や補聴器への配慮，入れ歯の清潔，下着の交換などが挙げられていた。また，【科学的で専門的，医学的管理が充実したケア】では，3人の家族がターミナルケアへの希望を記述している。調査4以外の記述には，【その人らしさを尊重した尊厳を守る個別ケア】の「プライバシーの保護」，【ゆったり・じっくり・丁寧に行き届くケア】の「清潔の保持」，【受診や医療ケア】の「簡単な医療行為（注射，点滴）」「受診の付き添い」，【金銭面の配慮】の「低額な料金」などがあった。

6）家族の満足度および入居後の変化

家族のグループホームケアに対する満足度（図4-51参照）は，満足している359人（87.8％），満足していない19人（4.6％），どちらでもない31人（7.6％）であった（有効回答409）。満足している理由を質的に分析してグループ編成してカテゴリー化してみると，【24時間専門家による安全で安心できるケア】【利用者が落ち着き，認知症の進行を止めるケア】【職員の明るく優しく愛情のこもった対応】【人間らしさ，その人らしさを尊重した徹底した個別ケア】【メリハリがあり，活性化された生活】【家族の安心】【能力を引き出すケア】【家庭的な環境】【自由】【家族との密なかかわり】などがあった。満足していない，およびどちらでもない理由として具体的に表現されたのは，「人手不足」「レクリエーション，外出などの楽しみが少ない」「プライバシーの侵害」「いつも1人でいる」「ベッドで寝ていることが多い」「自立心がなくなり老いが進んだ」「食事の内容が悪い，栄養士がいない」「職員が世話をしてあげているという態度」「職員がたびたび替わる」「本人にあったケアでなく，介護者に都合のいいケアをしている」「家族への報告，説明がない」「いろいろなタイプの利用者がいるので満足する介護は不可能」「個室にテレビがない」「トイレが汚れている」「徘徊すると靴に鈴をつけられたり鍵をかけられる」「足がむくんでいても放置」「状態が悪くなると他の施設へ移るように言われる」「入浴が週2回で少ない」「買い物や受診で呼び出される」「隔絶した世界のように感じる」「入居料が高い」などであった。

第Ⅱ部　実証編

図4-51　全国103グループホームの利用者家族の満足度（n = 409）

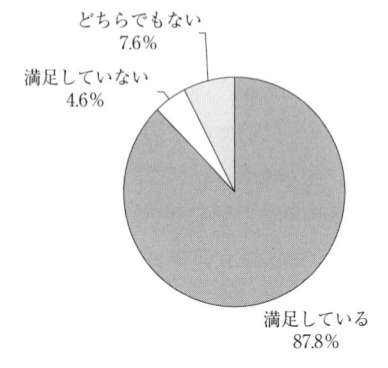

どちらでもない 7.6%
満足していない 4.6%
満足している 87.8%

図4-52　全国103グループホームの家族が捉える利用者の良い変化の有無（n = 403）

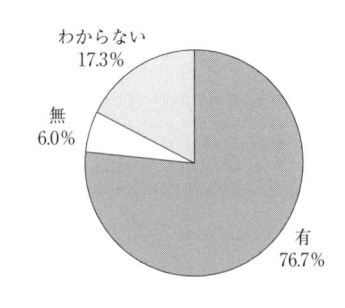

わからない 17.3%
無 6.0%
有 76.7%

　入居後の良い変化の有無（図4-52参照）は，有309人（76.7%），無24人（6.0%），わからない70人（17.3%）であった（有効回答403）。良い変化としては，「介護度が良くなった」「歩けるようになった」「オムツがとれた」「食生活が改善され，体重が増えた」「穏やかになった，落ち着いた」「明るくなった」「元気になった」「笑顔を取り戻した」「話すようになった」「喜怒哀楽が出てきた」「集団に交わるようになった」「症状の進行が遅くなった」「家族が安心できる」などがあった。無，およびわからない，の状況には，「介護度が悪くなった」「認知症がどんどん進んでいる」「体力がなくなった」「人を頼るようになった」「関節が曲がらなくなった」「やせてしまった」「独居の緊張がなくなり無気力になった」「帰宅欲求が強い」「変わらない」「良い変化を期待するのは無理」「家族が行ってもわからない」「表情がなくなった，厳しくなった」「微熱がある時など対応が遅れ，心配になる」「本人は家に住み続けたかったので……」などがあった。
　入居後の良い変化の有無と満足度をクロス集計してみると（図4-53参照），良い変化が「有」場合に「満足している」割合は90.9%，「満足していない」2.9%，「どちらでもない」6.2%であり，良い変化が「無」場合の満足度は，「満足している」62.5%，「満足していない」16.7%，「どちらでもない」20.8%であった。
　さらに，家族のもっとして欲しいケアの有無と満足度をクロス集計してみる

第4章　グループホームにおけるケアの質

図4-53　全国103グループホームの利用者の良い変化の有無と満足度

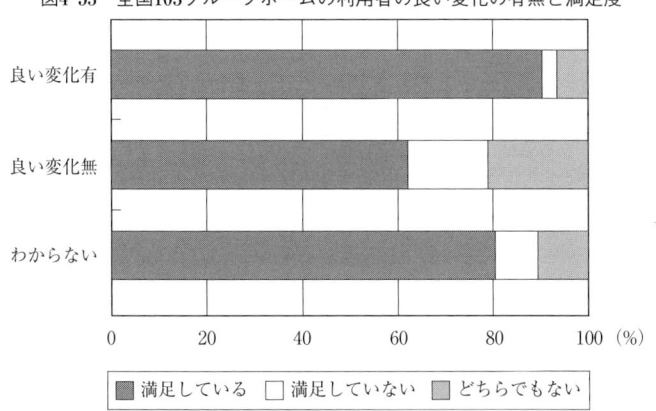

■ 満足している　□ 満足していない　■ どちらでもない

図4-54　全国103グループホームの利用者家族のもっとして欲しいケアの有無と満足度

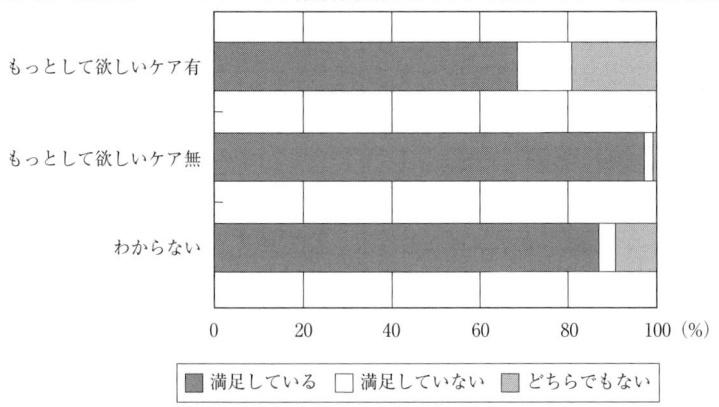

■ 満足している　□ 満足していない　■ どちらでもない

と（図4-54参照），もっとして欲しいケアが「有」場合に「満足している」割合が68.7％であるのに対し，もっとして欲しいケアが「無」場合の「満足している」割合は97.4％である。また，「満足していない」，あるいは「どちらでもない」と答えた家族の6割以上は，もっとして欲しいケアが「有」とする一方で，「満足している」と答えた家族についても，339人のうち68人（20.1％）が「もっとして欲しいケア」が「有」と答え，多岐にわたる要望が表現される結

果となった。
　7) 認知症高齢者ケアで重要なこと，ケアの質へのイメージ
　認知症高齢者へのケアで重要だと思うこと三つの記述，ケアの質へのイメージについては，調査4に加わる新しい記述を認めなかったが，認知症高齢者ケアで重要なことについて，記述内容を質的に分析してカテゴリー化し，代表者と利用者家族の捉え方を比較してみた。
　グループホームの代表者が捉えた認知症高齢者ケアで重要なことの上位5項目は，【その人らしさを尊重した尊厳を守る個別ケア】【向き合いより添うケア】【自己選択・自己決定を尊重し，その人の能力を発揮させる自立支援】【安心を与えるケア】【利用者とのなじみの信頼関係】であった。
　一方，利用者家族が捉えた認知症高齢者ケアで重要なことの上位5項目は，【その人らしさを尊重した尊厳を守る個別ケア】【職員の資質・態度・体制】【自己選択・自己決定を尊重し，その人の能力を発揮させる自立支援】【安心できるケア】【安全を保障するケア】であった。代表者には捉えられず，家族のみに認められた認知症高齢者ケアで重要なことに，【認知症に対する理解や偏見の払拭】【利用者に関心を向け孤独にさせない】【自分あるいは身内の立場に立ってのケア】【費用負担の軽減】【家族に頼らない】があった。

3．アンケート調査からみるグループホームケア
　1) 理論との整合性
　認知症高齢者ケアで重要なこと，ケアの質へのイメージに対するアンケートの記述データと，第**3**章第一節で述べた理論と比較し検討する。
　「理にかなったケア」の「高齢者が生きてゆけるように不安を解消すること」「高齢者の言動や心理をよく把握し対処すること」「高齢者をあたたかくもてなすこと」「高齢者に自分というものを得させるように（自己意識化）すること」四つに対して，一致した表現でのケアの概念は抽出されなかった。しかし，抽出された目指されるものとして位置づけた【心安らぐ生活】は，不安が解消されている状況であることから「高齢者が生きてゆけるように不安を解消すること」に密接な関係にあると判断された。また，【より添うケア】の下位概念〈受容〉〈傾聴〉〈共感〉〈関心〉は，その記述内容《その人をあらゆる場面で受

第4章　グループホームにおけるケアの質

け入れ，より添う》《相手の話をゆっくり聴く》《入居者のその人の気持ちになること》《その人の気持ち，思いを理解しようと思う心》などから，「高齢者の言動や心理をよく把握し対処すること」に密接である。

次に，Person-centred careで重視されている五つのニーズのうち，快適さ（Comfort）については，表現が近似している【心安らぐ生活】【その人らしい心地よい暮らし】【自由で心地よい暮らし】，愛着（Attachment）に近似している【より添うケア】の下位概念〈愛情〉が抽出された。また，仲間意識（Inclusion）については，〈触れ合い・交流〉の記述内容《1人にならずに皆さんと楽しく生活する》《一緒に何かやる》から，アイデンティティ（Identity）については【生き方の継続】の記述内容《利用者が今まで培ってきたことを生かし，その人らしい生活が送れるように手助けをする》《自分らしく自分の望む生活》などから，密接な関係にあると判断された。さらに，Kitwoodのその人らしさを高める12の相互行為のうち，表現は一致しないものの，記述内容から，①是認（Recognition）に密接な〈受容〉〈傾聴〉〈承認〉，③共同（Collaboration）に密接な〈孤独にさせない〉，⑦くつろぎ（Relaxation）に密接な【その人らしい心地よい暮らし】，⑧バリデーション（Validation）に密接な〈承認〉〈共感〉などのケアの概念が抽出された。

そして，Psychosocial model of Dementia careの八つの介入のうち，「共感（Empathic caring）」については〈共感〉が，「関係づくり（Relating）」と「相手の立場に立つ（Taking the other's perspective）」については，記述内容が密接な〈触れ合い・交流〉，〈利用者中心〉などが抽出された。

このように，ケア提供者である職員と利用者家族への「認知症高齢者ケアで重要なこと」「ケアの質へのイメージ」へのアンケート調査による記述から抽出されたケアの概念は，認知症高齢者ケアの理論との整合性が，調査2および3のように高いとは言えなかった。これは，アンケートの設問がケアプロセスに焦点を当てたものになっていないことが影響し，認知症高齢者ケアプロセスの特性が損なわれたためと考えられる。また，アンケート調査による大量のデータをKJ法により分析していく中で，具体的な認知症高齢者ケアプロセスを〈個別的なケア〉とひとくくりにしてしまったことが本調査の限界である。

しかしながら，ケアプロセスに焦点を当てたものではなかった調査であるか

らこそ，ケアの質の枠組みにおける過程（プロセス）以外の要素である構造，結果の側面の概念が抽出される結果となった。すなわち，本調査で抽出されたケアの質の概念は，序章で触れたDonabedianが提示する，構造・過程（プロセス）・結果の三つの枠組みと同一のものと考えられる。すなわち，構造に〈職員の資質〉〈環境〉〈運営体制〉，過程（プロセス）に〈ケアの技術〉〈健康管理〉，結果に〈満足〉が当てはまると捉えられた。

2）「グループホームのサービスの質の要素」との比較

東京センターが提示する「グループホームのサービスの質の要素」は，本人に関するサービスの質，家族に関するサービスの質，地域に関するサービスの質の三つの領域で説明されている。本人に関するサービスの質の「尊厳・誇り」を構成する①安らかさ，心地よさ，②身体の安全，③プライバシーの保護，ほか九つの要素全てが，本研究においても抽出され，矛盾のない結果であった。しかし，「家族に関するサービスの質」の「家族との交流・協働」を家族は求めているが，職員の記述には，家族への配慮が認められるものの，該当する明らかな記述が無い。また，地域に関するサービスの質については，職員・家族共に「認知症高齢者ケアで重要なこと」「ケアの質のイメージ」では触れられていなかった。また，「家族に関するサービスの質」に関しては，調査2の参与観察や調査3の職員への半構成的面接では創出されなかったケアの概念である。よって，今後は，ケアの質向上に向けて，すでに家族が求めている，「家族に関するサービスの質」へのケア提供者の認識が高まることが望まれる。また，「地域に関するサービスの質」は，認知症高齢者ケアの地域の資源として役割を果たすことへの期待や，グループホームの閉鎖性を打破するために，評価されるべき質の要素に規定されたと考えられる。しかし，外部評価で地域との交流不足を指摘されたグループホームの代表者は，「プライバシー保護の観点から利用者の生活の場を簡単に他人に見せるのか」「他人に入って欲しくないとする家族の要望もある」と半構成的面接（インタヴュー）時に語っている。この点の評価については，検証の積み重ねが期待される。

3）ケア提供者および家族が捉えるグループホームケア

ケア提供者である代表者を含む職員，および利用者家族双方にケアプロセスにかかわる「利用者に望む生活」「職員のもっとしたい・家族のもっとして欲

しいケア」「家族の満足度」「認知症高齢者ケアで重要なこと」「ケアの質のイメージ」を調査・分析したところ，以下のような示唆が得られた。

　第一に，ケア提供者および家族の「利用者に望む生活」がグループホームケアの目標として共有されていれば，家族の満足度は高いということである。今回のアンケート調査で，職員および家族の「利用者に望む生活」について，両者とも「安らかさ，心地よさ」を最優先し，「生き方の継続」「力の発揮・自立」「身体の安全」「触れ合い・交流」を重視していた。それゆえ，今回のアンケート調査において，家族の満足度が高い結果となったことが理解できる。

　第二に，家族のグループホームケアへの期待値と，ケア提供者が重視するケアを一致させていくことが，グループホームケアの質向上に結びつくということである。調査4では，アンケート調査で「満足している」と答えた64人の家族のうち19人が，調査5では，「満足している」と答えた359人の家族のうち68人が，「もっとして欲しいケア」が有と答え，豊富なバリエーションが表現された。これは，前述したように家族は，グループホームに入居させて満足しているが，期待値も高いことが理解できる。そのため，グループホームケアにおいては，利用者家族の満足度が高いことで安心するのではなく，利用者に加えて家族の意向を常に把握し，可能な限りケアに生かされるような，風通しの良さが重要である。また，職員は，「一人ひとりに添ったケア」「ゆっくり，じっくり，ゆとりのあるケア」をしたいと挙げる。一方の家族は，〈家族への支援〉や〈触れ合い・交流〉などを期待し重視する。これらの〈家族への支援〉や地域との〈触れ合い・交流〉は，調査2の参与観察で抽出されなかったものの，認知症介護研究・研修センターが提示する「グループホームのサービスの質の要素」のうち，「家族に関するサービスの質」，および「地域に関するサービスの質」に該当するため，提供されるべきケアと考えられる。家族を含めて一人ひとりに添ったケアをじっくり実践できれば，少なくとも〈家族への支援〉に結びつき，利用者・家族と職員，地域との「触れ合い・交流」が増える可能性がある。実際，〈家族への支援〉や〈触れ合い・交流〉については，調査5における代表者の「もっとしたいケア」に記述されていた。よって，代表者が考える今後のケアの方向性と，家族がグループホームに期待するケアにずれはないと考えられ，代表者は，ケアの方向性が職員間で統一され，確実に実践する

ことを目指すべきである。そのようなケアが実践されれば、ケアプロセスの質の向上とともに、家族の満足度が高まると考えられた。

ここで、調査5により得られた示唆として、以下の項目を検討事項として挙げる。まず、たとえば家族は、もっとして欲しいケアに【その人の好きなことを踏まえた生活を活性化するケア】【認知症の進行や身体機能の低下を防ぐ専門的ケア】を挙げているが、記述の内容や入居者に良い変化が有った場合の満足度の高さから、「認知症が少しでも良くなって、あるいは歩けるようになって、いつまでも親らしく、あるいは配偶者らしくして欲しい」という期待が窺える。認知症や加齢による機能低下を治すことはできないが、そのような家族の思いを受け止めた上で、認知症の周辺症状に届くケアを根気良く継続するとともに、入居者の状況やケアの効果を、詳細に家族に伝える工夫が必要である。

次に、【ゆったり・じっくり・丁寧に行き届くケア】の家族の記述に挙げられた「面倒でも眼鏡をそのつどかけて欲しい」「入れ歯を洗って欲しい」などは、基本的なケアである。まずは、その人の日常生活の基盤を支えるケアに見落としがないか検討し、ケアの方向性を職員間で統一した上で、確実な実践を目指すことが必要である。

さらに、代表者と家族双方のもっとしたい・して欲しいケアに認められた【科学的で専門的、医学的管理が充実したケア】としてのターミナルケアについて触れる。

ターミナルケアの可否の実態として、介護保険制度が施行された2000年7月の全国の指定介護保険事業所としてのグループホーム604カ所を対象とした調査では、有効回答214ホームのターミナルケアの方針は、「行う」21（9.8％）、「基本的に行わない」101（47.2％）、「具体的なケースによって対応」91（42.5％）であった。2005年に行った本調査結果から、グループホームにおけるターミナルケア実施率は上がっていると考えられる。しかしながら、ターミナルケアを状況に応じて実施する場合の、状況に関する記述で、医療ケアの困難さを訴えるものは理解できるとして、「屋内歩行が可能」「見守りの必要がない」といった一部の記述に関しては、ターミナルケアそのものへの理解が欠けている上に、日常生活の自立度が高い人のみが、入居の対象となっているのではないかと推測される。グループホームの対象像や提供するケア内容の指針を

第4章 グループホームにおけるケアの質

明確に示す必要がある。一方で，ターミナルケアに対して「できればやりたい」「医療行為ができない制度を何とかして欲しい」「職員の教育が必要」などの記述から，前向きに取り組もうとするグループホームの姿勢が窺える。実際，グループホームにターミナルケアが求められる現状にあり，本調査後の2006年4月より施行されている新介護保険制度下では，入居者が重度化し看取りの必要性が生じた場合などの対応を目的とした医療連携体制加算（39単位／日）が創設された。よって，ターミナルケアに取り組むグループホームの体制が，一つ整備されたことになる。今後は，グループホームがターミナルケアを担う場としての役割を果たしていくのか，その動向および課題を追究する必要がある。

また，家族だけに認められた【職員の資質の向上】と【金銭面の配慮】についての検討は，必然である。家族が懸念する職員の入れ替わりの早さについて，その原因は，前述したような賃金などの待遇面の悪さを否めない。厚生労働省は2008年度に「潜在的介護福祉士の実態調査」を行うとし，介護現場の人手不足にようやく目を向けたところであるが，今後，グループホームにおける人員確保についても，より困難となることが予測される。経営者は対策を講じ，制度・政策に対しても，その改善を働きかけることが望まれる。

さらに，【金銭面の配慮】についてである。利用者には，平均約8万円の自己負担が生じる。平成17年度国民生活基礎調査によれば，公的年金・恩給を受給している高齢者世帯において，公的年金・恩給が総所得に占める割合が100％の世帯が62.6％を占める。また，生活保護受給者のグループホームの利用は，「毎月の利用料の支払いに問題がない」場合に可能であるホームが多数であることから，経済的にゆとりのない高齢者は，利用したくても利用できない状況にあることは容易に予測できる。介護保険制度の利用そのものが，経済的な要件に影響を受ける現状を専門家は常に意識し，全ての高齢者が公平・公正に利用できる制度を切に望むところである。

第三に，調査4および調査5により，代表者のもっとしたい・家族のもっとして欲しいケアを中心とした検討から，いくつかの課題が挙げられた。代表者には，ターミナルケアなど，もっとしたいケアが有るものの，人員配置や経営，制度の仕組みなどからできないとする意見も多い。厳しい条件下で働く代表者[9]を含む職員が多い中で，これ以上の努力を強いることは酷であり，そもそも代

表者および職員の努力では解決できない問題である。制度・政策的な改善が求められる。

4）認知症高齢者ケアで重要なこと

調査5において，グループホームの代表者と家族が捉える認知症高齢者ケアで重要なことに明らかなずれはなかった。しかし，先に述べたように，家族のみに認められた項目が，少数のものも含めて5項目あった。そのうち，以下の2項目について述べる。

認知症高齢者グループホームの利用料

調査の際に，家賃を安く設定しているグループホームの管理者が「安く設定しておかないとこのような田舎では誰も入居できません。生活保護を受給している方も入居できなくなってしまうでしょ」と，一方，家賃を高く設定しているグループホームの管理者から「経済的に余裕がある方しか入居できませんね。私などもとても入居できません。だからこそ質の高いサービスを提供しなければならないと思います」との回答を得たことが印象に残った。そのため，調査5において，グループホームの概況を尋ねる質問の一つに「生活保護受給者の方は住むことができますか」を加えた。調査結果の詳細については，本章第四節をご参照いただきたいが，経済的に余裕がない認知症高齢者の多くは，グループホームへの入居は難しいことがわかった。

認知症高齢者の環境として，グループホームだけでなく，特別養護老人ホームや介護老人保健施設においても，原則個室のユニットケア型が推奨されている。確かに，環境としては原則個室のユニットケア型が望ましいのだが，居住費は自己負担である。生活保護を受給している方が特別養護老人ホームへ入居する場合，多床型の施設へ入居するように指導があると聞いた。生活保護を受給している方は，個室でユニットケア型の新しい特別養護老人ホームを選択することはできないのである。経済的な事情で，グループホームや介護保険施設への入居を，あるいは自ら選択し希望するサービスの利用を，断念せざるを得ない状況の人々は，今までも，これからも，少なからず存在する。私個人としては，介護保険施設の中でも特別養護老人ホームについては，社会福祉施設としての理念から，その人の経済的な事情に左右されることなく入居できることを希望している。

まず,【認知症に対する理解や偏見の払拭】についてである。家族は,自らも認知症を患う身内の対応に困惑を覚えたことに加え,世間の認知症に対する理解の無さや偏見に少なからず衝撃を受けたと考えられる。厚生労働省は2005年から「認知症を知り,地域を作る10か年」構想を打ち出し,認知症の人が尊厳をもって地域で暮らし続ける「地域づくり」への理解者・支援者の輪を広げる基盤作りを目的として,認知症に関する知識の普及啓発や当事者本位のケアプランを作成する取り組みなどの事業を展開している。すなわち,認知症に対する理解を得るための施策は始まったばかりであり,今後の展開に期待する一方で,住民を対象とした啓発運動に加え,グループホームの利用者家族が情報弱者とならないような対応が求められる。たとえば,勉強会の開催や家族への通信,家族会の開催などのグループホームによる家族へのかかわりも重要となろう。また,グループホームにおいて認知症高齢者ケアに携わる職員が,無資格のため,必要な知識がない場合もある。職員に対する継続した教育・研修制度の充実は避けられない。

次に,【家族に頼らない】についてである。「もっとして欲しいケア」や「満足している」理由に〈家族との密な連携〉が挙げられ,家族がグループホームケアへの参加を希望する場合もあるが,かかわりを拒否する家族も存在するということになる。改めて記述の内容を確認すると,「受診のたびに家族を呼ばないで欲しい」「微熱程度で受診を指示しないで欲しい」「ちょっとしたことで呼びつけないで欲しい」「家族はわからないからそちらで対応して欲しい」などが挙げられた。これらの表現から,家族と信頼関係を確立する地道な努力が必要であると考えられる。家族の負担を減らすためにかかわりを減らすことは,利用者とその家族の絆をも断つことになりかねない。家族との交流を重視するグループホームの記述から,家族に連絡を入れる時間帯や請求書に手紙や写真を添える工夫,家族会の開催など,家族と接する機会をもつことで,ある程度の改善が図られると予測された。信頼関係を築くことで,グループホームにおける医療ケアの困難さや,家族の協力のもとでのケアの効果に対する理解を得たいものである。

5）グループホームにおけるケアの質

本調査から得られたデータを構造的に概念化することにより得られた,グ

第Ⅱ部　実証編

ループホームにおけるケアの質は，調査3の半構成的面接（インタヴュー）から得られたケアの質を内包していた。両調査により，グループホームにおけるケアの質は，その土台に，ケアの質枠組みの構造面に該当する〈職員の資質〉〈環境〉〈運営体制〉が位置づけられ，人権の尊重を核とする〈ケアの技術〉〈健康管理〉（過程）により，〈自由で〉〈その人らしい心地よい暮らし〉，あるいは〈人間的な豊かさ〉を目指し，ケアの結果として満足を得ると捉えられた。このように，グループホームケアの質は，前述のように「構造」「過程（プロセス）」「結果」の三つの枠組みで説明されるとともに，三者の密接な関係を認識するに至っている。

第五節　外部評価に対するケア提供者および家族の認識

本節では，調査5の結果から，外部評価に対する225グループホームの代表者および103グループホームの利用者家族の認識状況を述べる。

1．外部評価に対するケア提供者の認識

「外部評価を実施して良かったと思いますか」という設問に対して（図4-55参照），良かった186（84.9%），良くなかった9（4.1%），わからない24（11.0%）であった（有効回答219）。良かったとする理由としては「ケアの振り返り（見直し）ができた」「意識付けができた」「励みになった」「気付かなかったことに気付くことができた」「どう対処すればよいのか，参考になる指摘があった」「指摘を受けることでケアの質を改善できた」「ケアの方向性が見出せた」「他のグループホームと比較できる」「家族や職員が考えていることがわかった」「職員間で何日も何時間も話し合うことができた」「自分たちはできていると思っていた点に改善の余地があったり，一方で普通に行っていたことが良い評価を得られたりし，第三者の客観的な意見が聞けて良かった」，などがあった。良くなかった，およびわからない，とする理由には，「グループホームのそれぞれの個性が評価されていない」「評価機構が整備されていない」「評価者の質と勉強不足がある。グループホームではなく施設の評価としか思えない」「短時間では評価できない」「見知らぬ人が来て，緊張した生活を見てもらっただ

図4-55 全国225グループホームの代表者が捉える外部評価実施の良否（n=219）

わからない 11.0%
良くなかった 4.1%
良かった 84.9%

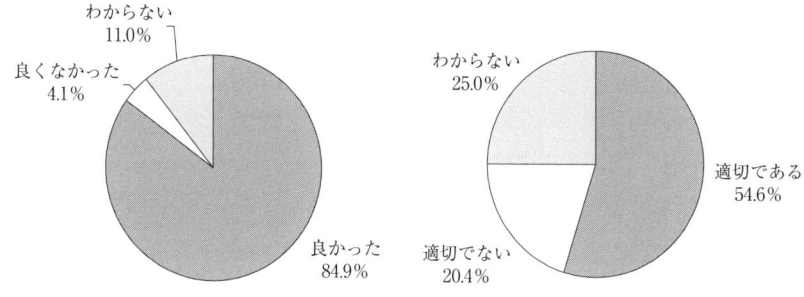

図4-56 全国225グループホームの代表者が捉える外部評価方法の適否（n=216）

わからない 25.0%
適切である 54.6%
適切でない 20.4%

け」「誰からも何処からも何の反応もない」などがあった。

「外部評価のあり方・および方法は適切でしたか」に対して（図4-56参照），適切だった118（54.6％），適切でなかった44（20.4％），わからない54（25.0％）であった（有効回答216）。適切だったとする理由としては，「ありのままを見てもらった」「毎年定期的に行われることはとても良い」「服装，挨拶，言葉づかいなど，態度が良かった」「評価者が，現場の状況をよく理解されており，理想論で評価することがなかった」があった。適切ではなかった，およびわからないとする意見には，「評価時間が短い」「評価者間で評価が違う」「評価機関によって評価が違う，値段も違う」「聞き取りや書類の審査が多く，もっと現場を見て欲しかった」「評価結果が出るまでが長い」「家族の評価がどうだったのかがわからない」「県の実施指導もあるので，外部評価は現場の動きを見てもらえばいいのではないか」「前回の評価に対して今回はどうだったのか検証することが大切ではないか」「一方的な評価や考えの押し付けは困る」「地域との交流について，地域住民に知らせないで入居している人もいるので，難しい」「具体的な方法やアドバイスが欲しい」「高額である」などがあった。

「外部評価の結果に満足していますか」に対して（図4-57参照），満足している135（64.0％），満足していない40（19.0％），わからない36（17.0％）であった（有効回答211）。満足しているとする理由としては，「自分たちのケアを正しく評価してもらえた」「公正，客観的，建設的な評価だった」「厳しく評価してもらえた」「悪いところを確認できた」「良い評価には自信がもて，指摘部分にも

第Ⅱ部　実証編

図4-57　全国225グループホームの代表者の外部評価結果に対する満足度（n=211）

- 満足している　64.0%
- 満足していない　19.0%
- わからない　17.0%

図4-58　全国225グループホームにおける外部評価結果指摘事項への対応の有無（n=211）

- 対応した　80.1%
- 対応していない　3.3%
- 検討中　16.6%

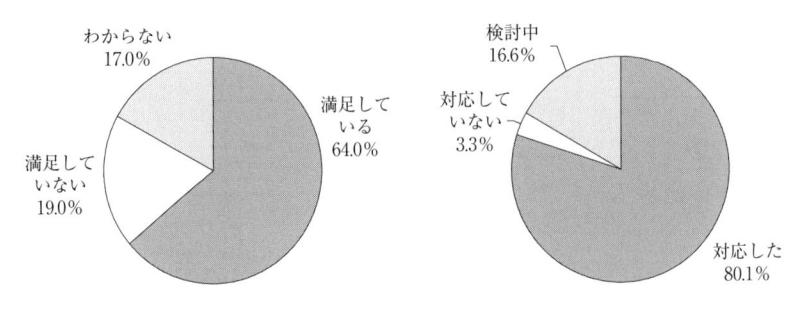

納得できた」「自己評価とのずれが少なかった」「的確に指導してもらった」「ホームの特色を理解した上での評価だった」「改善すべきことがはっきりとわかった」「改善できた」などがあった。満足していない，わからないとする意見には，「他のホームと比べたときの差が理解できない」「良すぎず悪すぎず，の結果で目的が見えない」「評価基準があっても評価者の個人的な考え方が前面に出てくる」「建物や設備など改善できないところの評価が悪くてもどうして良いかわからない」「もっとグループホーム独自の個性があっても良いと思う」「真意が伝わっていないところがあり，残念」「せっかく高い調査料を出し，5～6時間も話し合っているのだから，評価結果に直接出すのではなく，その場で話題として出して欲しい」「外部評価の結果で満足していけるようなグループホームではだめだと思う」「評価結果において，良い施設，悪い施設が改善項目の数でしか判断できないのはおかしい」「家族アンケートの結果がわからない」「適切な言葉を使用して欲しい」「結果が遅い」「毎日の生活を評価することは困難であり，無理だと思う」などがあった。

「外部評価（自己評価を含む）実施後に指摘された内容について，改善するための対応をしましたか」に対して（図4-58参照），対応した169（80.1%），対応していない7（3.3%），検討中35（16.6%）であった（有効回答211）。改善内容には，「わかりやすい運営理念の掲示」「フロア，玄関などに緑を取り入れるようにした」「カーテンを明るい色にした」「表示の方法」「歯科医との契約」「ホームページを作った」「機関紙の発行を始めた」「朝，夕の散歩」「家族の意

見を聞き，ケアプランに反映する」「1冊を見れば，その人の全体像が把握できるように記録の1本化」「ケアプラン，カンファレンスの充実」「職員教育の充実」「身体拘束を止めた，つなぎ服を止めた，玄関の鍵を極力開けるようにした」「包丁，洗剤の保管方法，危険物に目隠しをする」「防火訓練の実施」「利用者主体での生活風土」「入浴時間の変更」「マニュアルの整備」「情報提供の体制を整えた」「倒れやすいものは固定」「幼稚園との交流，住民運動会，盆踊り，ごみゼロ運動などの地域行事に参加するようになった」「自治会に入会した」「地域のボランティア，学生を受け入れるようになった」「何気ない表情，しぐさなど写真をメールで送信している」「年に1度の健康診断の実施」「食後の口腔ケアの実施」「水分，カロリーチェックの実施」「検討委員会の立ち上げ」などがあった。

「貴グループホームでは，外部評価結果を活用（職員研修，公表など）されましたか」に対して（図4-59参照），活用した191（90.1%），活用しない（できない）6（2.8%），検討中15（7.1%）であった（有効回答212）。活用内容には，「カンファレンス，会議，内部研修で活用」「職員の意識改革に使用」「公表した，ホームページに掲載した」「ISOの基本データとして活用」「理事会，家族会で説明」などがあった。

2．外部評価に対する家族の認識

グループホームの利用者家族が，外部評価の実施について，知っているとしたのは227人（56.0%），知らない178人（44.0%）であり（有効回答405），外部評価結果の公開を知っているとしたのは166人（41.0%），知らない239人（59.0%）であった（有効回答405）。さらに，外部評価結果を見たとしたのは133人（32.8%），見ていない272人（67.2%）であった（有効回答405）。外部評価結果の理解としては，有効回答137と極端に少ないが，わかりやすかった65人（47.4%），わかりにくかった23人（16.8%），どちらでもない49人（35.8%）であった（図4-60参照）。外部評価に関する意見には，「ケアの質の向上のためには必要なことであり，継続して欲しい」「第三者の意見を活用して欲しい」とする積極的な意見がある一方で，「外部の人に何がわかるのか」「机上論にすぎない」「何のためにするのかわからない」「外部評価の意味がわからない」とす

図4-59 全国225グループホームにおける外部評価結果活用の有無 (n=212)

- 活用した 90.1%
- 活用しない（できない）2.8%
- 検討中 7.1%

図4-60 全国103グループホームの利用者家族の外部評価結果の理解 (n=137)

- わかりやすかった 47.4%
- わかりにくかった 16.8%
- どちらでもない 35.8%

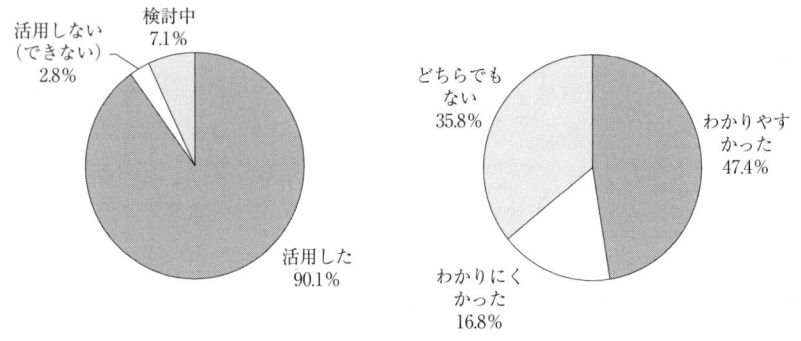

る意見もあった。外部評価のあり方への要望としては，「わかりやすく説明して欲しい，専門用語が多すぎる」「基準がわからない，誰がどのように評価しているのかわからない」「一つひとつのサービスについてはわかるがグループホーム全体の姿はイメージできない」「項目が多すぎる」「もっと突っ込んだ指摘をして欲しい」「他の施設と比較できるようにして欲しい」「点数だけでなくよい事例などを公開して欲しい」「アンケートに記入したが，その結果の説明が欲しい」「1週間以上ホームに滞在して評価して欲しい」「もっと一般に知れ渡るようにアナウンスして欲しい」「何処をどう改善すべきなのかを示して欲しい，昨年改善すべき部分がどう改善されたのかを示して欲しい」「評価のための料金は公費で負担すべきである」，などがあった。そのほかの意見として「外部評価よりも，施設を選べないことが問題」「利用できない人たちにも目を向けて欲しい」「言いたいことが山ほどあり，あまりに第三者との思いの差がある」「枠の中で評価されており，自由がないように感じる」などがあった。

3．外部評価の効果と今後の課題

　グループホームの代表者は，外部評価実施の意義を前向きに受け止め，第三者の評価結果に基づく指摘を，グループホーム全体で話し合うなどして改善したホームが80％に上っている。さらに，評価結果を公表したり，職員研修に活用したりといった積極的な活用が90％を占めている。これらのことから，外部評価は，グループホームに確実に根付き，ケアの質の改善に活かそうとする姿

勢が窺える。

　外部評価のあり方・方法に対しては，適切だったとする評価が過半数を占める一方で，適切でない，およびわからないとする評価が45％を占めていた。外部評価のあり方・方法が適切であるとする代表者115人のうち，100人（87.0％）が外部評価結果に満足しているのに対し，適切でない，およびわからないとする代表者94人のうち，60人（63.8％）が，外部評価の結果に満足していないことがわかった。これは，外部評価結果が思い通りではなかったことの影響も否めないが，外部評価のあり方・方法を改善することにより，代表者の外部評価結果に対する満足度は，少なからず上がると考えられた。外部評価結果に対する満足度が上がることは，グループホームケアの質の改善への意欲も上がることになる。そのため，グループホームの実態を充分に理解した上で，各グループホームの実情に応じた，評価者の価値観に左右されることのない評価が求められる。具体的には，アンケートの記述にあるように，評価機関・評価者の質の向上，評価時間の延長，現場のケア内容の重視，ケアの質を改善する具体的な方法の提示，経済的負担の軽減，都道府県の実地指導との役割分担，前回の評価との比較，家族アンケート結果のフィードバックなど，制度面に踏み込んだ改善も必要となる。また，現場で提供されているケア内容を重視することは，すなわちケアプロセスの適切な評価が求められているものと考えられる。さらに，今後は年に1回の頻度で外部評価が実施されていくため，ケアの質の向上への継続的な取り組みを，いかに評価していくかが課題となる。

　一方，外部評価の実施について，知っているとする利用者家族は6割に満たず，外部評価結果の公開を知らないとする家族が約6割，外部評価結果を見た家族は約3割に過ぎなかった。よって，利用者家族への外部評価に関する周知は，不十分であり，利用者家族にとって，公開されている外部評価結果を適切に解釈することや，グループホーム選択への資料とすることは困難な状況だと考えられた。

　外部評価の目的は，サービスの質の改善を図ること(10)であるが，そのほか厚生労働省は，評価の最終目的として，①利用者及び家族の安心と満足の確保を図ること，②ケアサービスの水準を一定以上に維持すること，③改善点を明確にし，改善に向けた関係者の自発的努力と体制づくりを誘導すること，④継続的

に評価を行うことを通じて、関係者による自発的な研修等によるケアの向上を促す教育的効果をねらうこと、⑤グループホームに対する社会的信頼を高めること、の五つを挙げている。さらに、最終目的の①「利用者及び家族の安心と満足の確保を図ること」に対して、東京センターが「よりよい選択と利用に向けて」と説明を加えていること[12]や、福祉サービスにおける第三者評価事業の目的に「利用者の適切なサービス選択に資するための情報となること」と示されている[13]ことから、外部評価の目的には、利用者がグループホームを選択する際に、判断基準となる指標を適切に提供することが挙げられる。

よって、今後は、外部評価に関する情報が、一般の地域住民へわかりやすい内容で提供され、浸透することが求められる。その際には、インターネットを利用しない地域住民が、情報弱者とならないような配慮や、情報を提供するのみにとどまらず、相談機関の充実など、利用者の選択へのサポートが課題となる。

さらに、外部評価に対する利用者家族の記述「もっと突っ込んだ指摘をして欲しい」「よい事例などを公開して欲しい」「1週間以上ホームに滞在して評価して欲しい」などから、やはり、利用者家族もケア提供者と同様、現場のケア内容、すなわちケアプロセスを重視していることが窺えた。

第六節　ケアの質と外部評価

本章で述べてきたように、グループホームをフィールドとした調査の結果、第一に、調査1、5における、設備や専門職の人数、利用料などのグループホームの構造面を中心とした調査から、構造面の評価だけでは、グループホームのケアの質を測ることは、困難であることを実証した。一方で、過程（プロセス）と構造の密接な関係から、構造面の評価の重要性も明らかとなった。

次に、先行研究において、ケアの質の明確な定義がないなかで、ケアプロセスの質に迫るためには、質的研究により、ケアプロセスの質を概念化することが妥当だと考えられた。そこで、五つの調査により得られたデータを、主にKJ法の手順に従って質的に分析し、ケアプロセスの質を概念化した。調査を実施する過程で、小規模であるというグループホームの特性により、ケア提供

第4章　グループホームにおけるケアの質

者の価値観や考え方を反映しやすいことが示唆され，調査対象には，ケア提供者である職員に当事者である利用者家族を加えた。また，第3章において，評価尺度を検討した際に，「観察できる」評価尺度の有効性を認めたために，調査方法に参与観察を取り入れた。抽出されたケアプロセスの質の概念は，第3章で紹介した三つの理論や東京センターが提示する「グループホームのサービスの質の要素」との整合性を認めた。

　第二に，調査結果に基づくケアプロセスの概念間の関係分析により，認知症高齢者ケアプロセスの質のコア概念として，〈安心〉〈自立した生き方の継続〉〈共同生活の和〉の三つが抽出された。そこで，それぞれ〈安心を与えるケアプロセス〉〈自立した生き方を継続するケアプロセス〉〈共同生活の和をつくるケアプロセス〉とし，認知症高齢者ケアプロセスの質を構成する三つの領域と捉えた。

　第三に，認知症高齢者ケアの質を構造的に概念化した。抽出されたケアの質の概念は，Donabedianが提示したケアの質の枠組み「構造」「過程（プロセス）」「結果」と矛盾がなかった。すなわち，構造に〈職員の資質〉〈環境〉〈運営体制〉，過程（プロセス）に〈ケアの技術〉〈健康管理〉，結果に〈満足〉が捉えられた。そこで，本書では，「認知症高齢者ケアの質とは，〈人権の尊重〉を核とし，〈職員の資質〉〈環境〉を土台として，優れた〈ケアの技術〉〈健康管理〉により，〈自由〉で〈その人らしい心地よい暮らし〉を目指し，認知症高齢者・家族・ケア提供者の〈満足〉を得ることである」，と説明しておく。

　第四に，グループホームの外部評価に対して，グループホームの代表者や利用者家族がどのように理解し，受け止めているのかについて調査した。グループホームの代表者は，外部評価の意義を理解して積極的に取り組みつつあるが，利用者家族の外部評価に対する周知度は低かった。そのため，利用者家族の関心を引く手立てや，グループホームの適切な選択へのサポートが求められている。また，外部評価の方法に対しては課題が挙げられており，その一つに現場で提供されているケア内容の重視といった，本研究の主題であるケアプロセスの適切な評価の重要性が示唆された。すなわち，外部評価時に，ケアプロセスを適切に評価できるツールを考案することの意義を認めるものである。

第Ⅱ部　実証編

注

（1） 川喜田二郎（1967）：発想法創造性開発のために　中公新書。川喜田二郎（1970）：続・発想法KJ法の展開と応用　中公新書。川喜田二郎（1986）：KJ法―渾沌をして語らしめる　中央公論新社。
（2） 2005年10月1日現在の厚生労働省老健局計画課認知症対策推進室調べによる全国の「認知症高齢者グループホームに関する調査結果について」では，全国7,255グループホームの法人の種別は社会福祉法人1,646，医療法人1,410，営利法人の株式会社1,454，営利法人の有限会社2,198，NPO法人426，そのほか121事業所数となっている。
（3） 同前「認知症高齢者グループホームに関する調査結果について」によれば，全国のグループホームの，併設型1,344ホームのうち，併設施設が特別養護老人ホーム515，介護老人保健施設313，医療機関227，通所介護68，複数の施設120，そのほか101ホームであり，単独型5,911ホームとなっている。
（4） 同前「認知症高齢者グループホームに関する調査結果について」によれば，全国のグループホームの家賃，食材料費，光熱水費の平均は，それぞれ37,849円，33,938円，10,867円である。
（5） 同前「認知症高齢者グループホームに関する調査結果について」によれば，全国の7,255グループホームの法人の種別の割合は，営利法人（有限会社）30.3％，社会福祉法人22.7％，営利法人（株式会社）20.0％，医療法人19.4％，NPO法人5.9％である。
（6） 冷水豊（1983）：福祉サービス評価の基本的課題　季刊・社会保障研究，19(1)：70-81。
（7） 永田久美子・中島民恵子・平林景子（2003）：痴呆性高齢者グループホームにおける外部評価（東京センター方式）の目指すものと課題　日本痴呆ケア学会誌，2(2)：262-268。
（8） 室伏君士（1985）：痴呆老人の理解とケア　金剛出版，p.32。
（9） 2008年11月27日付朝日新聞によれば，介護現場の人材不足を改善させるために，政府は2009年4月より介護報酬を3％引き上げることを決めたが，この介護報酬増額が労働者の賃金増加につながるとは限らないとしている。
（10） 老計発第0726002号通知（2004）：指定痴呆対応型共同生活介護（痴呆性高齢者グループホーム）が提供する外部評価の実施について。
（11） 老計発第13号通知（2001）：痴呆性高齢者グループホームの適正な普及について。
（12） 高齢者痴呆介護研究・研修東京センター（2004）：痴呆性高齢者グループホーム評価調査員研修テキスト－外部評価に向けて－2004年度版。
（13） 福祉サービスの質に関する検討会（2003）：「福祉サービスにおける第三者評価事業に関する報告書」について。

第5章

グループホームにおけるケアプロセスガイドライン

　第4章で述べたように，これまで，グループホームをフィールドとした調査を実施し，曖昧なケアの質をつかむために，得られたデータを主にKJ法の手順に従って質的に分析し，ケアプロセスの質を概念化した。その結果，グループホームにおけるケアプロセスの質は，①安心を与えるケアプロセス，②自立した生き方を継続するケアプロセス，③共同生活の和をつくるケアプロセスの三つのコア概念に整理された。本章では，まず，三つの領域におけるケア概念に対応した，ケアの指針となる100項目のケアプロセスガイドライン（以下，ガイドラインと称す）を作成した。序章でも述べたように，評価尺度ではなく，ガイドラインの作成を試みたのは，認知症高齢者へのケアプロセスは，個別的で多様であるために，普遍的で客観的な評価尺度の開発は困難を極めると同時に，普遍的で客観的な評価尺度では，個別的で多様なグループホームのケアプロセスの質を測ることは困難である，と判断したからである。

　また，第3章第二節で述べたように，東京センターが使用した評価尺度（以下，センター方式と称す）では，「一人ひとり（に応じる）」という表現が多用され，個別的なケアが強調されている。しかし，普遍化された評価尺度であるがゆえに，具体的な言動や行動までは表現されていない。ガイドラインの作成過程において，膨大なデータを分析する中で，具体的，あるいは強調したケア内容を，抽象的な表現にまとめたり削除したりするといった試行錯誤を経験したが，具体的，あるいは強調した表現こそが，グループホームにおける個別的で多様なケアプロセスであると実感した。そこで，具体的な言動や行動を率直に表現したケアの指針となるガイドライン100項目を作成した。また，このようにして作成したガイドラインの妥当性を検証し，極力客観的で科学的なガイド

ラインの作成を本章の目的とする。

第一節　ケアプロセスガイドラインの作成

　ここでは，ケアプロセスの質の概念とガイドライン項目について述べる。以下，カテゴリー【　】，サブカテゴリー〈　〉として示す。

1．安心を与えるケアプロセス

　不安や心配がある利用者に「安心を与えるケアプロセス」（表5-1参照）には，【より添う】【新たな不安・心配事を作らない】の二つが抽出された。【より添う】には七つのグループができ，(1)〈受容〉〈承認〉〈共感〉〈傾聴〉〈優しさ・愛情・笑顔〉〈否定しない〉〈敏感に反応する〉〈要求に応じる姿勢〉〈距離をとる〉，(2)〈一緒にいる〉〈スキンシップ〉，(3)〈意図的なコミュニケーション〉，(4)〈プライバシーの保護〉，(5)〈場面をきりかえる〉〈おりあいをつける〉〈協力を得る〉，(6)〈忍耐〉，(7)〈信頼関係〉を築くケアを認めた。また，【新たな不安・心配事を作らない】には，(8)〈情報提供〉，(9)〈予測に基づくケア〉，(10)〈表現の工夫〉，(11)〈環境整備〉が認められた。

　ガイドライン項目は，まず，【より添う】のサブカテゴリー(1)に対応する「利用者の不安・心配を優しく受け止める」に対して七つの下位項目，ⅰ利用者の訴えに耳を傾け，受け入れる，ⅱ不安をもつ利用者（の存在）を受け止めた声をかける（「ここにいらしていいですよ」「今のままでいいのですよ」ほか），ⅲ利用者の言動・行動を否定しない，ⅳ笑顔を大切に，優しく接する，ⅴ利用者の様々な状況に応じて愛情を伝える（「〇〇さんのそんなところが好きですよ」ほか），ⅵ利用者の質問・疑問や要求にすぐに対応できるようなかかわりをもつ，ⅶ徘徊や妄想が続く場合は見守るとともに適度な距離をおく，を作成した。(2)「利用者が孤立し，孤独を感じないようにする」に対しては，ⅷ不安や心配を認める場合，側に座って話をしたり，一緒にさがし物を捜したり，手をつないで歩くなど共に行動する，ⅸ不安や心配を認める場合，手を握ったり，背中をさすったり，軽く抱きしめるなどその人が安心するスキンシップを図る，の2項目を作成した。このようにして(3)「利用者が安心できる意図的なコミュニ

ケーションを図る」に対して2項目,(4)「利用者のプライバシーを保護する」に対して4項目,(5)「利用者の不安や心配な気持ちをきりかえたりおりあいをつけて解消する」に対して4項目,(6)「忍耐強く行動を見守る」に対して1項目,(7)「利用者との信頼関係を築く」に対して1項目を作成した。

次に,【新たな不安・心配事を作らない】の(8)「行っていることやこれから行うこと,利用者に関することなどグループホームでの状況を説明する」に対して二つの下位項目,ⅰグループホームでのその日の生活の流れを事前に説明する(「お昼を食べたら○○をしますが一緒にいかがですか」ほか),ⅱ他の利用者の行動に不安を感じている場合,安心できるように説明する(「○○さんは疲れたそうです」「忘れ物をしたので取ってくるそうです」「○○がわからないのではなく少し忘れているだけです」ほか),(9)「利用者の状態を予測して不安・心配に陥らないようにする」に対して1項目,(10)「利用者が「トイレ」「お風呂」「帰る」の言葉に拒否を示す場合,他の表現を使う」に対して2項目,(11)「利用者が混乱を起こさず,毎日落ち着いて生活できる環境づくり」に対して3項目を作成した。

このようにして,「安心を与えるケアプロセス」のガイドライン項目は,11の上位項目に対して29の下位項目が作成された。

2．自立した生き方を継続するケアプロセス

「自立した生き方を継続するケアプロセス」(表5-2参照)には,【日常の継続】【安全な暮らし】【生き方の尊重】【役割を担うことでのアイデンティティの保持】【自己選択・自己決定の尊重】【自立支援】【生活の活性化】【健康管理】【職員への教育】の九つのカテゴリーが抽出された。【日常の継続】には,(1)〈習慣〉,(2)〈得意なことを取り入れる〉,(3)〈生活のリズム〉,(4)〈安らかさ〉を,【安全な暮らし】には,(5)〈事故防止・見守る〉,(6)〈環境整備〉を,【生き方の尊重】には,(7)〈自尊心を高める〉,(8)〈達成感を得る〉,(9)〈関心〉,(10)〈自由な暮らし〉,(11)〈恥をかかせない〉を,【役割を担うことでのアイデンティティの保持】には,(12)〈役割を担うことへのサポート〉,(13)〈役割を担う場面づくり〉,(14)〈担う役割への承認〉を,【自己選択・自己決定の尊重】には,(15)〈機会の提供〉,(16)〈サポート〉,(17)〈意向に沿う〉〈拒否の尊重〉〈ペースの

第Ⅱ部　実証編

表5-1　安心を与

参与観察によるケアプロセスの場面・インタヴューおよびアンケートの回答	カテゴリー
〈受容〉・利用者の話：「私は時々カーッとくると，わーって叫ぶんです，自分でもわかっているけれど治らない，ここの代表が『いらいらした時は大声を出してもいいんですよ』と言って下さった」〈承認〉・「私はどうするの」などの不安の訴えに「ここにいらしていいのですよ」「このままでいいのですよ」と応じる。〈共感〉・盗られ妄想により考え込んでいる利用者に「こんなに苦しんできついでしょう」と言葉をかける。〈優しさ・愛情・笑顔〉・「ご迷惑おかけしました」という利用者に「何も迷惑ではありません，一緒にご飯を食べようとお待ちしてました」と笑顔で話す。・「〇〇さん大好き」「好きですよ」といった表現がコミュニケーションに頻繁に使用されている。・インタヴュー：笑顔で優しく接することが大事。認知症高齢者を嫌いと思っているうちはだめ。好きになりますという気持ちをもつこと（職員）。〈傾聴〉・爪を切っている時に利用者が話し出すと，爪切りを一旦やめて聴いている。・インタヴュー：認知症の方は不安で不安で仕方がない。時間を忘れて本人が落ち着くまで話す（職員）。〈否定しない〉・荷物をはんてんに包んで持って行く利用者に「これが名物ですもんね」と止めない。・インタヴュー：逆らわない，否定しないことが大事（職員・家族）。盗られたと訴える利用者には，話をじっくりと聴き，否定せずに悲しみを受け止めることが重要である（職員）。〈敏感に反応する〉・利用者が「ご飯はできとりますかね」と尋ねるとすぐに「じゃあ見に行きましょう」と一緒に台所へ見に行く。〈要求に応じる姿勢〉・「ひむしか」と訴えるとすぐに職員が「ちょうど良かった今からおやつですよ，今日は珍しいおやつですよ」と応じる。〈距離をとる〉・盗られ妄想がある利用者に皆から少し離れた場所でおやつ作りをお願いする。その結果他の利用者への影響はなくなり，おやつ作りに夢中になって妄想が消失。	より添う
〈一緒にいる〉・「私はどうするの」と訴える利用者の横に座り話をしたり，一緒にいる。・盗られ妄想のある利用者と2人ですばやく自室に行き，一緒に捜している。・アンケート：孤独を感じている利用者が多いので，家族になってケアをしたい（職員）。・1人にならないようにして欲しい（家族）。〈スキンシップ〉・独語があり混乱している利用者に「どうしましたか」と声をかけながら横に座り，背中をさすりながら「〇〇さん大好きですよ」と言い，軽く抱きしめるなどで対応している。	
〈意図的なコミュニケーション〉・「私はどうするの」と訴える利用者に息子が見舞いに来ることに話題を変えて「わー，良かったですねー」と話す。・何かを指さしきりに訴える利用者に「今日は手伝ってくれる人がたくさんいるから大丈夫ですよ」と話す。・「私はわからん」と訴える利用者に「私はわかっていますよ，ご主人や息子さんのこともよく知っていますよ」と話す。・家族を交えての会話時にユーモアで利用者の笑顔を引き出す。・洗濯はその人にとってできないことではあるが，気になる様子の利用者に「洗濯は私が引き受けました」と話す。	
〈プライバシーの保護〉・居室の入り口を静かに開け「お邪魔します」と入り，戸を閉めて対応する。・リビングにいる利用者に「これからお掃除しますね」と声をかけて居室の掃除をする。・居室で利用者がパジャマを脱いでお茶を飲んでいたので，「失礼します」と声をかけ退室した。・「〇〇がない」と言い出した利用者の側にすぐに行き，「こちらに来て」と1対1で対応する。・トイレに何度も行く利用者に付き添い，出るときには便がついていないかさりげなく確認している。・毎日入浴でき，利用者の意向に添い1対1で対応する。	

えるケアプロセス

サブカテゴリー	ガイドライン項目
(1) 受容　承認 共感　傾聴 優しさ・愛情・笑顔 否定しない 敏感に反応する 要求に応じる姿勢 距離をとる	**利用者の不安・心配を優しく受け止める** ・利用者の訴えに耳を傾け，受け入れる ・不安をもつ利用者（の存在）を受け止めた声をかける（「ここにいらしていいですよ」「今のままでいいのですよ」ほか） ・利用者の言動・行動を否定しない ・笑顔を大切に，優しく接する ・利用者の様々な状況に応じて愛情を伝える（「○○さんのそんなところが好きですよ」ほか） ・利用者の質問・疑問や要求にすぐに対応できるようなかかわりをもつ ・徘徊や妄想が続く場合は見守るとともに適度な距離をおく
(2) 一緒にいる スキンシップ	**利用者が孤立し，孤独を感じないようにする** ・不安や心配を認める場合，側に座って話をしたり，一緒にさがし物を捜したり，手をつないで歩くなど共に行動する ・不安や心配を認める場合，手を握ったり，背中をさすったり，軽く抱きしめるなどその人が安心するスキンシップを図る
(3) 意図的なコミュニケーション	**利用者が安心できる意図的なコミュニケーションを図る** ・気がかりに対して語尾が「良かったですねー」「大丈夫ですよ」「私も皆も知っていますよ」などと安心を与えるコミュニケーションを心がける ・利用者ができないことに対して「一緒にやりましょう」「私が代わりにやっておきましょう」などと声をかける
(4) プライバシーの保護	**利用者のプライバシーを保護する** ・居室に入室するときは必ず本人の了解を得る ・失禁や妄想がある場合は，他の利用者に知られないように配慮する ・排泄時には，見守りや後始末をさりげなく実施する ・入浴の援助では，一人ひとりの状況に応じて対応する

第Ⅱ部　実証編

(表5-1つづき)

参与観察によるケアプロセスの場面・インタヴューおよびアンケートの回答	カテゴリー
〈場面をきりかえる〉・「私はどうするの」と訴える利用者に家族の誰がお見舞いに来るのかを尋ね「息子夫婦でしょ」と応えると「わー，いいですねー，いつもいらして」と息子の話に話題を変えた。・妄想が続く利用者と他の利用者の3人で一緒に畑に行って野菜を収穫してきた。帰ってきたときには笑顔。〈おりあいをつける〉・入浴用のネットを捜す利用者に帽子をかぶってもらった。・手作りのお菓子を存分に振舞うことができずにこだわる利用者に，「じゃあ明日も作りましょうか」と声をかけると「うん，それがいい」と笑顔になる。インタヴュー：盗られたと訴える利用者には気が済むまで一緒に捜し，疲れたところにその人の好きなことをしましょうと働きかける（職員）。〈協力を得る〉盗られ妄想が続く利用者に家族に電話してもらい，「それは家にあるから今度持って行くね」と話してもらう。	より添う
〈忍耐〉・アンケート：同じことを何度も繰り返しますが，忍耐強く聴いてあげることが大切（家族）。	
〈信頼関係〉・インタヴュー：盗られ妄想がある場合一緒に捜すことは原則だが，日頃から「お金じゃないよ，私達がついている」といった関係作りが大切である（職員）。・利用者の言葉に職員が自然に笑い，いつでも楽しく落ち着く関係がある。	
〈情報提供〉・「私はこれからどうするの」との訴えに職員が「もうすぐお昼を食べるでしょー，それからお風呂に入る，お休みになる，と朝になる，家族が来られるでしょー」と応える。・トランプをしようということになり，そのゲームについて1人の利用者が「私はわからない」と応えたところ，他の利用者が「何のわからんことのあろかい」と怒って言ったため，職員が「わからないのではなくてルールを思い出せないことがあるのよ，やればわかるのよ」，「○○さん大丈夫ですよ，一緒にしましょうね」と話す。・昼食の準備の目途がついたところで，手伝っていた1人の利用者が居室に戻ったところ，後を追って行こうとする利用者に「○○さんは疲れただけなんですよ，△△さんはこちらにいらしていいのですよ」と話す。	
〈予測に基づくケア〉・盗られ妄想があり，居室の鍵を自ら管理する利用者が居室からリビングに出て来た際に，「鍵を閉めましたか？」と確認する。	
〈表現の工夫〉・トイレと言わずに「先生が来る前にちょっと行きましょうか」と声をかける。・トイレに行きたいというサインを見つけ「宝島ね」と誘導する。・「入浴」はNGワードなのか「○○さんが呼んでいるよ」「○○さんを呼んでいる人がいるから一緒に来てもらってもいい？」と誘導し，浴室では「あー，待ってたわ，良かったー」と出迎える。・勤務を終え帰るときには「行って来ます」と声をかける。・インタヴュー：いつも状況を見計らって帰る。利用者が寝ついてからしか帰れないときもある（職員）。	新たな不安・心配事を作らない
〈環境整備〉・利用者が使っていたエプロンを片付ける際には「○○さんと名前を書いてかけておきます」と声をかける。・トイレには和紙に「御手洗」と書かれたランプがつけられていた。・○○さんはソファーの端っこが落ちつく場所となっており，食事も食卓に移動せずにそこで摂るようにしている。・音に注意しており掃除などで音が出る場合は「うるさくしてすみませんね」と声をかける。Aグループホームに入った際の印象は，誰かの家に来たというような家庭的な雰囲気であった。木の温もり，まだ作られたばかりという清潔感も感じた。・テレビはつけられていたが音量は小さかった。利用者の皆さんは，時々出る字幕を見て自分たちで話していた。・トイレの中は清潔に保たれており，臭い等もない。	

第5章 グループホームにおけるケアプロセスガイドライン

サブカテゴリー	ガイドライン項目
(5) 場面をきりかえる おりあいをつける 協力を得る	利用者の不安や心配な気持ちをきりかえたりおりあいをつけて解消する ・利用者の好む話題をとりあげてコミュニケーションを図る（家族，趣味，これまでの人生で良かったこと，ほか） ・不安や心配，妄想が続く場合，お茶などをすすめ，場面を変える ・不安や心配，妄想が続く場合，散歩，ドライブ，レクリエーションなどの活動を取り入れる ・不安や心配，妄想が続く場合，信頼関係が構築できている職員や他の利用者，家族などの協力を得る
(6) 忍耐	忍耐強く行動を見守る ・同じ言動・行動を繰り返しても根気よく応じる
(7) 信頼関係	利用者との信頼関係を築く ・利用者に，つねに意識している（関心を向けている）ことを，〈側にいるから大丈夫〉と言語・非言語的に働きかける
(8) 情報提供	行っていることやこれから行うこと，利用者に関することなどグループホームでの状況を説明する ・グループホームでのその日の生活の流れを事前に説明する（「お昼を食べたら○○をしますが一緒にいかがですか」ほか） ・他の利用者の行動に不安を感じている場合，安心できるように説明する（「○○さんは疲れたそうです」「忘れ物をしたので取ってくるそうです」「○○がわからないのではなく少し忘れているだけです」ほか）
(9) 予測に基づくケア	利用者の状態を予測して不安・心配に陥らないようにする ・盗られ妄想のある利用者への対応の一つとして自室の鍵を管理してもらう
(10) 表現の工夫	利用者が「トイレ」「お風呂」「帰る」の言葉に拒否を示す場合，他の表現を使う ・利用者が「トイレ」「お風呂・入浴」に拒否がある場合は，立ち上がったときに「ちょっと歩きましょう」「一緒に付き合ってもらってもよろしいですか」「○○さんが呼んでいます」などと工夫して誘い，「トイレ」「お風呂・入浴」の言葉を使用しない ・職員が帰るときには不安を与えないように配慮する（「行って来ます」と言う，なにも言わない，理解できる説明をする，ほか）
(11) 環境整備	利用者が混乱を起こさず，毎日落ち着いて生活できる環境づくり ・持ち物には名前を記入し，決まった場所にしまっている ・トイレなどわかりやすく表示している ・テレビ，音楽，家具の移動，掃除機などの生活音に配慮している

第Ⅱ部　実証編

表5-2　自立した生き方

参与観察によるケアプロセスの場面・インタヴューおよびアンケートの回答	カテゴリー
〈習慣〉・洗濯物の乾き具合を見に外へ出る利用者に対し，静止せずに見守る。・○○さんは，お茶の時間の後，慣れ親しんだ教育勅語をカードにしたものを職員が手渡し読んでいる。・庭仕事が好きな利用者に場所を提供する・「先生と呼ばなんでしょうが」，と言う利用者に○○先生と呼ぶようにすると，妄想が軽減する。・「ただいまー」と戻ると皆が「お帰りなさい」「どうもありがとうございました」などと声をかける。・アンケート：その人の生活習慣を継続したい（職員）。本人の望むことを継続できるように協力したい（職員）。	日常の継続
〈得意なことを取り入れる〉・○○さんは食事の前に挨拶として1分ほどスピーチ。挨拶が終わると皆拍手する。職員は写真をとる。・Uさんに浪花節を歌うように薦め，お客さんが喜ぶよ」と。はじめは躊躇していたが，歌い出し，職員は写真をとる。終わると笑顔。・アンケート：長年親しんできたことを取り入れたい（職員）。	
〈生活のリズム〉・10時：お茶の時間―ホットミルクが出される。部屋にいた利用者も部屋から出て来る。他の職員も利用者と一緒にお茶を飲む。・体操をしていくうちに，声も元気になり足もよく動くようになった。体を動かすことで，メリハリがついて，利用者も一日の始まりを感じている。・アンケート：もっとして欲しいケア：お教室・勉強会のようなものがあればと思う。個人に付き添っていろいろな所へ行ってもらいたい（家族）。	
〈安らかさ〉・職員は，利用者をよく知っていて家族の話や，住んでいる地域の話を自然としていた。一人の利用者を知ることを大切にしているようだった。・利用者一人ひとりの「素敵なところマップ」を作成し，その人の素敵なところを発見したらその都度職員が記入するようにしている。・アンケート：心の安定をはかるための人や生活の場を提供すること（職員）。・アンケート：一人ひとりにゆっくりじっくりかかわり，きめ細かな心のケアを徹底したい（職員）。	
〈事故防止・見守る〉・息子さんが帰るときにすくっと立って玄関までお見送りされる。職員がさっとついて行き，「私が心配だから」と声をかける。・インタヴュー：利用者が外に出て行くと，反対側から歩いて行き偶然出会ったようにして一緒に散歩したり，一緒に帰って来たりする。あるいは，ここの窓のところにきたら，手を振ってねと約束している人や，右回りに歩くときは大丈夫だけど，左回りのときは敷地外に出て行ってしまうので，追いかける場合もある（職員）。	安全な暮らし
〈環境整備〉・キッチンとリビングが一緒になっていることで，職員が利用者を観察しながら食事の準備を行うことができる・台所には見守ることのできる窓枠のような部分があり，炊事をしながらでもそこから見守ることができる。・玄関の上がりかまちには下駄箱が設置してあり，利用者はそこに捕まって履物を脱ぐ。・リビングにはじゅうたんが敷き詰められているが隅がめくれないように処理してある。・包丁は使用したらすぐにしまう。・体温計は紐が取り付けてあり，誰が使用しているのか一目瞭然である。	
〈自尊心を高める〉・台所の前に立つ利用者に「あちらに座りましょうか」と誘っても行こうとしない。他の職員が「○○さんは以前はよく食事のお手伝いをされて，手伝おうと思ってここに来てらっしゃるから，そこにいらしていいのですよ」と。・「○○さんが△△さんのことをとっても心配されているのよ。優しいのよねー」と伝えていた。・インタヴュー：認知症で何もわからないのではなく，一人の大人として接することが大切である（職員）。・アンケート：人権・人格の尊重が最重要（家族・職員）。その人の素敵を受け止め，共有する。プライドを傷つけない言動が大切である（職員）。	生き方の尊重

第5章 グループホームにおけるケアプロセスガイドライン

を継続するケアプロセス

サブカテゴリー	ガイドライン項目
(1) 習慣	利用者のこれまでの習慣を継続する ・家事・散歩・趣味など，利用者の望む活動を継続する ・利用者が好む呼称（先生，住職さん，ほか）を使用する ・利用者がホームに帰宅したとき，他の利用者と職員が「お帰りなさい」と笑顔で出迎える
(2) 得意なことを取り入れる	利用者の得意なことが日常生活に組み込まれている ・利用者ができることを取り入れる（皆のお茶を入れてもらう，食事やレクリエーションの前に挨拶をしてもらう，ほか）
(3) 生活のリズム	生活のリズムができている ・利用者はペースを尊重されながらも，お茶の時間，食事の時間，活動の時間が存在し，生活リズムが確保されている
(4) 安らかさ	利用者の生活歴を知った上での利用者主体のケアの結果，利用者が安心し，リラックスできる ・一人ひとりにゆったり，じっくりとかかわる ・利用者が過ごしてきた人生を把握した上で，利用者を尊重したケアを提供する ・静か，清潔，家庭的，嫌な臭いがないなど，ゆっくりと落ち着くのできる環境を提供する
(5) 事故防止・見守り	利用者の行動に敏感に反応して実施する ・外へ出た利用者を制止せずに見守り，偶然出会ったような場面を作り対応する ・歩き出したら，後ろから見守り，歩行介助など適時に援助する
(6) 環境整備	安全な日常生活の確保 ・環境設計などの工夫により利用者を自然に見守ることができる ・利用者は，手すりや下駄箱などの丈夫な家具を使用するなどして，安全に移動・移乗動作を行えるようにする ・利用者は，障害物の除去や隅を処理されたカーペットなどで，安全に移動できるように工夫する ・包丁やハサミなどの危険なものは管理する
(7) 自尊心を高める	利用者の存在を承認し，自尊心を高める ・認知症ではなく一人の人として尊重し，接する ・利用者の素敵なところを表現し伝える（「髪型が素敵ですね」「笑顔が素敵ですね」「○○さんは優しいですね」ほか）

第Ⅱ部 実証編

(表5-2つづき)

参与観察によるケアプロセスの場面・インタヴューおよびアンケートの回答	カテゴリー
〈達成感を得る〉・家事を担う利用者に「いつも丁寧に拭いていただきありがとうございます，本当に助かります」と声をかけると利用者が「ああよかった」と笑顔を見せる。インタヴュー：捜し物が見つかったときにも本人が見つけたような場面づくりをし，達成感が得られるようにする（職員）。	生き方の尊重
〈関心〉・新聞をめくっている利用者に「何かいい記事載ってる？」「いい記事あったら教えてね」と声をかける。・興奮して独語状態の利用者に職員が横に座り，背をさすりながら「どうしましたか」と問いかけ，「○○さん，大好きですよと軽く抱きしめる」	
〈自由な暮らし〉・食事が終わると，利用者一人ひとり自由に過ごしていた。椅子に座ってテレビを見る方，廊下の方まで行き景色を眺める方，自分の部屋に戻る方など様々であった。・レクリエーションや食事づくりはやりたい人がやることになっている。・束縛したり型にはめたりしない。・拘束はしていない。・インタヴュー：徘徊は悪いことではなく，目的をもつとの認識の下，鍵をかけたりせずに，利用者が行きたいところに行けるようにする（職員）。人間らしく自由に暮らしてもらいたい（職員）。	
〈恥をかかせない〉・「昨日ラーメン食べに行ったねー」と話すと「わからん」と言ったが，「また行きましょうね」と話す。・職員はサトイモを大きく切る利用者に何度も「だご汁を作りますけど大きさはどうしましょうか」と声をかけるが大きいまま。利用者が離れた隙に小さく切る。・トイレに誘導時トイレの前の棚の中から尿とりパットを取り出した際，利用者が何を持っているのかと尋ねるとオムツとは言わずに「よかもんば持っとります」と声をかけトイレへ行く。・食器を洗う際のがちゃんがちゃんという音に他の利用者が「音のしよる」と。職員がすぐに（利用者の行動を否定せずに）水の出る量を少なくした。・他のおかずを待たずにおかずを食べてしまった利用者に「あら食べちゃったの，おいしかった？」と話す。・失禁（便）した場合「（誰かに）悪いことされましたねー」と話しながら，他の利用者に知られないように手早く清潔にする。	
〈役割を担うことへのサポート〉・利用者は「皮むきをお願いしますね」と言われて職員と一緒に始める。ジャガイモやたまねぎの皮むきが済むと，職員に「切り方はどうしたらいいの？」「これ（きゅうりの2本目）も切っていいのか？」など聞き，職員の手本を見て確認しながら下ごしらえを始めた。・コップを人数分並べ温めたミルクを鍋ごとテーブルに置き，「コップに少しずつ分けてくださいね」と促し，利用者に注ぎ分けてもらう。「こちらは○人です」と声をかけ，配膳も行ってもらう。	役割を担うことでのアイデンティティの保持
〈役割を担う場面づくり〉・利用者が居間に移動してくるとテーブルの上に新聞紙・まな板・包丁・野菜（にんじん・ジャガイモ・たまねぎ・きゅうり）が置かれていた。・流しに置いてある（放置してある）飲み終わったコップを利用者が洗う。・職員が洗った食器をかごに入れてテーブルに持って来てテーブルの側にいる利用者に「拭いてもらって良いですか？」と人数分布巾を持ってくる。・男性職員が洗濯物を干したり，男性職員が厨房に立つ。利用者はほっとけないと思って手伝う。・職員が掃除道具がしまってある倉庫の戸をあけ掃除道具が目に入るようにする。また，利用者に窓を開けてもらうことで，掃除を促す。	
〈担う役割への承認〉・利用者がエプロンをつけて積極的に配膳している。配膳されるたびに「○○さんありがとうございます」と職員が声をかける。・利用者が配膳して戻ると「ありがとうございます，お疲れ様でした，もうお座りになってよろしいですよ」と声をかける。その役割を担いたくないという本人の意向も承認する。	

第5章 グループホームにおけるケアプロセスガイドライン

サブカテゴリー	ガイドライン項目
(8) 達成感を得る	利用者がやり遂げたことを承認し，達成感が得られるようにする ・利用者がやり遂げたことを認め，共に喜ぶ
(9) 関心	利用者への愛情・関心を言葉や態度で示す ・新聞や雑誌を読んでいる利用者に記事の内容を尋ねるなどして関心を示す ・「○○さん大好きですよ」「○○さんは優しいですもんね」と声をかける（重複項目）
(10) 自由な暮らし	利用者の自由な暮らしを尊重する ・利用者は思い思いの活動ができ，レクリエーションや食事づくりへの参加を強制されない ・拘束はなく，行きたいところへ行ける自由な環境を提供する
(11) 恥をかかせない	利用者が忘れていることを追及しない ・利用者が忘れていることを「○○だったでしょ」などと追及しない 利用者の自尊心を傷つけない ・羞恥心に充分配慮し，オムツ（おしめ，尿とりパット）という言葉は使用しない 利用者の失敗をカバーする ・利用者の失敗を気付かれないようにカバーする
(12)役割を担うことへのサポート	役割を担うことができるように配慮してサポートする ・利用者が役割を担うことができるように，進行状況を見守りながら適時に援助する（過剰なケアをしない）
(13) 役割を担う場面づくり	利用者が自ら役割を担おうとする場面を作る ・使った茶碗を流しに置いておく（放置しておく）など，利用者が役割を担うきっかけを作る ・時間を見てテーブルの上にまな板，包丁，食材を並べておくなど，利用者が役割を担うきっかけを作る ・掃除道具が目に入るように棚のドアを開けておくなど，利用者が役割を担うきっかけを作る ・その人に添った役割を「～をしてもらってよろしいでしょうか」などと押し付けることなく提供する
(14) 担う役割への承認	利用者が担う役割を承認し伝える ・利用者が担う役割に感謝やねぎらいの気持ちを伝える

第Ⅱ部　実証編

(表5-2つづき)

参与観察によるケアプロセスの場面・インタヴューおよびアンケートの回答	カテゴリー
〈機会の提供〉「○○さん，お菓子作りの時のメニューがまだ決まっていないから，どれがいいか見てもらってていいですか？」と本を渡す。・利用者が職員に「これどうかしら？」とちらし寿司を提案すると，「あら，ちらし寿司？材料には何が必要かしら？」と対応する。	自己選択・自己決定の尊重
〈サポート〉・「明日はなに着る？」と尋ねる利用者に，職員が着ているセーターをさすり，「これ素敵ですよね，それにまだいっぱいいいのをもってらっしゃるから，後で準備しましょうね」と対応する。・午後からのお風呂の準備に，利用者の部屋に一緒に行きたんすを開けて「パンツを出してください」「上着を出してください」「靴下」と一つひとつ声をかけ，利用者は選びながら準備する。	
〈意向に添う〉・1人の利用者が耳鼻科受診のために外出することを知った別の利用者が「私も今日にするわ」と言うため，意向を受け入れ，急遽2人が受診のために外出した。〈拒否の尊重〉・落ち着かない利用者にお手伝いをお願いし，台布巾を渡すと「ふー」と肩を落とし疲れた様子。「疲れましたか」とホーム長が台を拭く。・体操をしたくないと言う利用者には無理に体操をしてもらおうとしない。〈ペースの尊重〉・利用者の1人は10時半過ぎに居室から出てくる。職員は「待ってましたよー」とおやつとコーヒーを出す。	
〈自分でできることは行うためのサポート〉・利用者は，隣に座った他の利用者が気になる様子で，なんだかんだと話し，食事を食べようとしない。職員が「こうやって食べます」と実際に食べて見せる。・時間はかかるが目の前に食事を置くと最後まで全て食べることができる利用者がりんごを手で食べようとし，職員も「手でいいですよ」と声をかける。・インタヴュー：金銭管理について，はじめは全てホームで管理していたが，家族と話し合いをもち，1,000円2,000円程度は管理してもらおうということになった。アンケート：本人のもっている能力を引き出すケアが重要。できないと決めつけない。できないところにとらわれず，できることを守っていく（職員）。手・口出さず，目を離さないこと（家族・職員）。	自立支援
〈環境づくり〉・浴室を出たところに椅子があり，そこに座って髪を乾かし，顔に化粧水をつけたり，手にクリームを塗ることができるように，化粧品が置かれている。・古家改修型であり，玄関には30cmほどの上がりかまち（バリア）があるが，玄関からの出入りは，下駄箱につかまりながらなど自然に利用者が工夫しできている。・アンケート：触発されるような環境をつくり，お年寄り自らこれまで培ってきた力を発揮できるケアをしたい（職員）。	
〈サインを見逃さない〉・利用者が立ち上がろうとすると，職員がさっと付き添い，両手を「どうぞ」と差し出す。・利用者が食堂で椅子から立ち上がる。すぐに職員が除けてあった歩行器を近くにつける。・利用者が上着のすそを気にして，上着のすそを持ち上下に動かしている。その様子を職員が見つけ，「○○さん，トイレに行こうか」とすぐに近づき，手を引いてトイレへ誘導する。・斜めに座っている状態から，さらに横を向いて座り，ズボンの股の部分を触ったりし始めて，しばらくすると，独言が始まった。職員が声をかけて，トイレに誘導した。インタヴュー：利用者の視線，表情，瞬き，行動，しぐさなど，ちょっとしたサインを見過ごさないことが重要である（職員）。	

第5章 グループホームにおけるケアプロセスガイドライン

サブカテゴリー	ガイドライン項目
(15) 機会の提供	日常生活の中で自然に選択・決定の機会を作る ・利用者に衣服，食事やアクティビティのメニュー，食材などの選択・決定をしてもらう
(16) サポート	利用者の選択・決定をサポートする ・些細なことでも利用者に選択・決定してもらえるようにサポートする
(17) 意向に添う 拒否の尊重 ペースの尊重	利用者の選択・決定を尊重する ・予定していなかった行事なども，利用者の意向に応じて取り入れる柔軟さをもつ ・気分がのらないことを無理強いしない（日常していることに対しても） ・起床時間，入浴時間，就寝時間などに決まりはなく利用者のペースを尊重する（重複項目）
(18) 自分でできることは 行うためのサポート	手を出しすぎず，できることは行ってもらっている ・利用者が自分でしようとしている場合に，職員は「お願いします」「ありがとうございます」「それでいいのですよ」などと声をかけながら見守り，必要時サポートする ・希望に応じて金銭管理ができるようにサポートする
(19) 環境づくり	自分でできることはできるような環境を作る ・利用者が浴室を出ると椅子があり，ドライヤー・化粧水などが準備してあるなど，自立のきっかけを作る ・玄関には靴を履いたり脱いだりしやすいように椅子が準備してあるなど，自立のきっかけを作る
(20) サインを見逃さない	利用者のわずかなサインを見逃さない ・利用者のわずかなサイン（視線，表情，しぐさの変化など）を捉えて対応する 　＊立ち上がろうとしている利用者に必要時手をさしのべる 　＊そわそわしたり，体の向きが変わったりしたら「何か困っていますか」と声をかけ，対応する

(表5-2つづき)

参与観察によるケアプロセスの場面・インタヴューおよびアンケートの回答	カテゴリー
〈心身の活動を高める機会・演出〉・職員がテーブルを動かし何やら会場作りをすると，利用者が「何かあるのかな」と言って集まって来る。・毎朝の顔の体操を「美人になる体操です」とユーモアたっぷりに行う。・息子さんが来訪された際に「誰が来た，当てたらお茶をもう1杯サービス」とユーモアたっぷりに投げかける。ケアワーカーが真ん中に座り，回想法を使ったコミュニケーションを図っている。給料が8円だったという話から，「30円でいわしが山盛り買えた」「昔はものを買うということがほとんどなかった，食べ物なんかぜーんぶ作りよった」「昔がなつかしいー」など。・利用者の外出の準備をする。職員は化粧道具を持って行き，「さあさあ準備をしましょう，すてきなコートがありますよ」と誘導する。洋服を着替え，髪を整え，きれいにお化粧する。部屋から出てくるとみんなで拍手し「とてもきれいですよー」と声をかけると，とても嬉しそう。・黒砂糖の入った蒸しケーキに今日はおいもをのせて作ろうと思っているの」と話しかけると，利用者が思わず「わー」と声を上げる。「だから手伝ってくださいね，お願いします」と声をはずませる。・アンケート：旅行，温泉，映画，ショッピング，編み物，押し花などをしたい。外出の機会を増やしたい。故郷を訪ねてみたい（職員）。	生活の活性化
〈趣味や特技を引き出す〉・落ち着きなく歩く利用者が，レクの間は椅子にずっと座っていた。ボールのやり取りは一番上手。皆から拍手をたくさんもらう。職員より「大分のっておられた」と感想あり。・社交ダンスが得意な利用者に，会場を設定し，ボランティアの男性に来訪してもらい披露してもらう。アンケート：文化的なことにも触れてもらいたい（職員）。	
〈情報の共有〉・利用者の1人が発熱しており，何の熱かわからないために対応を話し合う。・不眠の利用者の対応や，安全管理のための対応をミーティングで話し合う。・生活アセスメントシートを用いて引き継ぐ。・アンケート：どんなに小さなことでもお互いの気付きを共有し，よりよいケアを提供したい（職員）。	健康管理
〈観察・バイタルサインチェック・受診・与薬・原因を探る〉・発熱に対し風邪やただの膀胱炎ではないだろうとのことから，心不全の心配をする。・胸部レントゲンも診てもらう。・体重の変化を見るようにする。・アンケート：問題行動がある場合は，その意味を考え，可能な限り原因を除去することが重要（職員）。	
〈食摂取への工夫〉・ご飯が一口も入らない利用者がだご汁の汁だけ飲むため，「だご汁まだありますよ。あげましょうか」と3回おかわりを勧め，飲んだ。お菓子はどうかと「蒸しケーキにお好きなおいもをのせて作ったんですよ，おいしいですよ，食べてください」と勧める。・テーブルは食事制限のある方とない方で区分している。アンケート：バラエティに富んだ食事の工夫をしてもらいたい（家族）。	
〈衛生状態を保つ〉・散歩から戻ると洗面所へ手をつないで誘導し，「○○さん，手を洗いましょう，はい，せっけん」と一緒に手を洗う。・インタビュー：外部評価で口腔ケアのことを指摘された。これまで朝，寝る前に行っていたが，毎食後の口腔ケアが肺炎の予防に効果的であることを再認識させられた（職員）。	
〈職員の教育〉・職員が他の職員が行ったケアで，利用者の足の位置が悪いのに気づき，どこが悪いか説明して一緒にやって見せる。・インタヴュー：グループホームケアで限界があると言う人がいるが，限界という言葉は教育のなさ。教育のために申し送りに1時間かけ，研究会や勉強会にどんどん出ている（職員）。	職員への教育

第5章 グループホームにおけるケアプロセスガイドライン

サブカテゴリー	ガイドライン項目
(21) 心身の活動性を高める機会・演出	日常生活の中で，心身の活動性を高める機会を作る ・アクティビティ時には，音楽を流す，飾りをつけるなどして，参加意欲を引き出す雰囲気作りをする ・回想法，体操，歌，散歩などを実施し，楽しい時間が過ごせるようにする ・短い時間でも1日1回以上は外に出る機会を提供する ・外出時にはお化粧やおしゃれをし，職員が笑顔で見送り出迎える ・アクティビティの導入時には，できるだけ利用者が楽しめるような工夫をする（演出，ほか）
(22) 趣味や特技を引き出す	外部の人の協力を得るなどして利用者が習い事や趣味をする機会を作る ・社交ダンス，日本舞踊，囲碁・将棋，洋裁・和裁，編み物，農作業，園芸などの（特技を披露できる）機会を提供する
(23) 情報の共有	職員全員が利用者の情報を共有する ・申し送りやミーティング，ケアプランの作成を通して情報の共有をする
(24) 観察・バイタルサインチェック・受診・与薬・原因を探る	利用者の体調を把握し，必要時医療機関を受診する ・脱水，風邪，便秘の予防に留意しながら，体重，バイタルサインなどの観察を徹底する ・不穏状態などの調子の悪さを認める場合は，その原因を探り，対応する
(25) 食摂取への工夫	食が進むように利用者に添った工夫をする ・食摂取への工夫として場所，テーブルと椅子の高さ，自助具，姿勢，食の形態，盛り付けなどの工夫に加え，声をかけたり，好物を出すなどがある
(26) 衛生状態を保つ	予防に留意して衛生状態を保つ ・外出後は手洗い・うがいを励行する ・毎食後に口腔ケアを実施する
(27) 実践教育	職員は適時教育を受け，不安をもつことなくケアを提供できる ・代表者は職員に外部での研修に参加する機会を提供する ・グループホームには，職員の心配や不安，疑問を解消しあう態勢がある

尊重〉を,【自立支援】には,⒅〈自分でできることは行うためのサポート〉,⒆〈環境づくり〉,⒇〈サインを見逃さない〉を,【生活の活性化】には,(21)〈心身の活動性を高める機会・演出〉,(22)〈趣味や特技を引き出す〉を,【健康管理】には,(23)〈情報の共有〉,(24)〈観察・バイタルサインチェック・受診・与薬・原因を探る〉,(25)〈食摂取への工夫〉,(26)〈衛生状態を保つ〉を,【職員への教育】には(27)〈実践教育〉を認めた。

　ガイドライン項目は,まず,【日常の継続】のサブカテゴリー⑴に対応する「利用者のこれまでの習慣を継続する」に対して三つの下位項目,ⅰ家事・散歩・趣味など,利用者の望む活動を継続する,ⅱ利用者が好む呼称(先生,住職さん,ほか)を使用する,ⅲ利用者がホームに帰宅したとき,他の利用者と職員が「お帰りなさい」と笑顔で出迎える,を作成した。⑵に対応する「利用者の得意なことが日常生活に組み込まれている」に対しては,ⅳ利用者ができることを取り入れる(皆のお茶を入れてもらう,食事やレクリエーションの前に挨拶をしてもらう,ほか),⑶の「生活のリズムができている」に対しては,ⅴ利用者はペースを尊重されながらも,お茶の時間,食事の時間,活動の時間が存在し,生活リズムが確保されている,⑷「利用者の生活歴を知った上での利用者主体のケアの結果,利用者が安心し,リラックスできる」に対しては,ⅵ一人ひとりにゆったり,じっくりとかかわる,ⅶ利用者が過ごしてきた人生を把握した上で,利用者を尊重したケアを提供する,ⅷ静か,清潔,家庭的,嫌な臭いがないなど,ゆっくりと落ち着くことのできる環境を提供する,を作成した。このようにして【安全な暮らし】に対応する⑸「利用者の行動に敏感に反応して実施する」に対しては2項目,⑹「安全な日常生活の確保」に対しては4項目,【生き方の尊重】に対応する⑺「利用者の存在を承認し,自尊心を高める」に対しては2項目,⑻「利用者がやり遂げたことを承認し,達成感が得られるようにする」に対しては1項目,⑼「利用者への愛情・関心を言葉や態度で示す」に対しては2項目,⑽「利用者の自由な暮らしを尊重する」に対しては2項目,⑾「利用者が忘れていることを追及しない」「利用者の自尊心を傷つけない」「利用者の失敗をカバーする」に対してそれぞれ1項目作成した。【役割を担うことでのアイデンティティの保持】に対応する⑿「役割を担うことができるように配慮してサポートする」に対して1項目,⒀「利用者が自ら役割を

担おうとする場面を作る」に対して4項目，⒁「利用者が担う役割を承認し伝える」に対して1項目，【自己選択・自己決定の尊重】の⒂「日常生活の中で自然に選択・決定の機会を作る」に対して1項目，⒃「利用者の選択・決定をサポートする」に対して1項目，⒄「利用者の選択・決定を尊重する」に対して3項目，【自立支援】の⒅「手を出しすぎず，できることは行ってもらっている」に対して2項目，⒆「自分でできることはできるような環境を作る」に対して2項目，⒇「利用者のわずかなサインを見逃さない」に対して1項目，【生活の活性化】の(21)「日常生活の中で，心身の活動性を高める機会を作る」に対して5項目，(22)「外部の人の協力を得るなどして利用者が習い事や趣味をする機会を作る」に対して1項目，【健康管理】の(23)「職員全員が利用者の情報を共有する」に対して1項目，(24)「利用者の体調を把握し，必要時医療機関を受診する」に対して2項目，(25)「食が進むように利用者に添った工夫をする」に対して1項目，(26)「予防に留意して衛生状態を保つ」に対して2項目，【職員への教育】の(27)「職員は適時教育を受け，不安をもつことなくケアを提供できる」に対して2項目作成した。

このようにして，「自立した生き方を継続するケアプロセス」のガイドライン項目は，29の上位項目に対して54の下位項目が作成された。

3．共同生活の和をつくるケアプロセス

「共同生活の和をつくるケアプロセス」（表5-3参照）には，【交流の場面づくり】【家族との交流】の二つのカテゴリーが抽出された。【交流の場面づくり】には，⑴〈利用者・職員との交流の場面づくり〉〈喜びや楽しみを分かち合う〉，⑵〈争いの解消・和を乱さない〉，⑶〈来訪者が受け入れられる場面づくり〉，⑷〈支えあい〉を，【家族との交流】には，⑸〈意向に添う〉，⑹〈家族の出番づくり〉，⑺〈信頼関係〉〈家族への支援〉を認めた。

ガイドライン項目は，まず，【交流の場面づくり】のサブカテゴリー⑴に対応する「利用者同士，利用者と職員の交流の機会を作る」に対して五つの下位項目，ⅰ食事は極力職員も含めて利用者が一緒に摂るようにする，ⅱ居室への閉じこもりが多い利用者を他の利用者が誘いに行くような場面を作る，ⅲ利用者間の会話の仲介役など，交流が深まるようにサポートする，ⅳ買い物や畑で

第Ⅱ部　実証編

表5-3　共同生活の和を

参与観察によるケアプロセスの場面・インタヴューおよびアンケートの回答	カテゴリー
〈利用者・職員との交流の場面づくり〉・食事の時間になり，三つのテーブルに職員がそれぞれ座り，一緒に食事をする。・お茶の時間にテーブルごとに1皿ずつビスケットを置く。利用者は少しずつ取り，利用者同士で皿を回し，分けながら食べていた。・利用者の1人が職員に頼まれ裁縫を行っていた。裁縫が得意な他の利用者が「代わりましょうか」と言い縫物を交替した。先ほどまで縫っていた利用者とも「縫い物は難しいですもんね」と話しながら，笑いあっていた。・お茶の時間に部屋にいる利用者に他の利用者が2人分のお茶とお菓子を持って訪れる。職員が「○○さんの部屋は日当たりがいいから，○○さんの部屋で一緒にお茶を飲みたいのですって」と声をかけると「あら一いいわよ，どうぞ」と声が返ってくる。その後2人で会話しながらお茶を飲んだ様子。〈喜びや楽しみを分かち合う〉・畑に行っていた利用者2人が菜っ葉をとって戻る。皆が「わー」と歓声をあげ，「お疲れ様でした」「ありがとうございました」と声をかける。・インタヴュー：一緒にここで生活することが幸せと思えるように心がける（職員）。・アンケート：一瞬でも喜びや笑いを感じるケアをしたい（職員）。	交流の場面づくり
〈争いの解消・和を乱さない〉・利用者の1人に他の利用者がちょっと触ったら「なんしよっと，なんしよっと」と大声で怒鳴った。すぐに台所にいた職員が来て，怒鳴られた利用者に「ここの椅子はくるくるして危ないから，こちらの椅子に座りましょう」と声をかけ，別の利用者のソファーの隣に誘導する。それでおさまり，怒鳴らない。怒鳴られた人もほかの利用者とソファーで談笑されている。インタビュー：けんかは共同生活をしていれば当然のこと，しばらく見守っていると自分たちで解決できることが多い。怒鳴るのも肺にはいいからと言っている（職員）。	
〈来訪者が受け入れられる場面づくり〉・職員が来訪者を「若い子が遊びに来ましたからちょっとお話しといて下さい」と紹介する。・調査者に利用者が不安がるので名札をつけるようにと指示があった。・インタヴュー：来訪者がいつ来てもそれが自然であるホームにしたい（職員）。	
〈支えあい〉・利用者がおろおろしながらお茶の準備をするのを他の利用者が何も言わずに湯呑みを出したり，手伝う。・代表が「私達（職員）はずっと一緒に暮らすわけではないけど，あなたたちはずっと一緒に暮らすのだから，そこを考えて助け合って仲良く暮らして欲しいといつも言ってます」と。・自分の部屋だけを各自が掃除するのではなく，できる人が苦手な人を手伝っている。・インタヴュー：ターミナルケアは皆で看取る（職員）。看取りまでその人に添いたい（職員）。・アンケート：終末期ケアをしたい（職員）。	
〈意向に添う〉インタヴュー：認知症高齢者ケアで重要なことの一つは，本人と家族の関係である。本人と家族の大切な関係を努力して取り戻すのをお手伝いする。・月に1度家族会を開き，100％出席である。アンケート：本人・職員・家族とのトライアングルが大切（家族）。・家族とのつながりを大切にする（家族）。・利用者および家族がいろいろ話しやすい状態にして欲しい（家族）。	家族との交流
〈家族の出番づくり〉インタヴュー・家族会を開くようになったら，ご家族からも「これまでどのようにして関わったらいいのかわからなかった」と言われました。畑作りをお願いしたら本当に良くやってくれて，いつも何か収穫できます。・家族会で餅つきをしてもらっています。アンケート：家族にも輪に入ってもらい，三者で楽しみたい（職員）。	
〈信頼関係〉インタヴュー・事故にあったときなどは勿論だが，請求書などを送る際にも写真をつけて利用者の近況を伝えるようにしている（職員）。・新聞を発行するようになったら家族からの反響が多くなった（職員）。・家族会で，苦情などについてオープンに話し合うようにしている（職員）。・年に1回の忘年会はホテルを貸しきります。そこでは，ホームでの日常を映像で流します（職員）。・月に1度の家族会が，私たちのグループホームの1カ月の集大成だと思って取り組んでいる。ここでご利用者が一番いい笑顔を見せることができるように1カ月1カ月頑張っている（職員）。〈家族への支援〉アンケート：家族への理解が欲しい，経済的な面で相談にのって欲しい（家族）。家族との大切な場面づくりをしたい（職員）。	

第5章　グループホームにおけるケアプロセスガイドライン

つくるケアプロセス

サブカテゴリー	ガイドライン項目
(1) 利用者・職員との交流の場面づくり 喜びや楽しみを分かち合う	利用者同士，利用者と職員の交流の機会を作る ・食事は極力職員も含めて利用者が一緒に摂るようにする ・居室への閉じこもりが多い利用者を他の利用者が誘いに行くような場面を作る ・利用者間の会話の仲介役など，交流が深まるようにサポートする ・買い物や畑で収穫して得られたものを皆で喜ぶ場面を作る ・利用者と職員が，喜びや悲しい出来事を共有する
(2) 争いの解消・和を乱さない	利用者同士の争いごとを，当事者それぞれが孤立しないように解決する ・争いごとは利用者間で解決できるように見守る ・争いごとがあった場合は感情を表出できるように配慮する ・言い合いになり，手が出そうなときには職員が介入する
(3) 来訪者が受け入れられる場面づくり	来訪者が受け入れられるように配慮する ・利用者が来訪者に対して不安をもったり，尋ねられたときには紹介する
(4) 支えあい	利用者同士がお互いに支えあって生活する ・掃除は自分の部屋だけでなく，できる人は苦手な利用者の手伝いをするような場面を作る ・ターミナルケアには職員と共に利用者もかかわる
(5)意向に添う	家族の意向を知った上で話し合いながら利用者にとっての望ましい生活を目指す ・グループホームで利用者がどのように暮らすのか，家族と相談する機会を月に1度以上もつ
(6)家族の出番づくり	家族がグループホームにかかわる機会を作る ・いつでも家族の来訪を歓迎する ・畑作り，餅つきなど，得意なことでのお手伝いを家族に依頼する
(7) 信頼関係 家族への支援	家族との信頼関係を作る ・事故や状態変化の報告はもちろん，利用者の近況を家族に伝える ・ホームの近況を伝えるお便りや新聞を家族に発行する ・家族会などを開催し，家族の意向をくみとったり，ホームの方針を伝える ・家族会や行事などへの協力を家族に呼びかける ・家族の心配や不安は時間を確保して聞き，真摯に対応する

第Ⅱ部　実証編

収穫して得られたものを皆で喜ぶ場面を作る，ⅴ利用者と職員が，喜びや悲しい出来事を共有する，を作成した。(2)に対応する「利用者同士の争いごとを，当事者それぞれが孤立しないように解決する」に対しては，ⅵ争いごとは利用者間で解決できるように見守る，ⅶ争いごとがあった場合は感情を表出できるように配慮する，ⅷ言い合いになり，手が出そうなときには職員が介入する，の三つの下位項目を作成した。このようにして，(3)に対応する「来訪者が受け入れられるように配慮する」に対しては1項目，(4)「利用者同士がお互いに支えあって生活する」に対しては2項目，【家族との交流】の(5)に対応する「家族の意向を知った上で話し合いながら利用者にとっての望ましい生活を目指す」に対して1項目，(6)「家族がグループホームにかかわる機会を作る」に対して2項目，(7)「家族との信頼関係を作る」に対して5項目作成した。

　このようにして，「共同生活の和をつくるケアプロセス」のガイドライン項目は，七つの上位項目に対して19の下位項目が作成された。

　このような手順を経て，ケアプロセスの質の概念59のサブカテゴリー，13のカテゴリーから，ガイドラインの上位項目47，下位項目102を作成した。102項目のうち重複している項目2項目を削除して，100項目とした。このガイドライン100項目の表現は，調査対象のケア提供者の意見を参考にし，修正を重ねた。

4．グループホームにおけるケアプロセスガイドラインを作成して

　ここでは，抽出されたケアプロセスの質の概念と，ガイドラインについて，2004年度までに43道府県の外部評価を担った東京センターが提示するグループホームのサービスの質の要素，および評価尺度（以下，センター方式と称す）とを比較検討する。

1）ケアプロセスの質の概念

　東京センターは，グループホームのサービスの質の要素として，本人に関するサービスの質9，家族に関するサービスの質2，地域に関するサービスの質2，合計13要素を示している。この13の要素を評価するために，運営理念，生活空間づくり，ケアサービス，運営体制の4領域で，自己評価142項目，うち71項目を外部評価項目として設定している。

第5章 グループホームにおけるケアプロセスガイドライン

　本研究で抽出されたケアプロセスの質の概念には、東京センターが示す本人に関するサービスの質の九つの要素、および家族に関するサービスの質の二つの要素にかかわるもの全てを認めた。しかし、地域に関するサービスの質に関するものは認められなかった。地域に関するサービスの質は、グループホームにおける認知症高齢者ケアが地域の資源として役割を果たすことや、グループホームの閉鎖性を打破するために必要な要素である。しかし、外部評価で地域との交流不足を指摘されたグループホームの中には、プライバシー保護の観点や他人に入ってほしくないとする家族の要望との間で苦慮していること、自治会や婦人会にケア提供者が入会することを強く勧められ、困惑していることを面接時に語っている。この点については、検証の積み重ねが必要である。

2）ケアプロセスガイドラインとセンター方式のケアサービスの評価項目

　センター方式が示す評価領域のうち、ケアプロセスとかかわるのは、ケアサービスである。ケアサービスの評価項目は、外部評価71項目中38項目、自己評価142項目中77項目と過半数を占め、ケアプロセスに関する項目が重視されている。本章で作成したガイドラインと共通の項目も多いが、センター方式のケアサービスは、「ケアマネジメント」「ホーム内での暮らしの支援（(1)介護の基本の実行、(2)日常生活行為の支援、(3)生活支援、(4)ホーム内生活拡充支援、(5)医療機関の受診等の支援、(6)心身の機能回復に向けた支援、(7)入居者同士の交流支援、(8)健康管理）」「入居者の地域での生活支援」「入居者と家族の交流支援」から構成され、全体を広く網羅するとともに、ガイドラインでは触れられていない「ケアマネジメント」や、「ホーム内での暮らしの支援」の項目が具体的である。とくに、「ホーム内での暮らしの支援」の(2)日常生活行為における食事、排泄、入浴、整容、睡眠・休息の支援に対して、それぞれ評価項目を作成している点に注目できる。しかしながら、前述したように、センター方式は、普遍化された評価尺度であるがゆえに、ケアプロセスそのものである個別的なケアの内容としての具体的な言動や行動までは、表現されていない。一つの例を挙げると、センター方式の「ホーム内での暮らしの支援」の(1)介護の基本の実行：入居者一人ひとりの尊重における評価項目は、「職員は、常に入居者一人ひとりの人格を尊重し、誇りやプライバシーを損ねるような言葉かけや対応を行っていない（入居者一人ひとりの違いの尊重、さりげない介助、プライベートな場所での礼儀、

本人の返答能力に応じた質問方法，本人が思っている「現実」を否定しない等）」となっている。これに対するガイドライン項目には，①〈不安をもつ利用者（の存在）を受け止めた声をかける（「ここにいらしていいですよ」「今のままでいいのですよ」ほか）〉，②〈利用者の言動・行動を否定しない〉，③〈利用者の様々な状況に応じて愛情を伝える（「○○さんのそんなところが好きですよ」ほか）〉，④〈居室に入室するときは必ず本人の了解を得る〉，⑤〈失禁や妄想がある場合は，他の利用者に知られないように配慮する〉，⑥〈同じ言動・行動を繰り返しても根気強く応じる〉，⑦〈利用者の素敵なところを表現し伝える（「髪型が素敵ですね」「笑顔が素敵ですね」「○○さんは優しいですね」ほか）〉，⑧〈利用者が忘れていることを「○○だったでしょ」などと追及しない〉などがあり，より具体的な言動や行動が表現されている。

　このように，ガイドラインは，ケア提供者や利用者家族のグループホームケアに関する意向や，実際の対応を踏まえた上で作成されたため，特徴として，個別的なケア内容に対し，具体的な言動や行動を100項目に示したことが挙げられる。ケア内容を具体的に100項目示すことにより，ケア提供者にとってはケアの指針になり得，グループホームケアの経験がない者や利用者家族にとってもわかりやすいものとなる。このようなガイドラインの活用は，ケア提供者に対して自らのケアを振り返る機会や何らかの気づきを与え，ケアの質の向上に対する啓発や意欲の継続に結びつくことが期待される。一方，家族の視点が組み込まれたわかりやすいガイドラインが，家族のケアの質への関心を高めるのに役立ち，グループホームケアの質の向上に活用されることが望まれる。

　すなわち，センター方式の評価尺度とガイドライン双方の活用により，適切にケアプロセスの質の評価ができ，ケアプロセスの質の向上に結びつくと期待される。

第二節　ケアプロセスガイドラインの妥当性の検証

　第一節で述べたように，ガイドラインの作成にあたっては，まず，質的研究により，ケアプロセスの質を概念化することから始めた。そして，ケアの指針となるガイドラインとして，ケア内容を具体的に100項目示した。しかしなが

ら，12のグループホームを対象とした限られたデータの質的分析に基づくために，客観性に限界があることも否めない。そのため，このガイドラインの妥当性を検証する必要がある。本節では，量的調査による信頼性係数の測定や因子分析に加え，全てのガイドライン項目に対する重要性と活用性の二つの調査のクロス集計の結果を検討し，ガイドラインの妥当性を検証する。

1．検証の方法

1）調査対象

調査対象は，K市内全ての19グループホームの職員のうち，研究協力への承諾が得られた191人である。研究協力の依頼については，「K市認知症高齢者グループホーム協議会」の協力を得た。調査は，各グループホームの代表者の判断により，常勤の職員に限定されたり，非常勤の職員も含めて実施されたりした。倫理的配慮としては，研究協力者に対し，プライバシーの保護，研究に関する質問や疑問への即応，希望者への研究結果の郵送を約束し，研究目的・概要とともに，研究への参加は自由意志であることを文書で示したものを配布した。

2）調査方法

ガイドライン100項目について，重要性と活用性の二つを，5件法で調査した。重要性と活用性の二つを調査したのは，第一に重要性，あるいは活用性のみの調査では，高得点に偏ること，第二に同じくどちらか一方の調査では，本来重要なケアや，活用されるべきケアが見落とされる危険性があることが考えられた。そのため，適切性と活用性を一つの選択肢で同時に質問している先行研究にヒントを得て，本研究では一つの項目に重要性と活用性の二つの質問を設定し，クロス集計による分析を加えることにした。[2]

重要性は，5点―極めて重要で欠くことができない，4点―わりと重要で多くは必要とされる，3点―重要だが他に優先すべきケアがある，2点―必ずしも重要とはいえない，1点―わからない，の5段階で評価した。「1点―わからない」として，順序尺度を採用しなかったのは，このガイドラインの項目は，実際行われているケアの現象や，重要だとされるケアについての半構成的面接（インタヴュー）での語り，およびアンケートの記述データから導き出したもの

が多く存在し、「重要でない」と回答する可能性は極めて低いと予測できたことと、選択肢の弁別性を高めるためである。

一方の活用性は、順序尺度を採用し、5点—常にケアに活かしている、4点—かなりケアに活かしている、3点—時々ケアに活かしている、2点—あまりケアに活かしていない、1点—ケアに活かしていない、とした。

なお、本ガイドラインは、主にKJ法による分析を踏まえ、不安や心配がある利用者に①安心を与えるケアプロセス、その人の②自立した生き方を継続するケアプロセス、③共同生活の和をつくるケアプロセスの三つのコア概念に沿って作成したが、調査に当たっては質問項目となるこの100項目を三つに区別せずに並べた。

予備調査を、K県のグループホーム2施設の職員20人（本調査の対象とは重ならない）に実施し、グループホームの代表者の協力を得た専門家会議において、項目の配列や表現を修正した。調査用紙の一部を巻末資料4に示す。

修正した調査用紙は、返信用の封筒とともにグループホームの代表者が各職員に手渡し、各職員が返信用封筒に入れて封をしたものを著者が回収した。調査期間は、2006年2月1日～28日であり、183人の回答が得られた（回収率95.8％）。

3）分析方法

第一段階は、100項目のガイドラインについて、統計解析ソフトエクセル統計（2004 for Windows）を使用し、クロンバックα信頼性係数、主因子法バリマックス回転による因子分析を行い、ガイドライン項目の内的整合性、および構成概念妥当性を検討した。また、重要性と活用性のクロス集計結果を4分割し、(1)重要であり活用されているケア、(2)重要であるが活用されていないケア、(3)さほど重要でないが活用されているケア、(4)重要でなく活用されていないケアに分類し、検討した。

第二段階は、第一段階の検討から、ガイドライン項目を50項目に精錬させ、再度、クロンバックα信頼性係数、主因子法バリマックス回転による因子分析を行い、ガイドライン項目の内的整合性、および構成概念妥当性を確認した。

2．調査結果および考察

1）クロンバックα信頼性係数

ガイドライン100項目全体のクロンバックα信頼性係数は，重要性の調査では0.973，活用性では0.976であり，内的整合性を確保していた。また，各項目を除した場合のクロンバックα信頼性係数は，それぞれ0.972～0.973，0.975～0.976の範囲を示し，ガイドラインの内的整合性に明らかな負の影響を及ぼす項目はなかった。

しかし，重要性と活用性の双方において，尺度としての一貫性を損なうとされる，相関係数0.3以下の項目が2項目あった。この2項目「利用者が好む呼称（先生，住職さん，ほか）を使用する」，「ターミナルケアには職員とともに利用者もかかわる」については，他の分析結果とあわせて検討の必要がある。

2）因子分析

ガイドライン100項目に対する主因子法バリマックス回転による因子分析の結果（巻末資料5「ケアプロセスガイドライン（100項目）因子分析結果」参照），固有値1.0以上，および因子負荷量0.3を基準とした検討から，3因子を抽出することが妥当だと判断された。三つの因子の寄与率はそれぞれ重要性14.13%，11.64%，11.16%，活用性16.33%，11.50%，10.87%であり，累積寄与率は，重要性36.94%，活用性38.70%であった。そこで，前述の本ガイドラインのコア概念に沿って，因子の名称を第1因子「安心を与えるケアプロセス」，第2因子「自立した生き方を継続するケアプロセス」，第3因子「共同生活の和をつくるケアプロセス」とした。しかし，それぞれの下位概念としてのガイドライン項目は，質的分析により構造化されたものとは一致せず，構成概念妥当性としての因子的妥当性を得られなかった。要因として三つの因子間の相関の強さ，とくに第1因子の影響の強さが挙げられた。一方で，「重要性」を測った結果としての相関の強さは，それぞれのケアプロセスの項目が相互に重要であることを示していると考えられた。

3）重要性と活用性のクロス集計による分析

ガイドライン100項目の重要性と活用性の平均値は，5点満点でそれぞれ4.48（SD=0.31），3.92（SD=0.47）であり，2群の平均値のt検定による有意差は明らかである（$p \leq 0.001$）。この重要性および活用性のクロス集計の結果を，

平均値を考慮して重要性4.4，活用性3.9で線を引き4分割した結果，(1)重要でなく活用されていないケア27項目，(2)重要であるが活用されていないケア14項目，(3)さほど重要でないが活用されているケア2項目，(4)重要であり活用されているケア57項目に分類された（巻末資料6「ケアプロセスガイドライン項目の重要性と活用性のクロス集計」参照）。前述した1）の相関係数0.3以下の2項目「利用者が好む呼称（先生，住職さん，ほか）を使用する」と「ターミナルケアには職員と共に利用者もかかわる」の双方とも(1)重要でなく活用されていないケアに分類された。

4）ガイドラインの修正

上記1）2）3）の結果に基づき，尺度の一貫性を損なうとされる相関係数が0.3以下の項目，因子分析の結果3因子の相関が強い項目，あるいは，重要でなく活用されていないケアに分類された項目を，画一的にガイドラインの項目から削除することは，適切ではないと判断した。なぜならば，第一に，普遍的で客観的な評価尺度では，個別的で多様なグループホームケアのプロセスを，適切に評価することは困難であるとして着手したガイドライン作成の意義が損なわれる。第二に，KJ法の手順により，曖昧な現象をつかむために抽象化していく作業の中で，ガイドライン項目の表現が未熟であることが考えられ，表現の修正により妥当性を高める項目となることが考えられる。第三に，重要でなく活用されていないケアに分類されたケアは，本来は重要なケアが，職員の意識の低さから活用されていない場合がある。さらに，重要性の調査では，1点「わからない」とする選択肢であるために，「全く重要でない」と捉えられているわけではなく，点数が低いことで「重要でない」と判断することはできない。そこで，ここでは，「重要性と活用性のクロス集計」による4分割の結果について，これまでの調査の際のデータや，前述のセンター方式の評価項目との比較などから検討する。

❶ 「重要でなく活用されていない」とされたケアの考察

重要でなく活用されていないケア27項目に注目し，本来は重要なケアが，職員の意識の低さから活用されていないと判断されたケアが以下の8項目あった。まず，①「居室に入室するときは必ず本人の了解を得る」について，参与観察での印象は，留意してケアを提供しているグループホームと全く留意していな

第5章　グループホームにおけるケアプロセスガイドライン

いホームが存在した。留意しているグループホームでは，膝をついて利用者の了解を得てドアを開けていた。この項目は，センター方式の評価項目「入居者一人ひとりの尊重」の具体例としての「プライベートな場所での礼儀」に該当すると考えられる。実際，資料の提供を受けたグループホームの外部評価結果において，評価の判断理由や根拠に「居室に入る時は必ずノックをし，声かけをして入るなど尊重されている」と挙げられていた。しかし，他のグループホームの評価の判断理由や根拠には，「一人ひとりを大切にしている」「一人ひとりの個性・生活環境に合わせた言葉かけを行っている」「否定しないで対応している」などの表現が中心であった。また，調査時に「この項目は職員が気付いておらず，できていないと反省させられた」と意見を述べる代表者がいた。よって，この項目は利用者の人権を尊重し，プライバシーを保護するためには，より徹底すべき項目であると判断した。

次に②「些細なことでも利用者に選択・決定してもらえるようにサポートする」については，「選択に迷ってしまい，かえって不安に陥ってしまうのでケースバイケースである」，との代表者の意見が複数あった。参与観察においても「○○しましょうか」「○○していただけますか」という働きかけはあったが，「○○と××のどちらをしましょうか」，あるいは「どのようにしましょうか」という働きかけは少なかった。留意しているグループホームでは，食事を作りながら野菜を「縦に切りましょうか，横に切りましょうか」「いくつに切りましょうか」と自己選択・決定の機会を作っていた。この項目は，外部評価基準の「入居者の自己決定や希望の表出への支援」に該当する。資料の提供を受けた10のグループホームの外部評価結果では，高い評価を得ていた。しかし，今回の調査結果では，重要でなく活用されていないケアに分類され，また，参与観察による調査において，充分に観察されなかった実態から，職員の意識を啓発する必要があると考えられた。利用者の自己選択・自己決定の尊重の姿勢を貫く意識を，決して失ってはならず，継続したきっかけづくりが求められる。

アクティビティに関する③「短い時間でも1日に1回以上は外に出る機会を提供する」，④「社交ダンス，日本舞踊，囲碁・将棋，洋裁・和裁，編み物，農作業，園芸などの（特技を披露できる）機会を提供する」の項目には，グルー

プホームの捉え方が2分される。その人にとっての「家」を目指す場合，特別な行事は不要とするもの，一方のアクティビティによる人との交流，生活のリズムづくり，脳の活性化などの効果を期待するものである。参与観察による印象は，やはり生活のリズムは必要であり，認知症高齢者はリズムを作るきっかけが必要である場合が多い。昼間から「眠そうだったので寝てもらいました」では，少なくとも生活の質が高いとはいえない。この項目は，外部評価基準の「ホーム内の役割・楽しみごとの支援」や「身体機能の維持」および「ホームに閉じこもらない生活の支援」に該当する。特別な行事は不必要とするグループホームについても，外部評価における評価は高い。これは，週に1度，あるいは月に1度でも何かしらの行事があれば，「できている」との評価になることが予測された。人員の限界もあるが，たとえ冬でも1日1度短時間外に出ることを実践しているグループホームにおいては，ホーム全体に活力を感じる。よって，これら二つの項目も職員の意識を啓発する必要がある項目とした。

⑤「居室への閉じこもりが多い利用者を他の利用者が誘いに行くような場面を作る」は，「気付かなかったが大切だと思う」と代表者2人が語った。居室に閉じこもっている利用者に対して主に職員が働きかけているようだが，利用者が働きかけることで，利用者同士の交流も深まる。この項目は，外部評価基準の「入居者同士の交流支援」にかかわる項目であるが，外部評価では，入居者同士のけんかやトラブル解消のための「トラブルへの対応」のみが評価されている。自己評価項目の中には「入居者同士の支えあい支援」が存在し，主にアクティビティや食事づくりなどの役割を担う場面で提供されている。よって，利用者同士の相互作用を活かす具体的なケアの一つとして活用することが望まれるケアである。

⑥「ターミナルケアには職員と共に利用者もかかわる」は，相関係数が0.3以下の項目であった。そして，重要性についての平均点は3.35（SD＝1.46）であり，100項目中2番目に平均点が低かった。これは，職員182人中31人（17.0％）がその重要性について，「わからない」としたことが影響している。ターミナルケアについては，センター方式の外部評価基準には一切触れられておらず，標準化は困難であることが予測された。また，本調査の自由記述欄に「グループホームですべきことなのか迷う」「ターミナルケアの経験がないので

第5章 グループホームにおけるケアプロセスガイドライン

不安」「認知症の利用者はターミナルケアについて理解できない」「ターミナルケアをする方針は決まったが，ホーム側の準備が整備されないままで困っている」などの意見があり，現場での葛藤が窺えた。しかし，グループホームにターミナルケアが求められる現状にあり(6)，2006年4月より施行されている新しい介護保険制度下では，入居者が重度化し，看取りの必要性が生じた場合などの対応を目的とした医療連携体制加算が創設された（39単位／日）ことから，今後，より重視されなければならない項目である。

　家族との交流に関する⑦「グループホームで利用者がどのように暮らすのか，家族と相談する機会を月に1度以上もつ」，⑧「畑作り，餅つきなど，得意なことでのお手伝いを家族に依頼する」については，全体的に職員の意識の低さを認めた。実際，「家族との話し合いや家族が参加できる行事などをしなくても，家族との関係はできている」とするグループホームもあるが，利用者家族へのアンケートに「預けている以上言いたくても全部は言えない」とする記述(7)や，電話で苦しさを訴える家族もあったことから，家族との関係作り，あるいは家族へのケアが必要であると判断された。とくに，⑦の利用者へ望む暮らし（ケア）に対して家族と職員が共通認識をもっておくことが重要である。家族との交流を意識して始めたグループホームの代表者は，「始めてみたら，家族を理解でき，今まで以上に利用者も理解できるようになった」「かかわり方に戸惑い疎遠になっている家族の場合，ちょっとした助言で一緒に外出できるようになり，自信をつけることもある」「家族とご本人の絆をつくることもグループホームの役割だと思う」と語った。これらの項目は，センター方式の外部評価基準「家族の訪問支援」「家族の意見や要望を引き出す働きかけ」，自己評価基準の「家族の参加支援」に該当する項目であり，「できている」との評価を得ているが，改善に向けて家族会の発足や定期的なお便りの必要性，ホームからの一方的な連絡にとどまっていることや職員によって家族とのコミュニケーションがとれていないことへの指摘があり，今後，より家族との密接なかかわりが求められる。

　上記8項目以外の19項目については，重要性の平均値や程度の割合，因子分析による因子負荷量の値，および本調査によりケースバイケースであるとの指摘があることなどから検討し，削除することが妥当だと判断された。ここで，

相関係数0.3以下のもう一つの項目「利用者が好む呼称（先生，住職さん，ほか）を使用する」について触れておく。この項目の重要性については，平均点3.93（SD＝1.08）であり，わからない7人（3.8％），必ずしも重要とはいえない14人（7.7％），重要だが他に優先すべきケアがある30人（16.5％），わりと重要で多くは必要とされる65人（35.7％），極めて重要で欠くことができない66人（36.3％）であった。また，この項目に対する特別な記述はなく，代表者の1人は「他の利用者の前で先生とは呼びにくい」と語った。ゆえに，この項目は，上記8項目以外の項目と同様，削除することが妥当だと判断した。

以上の考察から，重要でなく活用されていないケア27項目のうち19項目を削除した。

❷ 「重要であるが活用されていない」とされたケアの考察

次に，重要であるが活用されていないケアの14項目については，職員が重要なケア，あるいはもっと力を入れたいケアであると理解しているにもかかわらず，実態として実践できていないケアである。そこで，これらの項目についても❶と同様に検討する。

まず，①「利用者の言動・行動を否定しない」，②「一人ひとりにゆったり，じっくりとかかわる」，③「利用者が忘れていることを『○○だったでしょ』などと追及しない」，④「羞恥心に充分配慮し，オムツ（おしめ，尿とりパット）という言葉は使用しない」，の四つの項目については，原則的な項目であり，職員は，おおよそ提供できていても，24時間365日の継続的なケアの中では，提供できていないと自己評価したと考えられる。実際，①は「入居者一人ひとりの尊重」に該当するが，この項目の外部評価結果は高く，否定しない対応を判断理由に挙げられているグループホームが存在する。よって，これらの項目は，どんなにわかりきった項目であっても，決して削除してはならないケアと判断した。

次に，⑤「利用者の様々な状況に応じて愛情を伝える（「○○さんのそんなところが好きですよ」）」，⑥「利用者に，つねに意識している（関心を向けている）ことを，〈側にいるから大丈夫〉と言語・非言語的に働きかける」，の二つの項目は，参与観察による調査において，職員が言葉や態度により頻繁に表現していた場面から，〈愛情〉あるいは〈関心〉とラベリングされたものである。〈愛

情〉や〈関心〉を言葉や態度で意図的に伝えることについて、複数の調査者は、グループホームが力を入れている独自のケアとして受け取った。これらの項目は、外部評価、および自己評価基準には触れられていないが、職員の重要性に対する認識は高いことから、活用すべきケアと判断した。

⑦「利用者の質問・疑問や要求にすぐに対応できるようなかかわりをもつ」、については、外部評価基準の「入居者のペースの尊重」に該当すると考えられるが、入居者のペースというのは、スローペースである印象が強い。しかしこの項目は、急遽対応するまではいかなくとも、素早い対応を求めているのであり、職員もその重要性を認めている。しかし、とくに日勤帯以外では人員の問題などから、業務が優先され、実施されていない実態が予測できる。

⑧「不安や心配、妄想が続く場合、散歩、ドライブ、レクリエーションなどの活動を取り入れる」、⑨「外出時にはお化粧やおしゃれをし、職員が笑顔で見送り出迎える」、⑩「家事・散歩・趣味など、利用者の望む活動を継続する」、の三つの項目は、アクティビティやアクティビティ時の演出、その人の役割を提供するケアであるが、認知症高齢者を対象とした場合、その人に添った個別のプログラムが必要であり、その際には援助者のサポートを必要とする場合が多い。2～3人で9人の利用者にケアを提供する場合、一人ひとりに応ずる困難さがあると予測できる。職員へのアンケートの記述中に、(8)もっと一人ひとりにじっくりかかわりたい、半日でも付き合いたい、外に出たい、好きなことをしてもらいたいなどの内容が複数あり、職員はもっとしたいケアがあるのにできない現状にジレンマを感じている。この点は、現場での取り組みに加えて、介護保険制度を運営する自治体に対して人員配置基準の改善、それに伴う人件費に対する考慮など、ケアの質枠組みにおける構造面の改善を求めたい。

⑪「玄関には靴を履いたり脱いだりしやすいように椅子が準備してあるなど、自立のきっかけを作る」は、できることについては極力やってもらうための環境づくりである。この項目は、直接的なケアプロセスではないが、職員の重要性の認識が高いことから、このような環境を作ることで自立を促すことができることが改めて認識されたのではないかと予測する。環境は、ケアの質枠組みの構造に該当するものであり、外部評価基準においても、「生活空間づくり」として構成されている。しかし、この項目は、いつもそこに椅子はなくても、

外出時や帰ってきた際には自然と椅子をそこに置くといった，ケアの一部として間接的に提供されるものである。このような項目は，ケアプロセスとしても重要である。

⑫「グループホームには，職員の心配や不安，疑問を解消しあう体勢がある」は，ケアプロセスというよりは，やはりケアの構造面に該当する項目である。外部評価基準においても，「運営体制」として構成されている。しかし，参与観察の調査時にその場で職員に指導する場面では，その空間において何の違和感もなく，利用者も笑顔で受け入れていた。関係が確立していれば，心配や不安，疑問はその場で解決することが職員・利用者双方にとって有益であると考えられ，ケアプロセスの一項目として捉えることができる。

⑬「買い物や畑で収穫して得られたものを皆で喜ぶ場面を作る」，⑭「利用者と職員が，喜びや悲しい出来事を共有する」，の二つについては，利用者と職員の双方が共に生活するグループホームの一員として，場所，時間，場面などを共有するための大切な項目である。外部評価基準には触れられておらず，当たり前のことかもしれないが，一緒に悲しみ喜ぶことよりも，専門家，あるいは職員として，といった立場が優先される場面があるのではないかと予測された。

以上のように，重要であるが活用されていないケア14項目は，職員の重要性に関する認識の高さや，参与観察や半構成的面接（インタヴュー）による調査などの検討から，ケアプロセスとして重要な項目であると判断し，全て削除しなかった。

❸　簡易版ガイドラインの作成

(3)さほど重要ではないが活用されているケア2項目と，(4)重要であり活用もされているケア57項目については，類似の項目や因子間の相関が強いものを各因子のバランスを考慮して，(3)より1項目，(4)より30項目削除した（巻末資料5「ケアプロセスガイドライン（100項目）因子分析結果」参照）。

このようにして，50項目のガイドラインを作成し，重要性について再度因子分析を行った。その結果（巻末資料7「簡易版ケアプロセスガイドライン（50項目）因子分析結果」参照），やはり因子三つが抽出され，下位概念が質的分析に基づき構造化された，「安心を与えるケアプロセス」，「自立した生き方を継続する

ケアプロセス」,「共同生活の和をつくるケアプロセス」の三つの領域の下位概念としてのガイドライン項目に近づいた。いまだ相関の強い項目も残っているが,三つ全ての概念において重要であるという理解をしたい。そこで因子分析の結果に基づき検討し,下位概念を自立した生き方を継続できるケアプロセスから安心を与えるケアプロセスへ30),35),36),50),51)の5項目,自立した生き方を継続できるケアプロセスから共同生活の和をつくるケアプロセスへ70),71),73)の3項目を移動させ,安心を与えるケアプロセス20項目,自立した生き方を継続できるケアプロセス16項目,共同生活の和をつくるケアプロセス14項目の簡易版ガイドラインを作成した。よって,簡易版ガイドラインは,構成概念妥当性としての因子的妥当性を確保し,クロンバックα信頼係数は0.947で,内的整合性についても確認された。因子の寄与率は第1因子14.13%,第2因子11.65%,第3因子11.27%,累積寄与率は37.05%であり,修正前のものとほぼ変化がなかった。

第三節　ケアプロセスガイドラインの意義と課題

　個別的で多様な認知症高齢者へのケアプロセスを適切に評価するために,普遍的で客観的な評価尺度に代わり,質的研究により,ケア内容を具体的な言葉かけや行動で示した,ケアの指針となる100項目のガイドラインを作成した。このガイドラインの妥当性を検証するために,量的研究による信頼性係数の測定や因子分析に加え,全てのガイドライン項目に対する重要性と活用性の二つの調査によるクロス集計の検討を行った。クロス集計の結果により,ガイドライン100項目を(1)重要でなく活用されていないケア,(2)重要であるが活用されていないケア,(3)さほど重要でないが活用されているケア,(4)重要であり活用されているケアに分類し,とくに(1)重要でなく活用されていないケアと,(2)重要であるが活用されていないケアの丁寧な検討に基づき,ガイドライン項目を精練させた。修正したガイドライン50項目を,再度信頼性係数の測定と因子分析を行い,内的整合性,および構成概念妥当性としての因子的妥当性を確保した簡易版ガイドラインを作成した。

　簡易版ガイドラインの意義としては,第一に100項目では,評価に時間がか

かるが，簡易版ガイドラインの活用により，ケア提供者は，いつでも容易に自らのケアを振り返ることが可能となり，ケアの質の向上に対する啓発や意欲の継続が期待される。さらに，100項目のガイドラインについても，グループホームケアの経験がない，あるいは経験が浅い職員に対する教育目的での活用方法や，年に1回程度じっくりと時間をかけてケアを振り返る機会での活用が考えられる。第二に，家族の視点が組み込まれた簡易でわかりやすいガイドラインの存在が，家族のケアの質への関心を高めることに役立ち，グループホームケアの質の向上に活用されることが望まれる。第三に，現場と密着した研究となったガイドラインの作成過程は，認知症高齢者ケアの方法・技術のエビデンスになり得，ケアの質の向上に結びつくと確信する。

　課題としては，第一に，ガイドラインの妥当性については，さらなる検証が必要である。第二に，現実適合性の高いガイドラインとして存続させるためには，ガイドラインの改訂を重ねていくことが求められる。グループホームに求められるケアのあり方は，本章でも検討したターミナルケアのように多様化することが予測される。第三に，ケアの質の向上には，ケアにかかわる職員のケアへの捉え方や意向が大きく影響することを踏まえ，職員に応じた，新人教育版，熟練者版，管理者版などの作成を目指す必要がある。第四に，ガイドラインは，ケアの質の枠組み，および評価次元「構造」「過程（プロセス）」「結果」における「過程（プロセス）」に焦点をあてて作成したものであるが，過程（プロセス）と構造および結果は，密接に関連している。そのため，最終的に目指す認知症高齢者ケアの質の保障のためには，「構造」「過程（プロセス）」「結果」間の相互分析を重ねる中で，効果的なケアの質の評価手段を考案することが求められる。

注

（1）100項目のケアプロセスガイドライン作成の過程で，第4章で述べた分析結果を再度ローデータに立ち戻って確認し，全体を見直した上で構造化を図った。
（2）Rush, John A., Allen Frances (2000): Treatment of Psychiatric and Behavioral Problems in Mental Retardation ; How to Use the Guidelines. *American Journal On Mental Retardation*, 105(3) : 162-164.
（3）構成概念妥当性について，『心理尺度ファイル』（堀洋道・山本真理子・松井豊編

第5章　グループホームにおけるケアプロセスガイドライン

　　　（1994）垣内出版, pp.634-635）によれば, 構成概念妥当性には様々な確認方法があるとし,「例えばある構成概念を測る尺度が複数の下位概念から構成されているとして, 因子分析でそれが確認されたときは「因子的妥当性」が得られたという言い方もするが, これも構成概念妥当性の一つと考えられる」, とされている。本章では, 三つのコア概念の下位概念から構成されている本ガイドラインの構成概念妥当性を, 因子分析により確認しようとするものである。
（4）　因子負荷量について,『Excel, SAS, SPSSによる統計入門　改訂版』（遠藤健治（2003）培風館, p.175）によれば,「どの程度の因子負荷量であれば高いと言えるのか, その絶対的判断基準はない」とされるが,「因子負荷量の絶対値0.40ないし0.30を基準に用いる」とする文献（Polit, Denise F. and Hungler, Bernadette P. (1987) *Nursing Research : Principles and Methods*, 3th ed., J.B. Lippincott Company（＝近藤潤子監訳　1994　看護研究　原理と方法。医学書院, p.335）と, 本研究における因子数を変えてみての分析結果により判断した。
（5）　香取照幸（2003）：グループホームにおけるターミナルケアの今後　コミュニティケア, 5(8)：14-15。
（6）　利用者家族へのアンケート調査の記述に, 最期まで住める場所ではないことへの不安があった。また, 高齢者介護研究会報告「2015年の高齢者介護〜高齢者の尊厳を支えるケアの確立について〜」に,「（小規模・多機能サービスの拠点）の中には, 医療サービスなど地域の他のサービス資源を活用しながらターミナルケアまで実践しているところもある。このような在宅での生活を支える小規模・多機能サービス拠点の発展可能性・地域のケアネットワークの中での位置付け等について, さらなる研究が必要である」とあり, グループホームにおいてもターミナルケアが期待されると考えられる。
（7）　第Ⅱ部実証編　第4章第四節参照。
（8）　第Ⅱ部実証編　第4章第四節参照。

終　章

認知症高齢者ケアの質の保障と課題

　本書は，これまで述べてきたように，「構造」「過程（以下，プロセスと称す）」「結果」の三つの質の枠組み，および評価次元のうち，プロセスに焦点をあてたものであるが，プロセスと構造，および結果との関係は密接である。最終的に認知症高齢者ケアの質を保障するためには，関連する構造，プロセス，結果の三つの側面に効果的に機能する仕組みを考案する必要がある。そこで，本章では，構造，プロセス，結果の三つの相互関係を分析し，ケアの質を保障する手段としての評価のあり方を中心にその課題を提言する。

　次に，2005年に実施された介護保険法の改正により，ケアの質の向上を目的としてどのような改正がなされたのかを整理した上で，認知症高齢者ケアの質の保障への課題を述べてみたい。

第一節　グループホームにおけるケアの質の評価のあり方

1．ケアの質の枠組み「構造」「過程」「結果」と評価

1）ケアの質の構造と評価

　ケアの質の構造には，財源，建物・設備，専門職種の種別・配置・人数などが該当する。とくに，社会福祉においては，措置制度下の全国的に標準化された設備費と運営費（措置費）に基づき，運営基準に定められた衣食住を基本とする同程度のケアが提供されてきたために，財源が高いか安いかについて問題視されることはあっても，プロセスとしてのサービスの内容や結果まで踏み込んで問う必要性は少なかったようである。福祉だけでなく，医療や看護の領域においても，ケアの質の構造面を重視した指導監査を中心とする評価が実施さ

れてきたのは，構造の質がよければ，それを土台としたケアのプロセスや結果もよいという前提がある。

本書第4章において，抽出されたケアの質の概念間の分析から，ケアの質の概念図を作成したところ，構造に該当する〈職員の資質〉〈環境〉〈運営体制〉は，ケアプロセスおよび結果の土台に位置づけられた。すなわち，ケアの構造面が存在しなければ，プロセス，および結果も成立せず，構造の質の高さがプロセスおよび結果の質の高さに反映すると理解された。よって，ケアの質の構造面を中心とする評価は，ケアの質を保障する手段として重要であることに違いはない。

しかしながら，ケアの質を保障する手段としての，措置制度下の指導監査は，いわゆる最低基準である運営基準の遵守を求めており，運営基準の遵守がサービス提供者の到達目標として捉えられた傾向がある。そのため，指導監査では，ケアの質を向上させるための取り組みが評価されなかったことから，ケアの質の向上への関心や意識，意欲が育まれにくく，結果としてケアの質の改善，あるいは向上に結びつかなかったと考えられる。そして，第2章第一節で述べた，利用者の生活水準の向上による高度化・多様化したニーズへの対応，有料となったサービスに対する利用者の選択への対応，サービス提供事業者の拡大によるケアの質の確保の必然性，などのために，ケアの質の向上への施策が求められ，指導監査によるケアの質の構造面の評価に加えて，そのほかの何らかの取り組みが必要不可欠となったのである。

それは，もちろん本研究の目的であるケアプロセスの適切な評価，および結果評価の必要性を求めているが，構造の評価のあり方を検討する余地も充分に残る。すなわち，画一的な最低基準の遵守に加えて，柔軟性を問うより積極的なケアの構造の質を評価する取り組みが必要である。一方で，第4章第一節の調査結果からも示唆されたように，市場原理が進む中で，構造の質の向上とは，まずはケアを提供する職員の賃金などの待遇面を充分に保障することが重要であり，検討は急務である。そこで，具体的な検討を後述する。

2）ケアの質の過程（プロセス）と評価

ケアの質のプロセスは，実際に提供されるケアの内容，および方法であるが，冷水によれば[2]，プロセスの評価には，以下の三つの場合がある[3]。第一に，結

果・効果次元の評価の意味づけに役立つものとして，あくまでも結果・効果の評価に従属する位置付けとしてのプロセス評価である。第二に，結果・効果の直接的な評価が困難か適切でない場合，あるいは結果・効果評価の中間段階で，サービス提供の展開の過程および方法を，結果・効果評価の代替として評価する過程（プロセス）評価である。第三に，プロセス自体単独の直接評価である。

本書では，プロセス単独の評価の意義を示し，ケアプロセスガイドラインの作成とその有効性を実証してきたところであるが，今後は，構造とプロセス，プロセスと結果・効果を関連させた評価が求められよう。そこで，この点についても合わせて後述する。

3）ケアの質の結果と評価

ケアの質の結果は，ケアの目標の達成度や対象に与えた産物・便益であり，評価においては最も直接的で一義的な位置づけにある(4)とされる。

第4章第三節および第四節で抽出された，結果に該当するケアの質の概念には，〈人間的な豊かさ〉〈その人らしい心地よい暮らし〉〈自由で心地よい暮らし〉〈満足〉が認められた。また，ケアの質の概念図からは，ケアの土台としての構造，プロセスを経た上での結果であり，とくにプロセスとは密接な関連がある。

ケアの質の評価次元に対しては，圧倒的に結果・効果評価が多いことを先に述べたが，回想法やリアリティオリエンテーションなどの介入に対する評価が多いようである(5)。本研究で抽出された〈人間的な豊かさ〉〈その人らしい心地よい暮らし〉〈自由で心地よい暮らし〉〈満足〉といったケアの質の結果に該当する概念については，認知症高齢者のQOL評価，中でもKitwoodの認知症ケアマッピング（Dementia Care Mapping：以下DCMと称す）による評価が考えられ，第二節においては，先行研究から，これらの動向を検討し，今後の課題を見極めたい。

2．ケアプロセスと構造・結果の相互分析に基づく評価方法の検討

1）ケアの構造とプロセス評価の関連

本研究の調査（第4章）において，設備や高い利用料，専門職の資格をもつ常勤の職員の数など，ケアの構造の質が高ければ，プロセスや結果としての質

は高いという予測はできても，ケアの構造の質が低ければ，プロセスや結果の質は低いとは言えず，ケアの構造の評価だけでは，ケアの質を適切に評価することは困難であることを実証した。さらに，利用料が安くても，あるいは職員が全て常勤のグループホームの収支状況が黒字である実態から，ケアの質の高さが，職員への待遇の悪さなど，職員の犠牲の上に成り立っていることも予測された。

　土台としてのケアの構造が適切であることは，ケアの質の高さの前提である。そこで，ここでは，グループホームの運営基準と，第3章第三節で紹介した認知症高齢者ケアにおける環境支援指針（以下，PEAP-日本版3と称す），本研究で作成したケアプロセスガイドラインの比較検討から，最低基準の遵守を求めた指導監査によるケアの構造の評価から，より高い構造の質を目指した評価のあり方を模索する。

　❶　運営基準とPEAP-日本版3

　運営基準は，基本方針，人員に関する基準，設備に関する基準，運営に関する基準からなっているが，そのうち，人員に関する基準，設備に関する基準，運営に関する基準とPEAP-日本版3との接点を切り口として述べてみたい。

　まず，人員に関する基準であるが，運営基準では，日勤帯で利用者3人に対して1人以上の介護従事者，夜間帯で9人の定員で1人以上となっている。日勤帯の利用者3人に対して1人以上とする介護従事者の数は，充分であると考えられがちである。なぜならば，他の介護保険施設の運営基準は，入所者3人に対して，看護・介護職員の総数が常勤換算で1以上を必要とし，日勤帯において入所者3人に対し1人以上勤務しているわけではないからである。また，PEAP-日本版3の「安全と安心への支援」の1）入居者の見守りのしやすさの③に「ユニットを歩き回る入居者を，見守ることができる程度のスタッフが配置されている」とあるが，入居者の状態によっては，入居者3人に対し1人の人数が適当ではない場合もあると予測される。実際，本研究の調査（第4章）に示されているように，人員にゆとりがないために，もっとしたいケアがあるにもかかわらずできない実態がある。人員にゆとりがなければ，増やすことに何の規制もないが，市場原理が働くために人件費を抑えようとする。ケアの構造の質の保障には，高齢者虐待や職員のバーンアウトを発生させないため

終章　認知症高齢者ケアの質の保障と課題

にも，まずはケアを提供する職員の生活が保障されていることが重要である。よって，行政による指導監査の際には，単に職員数の確保の有無を評価するだけでなく，有資格の職員の人数のほか，とくに，賃金などの人件費を厳密に問うて欲しい。その上で入居者の状態が悪い場合や急変時の職員の配置の工夫などの，柔軟な対応の有無を評価することが重要だと考えられる。

次に，設備に関する基準については7項目あり，居室，居間，食堂，台所，浴室，消火設備などが設けられていること，居室の定員は原則1人であること，居室の床面積7.43㎡以上，住宅地にあること，などが規定されている。PEAP-日本版3では，「見当識の支援」として，利用者が認知できるように情報を与える環境づくりを提案している。よって，居室，居間，食堂，台所，浴室の認知を助ける工夫として，表札や図柄，壁の色，家具を利用するほか，とくにトイレや浴室の位置や表示，使いやすさにつながる手すりの位置や高さなどの評価は，最低基準としても必要である。また，居室については，面積7.43㎡との基準のみが示してあるが，利用者が落ち着いて生活する場となっているかの評価が重要であり，プライバシーが保護される空間となっているのか，居室の個性の有無，慣れ親しんだ家財道具を持ち込むことの可否などが問われることが期待される。

さらに，指定認知症対応型共同生活介護の取扱方針97条第1項には，「指定認知症対応型共同生活介護は，利用者の認知症の症状の進行を緩和し，安心して日常生活を送ることができるよう，利用者の心身の状況を踏まえ，妥当適切に行われなければならない」，第2項には「指定認知症対応型共同生活介護は，利用者一人一人の人格を尊重し，利用者がそれぞれの役割を持って家庭的な環境の下で日常生活を送ることができるよう配慮して行われなければならない」と規定されている。これらの項目は，これまで追究してきたケアプロセスそのものの項目であり，このような項目を評価するには，何らかの尺度が必要であるが，定められたものは存在しない。また，第2項の規定にある「家庭的な環境」についても，先の設備に関する基準を遵守するだけでは，達成できないものである。これらのことから，いわゆる最低基準である「運営基準」には，ケアプロセスにまで踏み込んだ項目が規定されているが，その評価尺度は存在せず，構造に該当する「家庭的な環境」などに関する評価についても，より具体

的な内容の尺度が必要である。

　具体的な内容の評価尺度として，「家庭的な環境」に関しては，PEAP-日本版3に示されている「使い慣れた家具の持ち込み」や「居室内に個人的なものを置いたり，写真を棚や出窓に飾る場所を用意する」「共用空間に入居者になじみのある文化や時代を反映した絵画や写真を飾る」「同じタイプの家具を画一的に置くのではなく多様な家具を選ぶ」「ビニールやスチール製などの家具や内装，冷たく堅い感じの床や壁，むき出しの照明などの施設的な印象を与えるものは置かない」「目につく場所に施設的な機器（カートやスチールの棚など）をおいたままにしない」「ケアスタッフの事務室は，病院のナースステーションのようではなく，家庭的な雰囲気を壊さないようなものにする」「スタッフも画一的なユニフォームではなく，家庭で着るような衣服を着用する」などがあり，参考にできる。

　❷　PEAP-日本版3とケアプロセスガイドライン

　第3章第三節で述べたように，PEAP-日本版3は，主に構造に該当する環境づくりに関する指針であるが，ケアプロセスと深くかかわる内容20項目を紹介した。PEAP-日本版3と本研究で作成したケアプロセスガイドラインの項目には，ケアプロセスと深くかかわるとした項目以外にも近接する項目を認めたため，改めて表終-1に示したところ，PEAP-日本版3とケアプロセスガイドラインには，13項目の近接項目を認めた。ケアプロセスガイドラインの中にも，環境に関してケアプロセスとして提供されると判断した項目が九つある。このように，認知症高齢者への環境支援のための指針と，ケアプロセスの指針は，相互に関連する項目が多数あり，密接である。よって，ケアの構造に該当する環境づくりを，もっとケアプロセスに取り込むことにより，認知症高齢者ケアの質を向上すると手段としては，合理的なものになると考えられる。

　具体的には，ガイドライン30）の家事・散歩・趣味など，利用者の望む活動を継続するに関して，活動の継続に必要な小道具の準備や，ガイドライン42）の利用者は障害物の除去や隅を処理されたカーペットなどで，安全に移動・移乗動作を行えるようにするに関して，ぶつかってもけがをしにくい縁の丸い角の家具の使用，ガイドライン63）の利用者が自分でしようとしている場合に，職員は（略）声をかけながら見守り，必要時サポートするに関して，サポート

終章　認知症高齢者ケアの質の保障と課題

表終-1　PEAP-日本版3とケアプロセスガイドラインの近接項目

PEAP-日本版3	ケアプロセスガイドライン
「見当識への支援」2）-② ・普通の家庭生活でみられるような日課を設けて，時間的な感覚の維持を図る。	自立した生き方を継続する―生活のリズムができている ・利用者はペースを尊重されながらも，お茶の時間，食事の時間，活動の時間が存在し，生活リズムが確保されている。
「見当識への支援」2）-④ ・時間の流れがわかるように，調理や洗濯などにかかわる行為を，入居者の目に入るところで行う（野菜の皮むき，盛り付けなど）。	自立した生き方を継続する―利用者が自ら役割を担おうとする場面を作る ・時間を見てテーブルの上にまな板，包丁，食材を並べておくなど利用者が役割を担うきっかけを作る。
「機能的な能力への支援」3）-① ・入居者が容易に近づきやすい場所に，使いやすい掃除道具（ほうき，ちりとりなど）を用意する。	自立した生き方を継続する―利用者が自ら役割を担おうとする場面を作る ・掃除道具が目に入るように棚のドアをあけておくなど，利用者が役割を担うきっかけを作る。
「環境における刺激の質と調整」～環境における刺激の調整～1）-① ・放送設備，テレビ，廊下を行くカートの音量を，低いレベルに抑える。	安心を与える―利用者が混乱を起こさず，毎日落ち着いて生活できる環境づくり ・テレビ，音楽，家具の移動，掃除機などの生活音に配慮している。
「環境における刺激の質と調整」～環境における刺激の調整～1）-②③④，3）-①② ・ナースコールやアラームの音が，ユニットに鳴り響かないような工夫をする。 ・大声を張り上げたりする入居者に，スタッフが対応する。 ・（略）ユニットの騒音レベルを上げないようにする。 ・排泄などの臭いが，ユニット全体に広がらないような工夫をする。 ・食事の臭いが，ユニット全体にこもらないように工夫する。	自立した生き方を継続する―利用者の生活歴を知った上での利用者主体のケアの結果，利用者が安心し，リラックスできる ・静か，清潔，家庭的，嫌な臭いがないなど，ゆっくりと落ち着くことのできる環境を提供する。
「安全と安心への支援」1）-① ・スタッフが，容易に入居者の居場所を確認できたり，居場所を予測しやすい建物のつくりとなっている。	自立した生き方を継続する―安全な日常生活の確保 ・環境設計などの工夫により利用者を自然に見守ることができる。
「生活の継続性への支援」1）-① ・入居者自身やあるいは家族から，好みや生活様式などの情報を十分に仕入れ，把握する。	自立した生き方を継続する―利用者の生活歴を知った上での利用者主体のケアの結果，利用者が安心し，リラックスできる ・利用者が過ごしてきた人生を把握した上で，利用者を尊重したケアを提供する。

(表終-1つづき)

「生活の継続性への支援」1)-⑥ ・園芸などの趣味を楽しむ場所や機会を提供する。	自立した生き方を継続する―外部の人の協力を得るなどして利用者が習い事や趣味をする機会を作る ・社交ダンス，日本舞踊，囲碁・将棋，洋裁・和裁，編み物，農作業，園芸などの（特技を披露できる）機会を提供する。
「生活の継続性への支援」1)-⑦ ・入居者が以前行っていた仕事などに応じて役割を担えるようにする。	自立した生き方を継続する―利用者が自ら役割を担おうとする場面を作る ・その人に添った役割を「～をしてもらってよろしいでしょうか」などと押し付けることなく提供する。
「自己選択への支援」1)-② ・就寝，食事，入浴時間などを入居者の状況に合わせて対応させる融通性がある。	自立した生き方を継続する―利用者の選択・決定を尊重する ・起床時間，入浴時間，就寝時間などに決まりはなく利用者のペースを尊重する。 (・利用者はペースを尊重されながらも，お茶の時間，食事の時間，活動の時間が存在し，生活リズムが確保されている，と重複しているとして削除)
「プライバシーの確保」1)-① ・居室に入る前にノックや声かけをする。	安心を与える―利用者のプライバシーを保護する ・居室に入室するときは必ず本人の了解を得る。
「プライバシーの確保」1)-④ ・入浴，排泄，衣服着脱に関して，羞恥心に配慮した方針がある。	安心を与える―利用者のプライバシーを保護する ・排泄時には，見守りや後始末をさりげなく実施する。 ・入浴の援助では，一人ひとりの状況に応じて対応する。
「入居者とのふれあいの促進」4)-① ・入居者どうしの関係づくりに，配慮をする。	共同生活の和をつくる―利用者同士，利用者と職員の交流の機会をつくる ・居室への閉じこもりが多い利用者を他の利用者が誘いに行くような場面を作る。 ・利用者間の会話の仲介役など交流が深まるようにサポートする。

としての必要な道具の準備，ガイドライン68)および73)のアクティビティに関して，スケジュール表をわかりやすい場所に提示すること，などが挙げられた。

2) プロセスとケアの結果評価の関連

認知症高齢者ケアの結果評価として注目されているのは，認知症高齢者のQOL評価である。日本における認知症高齢者のQOL評価に関する研究は積み

重ねられており，ケア提供者や家族など，第三者によるQOL評価に加え，認知症高齢者自身による主観的QOL評価の研究も進んでいる。これらQOL評価研究の一つに，第3章第一節で紹介した認知症高齢者ケア理論の一つPerson-centred careの提唱者Kitwoodが，Person-centred careに基づき認知症ケアを評価し改善する方法として開発したDCMがある。ここでは，その概要を示しながら(6)，評価方法について考えたい。

❶ DCMの概要

DCM法では共有スペースにいる認知症高齢者の行動を5分ごとに，「A Articulation 交流」「B Borderline 受身の交流」「C Cool 閉じこもり」「D Distress 苦痛」「E Expression 表現活動」「F Food 飲食」「G Games ゲーム」「H Handicraft 手芸」「I Intellectual 知的活動」「J Joints 身体運動」「K Kum and go 歩行・移動」「L Labour 仕事」「M Media メディア」「N Nod. Land of 睡眠・居眠り」「O Own care セルフケア」「P Physical care 身体的なケア」「R Religion 信仰・信心」「S Sex 性的表現」「T Timalation 感覚の交流」「U Unresponded to 一方的交流」「W Withstanding 自己刺激反復」「X X-cretion 排泄」「Y Yourself 独語」「Z Zero option 上記以外」の24項目の行動カテゴリーコードBCC（Behavior Category Codes）に分類して，WIB値(7)（the scale of well-being and ill-being）として以下のような評価尺度に基づき(8)，よい状態（well-being）とよくない状態（ill-being）を評価する。すなわち，よい状態（well-being）には，「了解可能な範囲で，何をやっているか何をしてほしいか表現できる」「体がゆったりしていて緊張やこわばりがない」「周囲の人たちに思いやりがある」「ユーモアがある」「歌う，音楽に合わせて体を動かす，絵を描くなど，創造的自己表現をする」「日常生活のなんらかの側面を楽しむ」「人に何かをしてあげる」「自分から社会との接触をもつ」「愛情を示す」「自尊心がある」「あらゆる感情を表現する」「他の認知症の人たちを受容し，わかり合う」の12項目がある。よくない状態（ill-being）には，「悲しさや悲痛を感じている時に放置された状態にある」「怒りの感情の持続がみられる」「不安がある」「退屈している」「周囲の出来事に無関心で自分の世界に引きこもる」「あきらめがある」「身体的な不快感あるいは苦痛を示す」の7項目がある。WIB値は＋5（例外的によい状態であ

る），＋3（よい状態を示す兆候が相当に存在する），＋1（現在の状況に適応している），−1（軽度のよくない状態が観察される），−3（かなりよくない状態が観察される），−5（無関心，引きこもり，怒り，悲嘆などが最も悪化した状態に至る）の6段階で評価する。[9]

　たとえば，「行動カテゴリーL：仕事」のWIB値＋5：仕事あるいは仕事に類似した活動にとりわけ積極的に参加し，大きな喜びを感じている（例：うれしそうにあるいは得意そうに掃除をしている，ほか），＋3：仕事あるいは仕事に類似した活動に積極的に参加し，喜びやプライドを示す兆候が継続的に認められる（例：周りの人と和やかにかかわりあいながらお皿を拭く手伝いをする，ほか），＋1：仕事あるいは仕事に類似した活動に参加するが，積極性は乏しい（例：一人で家具をあちこち移動している，ほか），−1：仕事あるいは仕事に類似した活動に参加している間，ややよくない状態が認められる（例：一人でテーブルを拭いているが不安な様子である，ほか），−3：仕事あるいは仕事に類似した活動に参加している間，相当よくない状態が認められる（例：皆と一緒に皿拭きをしようと何度も関わろうとするが，無視されたり，けなされたりしている，ほか），−5：仕事あるいは仕事に類似した活動に参加している間，とりわけよくない状態が認められる（例：仕事をしようと努力しているが，不適切であると非難され，激怒している，ほか）のように評価する。[10]

　さらに，評価者（DCMでは，Mapperマッパーと呼ばれる）は，上記のBCCとWIB値とともに，個人の価値を低めるコード（Personal Detraction Coding：PDC）とよい出来事（Positive Event Recording：PER）を評価する。PDCには，だましたりあざむくこと，のけものにすること，能力を使わせないこと，人扱いしないこと，無視することなどのコードがあり，PERには，本人の能力を引き出すような行動や，卓越した介入により，行動障害が他の行動に転換されたときなどを指しBCCとWIB値を記載した表の下（Notes）に記載する。[11]なお，1度に7～8人の評価をすることが可能であるとされる。

　これらのマッピングの結果を，ミーティングを介してケア提供者にフィードバックする。フィードバックは，ケア提供者に注意をし，指導するものではなく，ケア提供者のよかった対応を中心にされる。そのようなケアに関する議論の中から，ケア提供者とマッパーが一緒になってケアの改善計画を立案する。[12]

❷ DCMとケアプロセスガイドライン

DCMでは,認知症高齢者の状態を詳細に観察し,とくに利用者のWIB値の変化に対し,どのようなケアがよかった（PER）のか,悪かった（PDC）のかを評価している。これは,まさにケアプロセスと結果を,詳細であるにもかかわらず,効率的に評価する手法であると考えられる。また,本研究におけるケアプロセスガイドラインは,提供されているケアの,いわばよいケアプロセスに着目し,フィールドノートに記載したものをデータとして作成された。DCMの結果のフィードバックについても,ケア提供者のよい対応を中心にされることから,ケアの質の向上を目指す評価のあり方としては,一致した考え方である。すなわち,ケアの質は強権的に実施するには限界があり,ケア提供者の意識と意欲の継続が最も重要なのである。

そこで,DCMとケアプロセスガイドラインの双方を活用する方法を探った。DCMのPERのコードに,ケアプロセスガイドラインのカテゴリー,サブカテゴリーを使用すること,ケアプロセスガイドラインのケアが提供された結果,WIB値はどのように変化しているのかをあわせて評価することが考えられた。

3．グループホームにおけるケアの質の評価のあり方と課題

以上のことから,グループホームケアの質の評価のあり方として,第一に,構造面の評価に関し,規定された職員の人数や居室の面積など,基準をクリアしていることに加えて,有資格の職員の人数や人件費を厳密に問うた上で,状況に応じてどの程度柔軟に対応できるのかを評価することが挙げられる。第二に,「家庭的な環境」作りに関しては,PEAP-日本版3のような指針,あるいは評価尺度に基づき,自己評価あるいは外部評価をする,第三に,ケアの構造面に関する環境について,環境づくりとしてケアプロセスに取り込む,第四に,DCMなどを活用し,ケアプロセスとその結果を同時に評価する,以上四つを提言する。

そのための課題としては,第一に評価者への教育が必要である。評価者には,認知症高齢者に関する知識をもつとともに,評価は決して強権的なものではなく支援であることを認識し,現場に入り込んで評価してもらいたい。そのためには,独立した評価者養成機関の設置も視野に入れ,専門的な評価者を,更新

制度を備えて継続的に養成する必要がある。第二に行政と評価機関の連携が挙げられる。一つの案として、指導監査(グループホームでは実地指導と呼ばれている)において、構造面を中心に評価するのであれば、前述したようなより積極的な構造面の評価を書類審査も含めて実施し、外部評価においては、ケアの提供場面での環境づくりを含めたケアプロセスを中心に評価する。また、双方が情報を交換することで、より適切な評価を模索できるのではないかと考える。第三に経済的な問題が挙げられる。評価に関する経済的負担は評価を受けるグループホームが全て負担するが、規模が小さいグループホームにとっては、このような負担は即職員の賃金に影響するなど、ケアの質の向上を図るための評価がケアの質を下げる恐れがある。料金が評価機関によって差があるなど公平性にも問題がある。義務化された評価制度の存続は必須であるが、経済的な負担については一考の余地がある。

第二節　認知症高齢者ケアの質の保障への課題

2006年4月1日に施行された新しい介護保険制度において、サービスの質を向上させるために、介護サービス情報の公表の義務付け、事業者規制の見直し、ケアマネジメントの見直しが行われた。そこで、今後の認知症高齢者ケアの質保障への課題をまとめるにあたり、本節では、これらの見直しについて、その概要を整理した上で、その課題を模索する。

1．新しい介護保険制度におけるサービスの質の向上に関する改正点
1)介護サービス情報の公表

介護サービス情報の公表は、介護保険法第五章第九節に介護サービス情報の公表として新たに設けられ、法115条の29から37に規定されている。これは、介護サービス事業者に対して、介護サービスにかかわる介護サービス情報の公表を義務付けたものである。老振発第0331007号(平成18年3月31日付)通知「『介護サービス情報の公表』制度の施行について」によると、この制度は、要介護者などの利用者が、利用しようとする介護サービスの情報を適切に入手し、利用者による適切な評価により、より良い事業者を選択することができるよう

終章　認知症高齢者ケアの質の保障と課題

に環境を整備しようとするものである。また，利用者本位による適切な事業者選択を通じて，サービスの質の向上が図られることを目指している。

　介護サービス情報には，基本情報と調査情報がある。基本情報は，基本的な事実情報であり，公表するだけで足りるものとなっており，具体的内容としては，事業所の名称，事業所を運営する法人の名称，所在地，事業所の職員の体制，運営方針，介護サービスの内容，利用料金などが挙げられている。調査情報は，事実かどうかを客観的に調査することが必要な情報であり，介護サービスの内容に関する事項，介護サービスを提供する事業所または施設の運営状況に関する事項，都道府県知事が必要と認めた事項がある。介護サービスの内容に関しては，権利擁護，サービスの質の確保，相談および苦情などの対応，サービスの内容評価および改善，質の確保および透明性の確保のために実施している外部の者などとの連携に関して講じている措置，介護サービスに関するマニュアルの有無，身体拘束を廃止する取り組みの有無などがある。事業所または施設の運営状況は，適切な事業運営確保，事業所の運営管理，業務分担，情報の共有などのために講じている措置などである。基本情報は，報告後そのまま公表され，調査情報は，都道府県知事または都道府県知事が指定する調査機関が報告内容について事実かどうか調査後に公表される。公表は，都道府県知事または都道府県知事が指定する指定情報公表センターが行う。

　事業者が，報告を行わなかったり，虚偽の報告をした場合，調査の実施を妨げた場合には，都道府県知事が，報告を行うこと，報告内容を是正すること，調査を受けることを命じることができ（介護保険法第115条の29第4項），その命令に従わなかった場合には，指定もしくは許可の取消や効力の停止を行うことができる（法第115条の29第6項・第7項）。

　指導監査，およびグループホームに義務付けられた第三者評価（外部評価）との違いを，厚生労働省は以下のように説明している。[13] まず，第三者評価は，事業者におけるサービスの質，運営内容，経営内容などの良否を専門的に判断・評価し，改善指導などを実施するものであり，一義的な受益者はサービスの質，運営内容などの課題を改善する事業者にあるとする。次に，指導監査は，介護保険サービスを提供する事業者としての最低基準の遵守状況を確認し，必要に応じて行政処分を行うものであり，一義的な受益者は，最低水準が確保さ

れたサービスを享受する利用者にあるとする。そして、介護サービス情報の公表は、事業者における現に行われている事柄（事実）を確認調査し、調査結果をそのまま開示するものであり、一義的な受益者は、自らのニーズに応じて良質なサービス（事業者）を選択する被保険者にあるとしている。

2）事業者規制の見直し

　介護保険制度は、様々な事業主体の参入を認め、競争原理の導入によりサービスの質を確保しようとしたが、利用と供給が急増する中で、不正が目立つようになった。そのため、今回の改正では、悪質な事業者を制度から排除するための、実効性のある事後規制のルールの確立という観点から、①指定に当たっての欠格事由に指定取消履歴を追加する、②事業者の指定に6年ごとの更新制を設ける、③事業者に対する都道府県などの権限を強化する、④事業者の責務として「忠実義務」を追加する、などの規制の強化が図られた。

　①の指定の欠格事由、指定の取消要件の追加については、これまで、ある県で指定を取り消された事業者が別の県で指定申請してきた場合や、過去に指定を取り消された事業者の役員が別の法人で指定申請してきた場合に、都道府県が申請を拒否することが法に規定されておらず、悪質な業者を排除できなかった。そのため、欠格事由を見直し、申請者が、指定の取消から5年を経過しない場合、禁錮以上の刑を受けてその執行を終わるまでの者、介護保険法その他保健医療福祉に関する法律により罰金刑を受けてその執行を終わるまでの者、指定の申請前5年以内に介護保険の他のサービスに関し不正または著しく不適当な行為をした者に該当する場合、都道府県は指定をしてはならないと規定された（介護保険法第70条第2項）。

　②の指定の更新性の導入については、これまで、指定の効力には期限がなく、いったん指定を受けた事業者が、その後も適正に事業を運営しているかどうかをチェックする仕組みが不十分であったために、事業者の指定に有効期間を設けることとし、6年ごとに更新を受けなければ、その指定は効力を失うことになった（介護保険法第70条の2第1項）。したがって、更新時に基準に従って適正な事業の運営をすることができないと認められるときは、指定の更新を拒否できることになる。

　③の勧告、命令などの追加については、これまで、悪質な事業者に対する強

制力のある行政処分は,「指定取消」の手段があったが,指定の取消を行うほどではない場合の,改善を目的とした実効性のある指導監督の手段が限られていた。そのため,都道府県知事に対し,業務改善勧告として,基準に従って適正な事業の運営をしていないと認められた事業者に対し,期限を定めて,基準を遵守すべきことを勧告する(介護保険法第76条の2第1項),業務改善命令として,正当な理由なく勧告に係る措置をとらなかった事業者に対し,期限を定めて,その勧告に係る措置をとるべきことを命ずることができ(法第76条の2第3項),指定の停止命令として,指定の欠格事由に該当するに至った事業者などについて,期限を定めてその指定の全部または一部の効力を停止することができる(法第77条第1項)。また,当該処分の公表として,先の業務改善勧告に従わなかった場合その旨を公表し(法第76条の2第2項),業務改善命令を行った場合その旨を公示する(法第76条の2第4項),業務改善命令を行った場合都道府県知事はその旨を公表することができ(法第76条の2第2項),指定の取消を行った場合などその旨を公示しなければならない(法第78条第3項)。

④の忠実義務は,介護保険法第74条第4項などに規定され,この義務に違反した場合,指定の全部もしくは一部の効力を停止することができる(法第77条第1項第4号)。

3) ケアマネジメントの見直し

見直しは,地域包括支援センターの設置による①包括的・継続的ケアマネジメントの推進,②ケアマネジャーの資質・専門性の向上,③公正・中立の確保などの観点から行われた。

ここでは,②と③について述べる。②については,定期的な研修を義務づけるための資格の更新性(5年ごと)が導入された。また,名義貸しなどの不正が見逃される事態がおこったため,今回の改正により,都道府県知事が作成する介護支援専門員名簿に登録することに加え,指定居宅介護支援事業者として指定を受ける際に提出する書類にも,所属する介護支援専門員の氏名およびその登録番号を記載する,といった二重指定制度が導入された。

③は,正当な理由なく,その事業所において直前6カ月間に作成されたケアプランに位置づけられたサービスのうち,特定の事業所の割合が90%以上である場合に報酬を減算する,介護支援専門員1人あたりの標準担当件数がこれま

での50件から35件に引き下げられ，多数担当ケースへの報酬逓減制の導入などである。また，不正に対する罰則が強化された。

2．これからの認知症高齢者ケアの質保障への課題

　以上のことから，2006年4月より施行されている新しい介護保険制度には，介護サービスの質を保障するための様々な取り組みがなされている。認知症高齢者ケアの質を保障する手段には，第2章で述べた指導監査，第三者評価（外部評価）および苦情解決のほか，様々な仕組みがある。今回の事業者規制の見直しは，指導監査を強化することになり，介護サービス情報の公表は，当事者による事後評価と捉えられる苦情解決の仕組みに加え，当事者による事前評価を可能とするものであり，ケアの質の向上に対し，一定の効果が得られると予測される。

　しかしながら，懸念されることの一つに，グループホームに義務付けられた第三者評価（外部評価）が，介護保険施設に義務付けられなかったことが挙げられる[14]。介護サービスの情報の公表が義務付けられ，事業者の規制が強化されても，第三者評価に替わることはできない。本書が主張してきたケアプロセスの質の向上をより促進するのは，職員が自己評価に取り組む仕組みをもつ第三者評価である。強権的に実施される事業者規制の強化により，最低水準のケアは保障されたとしても，事前や事後ではなく，現段階で提供されているケアの質を保障するためには，第三者評価を欠かすことはできない。平成21年度からは「介護サービス情報の公表」が地域密着型サービスにも適用される。よって，第三者評価を取りやめる施設がないように，第三者評価の検証を行うことが，第一の課題として急務である。

　第二に，介護サービスの質を保障する指導監査，第三者評価，苦情解決，介護サービス情報の公表，などの様々な仕組みが，それぞれの独自性を発揮しながら，有機的なつながりをもつことである。今回の改正で事業者規制が強化されたことにより，第三者評価では，構造面の評価を省いてケアプロセスの評価を重視することが可能となる。また，指導監査の際には，介護サービス情報の内容や第三者評価の実施の有無について，苦情解決の際には，その判断材料として，介護サービス情報，指導監査結果，第三者評価結果についても吟味する

ことなどが考えられる。そして、第三者評価（外部評価）と介護サービス情報の公表の双方が義務付けられたグループホームにおける、ケアの質の保障の実効性に関する検証を、継続して行う必要がある。

さて、認知症高齢者へのケアは、介護老人福祉施設、介護老人保健施設、介護療養型医療施設などの介護保険施設、グループホーム、および自宅などで提供されてきた。2005年の介護保険法の改正で、地域密着型サービスとして、新たに小規模多機能型居宅介護が位置づけられた。これは、主に認知症高齢者が、心身の状態や環境に応じて、通所や宿泊、訪問サービスなどの居宅サービスを組み合わせて利用しながら、極力住み慣れた地域で暮らすことができるように、導入されたサービスである。このように、認知症高齢者ケアが提供される場は、多様化しつつある。しかしながら、それぞれのサービスに期待されるケアや提供されるべきケアといった、各サービスの独自性を生かしたケアのあり方は、明らかにはなっていない。そのため、それぞれの場で提供されるべき認知症高

第三者評価の今後

社会福祉法下で始まった高齢者・児童・障害者施設を対象とした「第三者評価」（本書第2章第三節の4参照）は、居宅サービスにも対象を拡大してきたが、任意であることから、受審率が高いとはいえず、伸び悩んでいる。その要因に、2006年4月から施行されている新介護保険法で義務化された、「介護サービス情報の公表」（本書終章第二節参照）により評価が複数になったことで、評価項目が重なること、評価のための時間や費用がかかることも挙げられる。

朝日新聞（2007年11月28日付　朝刊）では、全国社会福祉協議会による全国の児童・高齢者・障害者施設9万4,000カ所のうち、2006年度に第三者評価を受けたのは2,075カ所であるとしている。また、厚生労働省が第三者評価はサービスの質、介護サービス情報の公表は施設の客観的概要を調べるもので目的が異なり、一本化は難しいとしていること、任意である第三者評価に公費助成がなじまないとしていること、事業者の負担を軽減する措置として、第三者評価を受審した事業者の行政監査（本書では指導監査としている）を減らすことを検討中であることが述べられている。

齢者ケアのあり方の追究，すなわち，居住形態別の認知症高齢者ケアモデルの開発を，第三の課題として挙げておく。

3．結びに代えて

　認知症高齢者ケアの質を保障する手段には，本書で検討した行政による規制の一つである「指導監査」，第三者評価（外部評価）や苦情解決のほか，職員の資質の向上のための資格の更新制度や研修制度の導入，専門職養成校の教育制度の改善，情報公開制度やオンブズマン制度の導入など，様々である。

　これらの仕組みの中でも，本書では第三者評価に着目している。ケアの質を保障するためには，ケアプロセスを適切に評価することが重要であり，ケアプロセスの評価手段には，第三者評価が適切である。前述したように「指導監査」は，構造を中心に事前的に評価してきた経緯があり，現在もその傾向は強い。苦情解決は，ケアを受けた結果としての苦情への対応となるため，事後的である。よって，現段階で提供されているケアプロセスの評価には，第三者評価の適用が妥当である。また，第三者評価の仕組みにおいて，単に第三者，すなわち外部の者が評価するだけでなく，同じ評価基準を使用した自己評価の実施と，評価終了後に評価機関と協同してケアの質の改善に取り組むことが，ケアの質の向上に効果的に作用する。すなわち，ケアの質の向上に対するケア提供者の関心を引き出し，意欲を継続させ，ケアの質の向上への積極的な取り組みを促すと考えられる。ケアの質の保障には，行政による規制としての指導監査のような強制的な仕組みの限界を補う第三者評価といった，重層的で相互補完的な機能が必要である。

　しかしながら，先述したように，2005年の介護保険法の改正では，事業者規制が強化されて介護サービス情報の公表が義務付けられたものの，グループホームに義務付けられた外部評価（第三者評価）が，介護保険施設に義務付けられなかった。これは，措置制度下ですでに始まっていた第三者評価の前身であるサービス評価事業の検証がなされないまま，今日に至ってしまったことも要因の一つであると考えられる。サービス評価事業の効果が実証されないまま，新しい社会福祉法下の第三者評価が導入され，評価基準も全て変更されてしまっては，これまで築かれてきたサービス評価への取り組みに対する意識や意

終章　認知症高齢者ケアの質の保障と課題

欲が削がれる。今後は，根付きつつある第三者（外部）評価が消滅しないように，検証していくことが急務となった。さらに，第三者評価が，介護保険施設に義務付けられることが期待される。

本研究では，ケアの質を保障するためには，ケアプロセスを適切に評価することが重要であるとの仮説のもと，ケアの指針となるケアプロセスガイドラインを作成した。ケア提供者や利用者家族のケアの質への意向を取り入れた，わかりやすいガイドラインを，まずは自己評価時に活用されることが望まれる。そして，第三者（外部）評価時に活用されるならば，評価者が現場に密着した評価をすることになり，ケアプロセスを重視した評価を求めるケア提供者，および利用者家族の意向に沿うことになる。また，本書でも紹介したDCMのように，ガイドライン項目のケアを提供した際の，利用者の状況を同時に評価できれば，より詳細で現場に密着した評価になると考えられる。以上のことから，多様化する認知症高齢者ケアに対応した現実適合性の高いガイドラインを目指し，現場に密着した研究の継続が責務となる。

注

（1）冷水豊（1983）：福祉サービス評価の基本的課題　季刊・社会保障研究，19(1)：70-81．
（2）冷水，同前。
（3）冷水豊氏は，その後の論文（冷水豊（1996）：福祉計画におけるサービス評価　定藤丈弘・坂田周一・小林良二編　社会福祉計画　有斐閣，pp.179-193）で，過程（プロセス）評価は，(1)効果を直接評価することが困難な場合，(2)効果を評価すること自体が適切でない場合，(3)最終の効果ではなくそれが現れる中間段階を評価する必要がある場合，の三つを挙げている。
（4）冷水，前掲（1）。冷水，前掲（3）。
（5）冷水豊（2005）：高齢者保健福祉サービス評価研究の動向と課題　老年社会科学，27(1)：55-63。
（6）水野裕（2004）：これからの痴呆ケア　Quality of Careをどう考えるか―Dementia Care Mapping（DCM）をめぐって　老年精神医学雑誌，15(12)：136-148。鈴木みずえ・Dawn Brooker・水野裕・ほか（2006）：パーソン・センタード・ケアと認知症ケアマッピングを用いた研究の動向と看護研究の課題　看護研究，39(4)：259-273。鈴木みずえ・水野裕・Dawn Brooker・ほか（2008）：Quality of life 評価手法としての日本語版認知症ケアマッピング（Dementia Care Mapping：DCM）の検討：Well-being and Ill-being Value（WIB値）に関する信頼性・妥当性　日本老年医学会雑誌，45(1)：68-76。

(7) 鈴木・ほか (2006), 同前。
(8) 鈴木・ほか (2006), 同前。
(9) 鈴木・ほか (2006), 同前。
(10) 水野, 前掲 (6)。
(11) 水野, 同前。
(12) 鈴木・ほか (2006), 前掲 (6)。
(13) 2006年8月1日・2日「全国介護保険指導監査担当者会議資料」より。
(14) 介護老人保健施設は, 自治体により異なるが, 社会福祉法下の福祉サービスの第三者評価事業の対象にならない場合が多い。本書第2章第三節で検討した特別養護老人ホーム・老人保健施設サービス評価事業により効果を上げていたと考えられるだけに, 大変残念である。

あとがき

　本書は，2007年3月に九州保健福祉大学大学院社会福祉学研究科社会福祉学専攻から博士の学位を与えられた論文「認知症高齢者ケアの質の保障―グループホームにおけるケアプロセスガイドラインの作成を通して―」に加筆・修正したものである。

　私がケアの「質」をテーマとした研究に取り組むようになったのは，修士課程（熊本大学大学院法学研究科法律学専攻）の良永彌太郎指導教授より，研究テーマとして「高齢者介護サービスの『質』の保障に関する法システム」を与えられてからである。この研究で，ケアの質を保障する一つの手段としての評価について検討した。それは，介護保険制度が施行される前の1999（平成11）年だったので，ケアの「質」について，10年近く考え続けたことになる。

　ケアの「質」の定義，および評価次元を論じる際の枠組みとして，1960年代にDonabedianが提唱した医療・看護の質を，「構造」「過程」「結果」の三つの側面から捉えるものが主流であり，本書もその理論を基盤としている。この三つのうち，「結果」評価が重視される傾向にある中で，「プロセス無くしてなぜ結果が語れるのか」と心を砕いていた。

　私は，看護職として10年訪問看護を実践しており，そこには「構造」に該当する経営やスタッフの質が課題として常に横たわっていたが，結果としての成果である訪問看護の件数，すなわち月に何軒訪問したか，前月より実績が上がったのか下がったのか，さらには収入がいくら得られるのかに，上司の関心は集中していたように思う。いかに誠実に対応して利用者と信頼関係を構築したか，あるいは，地域の専門職とネットワークを作るのに奔走して看取りを実施したか，という私たちの関心事については，取り上げてもらえなかった。そして，着目されるようになった評価項目もまた，建物の構造や設備，職員の資格の有無や配置，ケアマニュアルやサービス計画の有無，ケアの実施の有無を問うものが中心で，ケアをどのように提供したかというケアの内容や中身，すなわち「過程」の評価に当たるものを，ほとんど目にしなかった。

　そのような思いから，ケアプロセスの質の評価を目的とした研究テーマを温

め，博士課程の門を叩いたが，「ケアプロセスの質など測れるわけがない」「このようなテーマでは博士課程は無理である」「ケアの質などには手を出すな」と拒絶され続けた。ほぼあきらめかけて受験した九州保健福祉大学の面接で，私の主張に「よくわかります」と応じていただけた時には，救われる思いがした。忍博次指導教授も「このような研究は大事です」と，私の指導を引き受けてくださったのである。

　晴れて，研究できることになったのであるが，フィールドワークや量的調査の実践経験がなかった私には，無謀な挑戦でもあった。そのため，忍博次指導教授には，きめ細かなご指導をいただいた。九州保健福祉大学大学院の博士課程は通信教育であったために，スクーリング以外では，メールでのやりとりが主であった。忍教授にレポートや研究の進め方での疑問点，現状などをメールで送ると，すぐに返信してくださり，的確なご指導をいただいていた。最終段階では，メールでは間に合わなかったために，「そろそろ自立して研究しなさい」と忠告されたにもかかわらず，何度も携帯電話に電話した。また，忍教授は，北海道にお住まいであるが，大学での授業以外に，学会で待ち合わせたり，私の住む熊本にも3回足を運んでくださったりして指導を受けた。北海道での調査では，75歳を過ぎた忍教授が雪道を運転して一緒に回ってくださった。本当にご迷惑をおかけしたと反省している。

　グループホームのスタッフにも大変感謝している。忙しい中，度重なる調査を受け入れてくださった上に，「大変だけど頑張ってください」と温かい言葉をかけていただいたり，「どうしてもここは言いたいから」と仕事が終わってから時間をとってくださったりと，協力を得ることができ，本当に励まされた。また，100項目のケア項目に対する量的調査の際は，電話でお願いした時には「100項目ですか?! 忙しいのですよね」と項目の多さにあきれられたが，「見るだけでも見てください」とおしかけると，「なるほど。こういうことは大事ですよね。勉強にもなるしスタッフ全員にやってもらいましょう」とお引き受けいただき，当時私が住む熊本市全てのグループホームの協力が得られ，自信をもつことができた。何より，現場のスタッフが素晴らしいケアを提供しており，それを文章にすることこそが私の使命だと強く感じたものである。

　ご利用者ご家族にもアンケート調査を実施したが，ご家族から手紙や電話で

あとがき

　連絡をいただくこともあった。苦しい介護の状況を訴えるものもあったが，「（アンケート調査の内容が）私たちのことを考えてくださっているとわかり，とても嬉しかった」と何より嬉しい感想もいただいた。

　以上のように，本書で重要な部分を占めるフィールドワークについては，認知症高齢者グループホームのスタッフ，およびご利用者とご家族の皆様のご協力を得て実施でき，また，福岡県立大学人間社会学部本郷秀和准教授，北翔大学人間福祉学部梶晴美准教授，同本間美幸教員，および坂田千賀子保健師，平上真紀子保健師，森高麻里社会福祉士，田島睦子社会福祉士，青野充希子介護福祉士，原田久美子介護福祉士の皆様のご協力により，研究組織体制を作って調査・分析を一緒に実施した。量的調査の実施と統計処理については，熊本大学医学薬学研究部環境保健医学分野の上田厚教授，熊本大学教育学部附属教育実践総合センターの吉田道雄教授，熊本大学政策創造研究センターの魏長年准教授のお力添えをいただいた。そして，適時ご指導いただいた忍博次教授，山口洋史研究課長をはじめとした九州保健福祉大学社会福祉学研究科の先生方，および通信教育事務室の皆様に支えられて研究の完成をみることができ，心から感謝申し上げる。

　出版に向けて，私に研究者への道を開いてくださった元熊本学園大学社会福祉学部教授橋本宏子氏に助言をいただいたことで，コラムを挿入することを思いつき，私自身が納得できる形にできた。また，調査研究の一部に三井住友海上福祉財団の研究助成を受けており，出版にあたっては，ミネルヴァ書房の関係者の皆様，特に出版企画部の堺由美子氏にお世話になった。さらには，「熊本大学学術出版助成」による助成を受けて出版に漕ぎつけることができたことは，大変幸運であり，重ねて感謝申し上げる。

　この10年間，目先の仕事に追われて，世の中の先を見た研究ができていないのではないか，と自問自答することも多かった。しかしながら，フィールドワークは，こちらが学ばされることはもちろんであるが，現場に良い風を吹き込んでいるのではないか，と感じることもある。これから先もフィールドワークを主体とした研究を続け，現場での実践をできるだけ多くの人々に伝えることができれば，と今現在も志をもって研究を継続できていることに，深く感謝しておきたい。

最後に，この10数年間，全てを支えてくれた子どもたち雄哉，由里江，由香里，夫・孝に感謝を述べておきたい。

　　2009年2月

　　　　　　　　　　　　　　　　　　　　　　　　　　　　　　永田千鶴

資料編

資料1　半構成的面接調査シート記入例

〈調査項目〉F3/17　10時～12時

1．貴施設に関すること

(1) 代表者のプロフィール

　①年齢（何歳代）　　50　　歳代

　②性別　男・㊛

　③略歴（職種，経験年数）

職種	経験年数
A病院副看護部長	8年
B苑副施設長	2年
訪問看護ステーションスタッフ	5年
グループホームホーム長	2年

　④代表者の方針（代表者のグループホームへの思いなど）

　・家庭的な環境
　・一人一人の尊重
　・その人を認めること：学ぶこと学びたいことがたくさんある
　・基本的に健康重視

(2) 施設内容がわかるもの

　①パンフレット（入居案内―利用料がわかるもの，要覧）

　　　　㊒　・　無　　　　◆持ち帰り　不　可

　②事業報告書

　　　　有　・　㊌　　　　◆持ち帰り　不　可

　③組織図

　　　　㊒　・　無　　　　◆持ち帰り　不　可

　④重要事項説明書

　　　　㊒　・　無　　　　◆持ち帰り　不　可

　⑤運営規定

　　　　㊒　・　無　　　　◆持ち帰り　不　可

　⑥施設見取り図（平面図）

　　　　㊒　・　無　　　　◆持ち帰り　不　可

　⑦補助金の有無

　　　　㊒　・　無

　　　◆補助金の出所　国・県・㊂・その他（具体的に）金額　1ユニット2千万（計4千万）　　　　円

(3) 入居している高齢者のプロフィール（1ユニット）

　＜内訳＞

資料編

	認知症の程度		要介護度		年齢	性別	入居年数	特徴的な状況
	入居時	現在	入居時	現在				
1		Ⅲa 悪化	2	3	84	女	2年	コミュニケーションが全くとれない
2		Ⅱb 同じ	2	2	87	女	2年	視力障害,心不全有,独り,子ども無し
3		Ⅱa 同じ	1	1	80	男	2年	H銀行の幹部だったが金銭管理ができなくなった,黙って出て行かれることが多い
4		Ⅱa 同じ	1	2	85	女	1.5年	胆のう癌,転移,ターミナルになるだろう
5		Ⅲa 悪化	2	3	89	女	2年	独り
6		Ⅱa 同じ	1	2	86	女	2年	感情激しい,盗られ妄想あり
7		Ⅲb 同じ	3	3	87	女	0.5年	慣れていない,コミュニケーションがとれない
8		Ⅰ 同じ	4	1	93	女	1.5年	20数年海外暮らし。寝たきりで衰弱していた
9		Ⅲb 悪化	2	4	86	女	1.5年	骨折で悪くなったがよくなってきた

(4) 1ユニットの職員の人数と雇用形態　常勤＿＿4＿＿人,非常勤＿＿6＿＿人

　勤務形態A―8：30〜18：00,B―7：00〜14：00,C―14：00〜21：00,D―9：00〜16：00,E―11：30〜21：00,F休み,G―8：30〜12：30,H―14：00〜18：00,I―7：00〜16：30,J―19：00〜21：00,K―6：00〜10：00

<内訳>

	年齢	性別	略歴	資格	経験年数	職種	勤務時間	雇用形態	従事形態
1	50代	女	保険組合→特養ディ	保健師,看護師	15.3.1〜	介護		(常勤)・非常勤	(専従)・兼務
2	40代	女	社協ヘルパー	ヘルパー2級	15.3.18〜	介護		(常勤)・非常勤	(専従)・兼務
3	60代	女	T医院調理師	調理師	15.11.1〜	介護		(常勤)・非常勤	(専従)・兼務
4	30代	女	精神科看護師	看護師	16.9〜	介護		(常勤)・非常勤	(専従)・兼務
5	20代	女	新人	ヘルパー2級	15.6〜	介護	フル	常勤・(非常勤)	(専従)・兼務
6	20代	男	スポーツ用品販売	なし	16.12〜	介護	フル	常勤・(非常勤)	(専従)・兼務
7	20代	女	特養6年	介護福祉士,ケアマネ	16.7.1〜	介護	フル	常勤・(非常勤)	専従・(兼務)
8	30代	女	事務職	ヘルパー2級	17.1〜	介護	フル	常勤・(非常勤)	(専従)・兼務
9	30代	女	M老健	介護福祉士	15.7.1〜	介護	D	常勤・(非常勤)	(専従)・兼務
10	20代	女	病院	ヘルパー2級	16.5〜	介護	D	常勤・(非常勤)	専従・(兼務)

＊栄養士（調理師）の存在について聞いて上記の表に記入してください
(5) 関連施設について：同一法人の施設（特に母体施設について）

> T医院，通所リハビリテーションF，訪問看護ステーション，ケアプランセンター，ヘルパーステーション，グループホーム

(6) 理事会の有無　　　㊲　　　　　無
(7) 設備面の特徴（例：民家改修型，手すりにスポンジ他）

- 平屋，壁で仕切られた2ユニットが続いている，玄関は別にあるが，スタッフ室は2ユニット間を行き来できる。
- 家族からいただいたり，作成したタペストリーが多い。

(8) ケアの特徴（例：家族会を月に1度開いていてほぼ全員参加，人生マップを作成している，素敵なところを見つけてケース記録に記入している，アルバムを1人1人に作成して退居時に家族に渡している，最後まで看取る方針など）

- 人生マップを作成している。
- 申し送りに1時間かける。
- 最期まで看取る方針，ターミナルケアの経験1例あり，現在も癌の方が入居している。
- 生活保護受給者の方3人入居。家賃3万円／月は保護費から出るが，共益費はもらっていない。

(9) ケアの1つである入浴の回数・時間帯　決まっていない時間帯8時まで
(10) 生活時間帯　　　　　　　　　　6 時　〜　　21時
(11) 収支状況（黒字か赤字か），総支出の人件費の割合
　　　　　　　　　　　　　　75.5　　％
(12) その他

> 人件費は，収入の34％

2．ケアに関すること
(1) ケア提供者へのケア内容に関するインタヴュー

　これから，認知症高齢者の方への様々な状況にどのように対応されているかについて，いくつかお尋ねします。

　①物を盗られたなどと被害的な訴えがある場合にどのような対応をされていますか

- 一緒に探す―本人が満足するまで捜す。見つかった時には，さりげなくご本人が見つけたようにして「アーよかったね」という働きかけをする。
- 初めからないものがないという場合――一緒に悩んで，じゃあ家族の方に電話して聞きましょうといい，電話をし，「こっちにあるよー」「今度もって行くねー」と言ってもらう。家族も十分そのように対応してくださる。一時的かもしれないけれど安心はされる。

　②歩きまわられる場合にはどのような対応をされますか

- ご自由にどうぞ―OPEN当初はぴったりと付いて一緒に歩いてたんですよ。でも本人さんは1人になりたいから歩いてるんじゃないかなと思われる人は，距離をおいてみたり，遠くから右に行

くか，左に行くか，左に行かれたらついて行かなくてはいけない，右に行かれたら，このホームの周りを歩かれるから，時々見ていたり……，ご本人さんと約束してあそこの窓から手を振ってください，と言ったら手を振られるので，元気に歩かれているなと。まあ安全確認はしますよね。

③不潔行為（弄便やゴミ箱をあさる）をされる場合にはどのような対応をされますか

・便が出て気持ちが悪いから触る。不潔行為が問題という人はいません。
・触られた場合には，トイレに行って，洗浄したり，手を洗ったり，特別にケアとして問題とは捉えていません。

④暴言や暴行，外に出たり，食べられないものを口に入れられたりなど，危険な行動をされる場合にはどのような対応をされますか

・暴言：何を暴言と捉えるのかは非常に難しいですよね。その時の感情で言われるのは誰でも言うことでしょ。大きい声を出すから暴言とか……。そういうふうにはね。逆に大きな声を出してもいい。ただ傷つけたり暴力的になる場合は気をつける。威圧的な言葉がありますよね，男性なら特に。女性同士のけんかとかね，口げんかなんかありますけどあんまり職員がパーっと入ったりせずに，どうにか治まるという時があるんですよね。我慢するということも1つの共同生活だから，あんまり職員がいちいち入ったりせずに，危なくなければ見守っているという感じです。大きい声を出さないことが多いから，大きい声を出して，肺機能をよくしたほうがいい。
・外に出られて危なかったということもあまりない。目的を持って買い物に行かれてる。こちらが気付かないこともあるけど，無事に帰ってくる能力があるのであれば，本人の意思を尊重している。リスクを職員がおう部分はある。家族とはお電話したり，連絡をとっている。家族には利用料を請求する時にただ請求書だけを送ることはしないで，写真とかコメントをつけて送っている。
異食：なし

⑤言語的コミュニケーションが困難な場合にどのようにしてサインを読み取っていますか

・行動から読み取るサインというものを修得しなければならないと思う。
・落ち着かない，うろうろするなと思う時には，耳元でトイレとは言わずに，散歩に行きましょうとか犬を見に行きましょうと言ってそのままトイレに誘導する。
・トイレに行きましょうというと拒否があるんですよ。そういうパターンを覚えるといい。
・トイレというと拒否—本人は尿意としては感じてない。本人が尿意を感じる時には間に合わない。
・便秘の時にも落ち着かない。

(2) これまで認知症高齢者の様々な状況での対応についてお尋ねしてきましたが，認知症高齢者へのケアで最も重要だと思うケアを特に3つ挙げてください

・その人の思いを理解する：今何をして欲しいのかな，何を思っているのかなということを常に考えて，アンテナを立てておく。
・判断力：その人にとって何がいいかという判断力を持たないと誤る。
・健康：全てにおいて健康が大事。常に健康を考えておくこと。

(3) ケア提供者のケアの質の捉え方のインタヴュー
　　ケアの「質」と聞くとどのような事をイメージされますか

・感性：感じること。
　その人らしさを理解する，相手を理解することが大切。
・技術。

- 自分自身のコントロール：いろいろな人に対応するには大事。

(4) 印象に残っているケースについてお聞かせください。また，その他(1)でお尋ねした5つの項目以外にも工夫されている対応などがありましたら教えてください

- 最初から入居された方―男性で若いときは女郎屋に通っていた。スタッフが若いので女としてといった関係でみる。若い人が，「いくらね」と言われ，夜勤なんか怖いと言っていた。どうしようかということになり，奥さんに聞いたら，女郎屋に仕事もせずに入り浸っていた事情がわかった。
ご本人は，スタッフしか見ていなかったので，入居している人との仲間作りを考えた。「頼りになるのは男性ですよ」と働きかけ，利用者がその人を頼りにするようになった。それがその人の喜びとなった。それでそのような訴えはなくなった。
- 入居者への意識がなかったので食事の時には箸を配ってもらったりした。すると，入居者がお礼を言われる。男性には特にお礼を言う。ご本人さんは嬉しい。

3．外部評価に関すること

(1) 外部評価時に提出された自己評価票，可能であれば，根拠つきの評価結果を資料としていただく

  自己評価票　　　　　㈲　・　無　　　◆持ち帰り　不　可
  根拠つきの評価結果　㈲　・　無　　　◆持ち帰り　不　可

(2) 外部評価を受けての感想

- 誰にも聞けないことなので，聞く機会となってよかった。いいところ悪いところ外部から見てもらうことで気付かされた。やっぱりグループホームは閉ざされている部分があり，感じ取れていない部分がある。外の人が来て雰囲気がいいよねと言われると嬉しい。
- 10時～16時　3人女性　現場に2時間ほど入り食事も一緒にとられた。すれ違うスタッフにちょっと聞いたりしていた。残りは，ヒアリング。部長のほか3人のスタッフに3人が一緒に聞いた。

(3) 先ほど2―(2)でお答えいただいた重要だと思うケアは外部評価により評価されたと思いますか。

 （思う）　　思わない　　わからない

理由：十分評価された。
  評価された部分では，言葉ではなくて書類として残されなければならない。経過記録を見られて，この経過記録が大変ということがわかるし，言葉で捉えないといけないことを，朝から話すことを，スタッフ皆が考えている。そのようなことを評価してもらっている。

◆その他

要望：外部評価の質は高めて欲しい。研修は受けているでしょうけど，短時間のうちにここはいいとか悪いとか評価するのは難しいでしょう。日常に入ってもらわないとですね。見ていただいて，それを励みとしたいし，直さないといけないことは直さないといけないし，早く受けてよかったと思う。同じ問題を来年に努力目標とされるのではなく，ああよくなりましたねと言われるようにしたい。どうしても体力が年々落ちていく人たちに対しては質を上げていかないと……。外部評価できちっと評価して欲しい。

(4) 永田作成の修正外部評価票（表3－6　センター方式評価尺度修正版）に対する意見・感想

- 23―新：積極的な交流というよりもペースにあわせた，適切にというよりも安心ある対応ができ

ていますか。いい関わりをもったら安心すると思う。混乱はみんなしている，不安がありゼロということはない。
- 25―新：離床していることはいいとは思わない。その人にあった適度な休息を配慮していますか。離床とは起こしているということになる，表現がよくない。生活リズムには役割は入らないといけない。
- 28：スピーチロックも含めて欲しい。スピーチロックが一番多い。こっちに行ったらだめ，そっちに行ったらだめ，ということ。
- 29―新：自由に出入りできる。ドアの管理ができる。
- 51―新：入居者同士の仲間作りがいいのでは。
- 今グループホームに求められていることではある。だけど全部つきつめていくと施設っぽくなる。これしてるあれしてるからいいというのではなく，だから，ホームそれぞれが利用者の方にどう工夫するか，アイディアを考える。
- 評価だから枠の中にはめていかなければならない，外枠はありますよね。だけどこの通りやっていたら本当に施設っぽくなるし，これに対しての代替ケアができていれば十分だと思う。これができていないから×ということではない。ホームとしては，これをどういうふうに解釈し，どう実行しているかを聞くとよい。
- さりげなくとは：外に出て行っても，後ろから追いかけるのではなく，追いかけたら，だめですよとストップかけることになる。前からばったり会った様にする。ホームではこういうふうにやっていますということを書けるようにするといいと思う。

資料2　参与観察における12グループホームのケアプロセス

◆ケース1◆	
【概要】対象者：グループホームA 　　　　平成17年3月5日：8時30分～11時45分　訪問者N（研究者）　H（介護福祉士）　記録作成者N 　　　　場所：ステーション前およびリビングルーム	
【観察記録】パート1	
◆　8時30分到着—ご挨拶をして死角になっているところに座るが，3人の入居者は認知できている様子で，こちらを見る。1人の方は指をさして見ている。 　　職員がテーブルを動かし何やら会場作りをすると，入居者の方々が「何かあるのかな」といって移動され，集まってこられる。1人の方は何があるのか予定表を見にこられたと思われた。	アクティビティ参加への環境づくり—会場 見当識を高めるアクティビティ—環境
◆　O代表（8時30分～8時45分） 　　8時30分出勤—荷物を床に置きコートを脱ぐと利用者に「おはようございます」と挨拶にまわられる。「今日は天気ですよ」とお一人お一人に声をかけられる。入居者が代表のされているマフラーを「これいいね」と触られると，笑われながら「まいてあげようか」と利用者の首にかけられる。	一人ひとりに関心を示す関わり→心地よさ
◆　相談室でインタヴューをお願いすると，今日の行事などについて15分ほど話される。	
・予定表はあちこちに貼っています。「前の日から明日はハイキングだから早く寝ましょう」なんて言うとかえってだめですからね。朝まで目はらんらんとしています。だから，朝から私にとって今日，何か楽しいことわくわくすることがあるのだということをわかってもらうようにする。	見当識を高めるアクティビティ—環境 アクティビティ参加への環境作り—雰囲気
・「今日はせり摘みと書いてある，楽しそうだなー」とその時は思われるけど，こっちに座られるともう忘れて自分の世界ですけどね……。	
・今日みたいに音楽療法があり，早くからスタッフが準備したりしていると，この人たちはとても素直だから，何があるのかと集まってこられるのよね。ヴェールに包まれているような人たちが，私にとってこっちにいた方がいいみたいというような雰囲気を作るようにする。	アクティビティ参加への環境作り—会場
◆　調査者Nは入居者の隣の椅子に座る。	
・1人トイレ誘導「先生が来る前にちょっと行きましょうか」と声をかける。	安心—その人に添った対応—トイレ誘導時のトイレと言わない配慮
・スタッフMさん—入居者全員が居間のソファーに座ったところで，職員が新聞を持ってこられ，「おはようございます。今日は何月何日でしょう」と投げかけられ，日にちを確認する。新聞を取り出し「今から新聞を読みたいと思います」と今日のニュースをいくつか取り出して，話しかけながら読まれる。一番盛り上がったのは，銀行強盗の記事。「4千万も盗られたそうです」と言うと「すごいねー」と声があがる。「何日も拉致して，その日出勤した行員を縛り上げ……」と記事を読むと「わー，怖い……」とまた声が上がる。そこで，また詳しい状況を説明される。	見当識を高めるアクティビティ—関心をひく情報提供

262

・体操─舌の体操，発声練習，座ったままでの体操，グーパー，指折り，歌を歌う他30分休みなく実施。1人だけ，目を閉じられているが，「きついのですか」と声をかけると「大丈夫です，ありがとう」と言われ，その後はされる（印象として次から次へとメニューをこなしているが，そのようにして関心を引き付けていると感じた）。	心身の活動を高めるアクティビティ─体操
◆ 11時30分	
・職員がSさんに「ちょっとこちらに来てください」と入居者の輪の中から呼ばれる。サンルームの掃除を一緒にされる。椅子を動かしじゅうたんのしわを伸ばすのを一緒にされる。明日が月に1回の家族会のためそれが気になっているのか「私はこれからどうするの」と尋ねられる。	役割を担うことへのサポート─その人に添った役割を一緒に行う
職員：「これから，もうすぐお昼を食べるでしょ，それからお風呂に入る，お休みになる，と朝になる，家族が来られるでしょ……家族はだれが来なさるの」	安心─情報提供
Sさん：職員の声賭けに「うん，うん」とうなずき「息子夫婦でしょ」と。	安心─場面のきりかえ 敏感に反応する─嬉しさにつなげるコミュニケーション
職員：「わー，いいですねー，いつもいらして，いつだったかは他の方もいらしたでしょ」	
Sさん：娘も来たけど，あんまり多かと気の毒かけん。	
職員：そんなことないですよ，たくさん来てくださいって先生（代表）言われるでしょ。いいじゃないですかー。	
Sさん：私はどうする？	
職員：ここにいらしていいんですよ。	安心─存在の承認
Sさん：そう。明日はなに着る？	
職員：「これでいいじゃないですか」とセーターをさすり，「これ素敵ですよね，それにまだいっぱいいいのをもってらっしゃるから，後で準備しましょうね」	選択の機会─衣服
Sさん：私はどうする？	安心─場面のきりかえ
職員：「もうすぐ食事ですからあちらにまいりましょう」と。	
◆ 11時30分	
・食事の配膳の準備	
Iさんがエプロンをつけて積極的に配膳している。スタッフが配膳されるたびに「Iさんありがとうございます」と声をかける。	担う役割への承認
・配膳されつつある料理を入居者が食べようとされる。Mさんは食べている。Mさんは，いつもは自ら箸に手をつけようとされない方なので，1度だけ「まだご飯がくるのですよ」と言われ，静止するが，その後食べだされても何も言わない。しかし，それを見ていた他の入居者も食べようとされたので，「まだご飯と吸い物がくるのですよ」と声をかける。入居者が「じゃあお茶だけ」と言い，「そうですねお茶だけですね，すみませんもう少しお待ちください」その後また食べようとされたので，「もしよろしければご飯を持ってきてもらってもよろしいですか」と声をかけ，Sさんだけが席を立つ。	入居者同士の和─行動を否定しない関わり 和─食事に臨める関わり
・部屋に入っていたHさんとドアの隙間から視線があい「ちょうどよかったもうすぐお食事ですよ，テーブルにおいでください」と声をかける。Hさんはよくお部屋に入って荷物の整理や荷造りをされる。お	役割を担わないことへ

・食事の準備はお好きでない。(お手伝いを頼まない) ・Sさんがご飯をもってもどられると「ありがとうございます，お疲れ様でした，Sさんもうお座りになってよろしいですよ」と声をかける。 ・Iさんに「エプロンをはずさせてもらっていいですか，大きくIと名前を書いてこちらにかけておきます」と声をかける。	の承認 担う役割への承認 安心―環境調整

◆ケース2◆

【概要】対象者：グループホームB
　　　　平成17年3月8日：17時30分～19時　訪問者N（研究者）　H（介護福祉士）　記録作成者N
　　　　場所：リビングルーム

【観察記録】	
◆ 17時30分―スタッフは夕食の準備。ほぼできあがったところ。いままで入居者の方も手伝われていたとのこと。 ・リビングに4人いらっしゃる。 ・2人でおしゃべりされていて、そこに入れてもらう。1人の方に後ろに座っていた方がちょっと触ったら「なんしよっと，なんしよっと」と大声で怒鳴られた。離れて座っていた方が「そんな怒らんでもいいのに」と言うと、怒鳴った人とおしゃべりしてた方が「関係ないこと」というような意味のことを言われる。すぐに台所にいた職員が来て、怒鳴られた入居者に、「ここの椅子はくるくるして危ないから、こちらの椅子に座りましょう」と声をかけ、かばわれた入居者のソファーの隣に誘導する。それでおさまり、怒鳴られない。怒鳴られた人もほかの利用者とソファーで談笑されている。	入居者同士の和―双方に恥をかかせない入居者同士の争いの解消
・台所には見守ることのできる窓枠のような部分があり、炊事をしながらでもそこから見守ることができる。「よく大変でしょーと言われるが、やっぱり自分の親だと思ってすれば、大変だとは思わない」とスタッフ。	安全管理―環境：自然に見守ることができる構造 安らかさ―自分の親だと思って提供するケア
◆ 17時45分―配膳のお手伝い ・魚を配膳するとすぐに食べ始められた。 ・1人だけ全介助。1人は一部介助。全介助の方にはお魚を小さく刻む。	
◆ 19時―男性職員が洗濯物を干すのを入居者1人が手伝っている。途中でやめようとされるので、数回「もう少しですから、きばってやってしまいましょう」「干しとくと乾きますよ」と声をかける。終わってしまうとすかさずお礼を言う。	役割を担う場面づくり―場の設定（男性職員が家事を担う） ―役割を担うためのサポート 担う役割への承認
スタッフの話―男性の職員が厨房に立つと皆がほっとけないと思って手伝われる。私たち女性だと、するのが当然みたいに思ってあまり自発的に手伝われない。「だから男性職員に台所に入ってもらうんですよー」と。	役割を担う場面づくり―場の設定（男性職員が家事を担う）

◆ケース3◆

【概要】対象者：グループホームE

平成17年３月12日：９時～14時　訪問者N（研究者）　T（社会福祉士）　記録作成者N
場所：リビングルーム

【観察記録】	
◆　９時～10時：申し送り，ミーティング 　10時—こたつに４人，テーブルに３人いらっしゃる ・Nはテーブルに，Tはこたつの方に座る。こたつに主任，テーブル近くのキッチンに職員がいる。	
・Sさんは視野が狭く，暗く感じるようで，ホールの中でも明るいテーブルの方に座られる。前にMさんが座っている。 　お茶の時間—かぜをひいている人には生姜湯が出ている様子。便秘の方も多いために水分摂取が励行されている。	健康管理—風邪や便秘に対応した生姜湯
・Sさんが「ひむしか」と訴えると，すぐに「ちょうどよかった，今からおやつですよ，今日は珍しいお菓子が出ますよ，岡山県だったかなー」と職員。	入居者の訴えに敏感に反応する わくわくできる情報の提供
・食器を引きに来た職員は，飲んでしまっているカップを見て，「わア嬉しいみんな飲まれたんですね，よかったー，これでかぜがよくなりますよ」と声をかける。職員の声かけに笑い声をあげる人もいる。	笑顔を引き出す関わり
・SさんとMさんは，なんとなく会話しているが，Mさんは理解されていない。	
・Mさんはこたつに入った方が，テレビが刺激を与えることや温まって便秘にもいいだろうということでこたつに誘導する。「Mさん，あっちにいいのがあるから行きましょう」拒否なく手引き歩行で行かれる。こたつの下に座るのが好きだからと床にマットを敷いて，こたつに入られる。前回動物のテレビが好きだったということで，チャンネルを合わせる。確かに「これはなんだろう」などと発語が増える。こたつに座ったところで，もう１杯お茶が出された。はじめ少し飲まれたが，熱かった様子。後で勧めたところ，全部飲まれた。	健康管理—便秘に対応した関わり 刺激を与える環境づくり
・KさんがTさんのお茶を引っ張り飲もうとされる。もう１杯欲しいのだろうとお茶を出される。他の皆さんにもお茶が出される。	
・Kさんが入れ歯をはずして，お茶の中に入れている。職員が「入歯はおじょうちゃんが預かっておいてもいいですか」と言うと，「だめ」といったニュアンス。「ここにこうしとかなんいんですか」と言うと，「そがん」と。「じゃあ，今度入歯をつけるときには，よーく洗ってからつけてくださいね」と声をかける。	自己決定・自由—入居者の行動を否定しない
・入浴を促そうと，職員が「Kさん，お風呂が今空いとりますから，一緒に行きましょうか」と声をかける。返答できるが「うん」と言いながら，動こうとされない。「あんまり気が乗らないかなー」と言い，無理に勧めない。	自己決定—行動を強制しない
◆　昼食後	
・昼食後に洗い物を布巾で拭いていると，Aさんが「何かしましょうか」とこっちに来られる。「お気持だけいただいておきますからいいですよ。ありがとうございます」と話すと「そうですか，すみません，よろしゅうお願いします」と。職員が思いついたように「Aさん，今お風呂がいいあんばいです，行きましょう」と声をかけると，「まだまだ，いいいい」と言って早足でこたつのテレビの前に行く。	担う役割への承認

・Kさんが立ち上がろうとすると，職員がさっと付き添い，両手を「どうぞ」と差し出し，トイレに誘導する。	敏感な反応─入居者のサインを見逃さない
・Mさんはトイレに誘導しようとしても立ち上がらない。	
・テーブルにMさん，Sさん，Tさん，Kさんが座っている。主任がSさんに，「何か歌でも歌ってください」と声をかけると，歌いだす。1度歌い出すと「次は」と言い，知っている曲3曲程度繰り返し歌う。主任は初めて聞くようにして，「ああその歌ね，いいですね」と言い，一緒に歌う。Tさんは手拍子しているが，他の人は歌わない。しかし，別のテーブルに座っていたHさんは「よー，知っとるな」と言ってこっちを見て笑う。	演出されたアクティビティ─得意な部分を引き出すアクティビティ 入居者同士の交流を促すアクティビティ
・歌が続く際に，記録の整理をしていた職員がCDをかける。先日盛り上がった民謡だそうだ「……しゅらしゅしゅしゅー」，おてもやんの時には，Hさんもしっかりと歌う。CDは違う曲になっても，職員とおてもやんを歌っている。しかし，Sさんは知らない様子。その後，Sさんはトイレに行かれた。	演出されたアクティビティ─場に合わせた活動の提供
・職員がHさんに「爪伸びてませんか」と声をかけると「伸びとったい」と。「アーちょうどよかった，切りますね」と声をかけ，切り出す。爪を切っている間に，Hさんが何か話し出すと，爪切りを一旦やめて聴いている。そしてお話が終わった後で，「あとこの指だけ残っていますから切りますね」と。	安心─傾聴

◆ケース4◆

【概要】対象者：グループホームG
　　　　平成17年3月19日：10時～12時50分　　訪問者N（研究者）　H（保健師）　記録作成者N
　　　　場所：リビングルーム

【観察記録】

◆　10時～
4人の方がテレビを囲むソファーに座り，1人の方のお孫さんが遊びに来て新聞を読んでいる。1人は食事用のテーブルに座っている。3人の方は居室にいる様子。

お茶の時間：お茶をお盆に載せて，持って行き，皆さんに「○○さんの湯呑みはどれでしょう」と声をかけ，当たっていると「ピンポン，それですね」と言いながら配る。居室にいる3人にも「お茶が入りました」と声をかけると3人とも出てこられる。 3人は，テーブルに座られる。クッキーが1個ずつ配られた。	選択の機会 日常の継続─お茶の時間の気持ちを引き立てる
・お茶の時間にバイタルチェックされる。体温計をはさんでもすぐに忘れて，体温計でなかなかはかれない。34度台だと「測れてないからもう1回」とややつっけんどんに言うと「私はピシャーと入れとった。熱がないと」と言う。もう一度測ると35度台。「ほれ見てごらん」とスタッフが言うと笑いながら，「ここにいたけんぬくもった」と言われる。職員はけっこう否定しているが穏やかではある。 もう1人のスタッフは「体温計がいかんとです，すみませんね」と声をかけてもう1度測られる。	否定もするが穏やかなスタッフとの交流＝なじみの関係

266

資料編

◆ 10時30分
・耳元で他の人には聞こえないように「トイレ」と言って3人トイレに誘導される。拒否される方はいない。素直にトイレに行かれる。
・Mさんに3人親戚の方が面会に来られる。スタッフはMさんの部屋に案内し、お茶を持っていかれる。
・Tさんに「おいくつですか」と聞きよんなはるよと。「あたより多か」と応えられる。（あまりはじめて会う他人の前でこのような質問はよくないと思うが、Tさんの表情は変わらない）
・Sさんのお孫さんが帰られる。帰られて1分ほどたってからドアのところに来られたので「お見送り？もう帰られたでしょ」とスタッフが声をかける。ドアを開けても外に行こうとはされない。
・Kさんに「洗濯物を干すのをお手伝いしてください」と声をかけ、3枚だけ持って外に行かれる。履き物を履きかえるのに指示が必要。ハンガーにスタッフがかけたものを手渡し「そこに干しましょう」と声をかけている。
・午後からのお風呂の準備に、SさんとKさんの部屋に一緒に行き一緒にたんすを開けて「パンツを出してください」「上着を出してください」「靴下」と一つひとつ声をかけて入居者は選びながら準備する。
・Mさんの親戚の方が帰られた後すぐにスタッフが「今日は誰が来ましたか」と尋ねる。「えーと」と言いながらはっきり覚えていない様子で困惑している。さらに「え？誰ですか？」と問われる。Mさんは「もう言わん」と言われる。記銘力を高めるために積極的に質問されているのかもしれないが、思わず「嬉しかったからいいですもんねー」と声をかけてしまった。Mさんも「そう、いいもんねー」とおっしゃる。
・Tさんの足浴：午後から入浴もするが、血行がわるいために午前中に足浴している。しもやけで痛いために、なかなかお湯につけようとしない。スタッフが「ようなれ、ようなれ」といって指をさする。その後もあまり湯につけようとはされない。「嫌がられるんですよー」とスタッフ。
・入浴は毎日。ほぼ全員素直に入られる。Oさんだけはお風呂と言うと拒否されるので、ちょっとこちらに来ていって誘導する。Sさんは3日に1度程度の入浴。温泉だから入浴拒否が少ないのだろうか
・一方で2人の利用者と餃子作り。
・餃子つくりが終わるとHさんは疲れたのか、居室に入られる。それがMさんには気になる様子で、一緒に居室の方へ行こうとされる。スタッフが「Hさんは餃子を作るのに頑張ったから疲れたのですって。だからお部屋で一休みしているのですよ。Mさんはここにいていいですよ」と声をかける。
・Hさんが部屋から出てこられ、外の洗濯物を乾いているか、陽は当たっているかなど点検に行かれる。Hさんの仕事であるとのこと。スタッフはHさんが出て行かれても気にされない。「冬は寒いので朝から外に出られると心配しますけどね」と。戻ってきて「寒かったでしょー」と声をかけると「いいえー。ぬくいですよ」と。
・スタッフの1人が眉間にしわを寄せバタバタしていて、荷物をボーン

安心—その人に添った関わり—トイレ誘導時のトイレと言わない配慮
家族を迎え入れる配慮
日常の継続—入居者の能力をつぶさない—スタッフの記銘力を試すような質問に切り返す入居者の能力
安らかさ—入居者の行動に関心を示す
その人に添った役割の提供
できることはするための自立援助——一緒に行うことでの入浴の準備へのサポート
選択の機会
日常の継続—入居者の能力をつぶさない—試すような質問にうまく切り返す入居者の能力
敏感に反応する—嬉しさを高める関わり
健康管理—血行を良くする：しもやけ

安心—入浴できるような配慮
自己決定の尊重

安心—存在の承認：入居者への関心を示す，情報提供：説明する
ゆっくりできる時間

習慣，その人に添った役割の提供
自由

日常の継続—好ましく

267

と置かれたり，このスタッフのペースで働きかけられるのでとても気になったが，利用者がそれにより不穏になるようなことはない。	ないスタッフを受け入れている入居者の能力
◆ 11時30分：配膳の準備 「女性の皆様はご飯の用意をお願いします」と声をかける。 役割分担はほぼ決まっている様子。ご飯をつぐのはSさんが多い様子。後の方は，箸を配り，汁物やよそわれたものを運ばれる。運んでしまって椅子に座るとさっさと食べ出す。職員はつい止める。この場面を職員はご飯だとみんながいっせいに集まり「戦場のようなんです」と言われる。一番よく動かれたHさんSさんに「ご苦労様でした」と声をかける。職員が皆さんに「この餃子はHさんが作ったんです」と言うと，Hさんは餃子を作ったことを覚えていないために「私がそんなことするはずがない」と言われるため，それ以上は何も言わない。	役割を担う場面づくり―場の設定 担う役割への承認 安心―入居者の訴えを否定しない
◆ 昼食 10分ほどであっという間に食べられる。Oさんは入れ歯をいれないために餃子が硬くて一つしか食べていない。「硬くないよ，食べてくださいよー」と声をかけるがおなか一杯と。 外泊中の予定だったM氏が戻ってこられる。家に帰ってもホームにいても帰宅願望が強い。皆でいっせいに「お帰りなさい」と声をかける。「ご迷惑おかけしました」とM氏が言うと，スタッフが「なんも迷惑ではありません，ご飯を食べるのを待ってましたよー」と笑顔で声をかける。配膳すると「すぐに食べられる」 後味にと漬物を配る。4種類から「どれがいいですか」と尋ねて配る。Oさんが立とうとされるので，防止の意味もある。ただし，KさんとTさんには塩分制限ということで渡さない。（ちょっと厳しい）	 安心―入居者を迎え入れる配慮―入居者が安心できる居場所作り：優しさ 選択の機会
◆ 12時30分：片付け Oさんが1番に食べ終わられ，食器を持って立とうとするとスタッフが「まだ食べていらっしゃるから，座っといてください」と声をかける。 Mさんが食べ終わるとすぐに，立ち上がって袖をまくり食器を洗おうとされる。スタッフが「待って待って」と大急ぎで下洗いをされる。少々荒っぽいところがあるため「あわてず，ゆっくりでいいですよ。お茶碗を割らないように」と声をかける。「女性の方はお茶碗拭きを手伝ってください」と声をかける。4人が手伝う。もう1人の男性Mさんは，テレビの前のソファーに座る。スタッフが女性の方はと声をかけるのは，このMさんが「男がそんなことするなんて」ともう1人のMさんを批判する発言があるため。しかしMさんが洗い終わってソファーの方に来られると，「ここがあいています」とねぎらうような態度がある。 女性のMさんがKさんに暴言を吐かれるような様子にスタッフが気付き「どうしたの」と声をかけ，みんなが視線を送ると治まる。	安らかさ―落ち着いて食事を終えることができる環境 役割を担う場面づくり―サポート―場の設定 役割を担わないことへの承認 入居者同士の和：関係作り 共同生活の和を乱さない関わり―入居者間のトラブルを避ける

資料編

◆ケース5◆	
【概要】対象者：グループホームH 　　　　平成17年3月26日：9時40分～13時　訪問者N（研究者）　H（保健師）　記録作成者N 　　　　場所：ダイニングリビングルーム	
【観察記録】	
◆ 印象：グループホームHは古家改修型であり，玄関には上がりかまちがあるが，玄関からの出入りは，下駄箱につかまりながらなど自然にご利用者が工夫しできている	自立のための環境
◆ 9時40分訪問	
・ダイニングリビングルームに入居者が1人座っている。	
・グループホームのスタッフは3人（1人は食事の準備，2人は主に掃除をしている）	
・夜勤のスタッフが帰る時には「行って来ます」と声をかけている。出勤時には，「ただいま」である。	安心―「帰る」の代わりに「行って来ます」
・座っていたSさんが立ちあがり，テーブルをなでている。食事の準備をしていたスタッフが台拭きをもってきて「いつも拭いてくださるんですよ」と声をかけるが，歩こうとされた。「歩きますか」と言って廊下に出ると，掃除をしていたスタッフが「こっちに座りますか」と手をつないで縁側のソファーに誘導されるが，座ろうとされないため「お手洗いですか」と声をかける。応答がないため「おしっこですか」と大きな声で尋ねられる。「うんこもおしっこも両方」とおっしゃった。トイレから誘導されてリビングに戻り，テレビの横の低いソファーに誘導された。	敏感な反応―入居者のサインを理解する 日常の継続―入居者が理解できる言葉での対応
◆ 10時：お茶の時間	
・部屋から時間を見計らってTさんが出てきて，お茶の準備をされる。お茶とパンケーキをお皿に入れて配られた。（いつもされている様子）	その人に添った役割の提供：生き方の継続
・テレビの横に座っていた利用者に「よっちゃん，お茶だよ，こちらにいらっしゃい」と声をかける。部屋にいた男性のきむずかしや（スタッフ弁）のMさんもお茶を飲みに来られたが，一言もしゃべらなかった。	入居者同士の交流
・Sさんはようやくテーブルにすわり，お茶を飲まれた。	日常の継続―お茶の時間
・車椅子の先生（呼称）目をつぶったまま開かない。スタッフが「先生，せっかくおいしいお菓子があります，目を開けて食べてください」と頻繁に声をかけるが，とうとう開かない。目をつぶったまま介助でお茶を飲まれ，お菓子を食べられた。その後部屋に戻り寝せてきた（スタッフ弁）「今日は目が開かないから，ずっとついているわけにはいかないし，寝せてきました」スタッフからは車椅子を動かす時にも声かけ一つなかった。	安全―人手が足りず，ベッドに寝かせておく
・Mさんもなかなか起きることができず，目が開かない。縁側で足をさすりながら何とか起こそうとされたが，難しいようだった。	覚醒のための関わり
◆ 10時30分：行ける方はディサービスの方に行かれた（3人）	リズムある日常への関わり
・Tさんは「今日はかったるいから」と行かれなかった。Tさんとしばらく話す。 「私は頭がおかしくなって，入院していたんです，ここはいいところ	

269

ですよ，最初から（ここができた時から）ここにいます，私は時々カーッとくると，わーって叫ぶんです，自分でもわかっているんだけど治らない，代表が『いらいらしたときは大声を出していいんですよ』と言ってくださった」	安らかさ―承認：感情の表出を支える環境
・Sさんがまた立ち上がろうとされた。スタッフがトイレに誘導。トイレの前の棚の中から尿とりパットを取り出した。入居者が，何を持ってるのかと尋ねると「よかもんば持っとります」と声をかけトイレへ行く。	安らかさ―自尊心を壊さないオムツと言わない排泄介助：恥をかかせない
・夕方まで利用しているKさんは畳の部屋の長方形の掘りごたつに布団を敷き，寝てもらい，マンツーマンで対応している。	安心―個室での寄り添い

◆ 11時30分

・ディサービスからもどってきた人に「お帰りなさい」とTさんが声をかける。	入居者同士の交流
・昼食の準備 Tさんが盛り付け配膳を手伝われる。 配膳が始まると，Nさんが自分の分だけ箸を持ってきて食べ出された。スタッフが「もう少し待ってください」と言っても気にかける様子もない。	共同生活の和を乱さないサポート
・部屋で寝ていたOさん（1カ月の予定で入居中）が居室から手引き歩行で来られる。以前は，縁側で一休みして，リビングまで来られていたが，今日は「ドアが閉まっちゃうから」と声をかけながら，一息に来られた。その後褒める。	自立支援―入居者の意欲を引き出す関わり
・Oさんが「箸ちょうだい」と声をかけるが，「少々お待ちください」とか「ただいま」と返しながら，配膳が終わるまでは持っていかない。	共同生活の和へのサポート

◆ 12時昼食

・入居者とスタッフでいただく。	
・Tさんはそうそうに食べ終わり，後片付けを始められる。がちゃんがちゃんという音にSさんは「音のしよる」と。スタッフがすぐに水の出る量を少なくされた。	敏感な反応―入居者の訴えに敏感に反応する入居者に恥をかかせない
・Sさんは，1皿食べ終わったらスタッフがお皿の位置を変えられていた。主食はあまり進まないが，おかずはほぼ食べられた。主食にわかめふりかけをかけたりしたが，入らなかった。	さりげないサポート 自立支援
・Oさんは食べ終わるとすぐに「部屋に連れて行って」と訴える。「まだ食べよりますから食べ終わってからでいいですか」とか「今食べ終わったばっかりだから動ききらん」と返す。Oさんは，「食べ終わったばっかりだから元気があるでしょう」と言うが，「動ききらん」と。その後も「片付けが終わってからでいいですか」とか「Oさんのお皿も片付けますね」と言いながら，時間をかせぐ。（部屋に戻ったら寝てしまう。依存心が強いが，1カ月で在宅に戻られるので，できるところはやってもらいたいという方針。とうとう「あと10数えましょう」といってその後，縁側のソファーに休憩といって座ってもらう。縁側から目があうと「連れて行って」と訴える。何回目かの後に「トイレに行きたいから連れて行って」と。「今，これをしているからもう少し待ってください」「まだ手を離せない」と返していた。	自立支援―離床時間を引き延ばす様々な関わり ・コミュニケーション ・場面をきりかえる
・食事があまり入らなかったSさんが立とうとされると，スタッフが	

テーブルの反対側に誘導し,「歩いたけん疲れたろう」と椅子に勧める。「ここはさっき来た」などとおっしゃっているが座られ,蒸しパンを1切れ食べられた。<u>すかさずスタッフが新たにお茶を1杯持ってこられた。</u> ・車椅子の先生は全介助で食べられる。お箸は持ってもらっている。<u>昼食時は,開眼できた。</u> ・Mさんは,とうとう起きず,昼食は食べられなかった。	安全面に配慮しながらその人の行動に添う関わり 自立支援─食事の意欲を引き出す関わり
◆ スタッフが台所に3人入っていると代表が「入居者が入れないでしょ」とみんなの前で怒った。	スタッフの教育 環境づくり

◆ケース6◆

【概要】対象者：グループホームⅠ
　　　　平成17年4月19日：10時40分～13時　訪問者K（研究者，看護師）　記録作成者K
　　　　場所：Y館1階

【観察記録】
◆ 利用者
A：男性，B：家族（お嫁さん）が面会に来ている女性。手引き歩行，C：女性，D：車椅子使用。ゆっくりだが見守りがあれば移乗自力で可能。「おっかない,おっかない」を連発。女性，E：女性，F：女性。落ち着かない。お人形を部屋に寝かせてあり,いつも落ち着かなくなるとその「子」のことを訴えてくる，G：お風呂上がり？移乗全介助。食事も全介助，H：洗面所でラバードールでひとり遊びしている，I：最後に居室から出てきた車椅子自操の女性。右片麻痺。上肢は軽いが「手が効かないから……」と。唯一，料理や片づけのお手伝いをしていた方。

◆ この日のスタッフ
S0：施設長，S1：台所で食事準備。赤いエプロン，S2：入浴介助の後，ベージュのTシャツ。Fさんの対応していた，S3：ピンクのエプロン。若い，S4：青いエプロン。若い。

◆ 10：40

S0とともにYユニットへ入る。観察者は食堂のやや奥で，居間，食堂，台所が見える位置に座る。居間には入居者5人（A，B，C，D，Eさん）とBさんの家族1人がいる。S0は観察者と別れ，居間のAさんの隣のソファーへ座り，家族と話し始める。それを，C，D，Eさんは静かにS0と家族の顔を見ながら，時々うなずきながら聞いている（Bさんは後ろ姿でよくわからないが，あまり動きはない。ねてる？）。Aさんはうとうと眠っている。食堂にはFさんがいて，新聞の角をめくっている（角を次々とめくっているだけで読んでいる様子はない）。奥の洗面所ではHさんがラバー製の人形（お風呂で使うようなやつ）をもちながら，鏡に向かって何やらニコニコと話しかけている様子。	日常─暮らし
台所でS1が昼食を作っている。観察者にお茶を出してくれ，その帰りに新聞をめくっているFさんに声をかけて行く。「何かいい記事載ってる？」（耳元でやや大きな声で）F「ん？」S1「何かいい記事載ってる？」「ん？」「なんかいい記事載ってるかい？」F「まだそれほど見てないから。	安らかさ─入居者への関心を示す

今開いたばっかりだから」S1「いい記事あったら教えてね」F：笑って再び新聞をめくり始める。

◆ 11：00
S2がS3とともにGさんの車椅子を押しながら居間に入って来て，S0の一つ椅子を置いて隣の椅子にGさんが全介助で座る（Gさんの顔が紅潮している。入浴後の様子）。S4がGさんに冷たいお茶を介助で飲んでもらう。 ｜ 健康管理―脱水予防のための配慮

S3，Eさんのそばへ行き，散歩に誘う。玄関で上着を着てもらい，支度していると，スタッフが「行ってらっしゃい」と声かけ，手を振る人もいる。「おみやげいらないからね～」とS0。 ｜ 演出されたアクティビティ：わくわくするような働きかけ

S1，Fさんの所へ行き，「Fさん，お芋作ったからちょっと味見して」F「おいしいわ，甘いね」S1「いいお芋でしょ？」とFの隣に膝立ちして座り，大きめの声でゆっくり話しかけている。S1「こんな味でいいかい？」F「いいわ，おいしいわ，まったく……」 ｜ その人に添った役割の提供

◆ 11：05
S0，家族との会話（国鉄時代の話のよう）の間で，寝ているAさんの腕をとんとんとたたいて話しかける。Aさんは半目をつぶっているが，質問にうなずいたりして答えている。 ｜ 刺激を与え続ける関わり

Fさん，立ち上がり隣のテーブルの花とゴミ箱をいじり，食堂の向かいにある自室へ入って行く。（職員は見守る） ｜ 自由――一人の時間の尊重

Eさん，S3と散歩から戻る。S3，S1にEさんの様子報告。S3Eさんを洗面所へ片手をつないで誘導し，「Eさん，手を洗いましょう，はい，せっけん」と一緒に手を洗う。手を洗った後，居間へ誘導し，「Eさん，腰掛けてください」と促し，座り終わるまで手を添えている。 ｜ 健康管理―外出後の衛生面の配慮

｜ 安心―付き添う：入居者のペースに添った関わり

S3「Cさん，お外行こう」とそばでささやき，手を取って行く。S0「Cさん，行ってらっしゃい！おみやげいらないからね～」S1「行ってらっしゃい」 ｜ 演出されたアクティビティ：わくわくするような働きかけ

S0，Dさんの隣に移動。Dさん歌い出す。Aさんも目を開けて歌を聞いている様子。Eさんはリズムをとっている。 ｜ 自由に歌うことのできる環境

◆ 11：30
S2，Aさんに話しかける（散歩に誘った？）。そばに置いてあったAさんの歩行器を取って目の前に置き，「立って」と促す。動かないので，歩行器の握りを指で指し「ここ，つかまって」と言うが，なかなかつかまらないので，左手を取ってバーまで持って行き，「ハイ！」とかけ声をかけると，Aさん立つ。今度は右足を触り，動かすよう促す。Aさん，ようやく歩き出す。狭いところも少しずつすすみ，上手に歩行器を操作し，自分で玄関まで歩いて出て行く。 ｜ 自立援助―その人に添った対応―入居者のペースに添った歩行介助

｜ できることはするための自立援助―歩行

Bの家族「行ってらっしゃい，天気いいから気持ちいいよ」とAさんに声をかけている。S4とBの家族が玄関でAさんをお見送り。

S3とCさん戻る。そのまま洗面所へ誘導し，「手を洗おう！せっけんです」ひとりで洗っている。終了後，Cさんを元の椅子へ誘導する。 ｜ できることはするための自立援助―手を洗う

S3，車椅子を用意してDさんの所へ行き，「もうちょっとでご飯だから，その前にトイレ行ってこないかい？」と言い，車椅子を斜めに置く。Dさんの手で車椅子のアームレストを握るよう誘導する。Dさんはゆっくりした動作でようやく立ち上がり，自分で少しずつ足をずらして体を回転させ，車椅子に腰掛ける。フットレストに足を自分でのせる。その後は介助でト ｜ 自立援助―入居者に合わせた排泄の機会

｜ 自立援助―その人に添った対応―移乗

イレへ。
S4　Eさんの片手をつないで立ち，トイレへ行く。
◆　11：40
S1「Ｉさん，手伝って〜」とやや遠い，廊下の洗面台近くにいるＩさんに向かって少し大きな声で呼びかける。Ｉさん，よく聞こえなかった様子だが，Ｉさんの近くにいたS3がS1の方へ歩きながら「おしっこしてないんだ」S1「おしっこしてからでいいよー」と言うと，ＩさんトイレへⅠ向かう。S3少し急ぎ足でＩさんの元へ戻り，「Ｉさん待って，今（トイレ）使ってるんだ」と伝えると，Ｉさんはトイレの入口の廊下で待っている。
◆　11：43
S0．Ｆさんの部屋へ。入口を静かに開け，「おじゃまします」と言い，入り，引き戸を閉める。
S4，トイレから出てきたＥさんの手を引き洗面所へ。「洗ってください」と声かける。
Hさん，ラバードールを両手に持ち，座っていた洗面台から１人で台所へ歩いてくる。そのまま台所へはいる。S1，Ｈさんの手を取り，「ここ仕事たくさんあるでしょう？洗い物たくさんでしょう？」と言いながら，一緒に台所を出て，奥（？）のほうへ連れて行く。
◆　11：48
Ｂさんの家族がＢさんの右手をつなぎ，「ご飯のまえにおしっこ行ってこよう」と居間のソファーから立ち，トイレの方へ歩き出す。Ｂさん黙ってついて行く。廊下の途中で，S1が２人に近づき，Ｂさんの左手をつなぎ，家族は手を離し，S1とＢさんはトイレへ向かう。
Hさん，今度は手ぶらでうろうろ。再び台所へ入るとS1が手を取り「あっちへ行こう」と食堂へ誘導しお茶を出す。
◆　11：50
Ｉさん，（トイレの後）食堂のテーブルへ自操してくる。観察者が座っていた場所がＩさんの場所のようで，「ちょっとすんません」と言いながら，奥へ入ってくる。観察者がテーブルを空けると，「あ，はい，どうも，すいませんね」と言いながら，テーブルに斜めに車椅子をつける。S1「これ入れてくれる？」と小鉢とボールと菜箸を持ってくる。「いいよー」とＩさん，ボールに入っている漬け物を小鉢に取り分け始める。菜箸を持つ右手がやや不自由な様子で，すんなりとキュウリやキャベツをうまくつかめないようであるが，休まず続けている。適当に入れているのではなく，まずキュウリを二きれずつ全部に入れ，次にキャベツを同じくらいの量を取り分けているようだ。でもだんだん量が多くなってきている。全部に入れ終わるとまたキュウリを追加したり，キャベツを追加したりしたが，それでもボールの中身は全部盛りきらない。Ｉさん，S1に向かって「全部入らないよ」と言うと，S1「ああ，いいよ，多いんだわ」と。Ｉさんの所へ来て，「ありがとう」と言い，ボールや小鉢をもらって行く。
Ａさん，散歩から戻る。居間や近くにいる人が「お帰りなさーい」と迎える。
S2，洗面所へ誘導し，その後食堂へ。すでに，大学芋がテーブルに置いてあり，Ａさんはテーブルに着くと，ほかの料理を待たずにお芋を食べてしまう。S2「あら，Ａさん食べちゃったの？おいしかった？」と言われ

	自立援助―その人に添った対応―入居者に合わせた排泄の機会 役割を担う場面づくり
	安心―その人に添った対応―個室での付き添い
	できることはするための自立援助―サポート
	自立援助―その人に添った排泄の機会
	安心―その人に添った対応―徘徊への付き添い
	その人添った役割の提供
	担う役割への承認 安心―日常の継続：入居者の居場所という認識を高める

と，顔を上げ，にこにこしながら応える。そして，隣の人用のお芋をじっと見ているのに気づかれ，「これは○○さんのだからね，だめだよ」と言われる。S2は隣の人の小鉢を花瓶か何かの後ろへ置き，Aさんから見えないようにしておく。

安心，敏感な反応—尊重—入居者の行動を否定せず，受け入れた即座の対応

◆ 12：00
全員が食堂にそろい，順次食べ始め（今日のお昼はラーメンと大学芋と漬け物）。介助が必要なのはGさん1人だけのようで，S3が向かい合って座り，自分も食べながら介助している。ほかのスタッフも少し遅れてテーブルに座り，食べ始める。

◆ 12：25
S2，食べ終わったHさんをトイレへ連れて行く。トイレの後，そのまま洗面所へ誘導する。Hさん，黙って座っている。S1，Hさんにお茶を持って行く。

◆ 12：30
S2，Fさんに「下げてもいいかい？」と聞き，食器を下げながら「お薬あるから待っててね」と。薬を持って来て，「粉薬あるんだ，入れ歯したままだと粉が歯にくっついちゃうから，入れ歯とろうね」と，入れ歯をはずし，預かる。「粉薬先飲んでね」と薬の袋を渡す。Fさん，口の中に袋を入れ，上を向き，薬を入れる。「もう入ってないよ，（F：上を向くのをやめ袋を口から出す），はいお茶どうぞ（F：湯呑みを渡され，お茶を飲む)，次，玉の薬もう一つあった（F：薬袋を渡され，同様にして飲む）」

健康管理—その人に添った対応—入居者のペースに添った与薬

◆ 12：40
Fさん，落ち着かなくなる。自室へはいるが，入口を開け，そこで佇んで，人の動きを追っているようだ。S2が近寄ると「この子が起きたら困るから……」と言いつつ，2人で中へ入り，何かを指さしながらFさんはしきりに訴えている。S2「今日は手伝ってくれる人たくさんいるから大丈夫だよ」F「そうかい，大丈夫かい？」S2「少し寝ていていいよ，ご飯食べた後だから，今あったかいお茶持ってくるね」とS2は部屋を出て，お茶を入れ，Fさんの部屋へ持って行く。その間，Fさんは部屋の中で待っていたが，心配になったのかじきに入口の方へ出てきそうになる。ちょうどそこへお茶を持ったS2が来て，Fさんの手を取り，一緒に中へ入り，Fさんに椅子に座ってもらい，目の前のテーブルにお茶を置いて出てくる。

安心—その人に添った対応—個室での付き添い

傾聴
安心—寄り添う

◆ 12：45
Aさん，食堂で椅子から立ち上がる。S2除けてあった歩行器をAさんの近くにつける。Aさん，ゆっくりゆっくり歩行器につかまり，体の向きを変え，歩き始める。

入居者の行動に敏感に反応する—サインを見逃さない

◆ 13：00
再びFさん，自室入り口で立っている。S2が行き，話す。Fさんの訴えは，『誰か知らない人の子を預かっているみたいだが，自分がここから帰る前に親御さんが迎えに来なかったらどうしよう……家へ連れて行こうにもどこだかもわからないし，困った』という内容のことを幾度も話している。（『子』というのは人形のこと）
Fさん，台所へ来る。S2「トイレここだよ」とトイレの方を指し声かけるが，F「子どもの親の家どこだかと思って……」S2「Fちゃん，連れてきたから，誰も（親の家）知らないわ」「私，そこいらで遊んでる子を連れ

安心—傾聴：入居者の訴えを否定しない

てきたのかと思って……」S2，S1ともに苦笑「それじゃ，Fちゃん誘拐だよ〜」と。Fさん真剣な顔で，「全然知らないうちの子連れてきて困っている」S2「私預かっておこうか？」F「そう？そうしてくれるかい？助かるわぁ」と。S2とFさんは部屋へ入り，S2が子ども（人形）を布にくるんで抱いて出てくる。S2「私が預かってちゃんと探しとくから，大丈夫だよ」と台所の方へ行き，奥の部屋へ人形を置きに行く。Fさんは，その後ろ姿を心配そうに追っていて，台所までついて入ってくる。居間の方にいた別のスタッフが急いで台所のFさんに駆け寄ろうとして台所まで来たが，S2が奥から戻ってきたので，そのまま何も言わず戻って行った。Fさんは後ろから来たスタッフには気づかなかった様子。S2「2階に知っている人がいたから預かってもらった」とFさんに言い，F「あぁ，そうかい，ありがと」と，顔をほころばせて言い，「あんたの名前なんていうの？」と聞いてくる。S2「私かい？私はね，Hさんていうの」「あそう，Hさん…」	安心─気がかりの解消
でも，まだ落ち着かず，部屋に入ったり出たりしている。S2の顔を見ると呼び止め，子どものことを訴えてきて，「親御さん見つかったから大丈夫」と言うとちょっと安心して「あんたの名前なんていうの？」と聞いてくる。でもまた，部屋を出たり入ったりして，その後，廊下を，Hさんがいる方とは反対の方へ歩いていったり，うろうろしている。遅番で別の男性スタッフが出勤してきていて，その様子を見ながら「だめだ，完全に妄想入っちゃっているから，しばらくほっといた方がいいよ」とS2に言う。	安心─距離をとる

（抜粋して掲載）

資料3　参与観察におけるケアプロセスの質の概念の分析：安心・安らかさ

カテゴリー：安心・安らかさ	
概念1：利用者自身の存在の承認	
場面：ホームA	・「私はどうする？」との訴えに職員が「ここにいらしていいんですよ」と応える。
場面：ホームF	・カルタやトランプが難しかった利用者が台所の前で立っている。「あちらに座りましょうか」と言うと、行こうとされない。職員が「Yさんは以前よく食事のお手伝いをされて、手伝おうと思ってここに来てらっしゃるから、そこにいらしていいのですよ」と言う。もっと近くに寄って見られるかと思ったが、職員2人がもうやっているからというような意味のことを言われ、10分ほど同じ場所に立っていた。
場面：ホームF	・外泊予定のMさんが戻ってこられる。家に帰ってもホームにいても帰宅願望が強い。皆でいっせいに「お帰りなさい」と声をかける。「ご迷惑おかけしました」とMさんが言うと、職員が「なんも迷惑ではありません、ご飯を食べるのを待ってましたよー」と声をかける。配膳するとすぐに食べられる。
場面：ホームH	・「私は頭がおかしくなって、入院していたんです。ここはいいところですよ。最初から（ここができた時から）ここにいます。私は時々カーッとくると、わーって叫ぶんです、自分でもわかっているんだけど、治らない、ここの代表が『いらいらしたときは大声を出していいんですよ』と言ってくださった」
場面：ホームL	・利用者が、食後、独語がみられ興奮している様子あり。職員が横に座り、背をさすりながら「どうしましたか」と問いかける。その後、職員が「〇〇さん、大好きですよ」と言い軽く抱きしめるなどして対応。
概念2：プライバシーの尊重	
場面：ホームA	・Nさんがパジャマを脱いでお茶を飲まれていた。その様子をあまり見てはいけないと思い「失礼します」と声をかけ退室。
場面：ホームB	・トイレに何度も座っている（職員はトイレの外で待機）。トイレから出る時には便がついていないか（便が出ても失語症で訴えることができないとのこと）職員がさりげなく確認している様子。
場面：ホームD	・そろそろおやつの時間と集まりだしたときに、Mさんがテレビの前のソファーのところで、服を脱いで「〇〇がない」と言っている。すかさず職員が近づき「こちらに来て」とMさんの部屋の前に行って（他の利用者から遠ざけて）Mさん自身にMさんの首にかけている鍵でドアを開けてもらい、部屋で一緒に捜している。（1対1で対応している）
場面：ホームJ	・個室清掃の際は、リビング滞在中の本人に「お部屋のお掃除をしますね」と伝えたうえで入室している。
概念3：恥をかかせない	
場面：ホームA	・利用者が布巾を手に取り、職員が洗った茶碗を次々と拭いていた。茶碗がなくなるとテーブルも拭きだされたので、「それは食器拭きで、テーブルは拭かないでね」と新しいタオルを渡されていた。
場面：ホームD	・職員はサトイモを大きく切るSさんに何度も「だご汁を作りますけど大きさはどうしましょうか」と声をかけるが大きいまま。Sさんが離れた

場面：ホームH	隙に小さく切る。にんじんも切ってもらうが大きいので，職員はSさんが見ていないうちに切っていた。 ・Sさんがまた立ち上がろうとされた。職員がトイレに誘導。トイレの前の棚の中から尿とりパットを取り出した。利用者が，何を持ってるのかと尋ねるとオムツとは言わずに「よかもんば持っとります」と声をかけトイレへ行く。
概念4：自分の親と思ってのケア	
場面：ホームB	・「よく大変でしょー」と言われるが，やっぱり自分の親だと思ってすれば，大変だとは思わない」と職員。
場面：ホームD	・「ここに来たとき，親だと思ってケアをするように言われたのでそうしようと職員と話し合ってきた」
概念5：より添う	
場面：ホームA	・入眠を促す際，秘密のおまじないをかけたことでぐっすり眠られた。
場面：ホームB	・Nさんは，お茶の時間だけ椅子に座っていたが，すぐに立ってはあちらこちらと行き，「私はどうすればいいのか」と訴え，ため息をつかれる。職員が，「一緒に行きましょう」と台所に行き，お昼の準備はできているので心配ないと伝えたり，「私はわからん」と訴えると「私はわかってますよ，（夫や息子のことを）よく知っています」と話す。
場面：ホームB	・「どこじゃったのかな」と言って廊下の方に行こうとしたり，歩き回っていた利用者に職員は，利用者の後ろをついて行かれ，ドアを開けたり閉めたりするのを見守っていた。無理に席に戻っていただこうとするのではなく，側に寄り添っていた。しばらくして，「立っているのも疲れますので，あすこに座りましょうか」と職員が言うと「はい，そうね」と言われ，ゆっくりと座られた。
場面：ホームE	・入歯がないと不穏になる利用者であるが，磨くために入歯を預かっていた。夜目覚めて「入歯がないと不安だから返して」と訴えがある。そのときはお茶を飲んでもらって落ち着いてもらい，居室がわからなくなっているので，連れて帰り入眠。その後も同じ訴えあるため，あんぱんとお茶を食べてもらって落ち着き，その後入眠（申し送り）。
場面：ホームⅠ	・洗面所へ手をつないで誘導し，「Eさん，手を洗いましょう，はい，せっけん」手を洗った後，居間へ誘導し，「Eさん，腰掛けてください」と促し，座り終わるまで手を添えている。
場面：ホームⅠ	・Fさんの部屋へ。入口を静かに開け「おじゃまします」と入り，引き戸を閉めて対応。
概念6：否定しない	
場面：ホームB	・Sさんはなぜか荷物をはんてんに包んで持って行こうとされる。「これが名物なんです」と職員。あとから，職員が引き上げてきたはんてんを，ホーム長がたたんで片付けている。
場面：ホームC	・食後，食器を重ねどこに置くのかと不安そうな表情。「そこに置いといていいですよ」と声をかえられるが，持って行こうとされるので，付き添って流しに置く。
場面：ホームD	・夜勤の職員がM1さんに「昨日ラーメン食べに行ったもんね」と言うと，「わからん」と。「忘れたねーまた行きましょうね」と返す。
場面：ホームF	・利用者が居室に掃除機をかけているが，ベッドが壁にぴったりと付いて

場面：ホームⅠ	いるため掃除機がかけられないので「ベッドば動かしてくれんね。埃があるかもしれん」と訴える。職員は「○○さん、ちょっと見てみようか」とベッドを動かし、壁とベッドの間を覗き込み、「埃はなかよ。きれいかよ」と声をかける。「そうね。なかね」と利用者が応える。 ・大学芋がテーブルに置いてあり、Aさんはテーブルに着くと、ほかの料理を待たずにお芋を食べてしまう。職員が「あら、Aさん食べちゃったの？おいしかった？」と言われると、顔を上げ、にこにこしながら応える。

概念7：傾聴	
場面：ホームE	・爪を切っている時に、Hさんが何か話し出すと、爪切りを一旦やめて聴いている。そしてお話が終わった後で、「あとこの指だけ残っていますから切りますね」と。
場面：ホームⅠ	・自室入り口で立っているFさんに職員が話す。Fさんの訴えは、『誰が知らない人の子を預かっているみたいだが、自分がここから帰る前に親御さんが迎えに来なかったらどうしよう……家へ連れて行こうにもどこだかもわからないし、困った』という内容のことを幾度も話している。（『子』というのは人形のこと）職員は聴いている。
場面：ホームⅠ	・Fさん、台所へ来る。職員「トイレここだよ」とトイレの方を指し声かけるが、F「子どもの親の家どこだかと思って……」職員「Fちゃん、連れてきたから、誰も（親の家）知らないわ」「私、そこいらで遊んでる子を連れてきたのかと思って……」「それじゃ、Fちゃん誘拐だよ〜」。Fさん真剣な顔で、「全然知らない子連れてきて困っている」職員「私預かっておこうか？」F「そう？そうしてくれるかい？助かるわぁ」と。

概念8：距離をとる	
場面：ホームA	・ガラスが割れた後だったので台所に入らないように職員が「○○さん、こっちで見てください」と居間へ移動するように勧めると、邪魔されたと感じたのか本をテーブルに投げて部屋へ戻った。職員は部屋に戻った様子を見て、（すぐには行かずに）2, 3分後に利用者の部屋のぞきに行き、「お風呂の準備してってくださいね」と声をかけた。
場面：ホームD	・お茶の時間になるが、Uさんは「私はまだやることがあるの」と言って部屋に戻られる。職員は「恥ずかしいのでしょう」と。（無理には誘わない）
場面：ホームⅠ	・「全然知らない子連れてきて困っている」と繰り返し訴える利用者に、傾聴、寄り添う姿勢で対応していたが、妄想が取れないために、しばらく距離をとることになる。

概念9：タッチング	
場面：ホームE	・利用者も職員も笑顔で穏やかな会話であり、そっと背中に手をまわし、耳元で話しかけていた。
場面：ホームK	・職員がEさんのそばに寄り「Eさん、今日いいの着てるねぇ」と言いながらEさんの腕をさする。E「なんも良くないよぉ、……（娘さんか嫁さんか誰かが着られなくなったものを）もらったの」職員「良かったねー」と背中をさすりながらその場を離れる。

概念10：関心を示す	

資料編

場面：ホームB		・Tさんはホームに入居したばかりなので，Tさんの情報をできるだけ読み取れるように関わっていると職員の弁。調査者にも，Tさんが船乗りとして働いていたことを話し，職員と一緒に，Tさんがどこの国に行ったことがあるかなど会話を広げることができ，楽しく関わることができた。
場面：ホームG		・Sさんのお孫さんが帰られて1分ほどたってから，Sさんがドアのところに来たので「お見送り？もう帰られたでしょ」と職員が声をかける。
場面：ホームI		・新聞をめくっているFさんに声をかける。「何かいい記事載ってる？」（耳元でやや大きな声で）F「ん？」S1「何かいい記事載ってる？」「ん？」S1「なんかいい記事載ってるかい？」F「まだそれほど見てないから。今開いたばっかりだから」S1「いい記事あったら教えてね」F笑って再び新聞をめくり始める。
概念11：不安や心配な場面をきりかえる		
場面：ホームA		・「私はこれからどうするの」と不安を訴える利用者に職員が家族の誰が訪ねられるかを聞き，「息子夫婦でしょ」と応える利用者に職員が「わー，いいですねー，いつもいらして，いつだったかは他の方もいらしたでしょ」と話題をきりかえる。
場面：ホームA		・「私はどうする」の訴えに職員が「もうすぐ食事ですからあちらにまいりましょう」と。
場面：ホームC		・落ち着かず，部屋から荷物を持って来てうろうろされるご利用者に「お気に入りの○○さん（職員）の隣に座りましょうか」と声をかけ，イチ・ニ，イチ・ニと声をかけ，おどけた調子（ユーモア）でソファーまで歩かれる。その時には笑顔がある。
場面：ホームD		・盗られ妄想が続くため，職員が「今日はお天気がよくて気持ちいいから畑に行ってみましょうか」と声をかけられ，おやつ作りをやめて，「行こう行こう」と手をつないで利用者2人と畑へ行く。
場面：ホームD		・フルーツの盛り付けをしていた利用者が，これまでとは違う動作を繰り返し，盛り付けがうまくできなくなる。職員がプルーンの盛り付けと交替しようと提案したが，上記の動作を繰り返すため，「あとはやっておくので，休んでください」と言い，利用者はその場を離れた。職員より「混乱されてきた場合は，『あとはやっておきます』と言い，その場を離れるように促している」との弁。
概念12：不安や心配を解消する情報提供		
場面：ホームA		・「私はこれからどうするの」との訴えに職員が「もうすぐお昼を食べるでしょ，それからお風呂に入る，お休みになる，と朝になる，家族が来られるでしょー」と応える。
場面：ホームA		・Iさんに「エプロンをはずさせてもらっていいですか。大きくIと名前を書いてこちらにかけておきます」と声をかける。
場面：ホームB		・Nさんが「ご飯はできとりますかね」と言われるとすぐに，「じゃあNさんご飯ができとるか見に行ってみましょう」とNさんの手を引いてキッチンまで一緒に行き，「ほら，今準備をされていますから，大丈夫ですよ」とNさんに実際にご飯を作っている様子を見せる。
概念13：納得できる説明		
場面：ホームC		・食器を洗おうとする赤ぎれのひどい利用者に，「赤ぎれがひどくなるの

場面：ホームD		で」と指を見せながら「やめといてくださいということなんですよ」と言うと，「そうなの」と。職員が「洗い物は私が引き受けました，座っておいていいですよ」と声をかける。
場面：ホームD		・洋服がなくなったと思いこみ，「子供が洋服を持って行くなんてことがありましょうか」「私の鍵を取って部屋を空けて持って行くことができるでしょうか」と訴える利用者に職員が「〇〇さんの部屋の鍵を誰も持っていないから誰も入られないのよ」と説明する。
場面：ホームD		・院長先生にもっと大きいお菓子を出したかったらしく，先生が帰った後も不満がありぶつぶつ言われるため，職員が「じゃあまた明日作ろうか」と言うと「うーん！（それがいいというようなニュアンス）」とやっと笑顔になり，来訪者の私にも「あなたも明日またいらっしゃい」と話しかける。
場面：ホームG		・餃子づくりが終わるとHさんは疲れたのか，居室に入られる。それがMさんには気になる様子で，一緒に居室の方へ行こうとされる。職員が「Hさんは餃子を作るのに頑張ったから疲れたのですって。だからお部屋で一休みしているのですよ。Mさんはここにいていいですよ」と声をかける。
場面：ホームK		・台所でロールケーキを薄く切り分け，小皿に乗せ利用者に配る。Fさん「……お金ないから」と食べることを遠慮しているため職員が「何も気にしなくていいんだよ」と答えると，隣にいたEさん「言ってみるもんだね」とFさんに話し，2人とも食べ始める。
概念14：不安になる言葉は使用しない		
場面：ホームA		・トイレと言わずに誘導「先生が来る前にちょっと行きましょうか」と声をかける。
場面：ホームA		・トイレという事がわかると手を引いて「宝島ね」と言って案内された。
場面：ホームA		・「入浴」NGワードなのか「〇〇さんが呼んでるよ」や「〇〇さん（利用者）を呼んでる人がいるから一緒に来てもらってもいい？」と誘われる方もいた。浴室でも「あ～待ってたわ」と笑顔で出迎えられていた。
場面：ホームA		・時間になったので，帰ることをそのまま伝えてよいか確認すると「学校に行って来ますと伝えてください」と言われ，利用者には「行って来ます」と声をかけて失礼した。
場面：ホームG		・耳元で他の人には聞こえないように「トイレ」と言って3人トイレに誘導される。拒否される方はいない。素直にトイレに行かれる。
場面：ホームH		・夜勤の職員が朝帰る時は「行って来ます」，出勤時には，「ただいま」と声をかける。
場面：ホームJ		・職員Bがさりげない言葉かけで誘導し，排泄を介助。前回のティータイムからの間隔とジュースをあまり飲まれない様子から，排尿をもよおしていると判断したとのこと。
概念15：安心できる環境		
場面：ホームA		・トイレには障子紙のような和紙に「御手洗」と書かれたランプがつけられていた。（なじみとなる表示）
場面：ホームB		・2人の利用者とも，自分の定位置が決まっているようで，ずっとその場所に座られ，テレビを見られたり，庭を眺めたり，リビングに飾られている花を見られたりしていた。（安心できる居場所の存在）

場面：ホームC		・Kさんは，ソファーの端っこの所が落ち着かれる場所であり，定位置になっている。その場所から違う場所に動いてもらおうとすると，不機嫌になったり，不穏になったりするようだ。そのため，食事も皆と一緒のテーブルに行かず，その場所でとっている。
場面：ホームE		・居室で過ごされるのを好む方，テレビの前が好きな方，食事の所定位置に座っているのを好む方，それぞれの過ごし方に合わせている。
概念16：安心できる生き方・日常の継続		
場面：ホームD		・「ただいま」とホームに戻ると皆が「お帰りなさい」「どうもありがとうございました」などと声をかける。
場面：ホームH		・利用者の名前は，その方の反応がよい呼称で呼んでいる。例えば，以前教員をしていた方に対しては「先生」と呼んでいた。また，穏やかでおとなしい利用者には「○○ちゃん」と呼んでいた。
場面：ホームK		・職員が台所で急須にお茶を入れていたところへ，利用者がトイレから戻ってくる。さっと居間へ出て行き，職員が「ここ，一番音楽よく聞こえるから」と，利用者が元いた所の椅子を引く。利用者はそこへ自分で行き，座る。
概念17：落ち着く環境（人も含む）		
場面：ホームA		・テレビはつけられていたが音量は小さかった。利用者の皆さんは，時々出る字幕を見て自分たちで話されていた。
場面：ホームD		・私たちが食器を引こうとすると「まだ座っておいてください，Hさんはゆっくりだから」と言われ，Hさんに「ゆっくりどうぞ」と声をかけられる。
場面：ホームE		・トイレの中は清潔に保たれており，臭い等もない。消毒用のアルコールが置かれ，トイレットペーパーは2個置かれており，ミニ手洗いもある。
場面：ホームG		・Oさんが1番に食べ終わられ，食器を持って立とうとすると職員が「まだ食べていらっしゃるから，座っといてください」と声をかける。
場面：ホームL		・食事中に椅子を移動しながら「音を立ててごめんね」と周囲を気遣う。
概念18：ゆっくりできる時間		
場面：ホームA		・「30分から食事の準備をしていただくので，しばらくゆっくり休憩してくださいね」と声をかけられていた。
場面：ホームG		・餃子づくりが終わるとHさんは疲れたのか，居室に入られる。それがMさんには気になる様子で，一緒に居室の方へ行こうとされる。職員が「Hさんは餃子を作るのに頑張ったから疲れたのですって。だからお部屋で一休みしているのですよ。Mさんはここにいていいですよ」と声をかける。

（抜粋して掲載）

資料4　調査用紙の一部

〈認知症高齢者グループホームにおけるケアプロセスに関する調査〉

　　ここには，認知症高齢者グループホームにおけるケアプロセスのリストが挙げられています。

1．以下のケア項目について，あなたはどの程度重要だとお考えでしょうか。あなたのお考えに近い番号に○をつけてください。なお，100項目の中で重要性を比較するのではなく，一つひとつの項目で重要性を判断してください。

　　　　回答の基準　5点：極めて重要で欠くことができない
　　　　　　　　　　4点：わりと重要で多くは必要とされる
　　　　　　　　　　3点：重要だが他に優先すべきケアがある
　　　　　　　　　　2点：必ずしも重要とはいえない
　　　　　　　　　　1点：わからない

2．あなたが働くグループホームの大多数の職員を思い浮かべてください。職員は，以下のケアをどの程度実践しているでしょうか。特にこの1カ月程度を振り返り（平成18年 2 月 3 日現在），現状の実践に近い番号に○をつけてください。

　　　　回答の基準　5点：常にケアに活かしている
　　　　　　　　　　4点：かなりケアに活かしている
　　　　　　　　　　3点：時々ケアに活かしている
　　　　　　　　　　2点：あまりケアに活かしていない
　　　　　　　　　　1点：ケアに活かしていない

ケア（プロセス）項目	1．重要性	2．活用性
1）利用者の訴えに耳を傾け，受け入れる	5　4　3　2　1	5　4　3　2　1
2）不安をもつ利用者（の存在）を受け止めた声をかける（「ここにいらしていいですよ」「今のままでいいのですよ」ほか）	5　4　3　2　1	5　4　3　2　1
3）利用者の言動・行動を否定しない	5　4　3　2　1	5　4　3　2　1
4）笑顔を大切に，優しく接する	5　4　3　2　1	5　4　3　2　1
5）利用者の様々な状況に応じて愛情を伝える（「○○さんのそんなところが好きですよ」ほか）	5　4　3　2　1	5　4　3　2　1
6）利用者の質問・疑問や要求にすぐに対応できるような関わりをもつ	5　4　3　2　1	5　4　3　2　1
7）徘徊や妄想が続く場合は見守ると共に適度な距離をおく	5　4　3　2　1	5　4　3　2　1
8）不安や心配を認める場合，側に座って話をしたり，一緒に探し物を探したり，手をつないで歩くなど共に行動する	5　4　3　2　1	5　4　3　2　1
9）不安や心配を認める場合，手を握ったり，背中をさすったり軽く抱きしめるなどその人が安心するスキンシップを図る	5　4　3　2　1	5　4　3　2　1
10）気がかりに対して語尾が「良かったですねー」「大丈夫ですよ」「私も皆も知っていますよ」などと安心を与えるコミュニケーションを心がける	5　4　3　2　1	5　4　3　2　1

資 料 編

資料5　ケアプロセスガイドライン（100項目）因子分析結果

ケアプロセスガイドライン項目	因子1	因子2	因子3	共通性	削除項目
1）利用者の訴えに耳を傾け，受け入れる	0.357	0.056	0.111	0.143	削
2）不安をもつ利用者（の存在）を受け止めた声をかける（「ここにいらしていいですよ」「今のままでいいのですよ」ほか）	0.409	-0.001	0.161	0.193	
3）利用者の言動・行動を否定しない	0.498	0.150	0.008	0.270	
4）笑顔を大切に，優しく接する	0.393	0.166	0.244	0.242	削
5）利用者の様々な状況に応じて愛情を伝える（「○○さんのそんなところが好きですよ」ほか）	0.475	0.071	0.174	0.261	
6）利用者の質問・疑問や要求にすぐに対応できるようなかかわりをもつ	0.623	0.009	0.138	0.408	
7）徘徊や妄想が続く場合は見守るとともに適度な距離をおく	0.387	0.183	0.162	0.210	削
8）不安や心配を認める場合，側に座って話をしたり，一緒にさがし物を捜したり，手をつないで歩くなど共に行動する	0.365	0.171	0.216	0.209	
9）不安や心配を認める場合，手を握ったり，背中をさすったり，軽く抱きしめるなどその人が安心するスキンシップを図る	0.438	0.003	0.327	0.299	削
10）気がかりに対して語尾が「良かったですねー」「大丈夫ですよ」「私も皆も知っていますよ」などと安心を与えるコミュニケーションを心がける	0.628	0.071	0.297	0.487	
11）利用者ができないことに対して「一緒にやりましょう」「私が代わりにやっておきましょう」などと声をかける	0.407	0.250	0.141	0.248	
12）居室に入室するときは必ず本人の了解を得る	0.395	0.221	0.138	0.224	
13）失禁や妄想がある場合は，他の利用者に知られないように配慮する	0.446	0.213	0.191	0.281	
14）排泄時には，見守りや後始末をさりげなく実施する	0.513	0.252	0.33	0.436	削
15）入浴の援助では，一人ひとりの状況に応じて対応する	0.515	0.012	0.131	0.283	削
16）利用者の好む話題をとりあげてコミュニケーションを図る（家族，趣味，これまでの人生で良かったこと，ほか）	0.542	0.131	0.129	0.328	
17）不安や心配，妄想が続く場合，お茶などをすすめ，場面を変える	0.501	0.263	0.131	0.337	
18）不安や心配，妄想が続く場合，散歩，ドライブ，レクリエーションなどの活動を取り入れる	0.380	0.279	0.163	0.249	
19）不安や心配，妄想が続く場合，信頼関係が構築できている職員や他の利用者，家族などの協力を得る	0.479	0.305	0.241	0.380	削
20）同じ言動・行動を繰り返しても根気よく応じる	0.657	0.282	0.101	0.522	
21）利用者に，つねに意識している（関心を向けている）ことを，〈側にいるから大丈夫〉と言語・非言語的に働きかける	0.540	0.155	0.248	0.377	

22)	グループホームでのその日の生活の流れを事前に説明する（「お昼を食べたら○○をしますが一緒にいかがですか」ほか）	0.409	0.325	0.110	0.285	削
23)	他の利用者の行動に不安を感じている場合，安心できるように説明する（「○○さんは疲れたそうです」「忘れ物をしたので取ってくるそうです」「○○がわからないのではなく少し忘れているだけです」ほか）	0.605	0.161	0.240	0.449	
24)	盗られ妄想のある利用者への対応の一つとして自室の鍵を管理してもらう	0.150	0.450	0.063	0.229	削
25)	利用者が「トイレ」「お風呂・入浴」に拒否がある場合は，立ち上がったときに「ちょっと歩きましょう」「一緒に付き合ってもらってもよろしいですか」「○○さんが呼んでいます」などと工夫して誘い，「トイレ」「お風呂・入浴」の言葉を使用しない	0.247	0.200	0.340	0.217	削
26)	職員が帰るときには不安を与えないように配慮する（「行って来ます」と言う，なにも言わない，理解できる説明をする，ほか）	0.461	0.185	0.348	0.368	削
27)	持ち物には名前を記入し，決まった場所にしまっている	0.080	0.017	0.683	0.474	削
28)	トイレなどわかりやすく表示している	0.205	-0.023	0.554	0.350	削
29)	テレビ，音楽，家具の移動，掃除機などの生活音に配慮している	0.431	0.295	0.343	0.391	削
30)	家事・散歩・趣味など，利用者の望む活動を継続する	0.396	0.380	0.206	0.344	
31)	利用者が好む呼称（先生，住職さん，ほか）を使用する	0.150	0.291	-0.060	0.111	削
32)	利用者がホームに帰宅したとき，他の利用者と職員が「お帰りなさい」と笑顔で出迎える	0.364	0.078	0.370	0.276	削
33)	利用者ができることを取り入れる（皆のお茶を入れてもらう，食事やレクリエーションの前に挨拶をしてもらう，ほか）	0.591	0.250	0.160	0.437	削
34)	利用者はペースを尊重されながらも，お茶の時間，食事の時間，活動の時間が存在し，生活リズムが確保されている	0.284	0.062	0.491	0.325	
35)	一人ひとりにゆったり，じっくりとかかわる	0.550	0.416	0.114	0.489	
36)	利用者が過ごしてきた人生を把握した上で，利用者を尊重したケアを提供する	0.554	0.236	0.118	0.377	
37)	静か，清潔，家庭的，嫌な臭いがないなど，ゆっくりと落ち着くことのできる環境を提供する	0.526	0.218	0.435	0.513	削
38)	外へ出た利用者を制止せずに見守り，偶然出会ったような場面を作り対応する	0.516	0.454	0.199	0.511	削
39)	歩き出したら，後ろから見守り，歩行介助など適時に援助する	0.282	0.302	0.523	0.444	
40)	環境設計などの工夫により利用者を自然に見守ることができる	0.319	0.346	0.296	0.309	削

41)	利用者は，手すりや下駄箱などの丈夫な家具を使用するなどして，安全に移動・移乗動作を行えるようにする	0.317	0.278	0.542	0.472	削
42)	利用者は，障害物の除去や隅を処理されたカーペットなどで，安全に移動できるように工夫する	0.224	0.211	0.525	0.370	
43)	包丁やハサミなどの危険なものは管理する	-0.096	0.062	0.633	0.414	
44)	認知症ではなく一人の人として尊重し，接する	0.303	0.272	0.426	0.347	
45)	利用者の素敵なところを表現し伝える（「髪型が素敵ですね」「笑顔が素敵ですね」「○○さんは優しいですね」ほか）	0.416	0.180	0.514	0.470	
46)	利用者がやり遂げたことを認め，共に喜ぶ	0.545	0.254	0.316	0.461	削
47)	新聞や雑誌を読んでいる利用者に記事の内容を尋ねるなどして関心を示す	0.146	0.326	0.550	0.430	
48)	利用者は思い思いの活動ができ，レクリェーションや食事づくりへの参加を強制されない	0.465	0.423	0.276	0.472	削
49)	拘束はなく，行きたいところへ行ける自由な環境を提供する	0.439	0.397	0.219	0.398	削
50)	利用者が忘れていることを「○○だったでしょ」などと追及しない	0.412	0.305	0.170	0.292	
51)	羞恥心に充分配慮し，オムツ（おしめ，尿とりパット）という言葉は使用しない	0.413	0.413	0.363	0.473	
52)	利用者の失敗を気付かれないようにカバーする	0.613	0.313	0.358	0.602	削
53)	利用者が役割を担うことができるように，進行状況を見守りながら適時に援助する（過剰なケアをしない）	0.515	0.430	0.271	0.523	削
54)	使った茶碗を流しに置いておく（放置しておく）など，利用者が役割を担うきっかけを作る	0.111	0.543	0.256	0.372	削
55)	時間を見てテーブルの上にまな板，包丁，食材を並べておくなど，利用者が役割を担うきっかけを作る	0.177	0.589	0.229	0.430	
56)	掃除道具が目に入るように棚のドアを開けておくなど，利用者が役割を担うきっかけを作る	0.146	0.570	0.241	0.404	削
57)	その人に添った役割を「～をしてもらってよろしいでしょうか」などと押し付けることなく提供する	0.324	0.274	0.531	0.462	削
58)	利用者が担う役割に感謝やねぎらいの気持ちを伝える	0.478	0.185	0.303	0.355	削
59)	利用者に衣服，食事やアクティビティのメニュー，食材などの選択・決定をしてもらう	0.170	0.641	-0.012	0.440	削
60)	些細なことでも利用者に選択・決定してもらえるようにサポートする	0.176	0.656	0.255	0.527	
61)	予定していなかった行事なども，利用者の意向に応じて取り入れる柔軟さをもつ	0.493	0.520	0.234	0.568	削
62)	気分がのらないことを無理強いしない（日常していることに対しても）	0.529	0.314	0.299	0.468	削
63)	利用者が自分でしようとしている場合に，職員は「お願いします」「ありがとうございます」「それでいいのですよ」などと声をかけながら見守り，必要時サポートする	0.202	0.207	0.424	0.264	

64)	希望に応じて金銭管理ができるようにサポートする	0.242	0.552	-0.059	0.367	削
65)	利用者が浴室を出ると椅子があり，ドライヤー・化粧水などが準備してあるなど，自立のきっかけを作る	0.002	0.550	0.417	0.477	削
66)	玄関には靴を履いたり脱いだりしやすいように椅子が準備してあるなど，自立のきっかけを作る	0.131	0.452	0.453	0.427	
67)	利用者のわずかなサイン（視線，表情，しぐさの変化など）を捉えて対応する					
	・立ち上がろうとしている利用者に必要時手をさしのべる	0.250	0.220	0.481	0.342	
	・そわそわしたり，体の向きが変わったりしたら「何か困っていますか」と声をかけ，対応する					
68)	アクティビティ時には音楽を流す，飾りをつけるなどして，参加意欲を引き出す雰囲気作りをする	0.285	0.303	0.604	0.538	
69)	回想法，体操，歌，散歩などを実施し，楽しい時間が過ごせるようにする	0.278	0.311	0.705	0.671	削
70)	短い時間でも1日に1回以上は外に出る機会を提供する	0.335	0.554	0.224	0.469	
71)	外出時にはお化粧やおしゃれをし，職員が笑顔で見送り出迎える	0.417	0.532	0.283	0.537	
72)	アクティビティの導入時には，できるだけ利用者が楽しめるような工夫をする（演出，ほか）	0.299	0.509	0.289	0.431	削
73)	社交ダンス，日本舞踊，囲碁・将棋，洋裁・和裁，編み物，農作業，園芸などの（特技を披露できる）機会を提供する	0.320	0.628	0.127	0.513	
74)	申し送りやミーティング，ケアプランの作成を通して情報の共有をする	0.392	0.253	0.190	0.254	削
75)	脱水，風邪，便秘の予防に留意しながら，体重，バイタルサインなどの観察を徹底する	0.324	0.095	0.498	0.362	
76)	不穏状態など調子の悪さを認める場合は，その原因を探り，対応する	0.364	0.271	0.479	0.435	
77)	食摂取への工夫として場所，テーブルと椅子の高さ，自助具，姿勢，食の形態，盛り付けなどの工夫に加え，声をかけたり，好物を出すなどがある	0.353	0.463	0.441	0.533	削
78)	外出後は手洗い・うがいを励行する	0.250	0.205	0.571	0.431	
79)	毎食後に口腔ケアを実施する	0.214	0.187	0.638	0.488	
80)	代表者は職員に外部での研修に参加する機会を提供する	0.412	0.158	0.203	0.235	削
81)	グループホームには，職員の心配や不安，疑問を解消しあう態勢がある	0.414	0.490	0.245	0.472	
82)	食事は極力職員も含めて利用者が一緒に摂るようにする	0.289	0.178	0.465	0.332	削
83)	居室への閉じこもりが多い利用者を他の利用者が誘いに行くような場面を作る	0.244	0.449	0.383	0.408	
84)	利用者間の会話の仲介役など，交流が深まるようにサポートする	0.382	0.440	0.329	0.447	削

85) 買い物や畑で収穫して得られたものを皆で喜ぶ場面を作る	0.432	0.487	0.277	0.501	
86) 利用者と職員が，喜びや悲しい出来事を共有する	0.374	0.363	0.187	0.307	
87) 争いごとは利用者間で解決できるように見守る	0.043	0.468	0.207	0.264	削
88) 争いごとがあった場合は感情を表出できるように配慮する	0.171	0.521	0.140	0.320	削
89) 言い合いになり，手が出そうなときには職員が介入する	0.234	0.184	0.322	0.193	削
90) 利用者が来訪者に対して不安をもったり，尋ねられたときには紹介する	0.202	0.248	0.494	0.347	削
91) 掃除は自分の部屋だけでなく，できる人は苦手な利用者の手伝いをするような場面を作る	0.116	0.351	0.316	0.237	削
92) ターミナルケアには職員と共に利用者もかかわる	-0.043	0.394	0.121	0.172	
93) グループホームで利用者がどのように暮らすのか，家族と相談する機会を月に1度以上もつ	0.056	0.493	0.365	0.379	
94) いつでも家族の来訪を歓迎する	0.208	0.141	0.298	0.152	
95) 畑作り，餅つきなど，得意なことでのお手伝いを家族に依頼する	0.092	0.577	0.111	0.353	
96) 事故や状態変化の報告はもちろん，利用者の近況を家族に伝える	0.215	0.056	0.317	0.150	削
97) ホームの近況を伝えるお便りや新聞を家族に発行する	0.380	0.307	0.155	0.262	
98) 家族会などを開催し，家族の意向をくみとったり，ホームの方針を伝える	0.243	0.464	0.179	0.306	
99) 家族会や行事などへの協力を家族に呼びかける	0.298	0.284	0.279	0.247	削
100) 家族の心配や不安は時間を確保して聞き，真摯に対応する	0.269	0.438	0.134	0.282	
寄与量		14.128	11.644	11.163	
因子寄与率		14.13%	11.64%	11.16%	
累積寄与率		14.13%	25.77%	36.94%	

＊各因子とは，以下のとおり。第1因子「安心を与えるケアプロセス」，第2因子「自立した生き方を継続するケアプロセス」，第3因子「共同生活の和をつくるケアプロセス」。

資料6　ケアプロセスガイドライン項目の重要性と活用性のクロス集計

	重要性4.4以上	重要性4.4未満
活用性3.9以上	1，2，4，7，8，9，10，11，13，14，15，16，17，19，20，23，27，28，32，33，34，36，37，39，41，42，43，44，45，46，48，52，53，57，58，62，63，67，68，69，74，75，76，77，78，79，80，82，84，89，90，94，96，97，98，99，100 計57項目	26，47 計2項目
活用性3.9未満	3，5，6，18，21，30，35，50，51，66，71，81，85，86 計14項目	12，22，24，25，29，31，38，40，49，54，55，56，59，60，61，64，65，70，72，73，83，87，88，91，92，93，95 計27項目

＊左上：重要であり活用されているケア。
　右上：さほど重要でないが活用されているケア。
　左下：重要であるが活用されていないケア。
　右下：重要でなく活用されていないケア。

資料7　簡易版ケアプロセスガイドライン（50項目）因子分析結果

ケアプロセスガイドライン項目	因子1	因子2	因子3	共通性
2）不安をもつ利用者（の存在）を受け止めた声をかける（「ここにいらしていいですよ」「今のままでいいのですよ」ほか）	0.355	0.207	0.002	0.169
3）利用者の言動・行動を否定しない	0.455	0.037	0.189	0.244
5）利用者の様々な状況に応じて愛情を伝える（「○○さんのそんなところが好きですよ」ほか）	0.524	0.188	-0.013	0.310
6）利用者の質問・疑問や要求にすぐに対応できるようなかかわりをもつ	0.631	0.136	-0.005	0.417
8）不安や心配を認める場合，側に座って話をしたり，一緒にさがし物を捜したり，手をつないで歩くなど共に行動する	0.337	0.222	0.170	0.192
10）気がかりに対して語尾が「良かったですねー」「大丈夫ですよ」「私も皆も知っていますよ」などと安心を与えるコミュニケーションを心がける	0.600	0.232	0.101	0.424
11）利用者ができないことに対して「一緒にやりましょう」「私が代わりにやっておきましょう」などと声をかける	0.472	0.110	0.164	0.263
12）居室に入室するときは必ず本人の了解を得る	0.404	0.125	0.199	0.218
13）失禁や妄想がある場合は，他の利用者に知られないように配慮する	0.411	0.198	0.259	0.275
16）利用者の好む話題をとりあげてコミュニケーションを図る（家族，趣味，これまでの人生で良かったこと，ほか）	0.540	0.169	0.114	0.333
17）不安や心配，妄想が続く場合，お茶などをすすめ，場面を変える	0.509	0.131	0.236	0.332
18）不安や心配，妄想が続く場合，散歩，ドライブ，レクリエーションなどの活動を取り入れる	0.398	0.192	0.218	0.243
20）同じ言動・行動を繰り返しても根気よく応じる	0.643	0.095	0.308	0.517
21）利用者に，つねに意識している（関心を向けている）ことを，〈側にいるから大丈夫〉と言語・非言語的に働きかける	0.569	0.292	0.062	0.413
23）他の利用者の行動に不安を感じている場合，安心できるように説明する（「○○さんは疲れたそうです」「忘れ物をしたので取ってくるそうです」「○○がわからないのではなく少し忘れているだけです」ほか）	0.607	0.259	0.129	0.452
30）家事・散歩・趣味など，利用者の望む活動を継続する	0.417	0.187	0.378	0.351
35）一人ひとりにゆったり，じっくりとかかわる	0.530	0.174	0.385	0.459
36）利用者が過ごしてきた人生を把握した上で，利用者を尊重したケアを提供する	0.459	0.188	0.294	0.333
50）利用者が忘れていることを「○○だったでしょ」などと追及しない	0.378	0.145	0.328	0.272
51）羞恥心に充分配慮し，オムツ（おしめ，尿とりパット）という言葉は使用しない	0.419	0.371	0.387	0.463
34）利用者はペースを尊重されながらも，お茶の時間，食事の時間，活動の時間が存在し，生活リズムが確保されている	0.251	0.576	0.006	0.395
39）歩き出したら，後ろから見守り，歩行介助など適時に援助する	0.278	0.554	0.248	0.445
42）利用者は，障害物の除去や隅を処理されたカーペットなどで，安全に移動できるように工夫する	0.240	0.502	0.190	0.346

43）包丁やハサミなどの危険なものは管理する	-0.064	0.520	0.110	0.287
44）認知症ではなく一人の人として尊重し，接する	0.218	0.389	0.420	0.376
45）利用者の素敵なところを表現し伝える（「髪型が素敵ですね」「笑顔が素敵ですね」「○○さんは優しいですね」ほか）	0.364	0.483	0.251	0.429
47）新聞や雑誌を読んでいる利用者に記事の内容を尋ねるなどして関心を示す	0.182	0.532	0.277	0.393
60）些細なことでも利用者に選択・決定してもらえるようにサポートする	0.250	0.346	0.448	0.382
63）利用者が自分でしようとしている場合に，職員は「お願いします」「ありがとうございます」「それでいいのですよ」などと声をかけながら見守り，必要時サポートする	0.201	0.545	0.048	0.340
66）玄関には靴を履いたり脱いだりしやすいように椅子が準備してあるなど，自立のきっかけを作る	0.171	0.456	0.354	0.363
67）利用者のわずかなサイン（視線，表情，しぐさの変化など）を捉えて対応する ・立ち上がろうとしている利用者に必要時手をさしのべる ・そわそわしたり，体の向きが変わったりしたら「何か困っていますか」と声をかけ，対応する	0.228	0.568	0.149	0.396
68）アクティビティ時には音楽を流す，飾りをつけるなどして，参加意欲を引き出す雰囲気作りをする	0.345	0.586	0.209	0.506
75）脱水，風邪，便秘の予防に留意しながら，体重，バイタルサインなどの観察を徹底する	0.232	0.502	0.199	0.345
76）不穏状態など調子の悪さを認める場合は，その原因を探り，対応する	0.312	0.477	0.348	0.446
78）外出後は手洗い・うがいを励行する	0.228	0.539	0.296	0.430
79）毎食後に口腔ケアを実施する	0.196	0.607	0.265	0.477
70）短い時間でも1日に1回以上は外に出る機会を提供する	0.366	0.316	0.454	0.439
71）外出時にはお化粧やおしゃれをし，職員が笑顔で見送り出迎える	0.446	0.287	0.470	0.502
73）社交ダンス，日本舞踊，囲碁・将棋，洋裁・和裁，編み物，農作業，園芸などの（特技を披露できる）機会を提供する	0.332	0.221	0.529	0.439
81）グループホームには，職員の心配や不安，疑問を解消しあう態勢がある	0.357	0.280	0.528	0.484
83）居室への閉じこもりが多い利用者を他の利用者が誘いに行くような場面を作る	0.322	0.395	0.346	0.380
85）買い物や畑で収穫して得られたものを皆で喜ぶ場面を作る	0.510	0.307	0.344	0.473
86）利用者と職員が，喜びや悲しい出来事を共有する	0.371	0.173	0.372	0.306
92）ターミナルケアには職員と共に利用者もかかわる	-0.015	0.138	0.317	0.120
93）グループホームで利用者がどのように暮らすのか，家族と相談する機会を月に1度以上もつ	0.029	0.319	0.633	0.503
94）いつでも家族の来訪を歓迎する	0.200	0.164	0.297	0.155
95）畑作り，餅つきなど，得意なことでのお手伝いを家族に依頼する	0.086	0.038	0.731	0.543
97）ホームの近況を伝えるお便りや新聞を家族に発行する	0.307	0.179	0.380	0.271

98) 家族会などを開催し,家族の意向をくみとったり,ホームの方針を伝える	0.155	0.103	0.669	0.482
100) 家族の心配や不安は時間を確保して聞き,真摯に対応する	0.183	0.126	0.585	0.392
寄与量	7.064	5.827	5.635	
因子寄与率	14.13%	11.65%	11.27%	
累積寄与率	14.13%	25.78%	37.05%	

＊各因子は,資料5と同じ。

索　引

あ　行

一番ケ瀬康子　17
医療行為　31
医療の質　26, 29, 30, 47, 48, 50, 53
医療法　48, 50, 53
医療連携体制加算　223
因子的妥当性　219, 227, 229
因子分析　217-220, 223, 226, 227
運営基準　6, 25, 32, 37, 38, 40, 232, 234, 235

か　行

介護　16, 18, 19, 31
介護サービスの質　25-27, 32, 33, 37
介護サービス情報の公表　242, 246, 248
介護保険制度　2, 43, 56, 244, 246, 247
介護保険法　1, 17, 26, 38, 40, 43, 50, 56, 85
外部評価　i, 4-6, 87, 153, 186, 189, 190, 192, 193, 242, 243, 246-249→第三者評価　参照
環境支援指針→認知症高齢者の環境支援指針
環境評価尺度→評価尺度
看護と介護　31
看護の質　26
苦情解決　i, 2, 32, 56-63, 246, 248
グループホーム（認知症対応型共同生活介護）　2, 5, 8, 83-85
──の（における）ケアの質　11, 185, 192, 216
──の構造　114
──の利用料　184
グループホームケア　81, 121, 145, 178, 181, 191
クロンバックα信頼性係数　219, 227
ケア　15, 16, 22-25
ケアの質　2-7, 15, 16, 25-27, 32-35, 37, 38, 40, 42, 46, 51-54, 56, 58, 60, 62, 63, 97, 99, 121, 122, 146, 151, 153, 154, 165, 169, 170, 178, 192, 195, 228
──の過程　i, 2, 3, 26, 27, 62, 97, 121, 169, 180, 186, 231
──の過程（プロセス）評価　i, 3, 232
──の結果（成果・効果）　i, 2-4, 26, 27, 62, 121, 153, 180, 186, 231, 232
──の結果評価　i, 2, 3, 233, 238
──の構造　i, 2, 6, 26, 27, 40, 62, 97, 121, 122, 145, 153, 169, 180, 231-234, 241, 248
──の構造評価　i, 2, 97, 231, 242
──の定義　27, 104
──の枠組み　2, 5, 27, 104, 121, 122, 145, 153, 180, 186, 193, 228, 231
ケアプロセス　i, ii, 3-6, 15, 104, 140, 145, 191-193, 196-199, 202, 203, 211-213, 242, 248, 262, 276
──の概念　122, 153
──の質　3-5, 52, 99, 104, 122, 182, 192, 195
──の質の概念　5-7, 192, 193, 214-216
ケアプロセスガイドライン→認知症高齢者ケアプロセスガイドライン
ケアマネジメント　15, 245
ケースマネジメント　15
構成概念妥当性　219, 227→妥当性　参照
高齢者介護研究会報告書　71

さ　行

サービス　15, 16, 25, 43
──の質　1, 25-27, 29
──の質の自己評価　1
サービス評価　56
特別養護老人ホーム・老人保健施設──事業　1, 6, 37, 43
──基準　44
──結果の公表　47
──の実際　45
最低基準　32, 51, 232, 234, 235, 243
最適基準　51
参与観察　ii, 6, 99, 105, 108, 122, 144, 262, 276
事業者規制　246, 248

索　引

――の見直し　244, 246
自己評価　4, 248
施設サービス評価事業　43→サービス評価　参照
　　――の効果　46
質的研究　ii, 5, 29, 105, 192, 227
質の（と）評価　2, 38, 50, 53, 62
指導監査　i, 6, 32, 40-42, 51, 61-63, 231, 232, 242, 243, 246, 248
社会福祉改革→社会福祉基礎構造改革
社会福祉基礎構造改革　32, 33, 38, 40, 56
社会福祉士及び介護福祉士法　16, 28, 31
社会福祉事業法　41, 42
社会福祉の「普遍化」と「有料化」　34, 37
社会福祉法　1, 26, 38, 50
住環境の評価　4
小規模多機能型居宅介護　247
センター方式→評価尺度
相関係数　219, 220
措置制度　1, 32, 36, 37, 40

た　行

第三者評価　i, 2, 6, 32, 43, 51-53, 61-63, 87, 243, 246-249
　　評価結果の公表　53-55
第三者評価事業　54-56→第三者評価　参照
妥当性　ii, 5, 195, 217, 227, 228→構成概念妥当性, 因子的妥当性　参照
　　――の検証　216
地域密着型サービス　8, 247
坪山孝　17
東京センター　143, 180→認知症介護研究・研修東京センター　参照
特別養護老人ホーム・老人保健施設サービス評価事業→サービス評価

な　行

内的整合性　219, 227
中島紀惠子　16
日本介護福祉学会　18
日本型福祉社会　33, 34
認知症
　　アルツハイマー型――　72

脳血管型――　72
　　――の周辺症状　2, 72
　　――の診断基準　72
　　――の中核症状　72
　　――の治療　82
　　――の定義　72
認知症介護研究・研修東京センター　4→東京センター　参照
認知症ケアマッピング（DCM）　233, 239, 241
認知症高齢者
　　――の環境支援指針　94, 234
　　――のQOLの評価　239
　　――グループホームケアの質→グループホームにおけるケアの質　11, 151, 152
　　――ケアプロセスガイドライン　i, ii, 5, 104, 195, 196, 215, 216, 227, 236, 237, 249, 283, 289
認知症高齢者ケア
　　――の質　i, 193
　　――の理論　72, 79, 125
認知症対応型共同生活介護（グループホーム）→グループホーム
認知症の症状　72, 82
　　記憶障害　82
　　見当識障害　82
　　失語　82
　　失行　82
　　実行機能障害　82
　　失認　82
　　社会的・職業的機能の障害　82
　　徘徊　82, 147, 152
　　不潔行為　148, 152
　　暴言・暴行　149, 152
　　妄想　83, 146, 152
根本博司　18
ノーマライゼーション　34, 36, 83

は　行

半構成的面接　ii, 7, 105, 109, 145, 152
病院機能評価事業　6, 47, 50
　　――の概要　48
　　――評価項目　49-50

評価　　i, 4, 241, 242, 248
評価次元　　2, 5, 8, 114, 228, 231
評価尺度　　3, 6, 89-100
　環境——　　4, 90, 93, 97
　センター方式　　4, 88, 96, 97, 215
費用対効果　　3
フィールドワーク　　ii, 5
福祉サービス　　15, 22, 23, 54-56
福祉サービスの質　　1, 32, 55
プロセス　　3, 4, 232
プロセス評価　　233
保健医療サービス　　15, 22, 23
保健師助産師看護師法　　31

ま 行

満足度　　3, 4, 26, 175
室伏君士　　73

ら 行

理にかなったケア　　73, 79, 140, 153, 178
量的研究　　ii, 5, 29, 227

累積寄与率　　219, 227
老人福祉法　　32, 37, 40-43, 50
老人保健法　　34, 37, 43

欧　文

Case Management→ケースマネジメント
DCM→認知症ケアマッピング
Donabedian, Avedis　　2, 26, 27, 114, 153, 180, 193
DSM-Ⅳ　　72
Gilligan, Carol　　24
Kitwood, Tom　　76, 78, 239
KJ法　　105
Mayeroff, Milton　　24
PEAP-日本版3　　93-97, 234-237, 241
Person-centred care　　76-79, 141, 153, 179, 239
personal social service　　15, 28
Psychosocial model of Dementia care　　79, 142, 179
Taft, Lois　　73, 79

《著者紹介》

永田　千鶴（ながた・ちづる）

　1983年　関東逓信病院（現ＮＴＴ関東病院）病棟看護師
　1986年　熊本県立公衆衛生看護学院で1年間学び保健師，助産師の資格取得
　1987年　医療法人堀尾会熊本詫麻台病院保健師
　1993年　医療法人堀尾会訪問看護ステーションコスモピア熊本管理者
　1996年　佛教大学社会学部社会福祉学科卒業（社会福祉士取得）
　1997年　熊本学園大学社会福祉学部助手を経て講師
　2001年　熊本大学大学院法学研究科修了（法学修士）
　2005年　熊本大学医学部保健学科准教授
　2007年　九州保健福祉大学大学院社会福祉学研究科博士課程修了　博士（社会福祉学）

主　著　『介護実習への挑戦』（共著）ミネルヴァ書房，2000年
　　　　『介護実習教育への提言』（共著）ミネルヴァ書房，2003年
　　　　『現代看護キーワード事典』（共著）桐書房，2005年
　　　　『コメディカルのための社会福祉概論』（共著）講談社，2012年

MINERVA社会福祉叢書㉚
グループホームにおける
認知症高齢者ケアと質の探究

2009年3月10日　初版第1刷発行　　　　　検印廃止
2013年6月30日　初版第2刷発行

定価はカバーに
表示しています

著　　者　　永　田　千　鶴
発行者　　杉　田　啓　三
印刷者　　藤　森　英　夫

発行所　株式会社　ミネルヴァ書房
607-8494 京都市山科区日ノ岡堤谷町1
電話代表（075）581-5191
振替口座　01020-0-8076

© 永田千鶴, 2009　　　　　　亜細亜印刷・新生製本

ISBN978-4-623-05360-5
Printed in Japan

泉　順 編著
介 護 実 習 へ の 挑 戦
●養成校・利用者・福祉施設からの提言

A 5　256頁
本体2600円

泉　順 編著
介 護 実 習 教 育 へ の 提 言
●福祉現場との協業型実習を目指して

A 5　248頁
本体2500円

原慶子／大塩まゆみ 編著
高 齢 者 施 設 の 未 来 を 拓 く
●個室化，ユニットケアの先にある人間本位の施設

A 5　226頁
本体2500円

外山　義 編著
グ ル ー プ ホ ー ム 読 本
●痴呆性高齢者ケアの切り札

B 5　200頁
本体2500円

E．メーリン／R．B．オールセン 著　東翔会 監訳
モモヨ・タチエダ・ヤーセン 訳　千葉忠夫 翻訳協力
デンマーク発・痴呆介護ハンドブック
●介護にユーモアとファンタジーを

B 5　256頁
本体3800円

〈シリーズ・介護福祉〉

一番ケ瀬康子 監修　日本介護福祉学会 編
① 新 ・ 介 護 福 祉 と は 何 か

A 5　272頁
本体2200円

一番ケ瀬康子 監修　日本介護福祉学会 編
②介護福祉職にいま何が求められているか

A 5　226頁
本体2000円

一番ケ瀬康子 監修　日本介護福祉学会 編
③ 介 護 福 祉 士 こ れ で い い か

A 5　258頁
本体2000円

一番ケ瀬康子／黒澤貞夫 監修　介護福祉思想研究会 編
④ 介 護 福 祉 思 想 の 探 究
●介護の心のあり方を考える

A 5　266頁
本体3000円

── ミネルヴァ書房 ──
http://www.minervashobo.co.jp/